马克思主义整体性新论

MAKESIZHUYI ZHENGTIXING XINLUN

程恩富　主　编

余　斌　张建云　副主编

中国社会科学出版社

图书在版编目（CIP）数据

马克思主义整体性新论/程恩富主编 . —北京：中国社会科学出版社，
2013. 12

ISBN 978 - 7 - 5161 - 3846 - 5

Ⅰ. ①马…　Ⅱ. ①程…　Ⅲ. ①马克思主义—研究　Ⅳ. ①A81

中国版本图书馆 CIP 数据核字（2014）第 001746 号

出 版 人	赵剑英
选题策划	田　文
责任编辑	夏　侠　蔺　虹
责任校对	韩天炜
责任印制	李　建

出　　版	中国社会科学出版社
社　　址	北京鼓楼西大街甲 158 号（邮编 100720）
网　　址	http：//www. csspw. cn
	中文域名：中国社科网　　010 - 64070619
发 行 部	010 - 84083685
门 市 部	010 - 84029450
经　　销	新华书店及其他书店

印刷装订	北京一二零一印刷厂
版　　次	2013 年 12 月第 1 版
印　　次	2013 年 12 月第 1 次印刷

开　　本	710 × 1000　1/16
印　　张	23. 5
插　　页	2
字　　数	388 千字
定　　价	65. 00 元

凡购买中国社会科学出版社图书，如有质量问题请与本社联系调换
电话：010 - 64009791

目　录

第二部分　马克思主义整体性研究荟萃

前　　言

当前，马克思主义整体性研究的重要性源自理论和现实两个方面的迫切需要。从理论上看，一方面，加强马克思主义整体性研究是克服以往单纯分科研究缺欠、深化对马克思主义准确认识的迫切需要。以往马克思主义研究分散在马克思主义哲学、政治经济学和科学社会主义等之中，分学科研究有优长之处，但是，有时会造成对马克思主义理解的碎片化，影响了人们对马克思主义的完整掌握。另一方面，加强马克思主义整体性研究，也是消除对马克思主义的割裂和肢解、回应反马克思主义思潮的迫切需要。反马克思主义一个共同点就是割裂马克思主义整体与部分、部分相互之间的关系，把马克思主义整体分解为互不联系、彼此孤立的各个部分，这不仅使这些部分失去了马克思主义的意义，而且使马克思主义原理相互矛盾，面目全非，造成极大的认识混乱。加强马克思主义整体性研究，有利于人们把握贯穿在马克思主义各理论组成部分、各历史时期的根本精神，理解马克思主义一脉相承的"脉"，从而有力地回应各种反马克思主义。

从现实看，当今时代的人类实践日益呈现一体化趋势，经济、政治、文化互相渗透、日益融合，任何社会现象、事件、问题等都是各种因素综合作用的结果，仅仅从某一个方面去认识和理解，很难把握事情真相。肢解化、碎片化研究降低了马克思主义理论的现实解释力。加强马克思主义整体性研究，既是回归马克思主义本来面貌的要求，也是时代发展、人类实践整体性发展的客观要求，是大势所趋，势在必然。

随着马克思主义理论研究和建设工程的实施、马克思主义理论一级学科的设立，近几年来，马克思主义整体性研究取得了突飞猛进的进展。不少学者从不同角度就马克思主义整体性研究的提出、内涵、本质、研究路径及相关问题，进行了深入探讨，取得了重要成果。但是，就总体而言，目前马克思主义整体性研究所取得的成果并不理想。正是在总结以往马克思主义整体性研究经验教训的基础上，本人为首席研究员的中国社会科学院创新工程项目"整体视野中的马克思主义"提出了新的研究思路，即从以下 13 个视阈展开对马克思主义全方位的整体性研究。

一是定义性研究：即从创立主体、学术内涵、社会功能、价值观念四个层面来创新性地定义和阐述马克思主义。

二是综括性研究：从理论特征、社会理想、政治立场和理论品质四个角度阐述。

三是统一性研究：按照立场、观点和方法的辩证统一进行阐述。

四是层次性研究：从一般原理、具体论断、思维方法三方面及内部层次和相互关系进行阐述。

五是发展性研究：从完整的马克思主义发展史角度阐述。

六是三化研究：按时代化、中国化、大众化的整体进行阐述。

七是实践性研究：以实践整体性为根据研究马克思主义理论整体性。

八是互动性研究：按领袖思想和学者思想两条线索及其互动发展来阐述。

九是破立性研究：从批判性和建设性及其互动性两个方面进行阐述。

十是分类性研究：主要从哪些是必须长期坚持的基本原理、哪些是需要发展的理论判断、哪些是必须破除的教条式理解、哪些是必须澄清的错误观点共"四个哪些"方面进行阐述。

十一是学科性研究：从马克思主义一级学科涵盖的六个二级学科的整体性关系角度阐述。

十二是分科性研究：从哲学、经济学、政治学、文化学、社会学、生态学、制度学、人类学等学科及其相互关系进行阐述。

十三是国别性研究：对包括中国、越南、老挝、古巴、朝鲜等社会主义国家和资本主义国家的学界和政界的理论进行分析阐述。

2013 年度，本项目主要围绕以上 13 个方面展开了深入研究，完成了十几篇文章，绝大部分已经发表，一并收录在本论文集中。同时，为了更全面地展示近几年来马克思主义整体性研究的成果，我们从相关研究中精选出 11 篇已发表的论文，也一并收录在论文集中。在此，我们向这些论文的作者表示衷心的感谢！

程恩富

2013 年 11 月

第一部分

马克思主义整体性研究新论

论马克思主义的科学整体性研究

——围绕"四个哪些"的阐述

程恩富　余　斌

中央实施马克思主义理论研究和建设工程已有十年，成就斐然。2013年 8 月 19 日召开的全国宣传思想工作会议，强调这一建设工程要继续开展。建设工程一贯强调，要回答哪些是必须长期坚持的马克思主义基本原理，哪些是需要结合新的实际加以丰富发展的理论判断，哪些是必须破除的对马克思主义的教条式的理解，哪些是必须澄清的附加在马克思主义名下的错误观点，要用科学的态度对待马克思主义。本文拟从上述"四个哪些"视角和若干理论来阐述马克思主义的科学性和整体性。

一　必须长期坚持马克思主义基本原理

马克思主义整体性离不开马克思主义基本原理。只有经过人类社会发展实践和自然科学发展的实践检验了的，而又长期有效的基本观点和理论，才称得上是马克思主义的基本原理。事实上，现在世界上没有哪一门科学，哪一种发展变化着的事物能够推翻马克思主义的基本原理或基本观点。例如，在马克思主义哲学领域，物质与意识相互关系的基本原理，认识与实践的基本原理，生产力与生产关系，经济基础与上层建筑相互关系的原理，社会存在决定社会意识、社会意识对社会存在有反作用的原理、唯物辩证法三个基本规律和基本范畴等；在马克思主义政治经济学领域，社会分工原理、劳动价值原理、剩余价值原理、社会生产和再生产原理、土地和地租原理、国家经济原理、国际经济原理等；在科学社会主义领域，关于资本主义和社会主义两个必然原理、无产阶级专政原理、公有制原理、按劳分配和按需分配原理、共产主义原理等，都没有过时。如果采用西方经济学等表达方法，不少马克思主义原理就可以称为"定理"或"定律"。比如，马克思经济学的许多原理就可以称之为价值定理、货币定理、资本定理、地租定理、再生产定理，等等。

既然是马克思主义基本原理具有科学性、长期性和有效性的特征，那就必须持久坚持，而不存在无须长久坚持的任何基本原理。不必长期坚持的只是根据这些基本原理所做出的因一时一地之特殊情况而得出的具体论断。即便如此，一旦相同的特殊情况出现，原先的论断就仍然有其可取之处，而不能仅仅因为时代变化了，就随便抛弃之。事实上，后世出现的问题并不都是新问题，只要旧的问题还存在，还没有解决，那么针对旧问题的原理甚至方案就仍然有效。只要资本主义制度还没有消灭，只要雇佣劳动的本质未变，那么不论其形式如何变化，马克思主义经典作家关于资本主义制度本质特征的推断就仍然成立，马克思主义关于资本主义的基本原理就仍然有效。

例如，马克思在《资本论》中指出："资本主义生产过程，在联系中加以考察，或作为再生产过程加以考察时，不仅生产商品，不仅生产剩余价值，而且还生产和再生产资本关系本身：一方面是资本家，另一方面是雇佣工人。"① 马克思的这一理论，在100多年后实行社会主义市场经济的中国仍然是成立的。改革开放以来，在多种经济成分中，资本主义经济成分的比重越来越大，国有经济等公有制经济的比重日益萎缩，国有企业职工数急剧下降，反映出劳动者日益成为雇佣工人，劳资矛盾和冲突也日渐增多，进一步验证了马克思的上述理论的科学性和有效性。如果不坚持马克思主义基本原理，对资本主义生产过程的上述特性加以限制，反而搞"市场万能论"的市场原教旨主义，放纵甚至助推私有制生产过程的上述特性，那么，社会主义性质的改革开放就可能从社会主义经济制度的自我完善异化为大规模发展资本主义经济关系。

关于马克思主义基本原理，有论著提出，马克思主义最基本的原理可包括："马克思主义在意识形态领域指导地位的原理等。"② 其实，并不是

---

① 《马克思恩格斯文集》第5卷，人民出版社2009年版，第666—667页。
② 靳辉明：《深入研究马克思主义基本原理的几点思考》，《高校理论战线》2009年第6期。

马克思主义经典作家提到的任何东西，包括一些长期有效甚至也需要长期坚持的东西都可以称为基本原理。如马克思主义在意识形态领域指导地位的原理，就更适合作为原则。

马克思本人曾经指出，"无论是发现现代社会中有阶级存在或发现各阶级间的斗争，都不是我的功劳。在我以前很久，资产阶级历史编纂学家就已经叙述过阶级斗争的历史发展，资产阶级的经济学家也已经对各个阶级作过经济上的分析。我所加上的新内容就是证明了下列几点：（1）阶级的存在仅仅同生产发展的一定历史阶段相联系；（2）阶级斗争必然导致无产阶级专政；（3）这个专政不过是达到消灭一切阶级和进入无阶级社会的过渡"。① 这表明，在关于阶级、阶级斗争和阶级分析的学说中，仅有上述三点可以称得上是马克思提出的相关理论，当然这不排除还有其他马克思主义经典作家提出的相关理论，但资产阶级历史编纂学家和资产阶级经济学家所提出的相关内容，只是为马克思所利用。而这三条理论，则属于马克思独创的阶级学说的基本原理。

还需要指出的是，列宁曾经指出："实践标准即一切资本主义国家近几十年来的发展进程所证明为客观真理的，是马克思的整个社会经济理论，而不是其中的某一部分、某一表述等等"。② 因此，当我们试图从马克思的整个学说中抽出这一部分或那一部分来组成基本原理及其体系时，必须避免破坏马克思学说的整体性。实际上，当人们在经济领域关注马克思的劳动价值论、剩余价值学说和关于资本主义社会的基本矛盾和主要矛盾的基本原理时，马克思关于货币和金融的理论正日益凸显其在对现代垄断经济社会和新帝国主义认识上的重要性。而通常不进入马克思主义哲学、政治经济学和科学社会主义三大组成部分的马克思《数学手稿》等，也不应当为人们所遗忘。马克思主义基本原理主要体现在三大组成部分，但又广泛存在于历史学、政治学、社会学、人类学、文化学、法学等学科，均应得到高度重视。

最后，必须提出和解释的难题是：马克思主义基本原理还能不能发展？可以发展的马克思主义观点是否仅仅限于理论判断？我们的回答是：马克思主义基本原理是可以随着实践的发展或理论认识的深化而得到丰富

① 《马克思恩格斯文集》第 10 卷，人民出版社 2009 年版，第 106 页。
② 《列宁专题文集·论辩证唯物主义和历史唯物主义》，人民出版社 2009 年版，第 50 页。

性和扩展性发展与创新的。以劳动价值论为例，马克思沿袭当时西方经济学家的普遍方法，将政治经济学研究的出发点和基本范围定位在社会物质生产领域，因而其劳动价值论的分析层面也局限于物质生产。这在非物质生产极不发达的 19 世纪，是无可非议的，因为理论的重点同实践的需要分不开。可是，当今世界，包括中国在内的各个国家，精神劳动和服务劳动在社会总劳动中所占的比重日渐增大，非物质生产部门在社会总部门中所占的比重日渐增大，智力劳动在个人劳动总支出中所占的比重也日渐增大。在一些发达国家，物质生产所占的比重已不到一半。在这种情况下，我们必须及时拓展政治经济学和劳动价值论的出发点与研究范围，把马克思和西方学者当时没有重点分析的非物质生产领域纳入进来探讨。而我们把马克思关于活劳动创造为市场交换而生产的商品价值，以及纯粹为商品价值形态转换服务的流通不创造价值的科学精神和原理，发展为凡是直接为市场交换而生产物质商品和精神商品，以及直接为劳动力商品的生产和再生产服务的劳动，其中包括自然人和法人实体的内部管理劳动和科技劳动，都属于创造价值的劳动或生产劳动。这一"新的活劳动价值一元论"，不仅没有否定马克思的核心思想和方法，而且恰恰是遵循了马克思研究物质生产领域价值创造的思路，并把它扩展到一切社会经济部门后所形成的必然结论和原理。

简言之，马克思主义基本原理必须坚持和灵活运用，马克思主义基本原理可以随着实践的发展或理论认识的深化而得到丰富性和扩展性的发展与创新。

二 需要发展的马克思主义理论判断

我们认为，可以给出马克思主义四层面的新定义。从创立主体层面界定，马克思主义是由马克思、恩格斯创立和后继者不断发展的理论体系；从学术内涵层面界定，马克思主义是关于自然、社会和思维发展的一般规律的学术思想和科学体系；从社会功能层面界定，马克思主义是工人阶级及其政党进行社会主义革命和建设，以及过渡到共产主义社会的指导思想和科学体系；从价值观念层面界定，马克思主义是关于人生信仰及核心价值的社会思想和科学体系。

既然马克思主义的基本原理可以发展和创新，那么，马克思主义的理论判断自然也可以发展和创新。譬如：列宁在马克思和恩格斯的理论基础上，作出帝国主义是资本主义的最高阶段，并具有垄断性、腐朽性或寄生性、垂死性或过渡性的重要理论判断；列宁还作出帝国主义时期经济政治发展不平衡，而社会主义革命可以在一国首先胜利并进行社会主义建设的重要理论判断；毛泽东作出新中国成立前我国是半封建半殖民地的"两半社会"，可以实现"农村包围城市，武装夺取政权"的重要理论判断；邓小平作出我国是社会主义初级阶段，可以实行社会主义市场经济的重要理论判断。此外，中外马克思主义学术界依据时代和实践的变化和研究的深化，在经济学、哲学、政治学、社会学、人类学、国际关系学等方面，也提出过许多马克思主义新的理论判断。下面，我们具体讨论在马克思主义发展史上三个重要的理论判断。

其一，邓小平发展性地作出关于社会主义本质的理论新判断。他说："社会主义的本质，是解放生产力，发展生产力，消灭剥削，消除两极分化，最终达到共同富裕。"① 这一理论判断包含了三个层次，第一层"解放生产力，发展生产力"是物质基础；第二层"消灭剥削，消除两极分化"是经济制度保障；第三层"共同富裕"是经济目标。这三个层次相互依存，相互作用，共同体现了社会主义是生产力与生产关系矛盾运动的统一体。但有人以为邓小平在这里没有提到公有制和私有制，就是不要公有制及其主体了，这是对邓小平思想的严重歪曲。邓小平多次强调，公有制为主体，不搞两极分化或共同富裕，是社会主义的两个密切相连的根本原则。

其二，江泽民发展性地作出"三个代表"的重要理论判断。他说："我们党必须始终代表中国先进生产力的发展要求，代表中国先进文化的前进方向，代表中国最广大人民的根本利益。这是坚持和发展社会主义的必然要求，是我们党艰辛探索和伟大实践的必然结论。"② 这是因为，中国共产党是中国工人阶级的先锋队。党的这一阶级性质决定了"三个代表"的先进性，而"三个代表"又反映和体现了党的性质。党的工人阶级先锋队性质，决定了要通过建立和代表社会主义先进生产关系来代表先进社会生产力的发展要求，决定了我们党必须代表先进文化的前进方向，决定了

① 《邓小平文选》第3卷，人民出版社1993年版，第373页。
② 《江泽民文选》第3卷，人民出版社2006年版，第536页。

我们党代表全国各族人民的根本利益，而这些代表的内涵同时又反映和体现了党的工人阶级先锋队性质。可见，"三个代表"是辩证统一的科学体系。有人认为是私有制代表先进生产力，是美国好莱坞的主要影视作品能够代表先进文化的前进方向，是社民党代表全体人民的根本利益。这是极其错误的。

其三，胡锦涛发展性地作出关于科学发展观的重要理论判断。他认为，科学发展观的第一要义是发展，核心立场是以人为本，基本要求是全面协调可持续，根本方法是统筹兼顾。这是新形势下实现什么样的发展和怎样发展等重要问题作出了新的科学回答，是马克思主义关于发展的世界观和方法论的重要表述。其中包括一系列内涵，如以经济建设为中心，但必须是与政治建设、文化建设（意识形态建设）、社会建设、生态文明建设和国防建设等相结合；要统筹改革发展稳定、内政外交国防、治党治国治军各方面工作，统筹城乡发展、区域发展、经济社会发展、人与自然和谐发展、国内发展和对外开放，统筹各方面利益关系，努力形成和谐发展的新局面。

其四，习近平发展性地作出关于中国梦的重要理论判断。他在第十二届全国人民代表大会第一次会议闭幕会上发表讲话时说："实现中华民族伟大复兴的中国梦，就是要实现国家富强、民族振兴、人民幸福"。[①] 中国梦的理论判断具有历史继承性：一方面，中国梦是近代中国的复兴之梦，它今天被总结和概括，但却诞生于近代中国革命的历史进程中；另一方面，对于当代中国来说，这个梦想只有在马列主义及其中国化理论指导下，才能逐步转化为现实。在这个问题上不能有误区。中国梦和中国特色社会主义共同理想在本质上是内在统一的，两者不能割裂开来。现在提出中国梦是历史的、现实的，也是未来的理论判断，就采用了一种新词来生动通俗地加以表达，也有益于在国际层面对中国道路、中国精神、中国力量和中国模式的传播和沟通。它针对当前国际国内普遍存在的、对中国特色社会主义事业的质疑，表明了我国坚持发展和完善社会主义的信心和决心。客观地看，经过新中国成立六十多年来和改革开放三十多年的发展，中国的经济实力和综合国力有了显著增强，人民生活水平有了很大提高，

---

① 习近平：《在第十二届全国人民代表大会第一次会议上的讲话》，《人民日报》2013 年 3 月 18 日。

但发展起来以后的问题不比不发展时少。现实情况也表明，有些问题的解决已经到了刻不容缓的时候，如贫富差距、腐败问题、生态问题等。如果解决不好，会直接削弱广大人民群众对改革、对未来发展的信心。应当说，有关中国梦的理论判断，既与当前国内外的深刻背景有关，又和我国未来发展的客观要求有关。要消除对全面深化改革的误区并调动国内各种积极因素促进发展，只能在坚持和发展中国特色社会主义的基础上，进一步明确未来社会主义改革发展的方向，更好地凝聚改革发展共识。中国梦理论判断所包含的"两个百年"目标，对此进行了很好的解答，可以增强我国加快改革发展的信心。

三 必须破除对马克思主义的教条式理解

对于马克思主义的错误理解，往往导致修正主义或教条主义，甚至某些教条主义理解还会导致修正主义，因而在马克思主义整体性研究中必须破除教条式理解。

导致各种教条主义的原因至少有两个：

第一，是因为未能全面掌握马克思主义的理论。这主要是由于没有全面地阅读马克思主义经典著作，未能在马克思主义经典著作中注意到马克思主义经典作家是如何实事求是地发展自己的理论判断的，甚至不知道其中的一些早期论断后来已经被替代。当年，马克思和恩格斯在《德意志意识形态》中谈到德国新出现的批判家时指出，"他们和黑格尔的论战以及互相之间的论战，只局限于他们当中的每一个人都抓住黑格尔体系中的某一方面来反对他的整个体系，或反对别人所抓住的那些方面。"① 同样地，我们在反对教条主义时，也必须防止犯新的教条主义的错误，不要用一种教条主义来反对另一种教条主义，更不能用教条主义来反对马克思主义的整个体系。

第二，是因为没有掌握辩证法，尤其是忽视了偶然性的作用。以偶然性为例，马克思指出："如果'偶然性'不起任何作用的话，那么世界历史就会带有非常神秘的性质。这些偶然性本身自然纳入总的发展过程中，并且为其他偶然性所补偿。但是，发展的加速和延缓在很大程度上是取决

① 《马克思恩格斯全集》第 3 卷，人民出版社 1960 年版，第 21 页。

于这些'偶然性'的，其中也包括一开始就站在运动最前面的那些人物的性格这样一种'偶然情况'。"① 而把偶然性当作必然性，或者不顾偶然情况死抠必然性理论，则是教条主义者常犯的两种错误。对于后者，恩格斯曾经指出："可惜人们往往以为，只要掌握了主要原理——而且还并不总是掌握得正确，那就算已经充分地理解了新理论并且立刻就能够应用它了。"② 确实，整个人类历史的发展变化肯定是有规律的，是一些必然规律决定的，其中包括人民群众是历史发展的根本动力，但我们不可教条主义地认为，某些关键性的偶然因素（含某些关键性人物及其性格、能力等特点）就不会决定某一历史事件或某一特殊的历史时期及其性质和特点。

我们这里重点以当前学界有重要分歧的马克思关于"两个决不会"理论为例，阐明对马克思主义不能采取教条主义的诠释和应用性分析。

1859 年马克思在《〈政治经济学批判〉序言》中写道："无论哪一个社会形态，在它所能容纳的全部生产力发挥出来以前，是决不会灭亡的；而新的更高的生产关系，在它的物质存在条件在旧社会的胎胞里成熟以前，是决不会出现的。"③ 这一论断被称为"两个决不会"。有人企图以此说明列宁的十月革命和中国革命是没有物质基础和经济条件的。有人则认为，马克思关于资本主义丧钟已经敲响的论断是个别论断，它后来为具有科学性的普遍原理所取代，如"以'两个决不会'取代西欧即将发生社会主义取代资本主义革命的观点"④。但是，马克思关于资本主义丧钟已经敲响的论断发表在 1867 年出版的《资本论》第一卷中，写作于"两个决不会"之后，是马克思根据资本主义的历史发展所得出的更为科学的结论。

而列宁在谈到恩格斯是如何细心、如何深刻地考察了现代资本主义的形态的变化时指出："尽管托拉斯有计划性，尽管资本大王们能预先考虑到一国范围内甚至国际范围内的生产规模，尽管他们有计划地调节生产，我们还是处在资本主义下，虽然是在它的新阶段，但无疑还是处在资本主义下。在无产阶级的真正代表看来，这种资本主义之'接近'社会主义，只是证明社会主义革命已经接近，已经不难实现，已经可以实现，已经刻不容缓，而决不是证明可以容忍一切改良主义者否认社会主义革命和粉饰

① 《马克思恩格斯文集》第 10 卷，人民出版社 2009 年版，第 354 页。
② 同上书，第 594 页。
③ 《马克思恩格斯文集》第 3 卷，人民出版社 2009 年版，第 592 页。
④ 陈先达：《论马克思主义基本原理及其当代价值》，《马克思主义研究》2009 年第 3 期。

资本主义。"① 列宁的这"四个已经"表明,"两个决不会"并不是取代西欧即将发生社会主义取代资本主义革命的观点。西欧之所以没有发生社会主义取代资本主义的革命或者革命没有成功,不是社会生产力水平还不够高和资本主义基本矛盾缓和了,而是取决于各个时期资产阶级与无产阶级的阶级力量和阶级能动性的对比,即客观上是由于资产阶级从政治、法律、专政和意识形态等方面强力有效地打压和妖魔化共产党和马克思主义,以及革命的主观条件不足(表现为无产阶级政党及其战略与策略的能力相对不足)造成的,而绝不是出自"两个决不会"的推论。有人还从"两个决不会"来解释苏东社会主义国家的退变,更是教条主义的无稽之谈。

为了把中国的改革开放引导到错误的路线上去,一些反对列宁的社会主义革命人士向我们推荐福利资本主义即所谓的民主社会主义,说什么马克思主义硕果仅存的遗产就是民主社会主义,说什么欧洲社会民主党人凭借议会民主政治、混合所有制经济、社会市场机制和福利保障制度这四大法宝,成功地实现了资本主义制度与社会主义制度的对接,在西欧和北欧建设起了民主社会主义的和谐社会。

但是,如果资本主义制度不是总体必然要灭亡,为什么要去与社会主义制度"对接"呢?如果民主社会主义或社会民主主义即福利资本主义真有那么好,为什么美国爆发金融和经济危机后欧美国家不是增加福利反而要大力削减福利呢?而且为什么没有听谁说要民主社会主义的西欧和北欧去救资本主义的美国,反而有人吵吵要社会主义的中国去救美国和欧盟,让危机中的美欧资本主义抓住和拖累"一枝独秀"的中国特色社会主义呢?

各种资本主义的任何"对接"都不能改变它和它的对接产物逐步灭亡的总趋势和命运。虽然资本主义制度在苏东国家重新复辟(邓小平语),但它不等于资本主义重新获得了生命。正如历史上封建王朝曾在法国资产阶级革命后复辟,并不说明封建王朝重新获得了生命一样。这也正如当下资本主义抓住整个人类深陷世界气候环境灾难一样,近些年来,我国在经济发展中遭遇的气候环境灾难和贫富两极分化等严重妨碍科学发展和社会稳定等问题,也都与我国多种经济成分之一的资本主义成分的过度发展有关。

---

① 《列宁全集》第 31 卷,人民出版社 1985 年版,第 64—65 页。

最重要的是，既然强调的是"决不会"，那么，当"决不会"的情形在现实中已经出现时，就恰恰说明"决不会"的前提已经不存在了。因而苏联社会主义国家和新中国的建立，便已经表明在当年的旧俄国和旧中国，新的更高的生产关系的物质存在条件已经在旧社会的胎胞里成熟了。我们绝不能放弃历史提供给中华民族的最好机会，坚决避免遭受资本主义制度所带来的一切灾难性的波折①。

可见，破除对于"两个决不会"的教条式理解，有助于坚定"社会主义必然胜利"和"资本主义必然灭亡"即"两个必然"的信心，坚定走中国特色社会主义的决心，有助于我们在复杂多变的国际形势中把握历史前进的方向，从容应对国际局势。

四 必须澄清的若干错误观点

马克思主义科学性和整体性的研究，离不开澄清一些有关马克思主义的错误观点。比如：以为马克思的"重建个人所有制"是重建生产资料或劳动力的个人所有制，股份制和农村家庭联产承包制是其实现形式；以为马克思的政治经济学比以前和同时代的经济学论著缺少数学和定量分析；以为马克思的经济学著作是经济哲学而非经济学作品；以为马克思的经济周期和经济危机原理过时了；以为社会主义公有制不能与市场经济体制高效结合；以为社会主义市场经济条件下无法实行按劳分配；等等。诸如此类的错误观点，在中外理论界比较流行，必须一一加以廓清。列宁说得好："科学的发展在提供愈来愈多的材料，证明马克思是正确的。因此要同他进行斗争就不得不加以伪装，不是去公开反对马克思主义的原理，而是假装承认它，却用诡辩来阉割它的内容，把马克思主义变为对资产阶级无害的神圣的'偶像'。"② 对马列主义及其中国化理论采取修正主义、折中主义、经验主义和教条主义，均会产生需要纠正的理论、政策和实践的误区。限于篇幅，以下主要分析和澄清当前热议的股份制性质和特点上的误论。

---

① 余斌：《马克思恩格斯关于资本主义的基本思想及其当代意义》，《马克思主义研究》2011年第1期。

② 《列宁全集》第26卷，人民出版社1988年版，第239页。

在《资本论》第3卷中，马克思在谈到股份公司的成立时提到："那种本身建立在社会生产方式的基础上并以生产资料和劳动力的社会集中为前提的资本，在这里直接取得了社会资本（即那些直接联合起来的个人的资本）的形式，而与私人资本相对立，并且它的企业也表现为社会企业，而与私人企业相对立。这是作为私人财产的资本在资本主义生产方式本身范围内的扬弃。"① 如何理解这个"消极扬弃"，学术界曾广泛地展开过争论。有人把股份制都说成是公有制或新型公有制。其实，股份制本身是资本和财产的组织方式。如果私人资本控股，就明显具有私有性质，大体属于私有制的实现形式。如果公有资本控股，就明显具有公有性质，大体属于公有制的实现形式。

先分析个人分散持股的公众公司。假定股票全部由个人持有，这类股份公司的性质与个人业主制的古典私人企业有些差异，是以社会企业形态出现的私有制，或者说是带有产权复合性的私有制。再分析法人相互持股的股份公司。假定两家以上的股份公司（含股份银行）各自有一部分由个人持股，而另一部分甚至大部分由它们相互持股，这类公司的本质同完全由个人持股的公众公司一样，只不过是更具有社会企业性质的私有制，或者说是带有更多产权复合性和社会性的私有制。那种以为私人所有、企业或某种机构共同支配和使用的所有制，都是社会主义性质的"新型公有制"的观点，显然是误论，并很容易得出美日欧等资本主义社会已比中国更早地进入了社会主义初级阶段性质的社会经济形态了。

不应当过分赞扬由股东代表大会、董事会、监事会和高级经理人员组成的相互依赖又相互制衡的现代公司治理结构。马克思早就根据当年的英国案例指出，在资本主义生产的基础上，一种涉及管理工资的新的欺诈勾当在股份企业中已发展起来，这就是：在实际的经理之外并在他们之上，出现了一批董事和监事。对这些董事和监事来说，管理和监督实际上不过是掠夺股东、发财致富的一个借口而已。破产法庭进行的审理表明，这种监督工资照例和这种挂名董事实际行使的监督成反比②。事实上，股份制在创立公司、发行股票和进行股票交易方面再生产出了一整套投机和欺诈活动。"它们是发展现代社会生产力的强大杠杆，但是它们还没有像中世

① 《马克思恩格斯文集》第7卷，人民出版社2009年版，第494—495页。
② 同上书，第438—439页。

纪的帮会那样，形成自己团体的良心，来代替它们那由于组织本身的缘故而摆脱了的个人责任感。"① 现代西方发达国家股份公司中频频出现的丑闻，如美国安然公司破产案和多次金融危机中暴露出来的经济丑闻等，有力地持续印证着马克思的观点，证明着这一现代私有企业制度始终存在着严重的痼疾。

正因为如此，马克思还指出迄今越来越突出的私有股份制的特点和趋势："不应当忘记，在股份公司中联合起来的不是单个人，而是资本。由于这一套做法，私有者变成了股东，即变成了投机家。资本的积聚加速了，其必然结果就是，小资产阶级的破产也加速了。特种工业巨头出现了，他们的权力同他们的责任则成反比，因为他们只对他们所有的那一大宗股票负责，而支配的却是公司的全部资本。他们形成了比较固定的成员，而大多数股东却不断地变更。工业巨头依靠该公司的影响和财富，能够收买个别不安分的人。在寡头董事会之下的，是由进行实际工作的公司管理人员和职员组成的官僚集团，而直接在他们之下的，是大量的、与日俱增的普通雇佣工人。随着雇佣他们的资本数量的增加，他们的依赖程度和孤立无援的程度也相应地加深，但是随着代表这种资本的人数的减少，他们也越来越具有危险性。"② 对此，马克思认为："傅立叶不朽的功绩在于，他预言了这种现代工业形式，把它称为工业封建主义。"③

当然，私人股份公司是对个人业主制的古典私有制的消极扬弃，有其积极作用，社会主义公有制也可以改造性地自觉利用，但必须坚持公有资本的控股。同时要大力发展被马克思高度评价为"积极扬弃"私有制的工人合作制。④ 澄清"股份制就是公有制"的错误观点，揭示各种私有制和产权关系的表象和实质，有助于防止对公有制实行资本主义私有化的改制，防止国有资产在股份制改革中的大量流失，保护人民群众共有的财产不被极少数人所侵占，更好地运用股份制来发展和壮大公有经济的主体力量和国有经济的控制力和影响力。

---

① 《马克思恩格斯全集》第 12 卷，人民出版社 1962 年版，第 610 页。
② 同上书，第 37—38 页。
③ 同上书，第 38 页。
④ 《马克思恩格斯文集》第 7 卷，人民出版社 2009 年版，第 499 页。

五 结语

马克思早就提醒我们："应当时刻记住，一旦在我们面前出现某种具体的经济现象，决不能简单地和直接地用一般的经济规律来说明这种现象。"① 同样地，一旦在我们面前出现某种错综复杂的具体的社会现象，也绝不能简单地和直接地用马克思主义基本原理来说明这种现象。但如果仅仅是无法简单地和直接地加以说明，就来有误地修正或"变革"马克思主义基本原理或元理论，那不仅是不符合马克思主义，也是不符合一般科学。马克思强调："庸俗政治经济学以为，政治经济学科学与其他一切科学的特征差别在于，后者力图说明被掩盖在日常现象后面的，因而按其形式总是与日常现象（例如，太阳围绕地球运动的现象）相矛盾的本质，而前者则宣称日常现象单纯转化为同样日常的观念是科学的真正事业。"② 显然，把新的历史时期的日常现象单纯转化为同样日常的观念，是不能代表理论上的新成就的，更是不能冒充为马克思主义理论新发展的。

如果说，我们不能无论做什么都到马克思主义经典作家的书本里去找依据，找答案，那么，我们就更加不能到非马克思主义者甚至反马克思主义者的书本里去找依据，找答案，或者明明是在那些存在严重错误的书本里找依据、找答案而故意不提出处，而装作是自己的理论创新。

诚然，这并不是说，我们要"干脆闭起眼睛"不看资产阶级科学，甚至不看包括极端反动的学说在内的最荒谬的学说。列宁早就指出过，这样做是绝对有害的，但他也明确地指出，"不是闭起眼睛不看资产阶级科学，而是注意它，利用它，批判地对待它，不放弃自己完整的明确的世界观，这是一回事；匍匐在资产阶级科学面前，重复马克思'有片面性'等等这类具有十分明确意思和意义的词句，这是另一回事。其次，如果说到'重复和转述'，那么重复和转述柏姆—巴维克和维泽尔、桑巴特和施塔姆勒本身，难道先天地比重复和转述马克思更值得注意吗？司徒卢威竟然能够（请注意，在俄国书刊中）发现重复马克思的'害处'（原文如此！），难道过去和现在就没有看出非批判地重复时髦的资产阶级'科学'的时髦修

---

① 《马克思恩格斯文集》第 8 卷，人民出版社 2009 年版，第 318 页。
② 《马克思恩格斯全集》第 47 卷，人民出版社 1979 年版，第 631 页。

正的害处吗？得出这样的观点和这样不可宽恕地'闭起眼睛不看'现代的'思想动摇'，离开马克思主义是多么遥远啊!"① 联系当今中外知识界的各种思潮和争议，深感马克思主义经典作家身体"不在场"，但其原理和方法始终"在场"，一切非马克思主义的错误观点在马克思主义科学整体性面前都将失误而"下场"!

（原载《学术研究》2013 年第 12 期）

---

① 《列宁全集》第 3 卷，人民出版社 1984 年版，第 585 页。

论马克思主义立场、观点和
方法的辩证统一

余　斌　程恩富

习近平指出："马克思主义立场观点方法，贯穿于马克思列宁主义、毛泽东思想和中国特色社会主义理论体系之中，是马克思主义科学思想体系的精髓所在。"① 马克思主义整体性研究之一，就是从马克思主义立场、观点和方法的辩证统一的角度来阐述。

一　马克思主义立场

习近平强调："立场，是人们观察、认识和处理问题的立足点。这个立足点，从根本上讲是由人们的经济政治社会利益和地位决定的。"② 叶庆丰认为："马克思主义立场就是工人阶级和劳动人民的立场。"③ 有的论著认为："所谓立场，在阶级和阶级斗争还没有彻底消灭以前，就是指立足于哪个阶级，代表哪个阶级的利益说话办事，也就是毛泽东同志常说的为什么人的问题。"④ 也有的论著认为："利益不同，立场便不同；立场不同，思想观点也随之不同。在这里，立场代表着利益，而思想观点又支持着立

① 习近平：《深入学习中国特色社会主义理论体系　努力掌握马克思主义立场观点方法》，《求是》2010 年第 7 期。
② 同上。
③ 叶庆丰：《马列主义"老祖宗"哪些不能丢，哪些需要发展?》，《理论学刊》2007 年第 7期。
④ 司徒锡钧：《谈谈马克思主义立场、观点、方法》，《江西师范大学学报》1989 年第 4 期。

场，并归根到底支持着利益。问题就在于是代表'谁'的利益，是为'谁'的利益提出思想观点。"①

的确，在阶级社会和阶级世界里，最根本的立场是阶级立场。不过，虽然立场与利益有着极为密切的关系，但决定阶级立场的决不是"细小的"利益②。因此，"为人民谋利益，就要善于妥善处理好人民的根本利益和眼见利益、长远利益和近期利益、整体利益和个别利益的关系，并且引导人民正确对待这各方面利益的关系"。③

有的论著因为马克思曾经提到过为人类而工作，就试图用所谓最高命题来淡化马克思主义的阶级立场，片面强调所谓全人类的立场："使每一个个人自由而全面地发展，这是马克思主义的核心理念，也是马克思主义整个理论体系中最根本的一个原理，俞可平称'一切人自由而全面的发展'为马克思主义的最高命题。这一原理鲜明地体现了马克思主义无产阶级和全人类的基本立场。"④ 对此，著名哲学家陈先达正确地指出："《共产党宣言》曾经提出著名论断：'代替那存在着阶级和阶级对立的资产阶级旧社会的，将是这样一个联合体，在那里，每个人的自由发展是一切人自由发展的条件。'这个论断被简化为'每个人的自由发展是一切人的自由发展的条件'，完全撇开了具有决定意义的社会条件，即消灭存在着阶级和阶级对立的资产阶级旧社会，建立共产主义社会即自由人的联合体。"⑤ 在马克思看来，只有在共产主义自由人联合体这样的社会中，每个人的自由和全面发展，才是一切人自由发展的条件。而在阶级社会中，包括资产阶级在内的每个人的自由发展，往往不一定是一切人发展的条件。资产阶级个人尤其是垄断资产阶级个人的自由发展，往往是劳动阶级个人的自由和全面发展的障碍。况且，一般说来，只有在为劳动阶级及其先锋队而工作，才有资格说是在为全人类而工作。

毛泽东指出："我们这个队伍完全是为着解放人民的，是彻底地为人民的利益工作的。"⑥ 按照马克思主义关于工人阶级的解放是工人阶级自己

---

① 赵兴良：《马克思主义立场观点方法的辩证统一》，载《求实》2012年第10期。
② 《马克思恩格斯全集》第1卷，人民出版社1995年版，第187页。
③ 王伟光：《全心全意为人民谋利益》，《北京社会科学》2002年第1期。
④ 高凤敏：《论马克思主义基本原理的内容体系》，《天水行政学院学报》2011年第5期。
⑤ 陈先达：《论马克思主义基本原理及其当代价值》，《马克思主义研究》2009年第3期。
⑥ 《毛泽东选集》第3卷，人民出版社1991年版，第1004页。

的事情的原理，事实上，毛泽东同志所说的我们这个队伍其实是人民为了解放自己而建立起来的。这就是为什么我们这个队伍必须采取人民立场的原因，这就是为什么我们这个队伍只是人民的子弟兵、服务员，以及邓小平说他是中国人民的儿子的原因。

除了根本性的阶级立场外，还存在其他的立场，比如针对某个具体问题的立场。这个具体的立场与阶级立场并不是一一对应的，而是随着时代的发展和利益的变化而有所变化。1852 年 3 月 5 日，马克思致约瑟夫·魏德迈的信中写道："为了使海因岑这样一个不学无术的'有性格的人'不致认为，贵族拥护谷物法，资产者反对谷物法，因为前者想'垄断'，后者要'自由'（一个笨伯只是在这种思想形式中才看到对立），那只应当指出，在十八世纪，英国的贵族拥护'自由'（贸易自由），而资产者则拥护'垄断'，也就是目前'普鲁士'这两个阶级对'谷物法'所采取的立场。"[①] 在这里，虽然不同的阶级仍然表现出不同的立场，但对同一个问题即谷物法的立场，每个阶级都没有采取固定的立场，而是根据自己的利益的变化而改变立场。在《资本论》第 1 卷中，马克思提到，19 世纪英国的谷物法废除后，利益受损的地主阶级政党托利党报复资产阶级，使得有利于工人阶级利益的十小时工作日法案在议会里通过了[②]。这表明，在具体的问题上，某个阶级也可以采取有利于其他阶级的立场。

在具体的问题和历史形势下，立场不仅意味着站在哪一边，还包括怎么做。例如，马克思和恩格斯在 1850 年 3 月中央委员会告共产主义者同盟书中，就"阐明了工人阶级政党，特别是同盟，无论在目前或革命时期所持的立场"[③]。

当前，在我国的改革发展中，有些外商和私营业主及其理论家在言论和行动上都反对最低工资法、劳动合同法和五天工作制等，其阶级立场也是显而易见的。而共产党执政的人民政府必须站在劳动阶级的立场，主要是事先通过制定和严格执行各种维护劳动者合法权益的制度体系来主动协调劳资关系，这与资产阶级执政的非人民政府有着本质区别。

---

① 《马克思恩格斯全集》第 28 卷，人民出版社 1973 年版，第 507 页。
② 《马克思恩格斯文集》第 5 卷，人民出版社 2009 年版，第 327 页。
③ 《马克思恩格斯全集》第 7 卷，人民出版社 1959 年版，第 359 页。

二 马克思主义观点

习近平指出："观点，是人们对事物的看法。马克思主义观点是马克思主义关于自然、社会和人类思维规律的科学认识，是对自然界规律和人类社会实践经验的科学总结，体现在马克思主义哲学、政治经济学和科学社会主义这三个组成部分之中，涵盖面非常广泛。"①

有的论著认为："我们所要坚持的马克思主义的基本观点，主要包括两方面的内容。一是关于辩证唯物主义历史唯物主义的基本观点，二是关于社会主义历史必然性的观点。"② 也有的论著认为："马克思主义观点，通常是指人们对整个世界的总的看法或根本观点，即世界观。过去常讲的四大观点，即：阶级观点、群众观点、劳动观点、辩证唯物主义和历史唯物主义观点。这些观点，从根本上说，就是辩证唯物主义和历史唯物主义观点，它内在地包含了上述其他观点。"③ 事实上，马克思主义十分重要的观点不止这四个，况且阶级观点与阶级立场也有重叠，尽管两者具有一致性和详略不同的特点。

应当说，马克思主义观点是分层次的。处于最高层次的马克思主义观点，是关于自然、社会和人类思维规律的科学认识，是辩证唯物主义和历史唯物主义的基本观点，是一种世界观。处于第二层次的马克思主义观点，广泛地体现在马克思主义政治经济学、政治学、文化学、社会学、人类学、法律学、社会主义学以及哲学的具体观点之中。例如，马克思主义政治经济学关于产权、分工、商品、货币、资本、土地、地租、利润和利息的本质和表象的基本观点，关于劳动创造价值和财富的基本观点，关于剩余价值生产、流通和分配的基本观点，关于社会生产和再生产的基本观点，关于生产、交换、分配和消费之间关系的基本观点，便属于马克思主义第二层次的观点。又如，马克思主义政治学关于国家、民主、专政、人民、人权、平等、正义、自由等基本观点，大体上也属于马克思主义第二

---

① 习近平：《深入学习中国特色社会主义理论体系　努力掌握马克思主义立场观点方法》，《求是》2010 年第 7 期。

② 叶庆丰：《马列主义"老祖宗"哪些不能丢，哪些需要发展?》，《理论学刊》2007 年第 7 期。

③ 司徒锡钧：《谈谈马克思主义立场、观点、方法》，《江西师范大学学报》1989 年第 4 期。

层次的观点。当然，马克思主义各门学科还有许多具体观点，可能属于马克思主义第三或第四等层次。每一个相对分列的层次的观点，要说明的问题及其时点等均有范围和区别。

马克思主义观点与非马克思主义观点在分析和解决同一问题上往往存在重要差别。以生产力、经济基础和上层建筑的关系来说，恩格斯在马克思的墓前讲话中所提到的唯物史观与唯心史观就大不相同，他分析道："正像达尔文发现有机界的发展规律一样，马克思发现了人类历史的发展规律，即历来为繁芜丛杂的意识形态所掩盖着的一个简单事实：人们首先必须吃、喝、住、穿，然后才能从事政治、科学、艺术、宗教等等；所以，直接的物质的生活资料的生产，从而一个民族或一个时代的一定的经济发展阶段，便构成基础，人们的国家设施、法的观点、艺术以至宗教观念，就是从这个基础上发展起来的，因而，也必须由这个基础来解释，而不是像过去那样做得相反。"①

再如，如何分析近几年西方发生的金融危机和经济危机根源，各种新自由主义者认为主要是根源于华尔街金融家等操作失误，各种凯恩斯主义者认为主要是根源于自由资本主义的某些体制机制，而各种马克思主义者主要认为是根源于资本主义基本矛盾和私有制为主体的资本主义基本经济制度。可见，世界经济学三大体系的经济理论和政策主张是有天壤之别的。

坚持和发展马克思主义的观点，首先要搞清楚马克思主义经典作家们是如何坚持和发展马克思主义的科学观点的，这就需要原原本本地、全面地阅读马克思主义原著，才具有领会和应用马克思主义观点的真本领。教条主义和本本主义者的错误缘由不仅在于他们死抠书本，还在于他们书本读得很不全面，不会辩证地理解，不会灵活或创造性地运用。要根据时代的发展不断丰富和发展马克思主义观点，也需要深钻马克思主义经典作家们是如何丰富和发展马克思主义的观点，这同样要求原原本本地、全面地阅读和辩证地领悟马克思主义原著。有人写《资本异论》②反对马克思的《资本论》，说什么马克思否定供求规律。而当他听到别人提起马克思实际上是揭示了"价值决定供求，供求决定价格"的供求规律时，忙问马克思

---

① 《马克思恩格斯文集》第3卷，人民出版社2009年版，第601页。
② 黄佶：《资本异论》，台北洪叶文化事业有限公司2003年版。

在《资本论》中的何处讲过这个观点，这说明他根本就没有看过《资本论》。实际上，中外反对马克思的人，大多没有仔细看过马克思的主要著作，这种肤浅的学风在一些声称要"发展"（实质往往是歪曲和有误的修正）马克思的人那里也能见到。这样的"发展"和"创新"难免不出问题。实际上，理论和政治上的"左"倾和右倾的言行都有不少是打着"发展"马克思主义的旗号的。而要准确地识别这些假发展、错创新和真违背，也只有全面辩证地掌握马克思主义的各种基本观点才有可能。

坚持马克思主义观点，还要善于表达马克思主义观点。马克思曾经提到："要把我们的观点用目前水平的工人运动所能接受的形式表达出来，那是很困难的事情。"① 而当前推进马克思主义中国化、时代化、大众化，以及与中外各种非马克思主义观点进行博弈，首先要解决的正是这种准确和深入浅出的表达问题。

三 马克思主义方法

习近平指出："这里所说的方法，是与马克思主义世界观相统一的方法论，它是指导我们正确认识和改造世界的根本思想方法和工作方法。"②

有的论著认为："马克思主义观察问题和分析问题的基本方法主要是：反映对立统一规律的矛盾分析的方法，反映世界普遍联系的系统分析的方法，反映事物永恒发展的运动分析的方法，反映阶级和阶级状况的阶级分析的方法，以及具体问题具体分析的历史唯物主义的分析方法，等等。"③ 也有的论著认为："在某种意义上说，马克思主义本身就是一种方法。人的自由而全面的发展何以可能以及如何实现，从方法论角度来看即辩证唯物主义和历史唯物主义的哲学基础，也可称之为马克思主义的世界观和方法论。"④ 这些阐述，表明关于在马克思主义方法的认识上，还是有歧见的。

这表明，正如马克思主义观点要分层次一样，马克思主义方法也要分

---

① 《马克思恩格斯文集》第 10 卷，人民出版社 2009 年版，第 216 页。
② 习近平：《深入学习中国特色社会主义理论体系　努力掌握马克思主义立场观点方法》，《求是》2010 年第 7 期。
③ 叶庆丰：《马列主义"老祖宗"哪些不能丢，哪些需要发展？》，《理论学刊》2007 年第 7 期。
④ 高凤敏：《论马克思主义基本原理的内容体系》，《天水行政学院学报》2011 年第 5 期。

层次。应当说，唯物辩证法属于马克思主义的根本思想方法，它处于方法论体系的最高层次。就经济学、政治学、文化学、社会学、人类学、法律学、国际关系学等人文社会科学来说，除了要运用唯物辩证法这一最高层次的方法论之外，还有本学科的第二或第三层次的方法论。譬如：政治经济学存在叙述方法和研究方法的差别，① 以及如何科学地运用数学方法；社会学要大量运用社会调查的方法；各种人文社会科学还要积极运用心理学这一基础性学科的多种分析方法。不过，各学科的具体方法都受制于唯物辩证法，有些方法还是唯物辩证法的直接扩展和延伸。

与各种反马克思主义的方法论相比，马克思主义的方法是科学的。马克思曾经斥责："胡扯什么价值概念必须加以证明，只不过是由于既对所谈的东西一无所知，又对科学方法一窍不通。"② 恩格斯指出：马克思所引证的一切实际材料，都有最可靠的来源③；他没有在任何地方以事实去迁就自己的理论，相反地，他力图把自己的理论作为事实的结果加以阐述。④ 恩格斯指出："我们对未来非资本主义社会区别于现代社会的特征的看法，是从历史事实和发展过程中得出的确切结论；不结合这些事实和过程去加以阐明，就没有任何理论价值和实际价值。"⑤ 恩格斯还告诫马克思的女婿拉法格："您把经济学上的'政治的和社会的理想'强加给马克思，马克思是会提出抗议的。你是'科学家'，你就没有理想，你就去研究出科学的结论，如果你又是一个有信念的人，你就为实现这些科学结论而战斗。但是，如果你有理想，你就不能成为科学家，因为你已经有了先入之见。"⑥ 马克思主义的创立和不断发展的过程，就是其方法论与各种非马克思主义方法论进行斗争的过程。方法论的不同是各种学派形成的重要缘由和基础。

近些年来，我国一些学者过分看重从西方经济学那里借鉴数学模型的方法，用以分析和研究中外经济问题。的确，马克思本人就采用过数学公式，而且《资本论》是马克思以前和同时代运用数学方法最多和最好的典范。但是，正如列宁所指出的："公式本身什么也不能证明；它只能在过

---

① 程恩富：《怎样认识〈资本论〉研究方法和叙述方法的关系》，《复旦学报》（社会科学版）1984 年第 1 期。
② 《马克思恩格斯文集》第 10 卷，人民出版社 2009 年版，第 289 页。
③ 《马克思恩格斯全集》第 21 卷，人民出版社 2003 年版，第 311 页。
④ 同上书，第 339 页。
⑤ 《马克思恩格斯文集》第 10 卷，人民出版社 2009 年版，第 548 页。
⑥ 《马克思恩格斯全集》第 36 卷，人民出版社 1975 年版，第 198 页。

程的各个要素从理论上得到说明以后把过程加以表述。"① 马克思主义者"在评判自己对社会关系的估计时，完全不是以抽象公式之类的胡说为标准，而是以这种估计是否正确和是否同现实相符合为标准的。"②

与公式和教条相比，马克思更看重事实。"当经济学家先生们围绕地租是因土地的自然差别而作的支出或仅仅是对土地所投资本的利息这个问题进行纯教条式的争论的时候，我们这里的农场主和大地主之间却在进行一场实际的生死斗争，这就是除因土地的差别而作的支出以外，地租还应当包括多少不是由大地主而是由租佃者把资本投入土地而得的利息。只有抛开互相矛盾的教条，而去观察构成这些教条的隐蔽背景的各种互相矛盾的事实和实际的对立，才能把政治经济学变成一种实证科学。"③ 可见，理论经济学不仅是规范经济学，而且是实证经济学，但实证经济学的方法不是搞什么不切实际的"理论假设"和"数学模型"。

需要指出的是，在运用马克思主义的方法时，绝不能简单地加以套用。马克思指出："应当时刻记住，一旦在我们面前出现某种具体的经济现象，决不能简单地和直接地用一般的经济规律来说明这种现象。"④ 列宁曾经提到："恩格斯在反驳攻击马克思辩证法的杜林时说：马克思从未打算用黑格尔的三段式来'证明'任何事物，马克思只是研究和探讨现实过程，马克思认为理论符合现实是理论的唯一标准。假使说，有时某种社会现象的发展符合肯定——否定——否定的否定这个黑格尔公式，那也没有什么奇怪，因为这在自然界中根本不是罕见的现象。"⑤

总之，运用以唯物辩证法为基本方法的马克思主义方法论体系，就是要一切从实际出发，对具体情况和具体问题要进行具体分析研究。这是马克思主义活的灵魂和要义。

四　马克思主义立场、观点和方法的统一性

恩格斯指出："在共产主义作为理论的时候，那么它就是无产阶级立

---

① 《列宁全集》第4卷，人民出版社1984年版，第48页。
② 《列宁全集》第1卷，人民出版社1984年版，第164页。
③ 《马克思恩格斯文集》第10卷，人民出版社2009年版，第292页。
④ 《马克思恩格斯文集》第8卷，人民出版社2009年版，第318页。
⑤ 《列宁专题文集·论辩证唯物主义和历史唯物主义》，人民出版社2009年版，第184页。

场在这个斗争中的理论表现，是无产阶级解放的条件的理论概括。"① 马克思指出："辩证法，在其合理形态上，引起资产阶级及其空论主义的代言人的恼怒和恐怖，因为辩证法在对现存事物的肯定的理解中同时包含对现存事物的否定的理解，即对现存事物的必然灭亡的理解；辩证法对每一种既成的形式都是从不断的运动中，因而也是从它的暂时性方面去理解；辩证法不崇拜任何东西，按其本质来说，它是批判的和革命的。"② 马克思主义的辩证法（即合理形态上的辩证法）受到资产阶级的敌视，恰恰表明了马克思主义的方法与马克思主义的无产阶级立场是一致的。这也是为什么"哲学把无产阶级当做自己的物质武器，同样，无产阶级也把哲学当做自己的精神武器"③。

前面提到，最高层次的方法就是唯物辩证法，而它又是与马克思主义的观点统一的。列宁在批评"人民之友"的观点时曾指出，不能只是把他们的观点与马克思主义观点进行对比，而是要采用马克思主义的方法，指明"人民之友"的观点在当时的社会经济关系中的物质基础。④ 这表明坚持马克思主义观点，批判错误的观点，离不开马克思主义方法的运用。

立场与观点的一致性同样在其他阶级那里也有体现。资产阶级（租地农场主、租佃者）是反对地主的，这个立场也体现在资产阶级的学说中。马克思在谈到爱尔兰的租佃权时，直接引用资产阶级学者的观点指出，甚至从现代英国政治经济学的代表人物的观点来看，对本国的土地享有权利的也只有爱尔兰的租佃者和农业工人，绝不是英国的地主——篡夺者。因此，《泰晤士报》反对爱尔兰人民的要求，也就同英国资产阶级的科学直接抵触起来了。⑤ 毛泽东在《湖南农民运动考察报告》中提到，对于一件事或一种人，有相反的两种看法，便出来相反的两种议论。"糟得很"和"好得很"，"痞子"和"革命先锋"，都是适例。⑥ 前一种议论就是站在拥护特权阶级利益的地主立场的。

马克思在《路易·波拿巴的雾月十八日》中还指出过一种立场、观点

---

① 《马克思恩格斯全集》第 4 卷，人民出版社 1958 年版，第 312 页。
② 《马克思恩格斯文集》第 5 卷，人民出版社 2009 年版，第 22 页。
③ 《马克思恩格斯文集》第 1 卷，人民出版社 2009 年版，第 17 页。
④ 《列宁全集》第 1 卷，人民出版社 1984 年版，第 200 页。
⑤ 《马克思恩格斯全集》第 9 卷，人民出版社 1961 年版，第 183 页。
⑥ 《毛泽东选集》第 1 卷，第 2 版，人民出版社 1991 年版，第 15—18 页。

和方法在名义上不一致，但实际上相一致的现象，说"不应该狭隘地认为，似乎小资产阶级原则上只是力求实现其自私的阶级利益。相反，它相信，保证它自身获得解放的那些特殊条件，同时也就是唯一能拯救现代社会并避免阶级斗争的一般条件。同样，也不应该认为，所有的民主派代表人物都是小店主或崇拜小店主的人。按照他们所受的教育和个人的地位来说，他们可能和小店主相隔天壤。使他们成为小资产者代表人物的是下面这样一种情况：他们的思想不能越出小资产者的生活所越不出的界限，因此他们在理论上得出的任务和解决办法，也就是小资产者的物质利益和社会地位在实际生活上引导他们得出的任务和解决办法。一般说来，一个阶级的政治代表和著作界代表同他们所代表的阶级之间的关系，都是这样。"①

这表明，一个人甚至一个阶级自以为所站的立场，有时会与其实际所站的立场并不一致。这个人或这个阶级实际所站的立场是与其观点的实际界限相一致的。一个人在表象上可以不属于某个阶级，甚至也不认为自己代表这个阶级，但其观点和方法受制于这个阶级，从而在实际上代表这个阶级。

当今，在我国的高等院校和研究机构盛行西方经济学和西方法学等资产阶级学说。在这些学说的影响下，不少学者的思想不能越出资产者的生活所越不出的界限，以至于这些学者自觉或不自觉地成为西方资产阶级在我国知识界的代表人物。实际上，正是这些代表人物一直在扩大当前中国的社会矛盾，有力地推动中国新的资产阶级的形成和壮大，从而存在将我国的社会主义改革开放引上邪路的巨大风险②。显然，如果我们要继续沿着邓小平所指引的有中国特色的社会主义道路前进，就不能不肃清这些代表人物在学术研究、理论宣传和政策制定中的影响。

简言之，马克思主义的立场是基石、观点是核心、方法是灵魂，三者有着深刻的内在关联和一致性。越是具有科学性的观点和方法，就越是能准确地体现工人阶级、劳动人民和全人类的正确立场，反之则相反；方法越是正确，观点就越是正确和深刻，也就越是能体现正确的立场；在阶级

---

① 《马克思恩格斯文集》第2卷，人民出版社2009年版，第501页。

② 邓小平同志指出："如果我们的政策导致两极分化，我们就失败了；如果产生了什么新的资产阶级，那我们就真是走了邪路了。"（引自《邓小平文选》第3卷，人民出版社1993年版，第111页）

社会和阶级世界，人文社会科学中的科学性、阶级性和人民性是一致的。

五　立场、观点和方法的非一致性

有论著认为，立场有正确立场和错误立场之分，还有公正立场、客观立场等等。其中，抱一个公正的态度，就是公正立场；抱一个客观的态度，这就是客观立场。① 但是，判断立场的正确、客观和公正与否，绝不是由当事人的自我感觉和态度来决定的。资产阶级认为是正确、客观、公正的立场，对无产阶级来说，可能恰恰是不正确、不客观、不公正的立场。比如，就经济领域的公平来说，恩格斯早就指出："在道德上是公平的甚至在法律上是公平的，从社会上来看可能远不是公平的。社会的公平或不公平，只能用一门科学来断定，那就是研究生产和交换这种与物质有关的事实的科学——政治经济学。"② 诚然，马克思主义政治经济学与资产阶级政治经济学在经济公平问题上还是具有进一步分歧的。

从科学的角度来看，一些掌握马克思主义理论不够深入的人所自认为的马克思主义立场，实际上可能会与马克思主义观点和方法存在不一致性。这些人甚至会以正确的立场为借口而犯严重的错误。也就是说，仅仅有主观上的正确立场，而缺乏马克思主义观点和方法的科学把握和有效运用，则客观上立场会有误。朴素的阶级感情代替不了博大精深和不断发展的马克思主义理论。"我们也不能把一切认识上的问题都不加分析地说成是立场问题，也不能把认识上反映出来的一些立场问题都看成是具有阶级斗争性质的问题，从而把不属于阶级斗争性质的问题看成是阶级斗争的反映。"③ 同样，当出现中外资本家和私营业主集团对雇佣劳动集团采取违法的加班加点、克扣或迟发收入、不改善劳动条件、不执行劳动合同法等大量现象的时候，如果我们否认这是经济上的阶级矛盾和阶级斗争，那么，我们的立场又错了。因此，立场、观点和方法的一致性不是僵化的，而是会变化的。

应当指出，无论是历史上还是在当代，非马克思主义甚至是剥削阶级及其理论，也会或多或少地具有某些真理性。毛泽东曾指出："剥削阶级

---

① 郑国玺：《再论马克思主义的立场、观点、方法》，《中共成都市委党校学报》（哲学社会科学）2006 年第 4 期。

② 《马克思恩格斯全集》第 25 卷，人民出版社 2001 年版，第 488 页。

③ 司徒锡钧：《谈谈马克思主义立场、观点、方法》，《江西师范大学学报》1989 年第 4 期。

当着还能代表群众的时候，能够说出若干真理，如孔子、苏格拉底、资产阶级，这样看法才是历史的看法。王阳明也有一些真理。孔孟有一部分真理，全部否定是非历史的看法。"① 其实，当剥削阶级还能代表群众的时候，他们的思想决不是仅仅反映剥削阶级利益的思想，也在一定程度上反映了被剥削群众的利益，否则剥削阶级就不能代表群众，也不会成为一个革命的阶级。例如，历史上资产阶级之所以能够代表群众利益，成为革命的阶级，是因为存在另一个更为落后的剥削阶级与此剥削阶级和人民群众为敌，如历史上的封建贵族阶级同资产阶级和工人阶级为敌一样。这时候，资产阶级敌视工人阶级的立场受制于资产阶级敌视封建贵族阶级的立场。而一旦当资产阶级借助工人和农民的力量战胜了封建贵族或与封建贵族达成了妥协，资产阶级敌视工人阶级的立场就十分鲜明了起来。只有马克思主义，才会从它诞生之日起就始终具有科学性、实践性和与时俱进性。只是在马克思主义出现后，人类思想才完成其科学性②，从而才能真正坚持实践性和与时俱进性。

最后应当指出，尽管始终站在工人阶级的立场上，马克思主义经典作家仍然强调立场的进步性，强调："站在进步的立场上来反对工人的反动欲望及其偏见。"③ 面对一些工人提出的工资平等和公平报酬的要求，马克思平静地指出："你们认为公道和公平的东西，与问题毫无关系。问题就在于：在一定的生产制度下所必需的和不可避免的东西是什么？"④ 恩格斯也指出，不管（从立场出发）我们是否喜欢某些事实，"这些事实照样要继续存在下去。而我们越是能够摆脱个人的好恶，就越能更好地判断这些事实本身及其后果。"⑤ 这也表明，马克思主义的阶级立场需要与科学性以及劳动人民的长期根本利益相结合，才能有效地体现。

（原载《马克思主义研究》2013 年第 12 期）

---

① 《毛泽东文集》第 3 卷，人民出版社 1996 年版，第 84 页。
② 恩格斯指出："如果说马克思发现了唯物史观，那么梯叶里、米涅、基佐以及 1850 年以前英国所有的历史编纂学家则表明，人们已经在这方面作过努力，而摩尔根对于同一观点的发现表明，发现这一观点的时机已经成熟了，这一观点必定被发现。"（《马克思恩格斯文集》第 10 卷，人民出版社 2009 年版，第 669 页）
③ 《马克思恩格斯文集》第 10 卷，人民出版社 2009 年版，第 108 页。
④ 《马克思恩格斯文集》第 3 卷，人民出版社 2009 年版，第 56 页。
⑤ 《马克思恩格斯文集》第 10 卷，人民出版社 2009 年版，第 625 页。

马克思主义定义整体性研究

张建云

自马克思主义诞生之日起，"什么是马克思主义"的问题就产生了。关于马克思主义的定义无疑是一个极为复杂的问题，马克思曾经说："我不是一个马克思主义者。"这个问题的复杂性不仅是因为人们对内部观点完整统一的马克思主义理论体系的理解容易发生这样或那样的误读和误解，而且更重要的是，这个范畴本身也在随着实践的发展而不断完善、不断丰富。

一　马克思主义定义研究概况

（一）经典作家对什么是马克思主义的回答

马克思在世的时候，"马克思主义"这个概念就已经流行了，但是马克思和恩格斯都没有明确给马克思主义下过定义。而面对被曲解、误解的所谓的"马克思主义"，马克思曾无奈地说："我只知道我不是马克思主义者"。恩格斯关于"马克思主义"这个概念有过一个说明："不能否认，我和马克思共同工作40年，在这以前和这个期间，我在一定程度独立地参加了这一理论的创立，特别是对这一理论的阐发。但是，绝大部分基本指导思想（特别是在经济和历史领域内），尤其是对这些指导思想的最后的明确的表述，都是属于马克思的。我所提供的，马克思没有我也能够做到，至多有几个专门的领域除外。至于马克思所做到的，我却做不到。马克思比我们大家都站得高些，看得远些，观察得多些和快些。马克思是天才，我们至多是能手。没有马克思，我们的理论远不会是现在这个样子。

所以，这个理论用他的名字命名是理所当然的。"① 这个说明表明，马克思主义是以马克思的名字命名的、包括马克思和恩格斯观点的思想体系。

列宁和斯大林根据无产阶级革命和社会主义建设实践需要，明确给马克思主义下过定义。列宁认为："马克思主义是非常深刻的和多方面的学说"②，应该从多方面理解和定义马克思主义，如："马克思主义是马克思的观点和学说的体系"③，是"世界各文明国家工人运动的理论和纲领"，"马克思主义的精髓，马克思主义的活的灵魂：对具体情况作具体分析。"④等等。斯大林从三个角度给马克思主义下定义，同时认为列宁主义是新时代的马克思主义："马克思主义是关于自然和社会的发展规律的科学；是关于被压迫和被剥削群众的革命的科学，是关于社会主义在一切国家中胜利的科学，是关于建设共产主义社会的科学。"⑤

毛泽东、邓小平在新的历史条件下对什么是马克思主义有过多次明确说明。毛泽东指出："马克思列宁主义是马克思、恩格斯、列宁、斯大林他们根据实际创造出来的理论，从历史实际和革命实际中抽出来的总结论。"⑥ "马克思主义的最本质的东西，马克思主义的活的灵魂，就在于具体地分析具体的情况。" "马克思列宁主义并没有结束真理，而是在实践中不断地开辟认识真理的道路。"⑦ 邓小平强调，"实事求是是马克思主义的精髓"，"马克思主义的另一个名词就是共产主义"，"马克思主义的基本原则就是要发展生产力。"⑧ 等等。

经典作家根据当时实践发展对什么是马克思主义进行的界定和说明，为我们今天探讨如何定义马克思主义提供了明确指示。

（二）我国理论界关于马克思主义定义研究

我国理论界大多数学者都主张从多个角度和方面界定马克思主义，至于具体是哪些角度和方面，有一些比较一致的倾向性意见，但是具体观点

① 《马克思恩格斯选集》第 4 卷，人民出版社 1995 年版，第 242 页注释 1。
② 《列宁全集》第 32 卷，人民出版社 1985 年版，第 407 页。
③ 《列宁选集》第 2 卷，人民出版社 1995 年版，第 418 页。
④ 《列宁选集》第 4 卷，人民出版社 1995 年版，第 213 页。
⑤ 《斯大林选集》下卷，人民出版社 1979 年版，第 538 页。
⑥ 《毛泽东选集》第 3 卷，人民出版社 1991 年版，第 814 页。
⑦ 《毛泽东选集》第 1 卷，人民出版社 1991 年版，第 187、296 页。
⑧ 《邓小平文选》第 3 卷，人民出版社 1993 年版，第 382、137、116 页。

各不相同。

1. 有代表性的观点。高放认为：简要地说，马克思主义就是"人的解放学"，或者："马克思主义是马克思恩格斯创立的关于无产阶级和全人类解放的科学。"① 逄锦聚、李毅认为："马克思主义的内容是极其丰富的。从不同的角度可以概括其不同的定义。从它的创造者、继承人的认识成果讲，可以定义为：马克思主义是马克思、恩格斯创建的、马克思主义者不断加以丰富发展的观点和学说的体系。从它的阶级属性讲，可以定义为：马克思主义是无产阶级和人类解放的科学，尤其是关于无产阶级斗争的性质、目的和解放条件的学说。从它的研究对象讲，可以定义为：马克思主义是一个完整的科学世界观，是关于自然、社会和思维发展普遍规律的学说，特别是关于资本主义发展和转变为社会主义以及社会主义和共产主义发展普遍规律的学说。"② 梁树发认为："马克思主义是不断发展的关于人类社会发展一般规律的科学，是无产阶级实现自身解放和全人类解放的思想武器。"③ 雷云强调需要从各个不同的视角和方面去理解。一是从哲学基础看，马克思主义是建立在辩证唯物主义和历史唯物主义之上的科学世界观。二是从主要内容看，马克思主义是由三个部分有机地组成的完备而严密的思想理论体系。三是从根本要义看，马克思主义是把发展生产力作为出发点和归宿的一元的生产力标准论。四是从阶级特性看，马克思主义是无产阶级的意识形态和为无产阶级服务的"穷人的理论"。④

2. 比较全面、详细的定义。如高教出版社的《马克思主义基本原理概论》用了一千字说明什么是马克思主义，强调从不同角度可以对什么是马克思主义作出不同的回答："从它的创造者、继承者的认识成果讲，马克思主义是由马克思恩格斯创立的，而由其后各个时代、各个民族的马克思主义者不断丰富和发展的观点和学说的体系。从它的阶级属性讲，马克思主义是无产阶级争取自身解放和整个人类解放的科学理论，是关于无产阶级斗争的性质、目的和解放条件的学说。从它的研究对象和主要内容讲，

---

① 高放：《什么是马克思主义和科学社会主义在马克思主义中的地位》，《江西社会科学》1990 年第 6 期。

② 逄锦聚、李毅：《对什么是马克思主义的科学阐释——马克思主义整体性解读》，《思想理论教育导刊》2008 年第 1 期。

③ 梁树发：《马克思主义整体性与马克思主义定义问题》，《党政干部学刊》2005 年第 3 期。

④ 雷云：《关于"什么是马克思主义"和"怎样对待马克思主义"的思考》，《浙江日报》2009 年 9 月 7 日第 11 版。

马克思主义是无产阶级的科学世界观和方法论，是关于自然、社会和思维发展的普遍规律的学说，是关于资本主义发展和转变为社会主义以及社会主义和共产主义发展的普遍规律的学说。"① 孙正聿等著《马克思主义基础理论研究》，从称谓与定位、学说与学科、整体与部分、经典与阐释、文本与解读、理论与实践、学术与学养、坚持与发展八个方面，对什么是马克思主义进行了全方位解读，用了 2 万多字。② 顾海良、梅荣政主编的《马克思主义与现时代》认为："从其理论形态说，马克思主义是马克思恩格斯创立并为后继者所丰富发展了的观点和学说的体系。"并用了 3000 多字从以下四个基本特征来认识：第一，马克思主义是工人阶级的世界观；第二，马克思主义把科学性和革命性内在地结合在一起。第三，马克思主义的严整体系中包含有多层次和发展的原则；第四，马克思主义作为发展的理论，其科学体系具有开放性和创造性。③

二 如何给马克思主义下定义

马克思说："不论我的著作有什么缺点，它们却有一个长处，即它们是一个艺术的整体。"④ 对马克思主义的理解必须坚持整体性原则。从整体角度全面理解马克思主义，就意味着给马克思主义下定义不是一句话就能解决问题的，马克思主义不能一言以蔽之。

第一，要准确把握马克思主义理论本质。给马克思主义下定义应遵循下定义的基本要求。关于下定义的基本要求，《现代汉语词典》指出，定义是"对于一种事物的本质特征或一个概念的内涵和外延的确切而简要的说明"。也就是说，给事物或概念、范畴下定义必须要抓住被定义对象的本质特征，一般采用"种差 + 属"的格式，而且要语言简洁而明确。下定义最关键的，一是在内容上要抓住事物的本质特征；二是在形式上要把被定义的概念放在一个大的概念中，再加上对其本质特征进行描述的限制。这其中最关键的是对事物本质属性的确定；"本质属性"是指该事物不同于同类事物的本质特征，是种概念（被定义概念）在属概念（下定义概

---

① 本书编写组：《马克思主义基本原理概论》，高等教育出版社 2008 年版，第 2 页。
② 孙正聿等：《马克思主义基础理论研究》，北京师范大学出版社 2011 年版，第 1—24 页。
③ 顾海良、梅荣政主编：《马克思主义与现时代》，武汉大学出版社 2006 年版，第 3—7 页。
④ 《马克思恩格斯全集》第 31 卷，人民出版社 1972 年版，第 135 页。

念）下同其他并列的种概念之间的本质差别。因此，给马克思主义下定义最重要的是要把握马克思主义不同于其他"主义"、其他"学说"的本质特征，明确标示出马克思主义与其他理论的本质差别。

马克思主义不同于其他理论最鲜明、最根本之处有两点，一是马克思主义理论的实践性。马克思主义之所以成为科学、成为超越于其他以往一切理论之处，就在于它确定了科学的实践观，"立足于实践"是马克思主义理解问题和解决问题的独特方式，也是马克思主义理论科学性的根据。因此，定义马克思主义必须要确立实践的思维方式，要体现出理论来源于实践，并随着实践发展而不断丰富和完善的本质特性。二是马克思主义理论的阶级性。马克思主义以唯物史观为指导，旗帜鲜明地公开表明自己是工人阶级、劳动人民的思想武器。唯物史观认为，人民群众是历史的创造者，从事物质生活资料生产的劳动群众是人民群众中主体的和稳定的部分。古代社会，劳动群众是奴隶阶级、农民阶级及其他劳动人民，近代工业革命以来，劳动群众是工人阶级及其他劳动人民。他们都是劳动者阶级，是社会的绝大多数，人类文明的发展是靠他们用双手和智慧一点一点推进的，人类社会的进步是靠他们通过不屈不挠地斗争而不断实现的。坚决维护工人阶级、广大劳动人民的根本利益，为他们的自由和解放而奋斗，这是马克思主义的基本立场，也是马克思主义根本区别于其他理论的标志之一。

第二，要坚持马克思主义整体性原则。给马克思主义下定义为什么难呢？这与马克思主义理论自身的特点相连。其难在两点，一是马克思主义是一个理论体系，是一个整体，但这个整体不是空洞、抽象的整体，而是有内容的、由各个部分组成的具体的整体。对这个整体的解释和说明，必须要由它的组成部分说起，弄清楚各个部分的内涵、功能及它们之间的相互关系，然后再经过综合达到对整体的完整的认识。问题的关键是，马克思主义这个理论整体是由哪些部分组成的呢？从不同的角度、不同的逻辑线索来思考会有不同的答案。另一个难点，马克思主义理论体系不是一个抽象的封闭的体系，而是一个开放的、发展的体系，对马克思主义的定义必须要体现出马克思主义理论不断生成的特点，否则，马克思主义就失去生命力了。问题的关键是，马克思主义何以是这样的不断创造发展的理论体系，又应该如何在定义中体现出来。

遵循整体性原则给马克思主义定义，并不是没有分析、没有内容的综合。作为整体的马克思主义理论体系，对于马克思主义本质属性的说明，必须要采用分析的方法，从几个方面说明。没有科学的分析，就没有科学的综合；当然，只有分析没有综合，也达不到对事物整体的认识。在分析过程中，必须要有整体的观念，考察每个部分的时候，必须注意它在整体中的地位及与其他部分的关联。否则，给出的定义也只能是大杂烩，缺乏内在逻辑性和统一性。遵循整体性原则表明，给马克思主义下定义不能仅从一个角度、一个层面，这样不易概括整体的马克思主义，不能给人以全面的理解，反倒容易让人产生误解、曲解。

马克思主义定义要体现马克思主义的内在逻辑性和统一性。理论的内在逻辑性和统一性来源于实践本身的完整性和统一性。实践作为人类有目的有意识地认识和改造对象的活动，包含三个基本关系要素：一是人的内在需要和目的；二是人所从中获得资料的对象世界；三是人的认识和改造对象的活动。这三者内在相连，是一个统一的整体，它内在地要求反映人的需要的价值观与体现对象规律性的真理观有机统一起来，人们所面对的客观现实与人的目标、理想有机统一起来，并且这种统一不是抽象的、单纯理论的统一，而是在具体的历史的活动中的统一，是在实践中的统一。从价值与真理、理想与现实相统一角度定义马克思主义，才能体现出马克思主义是随着实践发展而不断丰富和完善的开放的理论体系。

第三，要借鉴以往马克思主义定义的经验。虽然以往的马克思主义定义五花八门，但是还是有意见比较一致的地方，这些共识主要包括三个方面，一是强调创立者；二是强调马克思主义阶级属性和社会功能；三是概括马克思主义主要内容。这为我们正确理解和定义马克思主义奠定了基础，提供了启示。

从当前理论界的马克思主义定义看，总体上说，其不足表现在以下三个方面：

1. 一些定义对马克思主义本质属性的把握不够全面，有的只强调马克思主义的科学性、规律性一面，有的只强调马克思主义的价值性、阶级性的一面，当然，也有一些定义从马克思主义理论与实践、价值与真理相统一的整体出发，基本方向是正确的，但是都有一个欠缺之处，即强调马克思主义的改造社会的功能的同时，没有强调马克思主义改造人的主观世界、提升人的精神境界的价值功能和意义，而这一点是非常重要的，是完整定义马克思主义的重要方面。

2. 一些定义没有体现出马克思主义随着实践发展而不断丰富自身的特

性，没有强调马克思主义是一个"理论体系"。这一点看似无关紧要，实质上非常重要，它表明下定义者把马克思主义这个"种概念"放在一个什么样的"属概念"下理解，实质上也就说明了下定义者是否把马克思主义看成是一个整体，看成是一个随着实践发展而不断丰富的视野宏大的理论整体。

3. 有的定义语言不够简练，过于烦琐，这样尽管可以避开不完整的嫌疑，但是过于烦琐，有的甚至不叫定义，只是一个论证说明。马克思主义定义确实不能一言以概之，但是，一般说来，文字过多的定义也就失去了定义的本来意义。

三 马克思主义的创立主体、学术内涵、社会功能、价值观念四个层面定义及其内在关系

程恩富、胡乐明教授在《中国马克思主义研究 60 年》长文中，在当前学界关于马克思主义定义研究的基础上，对马克思主义作出了如下界定："经过数十年国内外知识界对马克思主义定义的探讨和争论，我们认为，可以给出马克思主义四层面的新定义。马克思主义是由马克思、恩格斯创立和后继者不断发展的理论体系（从创立主体层面界定），是关于自然、社会和思维发展的一般规律的学术思想和科学体系（从学术内涵层面界定），是工人阶级及其政党进行社会主义革命和建设以及过渡到共产主义社会的指导思想和科学体系（从社会功能层面界定），是关于人生信仰和核心价值的社会思想和科学体系（从价值观念层面界定）。"① 这个定义坚持了创立与发展、真理与价值、现实与理想等在实践中辩证统一的整体性原则，既表明了马克思主义改造社会的功能，又强调马克思主义建构价值世界的功能和意义，是一个比较完备的马克思主义定义。

1. 从创立主体层面上看，马克思主义是由马克思、恩格斯创立和后继者不断发展的理论体系。这就不仅指出马克思主义是由马克思和恩格斯创立的，而且强调马克思主义也是马克思恩格斯的后继者对理论的发展。马克思主义是立足于实践的理论，马克思和恩格斯的后继者必然要随着实践

———————

① 程恩富、胡乐明：《中国马克思主义理论研究 60 年》，《马克思主义研究》2010 年第 1期。

发展而创造性地发展马克思和恩格斯的思想。因此，不同民族、不同国家、不同历史时期的马克思主义会显现出各自的特色。列宁在 19 世纪末 20 世纪初世界历史条件下，根据俄国革命及苏联社会主义建设实践需要，创造性地提出了帝国主义论等思想，丰富了马克思主义理论。以毛泽东为核心的中国共产党人根据中国社会主义革命和建设实践，把马克思主义发展到毛泽东思想阶段。改革开放以来，以邓小平等为核心的中国共产党又创造性提出邓小平理论、"三个代表"重要思想以及科学发展观等中国特色社会主义重大理论，进一步丰富了马克思主义理论。实践表明，马克思主义不是一个封闭僵化的学说，而是一个随着实践发展而与时俱进的理论体系。

2. 从学术内涵层面上看，马克思主义是关于自然、社会和思维发展的一般规律的学术思想和科学体系。这是从高度抽象角度概括马克思主义研究对象和内容的。马克思主义的科学性和真理性来源于它对所研究的对象即自然界、社会和人的思维的本质规律的正确认识和把握。马克思主义立足于实践，把唯物主义原则贯彻到认识论，正确地阐明了理论的来源及真理的客体性，科学解决了人的思维与外在自然的统一性问题；同样，立足于实践，马克思主义把唯物主义原则贯彻到社会历史领域，阐明解决人与自然矛盾的物质生产实践是全部人类历史的现实基础，物质资料的生产方式最终决定人类社会的形态和发展方向。由此，自然观、社会历史观及认识论就不再是互不相关的几大块，而是彼此内在相连的统一整体，马克思主义科学地揭示了自然、社会和思维发展的一般规律。

3. 从社会功能角度上看，马克思主义是工人阶级及其政党进行社会主义革命和建设，以及过渡到共产主义社会的指导思想和科学体系。这是从社会功能角度阐明马克思主义的性质。马克思主义旗帜鲜明地表明自己是工人阶级及其政党的理论，不仅是工人阶级和劳动人民进行社会主义革命和建设的理论武器，而且同时也是向未来共产主义过渡的思想指南。马克思主义是立足于现实而指向未来的理论体系；是行动指南，而不是本本教条。

4. 从价值观念层面上看，马克思主义是关于人生信仰和核心价值的社会思想和科学体系。这就明确指出，马克思主义不仅是工人阶级、劳动人民改造现实世界的理论武器，而且也是工人阶级、劳动人民的信仰和价值理想，是社会主义核心价值体系的灵魂和根本。

　　一般认为，价值观念包括信念、信仰、理想等基本价值系统。信仰是最高价值的信念，而理想是信仰对象的未来形象，是信仰的具体化和现实化。信仰是现实个人超越有限性、追求无限性和永恒性的内在要求。对于肉体的现实个人来说，其生命是短暂的，能力是有限的，而他所面对的自然却是无限的、永恒的，"吾生也有涯，而知也无涯"，如何解决这一矛盾？在马克思主义诞生以前，宗教一直是信仰的主题。人们设想出一个尽善尽美的上帝或其他神，来信仰它、依附它，通过上帝的全知全能来超越个人的有限性，从而实现人生的永恒。马克思主义立足于实践，批判了宗教的虚妄性和欺骗性，科学地解决了现实与理想、真理与价值的矛盾，它表明，人的自我价值实现归根结底要以自己的社会价值为根据，因此，个人价值的实现归根结底表现为他对社会的贡献，即他的社会价值的实现。个人在为社会服务中、在人类进步的实践中贡献着自己的力量，如同汇入大海的一滴水，个人的无限性和超越性就在人类历史主体的永恒性和超越性得以实现。

　　价值观念的具体内容多种多样、因人而异。但是，一个国家、一个民族作为一个价值主体，必然有一个自身特有的价值需要与目的，有一个自身特有的价值目标和追求，为了实现这一目标，确定一系列的价值规范，形成一系列行为准则。而这个共同的价值目标和追求，以及价值规范和行为准则，就是这个国家、民族的核心价值体系。我国社会主义核心价值体系基本内容是："马克思主义指导思想，中国特色社会主义共同理想，以爱国主义为核心的民族精神和以改革创新为核心的时代精神，社会主义荣辱观。"而社会主义核心价值观念无论怎样多种多样，凝聚为一句话，就是"为人民服务"。马克思主义作为指导思想，是社会主义核心价值体系先进性和引领力的根本保证，是社会主义核心价值观念的灵魂和根据。

　　从价值观念层面定义马克思主义，表明马克思主义理论不仅是工人阶级和劳动人民改造社会的理论武器，而且也是改造人的主观世界、引导价值建设的思想武器。马克思主义之所以能改造人的精神世界，就在于其理论自身的自觉性和超越性。当前，从创立主体角度、从学术内涵角度、从社会功能角度定义马克思主义，已是理论界的共识，而强调从价值观念层面定义马克思主义，则是本定义超越其他定义之处，也是本定义优长之处。从价值观念层面定义马克思主义，无论从理论上还是现实上都具有重要意义。

四 从价值观念层面给马克思主义下定义的理论意义和现实意义

（一） 从价值观念层面定义马克思主义是完整实践观的内在要求

为什么需要从价值观念层面界定马克思主义？从理论上讲，从根本上说，这是完整实践观的内在要求。

所谓价值，是标识客体属性与主体需要的关系的范畴，亦即客体对主体的意义，对主体有肯定作用，能满足主体需要，即为正价值，反之为负价值。由此，人对外界对象形成了"好与坏"的价值判断，解决了人们"为什么做"的问题。人们在总结实践经验、反映价值生活状况的基础上形成了具有社会共同方式的价值观念，并进而形成价值评价标准系统。价值观念及价值评价标准渗透进人的活动及其成果之中，影响着、制约着人们"做什么"和"怎么做"。

价值观念是完整实践观的重要组成部分。价值观念：信念、信仰、理想等构成了人的意义世界、理想世界，是人的实践活动的因由和目标。意义世界、理想世界对实践的意义在于：人根据自身的内在尺度，以语言、文字等符号体系为中介对对象世界进行观念把握，超越了对象的现实性领域，在自己面前打开了一个无限多样的可能性世界。人总是对照"现实世界"的有限性、特殊性和相对暂时性，从多种可能性世界中选择一种真善美的理想世界来引导自己的物质生活，使之合乎人的本性。由此，人的活动"也就不再象动物的活动那样只是现实世界中的直接存在的环节，而是有意识地把自身的现实活动同可能世界联系起来，把现实活动、现实世界置于可能世界的背景下去观照"①。可能的、理想的世界的存在，使人时时反观自身，并以理性的、现实的眼光审视物质世界的有限性和局限性，以真善美和谐统一的尺度来衡量人的实践活动的合理性和未来发展的方向性，以人类性的要求来判断现实世界所取得的成绩和存在的差距，从而，以文化批判的主体姿态介入到现实的经济、政治、文化和社会生活中，揭露、鞭挞假恶丑，促进政治、经济制度向着符合人类性的方向、符合真善美和谐统一的方向不断改革、不断完善。正因为有了价值理想和意义世

---

① 肖前主编：《马克思主义哲学原理》，中国人民大学出版社 1993 年版，第 367 页。

界，人才有了评判现实世界的资质和能力，人的实践活动也就获得了持续发展的内在动力和正确发展的方向。

价值观念及价值评价标准决定了人们在具体实践活动中的价值取向，有什么样的价值取向就有什么样的行为选择。价值体系对实践活动的影响是内在的、无形的，因而在人的有目的的行动中所起的作用是不可估量的。同一件事，报有不同的世界观、人生观、价值观的人做来实际上是不相同的。以什么样的价值体系来引导人们的生产和生活，关涉一个国家和民族发展的方向和未来的前途。正确的价值取向是一个人、一个社会健康发展、正常运转的前提和基础；相反，错误的价值取向也可以使一个人毁灭，使一个社会偏离正确的发展方向。

从价值观念层面定义马克思主义，指出马克思主义世界观、价值观、人生观对人们价值行为的指导作用，这是完整实践观的内在要求。只有从价值观念层面定义马克思主义，才能完整揭示马克思主义内涵，真正彰显出马克思主义的内在的强大生命力，表现出马克思主义历久弥新、与时俱进的思想创造力和发展的内在张力。

（二）从价值观念层面界定马克思主义是增强马克思主义现实引领力的迫切需要

在当前全球化和复杂的国际、国内局势背景下，从价值观念层面界定马克思主义对于加强马克思主义的价值引领力具有重要的现实意义。

从时代发展和国际局势看，当今时代，随着信息技术和互联网推动全球化向纵深发展，人类的思想文化进入了前所未有的大碰撞、大交融时代，文化竞争成为各国综合国力竞争的重要因素，而文化竞争的实质和核心就是意识形态、价值体系的竞争。文化竞争并不意味着强者一定胜出，但是，没有主体性、没有自我价值意识的文化会被强势文化吞没。当今世界各国特别是发达国家都充分利用其政治、经济、军事、科技等优势，宣传、推广自己的价值体系。西方发达资本主义国家以其经济和科技实力优势，通过物质生活方式所携带的文化信息逐渐地影响其他国家的人民，使其在认同西方物质生活方式的同时改变自己的传统文化、价值观念和意识形态。美国的好莱坞电影、麦当劳快餐、微软电脑等遍布世界各地，美国所宣扬的资本主义自由、民主、人权等意识形态通过经济合作、贸易往来、人才培训、文化交流等渠道，利用影视、报刊、网络等工具，全方位、无间断地进行渗透和影响，通过歪曲、诋毁非资本主义意识形态，鼓吹宣传资本主义的生活方式和思维方式，特别是美国的文化理念和价值体系。西方敌对势力的所作所为，引起了社会主义国家人民思想上的极大混乱，社会主义主流意识形态、核心价值体系面临严峻挑战。

从国内情况看，当前我国处在全面建设小康社会的关键时期和深化改革开放、加快转变经济发展方式的攻坚时期。随着改革的深入，市场经济向纵深推进，各种矛盾、冲突加剧。一方面，社会思想日益多元化、复杂化，拜金主义、物质主义、利己主义思潮，与从国外涌入的民主社会主义思潮、新自由主义思潮、历史虚无主义思潮等相呼应，是非混淆，真假难辨，造成极大的思想混乱。另一方面，改革开放以来，社会主义市场经济发展带来了巨大物质财富，经济领域内发展方式的根本变革必然带来价值观念世界的巨大变迁。但是，由于社会处于转型时期，旧的价值体系被打碎的同时，新的价值体系还没有完全建设起来，由此给人们带来精神的空虚和荒芜，物欲横流、急功近利导致道德滑坡，信仰丧失，理想不在。价值世界的混乱和复杂，急需正确的价值体系的引导，社会主义建设迫切需要明确共同思想基础以凝聚力量，团结奋斗。

马克思主义是我国主流意识形态和指导思想，是社会主义核心价值体系的灵魂和根本，是社会主义价值体系的科学性和先进性的来源和根本保证。马克思主义是当今世界最科学、最先进的世界观和方法论，中国特色社会主义的共同理想、民族精神和时代精神是以马克思主义为指导和依据而形成的价值选择和价值判断，社会主义荣辱观是马克思主义道德观与我国社会主义思想道德实践相结合而形成的价值准则。马克思主义对整合、引领社会思潮，增强中华民族的凝聚力和向心力，塑造全面发展的社会主义新人等都具有重大的现实意义。从价值观念层面界定马克思主义本是马克思主义应有之义。在当前复杂的时代背景下，明确从价值观念层面界定马克思主义，明确表明马克思主义在价值世界建设中的指导作用，对于加强马克思主义构建价值世界的现实引领力无疑具有重要意义。

参考文献

[1] 张雷声：《从世界观、方法论相统一角度研究马克思主义基本原理整体性》，《马克思主义研究》2012 年第 4 期。

[2] 梅荣政：《什么是马克思主义基本原理——五个马克思主义文本有关论述的研

究》，《马克思主义研究》2009 年第 4 期。

［3］孙正聿等：《马克思主义基本理论研究》，北京师范大学出版社 2011 年版。

［4］杨筱刚：《马克思主义："硬核"及其剥取》，人民出版社 2006 年版。

［5］梁树发：《马克思主义整体性与马克思主义定义问题》，《党政干部学刊》2005 年第 3 期。

（原载《马克思主义研究》2013 年第 12 期）

马克思主义的整体性探讨

——理论特征、社会理想、政治立场和理论品质的视角

刘志明

关于马克思主义整体性研究可以有多种视角。① 2003 年 7 月 1 日，胡锦涛在"三个代表"重要思想理论研讨会上的讲话中提出了四个有利于从整体上把握马克思主义的重要论断，即："辩证唯物主义和历史唯物主义的世界观和方法论，是马克思主义最根本的理论特征。""实现物质财富极大丰富、人民精神境界极大提高、每个人自由而全面发展的共产主义社会，是马克思主义最崇高的社会理想。""马克思主义政党的一切理论和奋斗都应致力于实现最广大人民的根本利益，这是马克思主义最鲜明的政治立场。""坚持一切从实际出发，理论联系实际，实事求是，在实践中检验真理和发展真理，是马克思主义最重要的理论品质。"② 本文拟根据胡锦涛的这四个重要论断，从理论特征、社会理想、政治立场和理论品质的视角，来探讨马克思主义整体性的问题。

---

① 如从创立主体、学术内涵、社会功能和价值观念等四个定义层面对马克思主义进行整体性研究（参见程恩富、胡乐明《中国马克思主义理论研究 60 年》，《马克思主义研究》2010 年第 1 期），从人的自由与解放这一主题的视角对马克思主义进行整体性研究（参见高放《加强对马克思主义科学的整体研究》，《马克思主义与现实》2005 年第 2 期），从世界观与方法论相统一的视角对马克思主义进行整体性研究（参见张雷声《从世界观、方法论相统一角度研究马克思主义基本原理整体性》，《马克思主义研究》2012 年第 4 期），从马克思主义立场、观点、方法三者统一的视角对马克思主义进行整体性研究（参见顾钰民《关于马克思主义理论整体性研究的思考》，《思想理论教育导刊》2011 年第 6 期），等等。

② 胡锦涛：《在"三个代表"重要思想理论研讨会上的讲话》，《人民日报》2003 年 7 月 2 日第 1 版。

一 马克思主义最根本的理论特征

众所周知，为表明马克思主义与所谓旧世界观或者旧唯物主义的区别，马克思主义创始人曾经一再强调，他们的理论是一种新世界观或者新唯物主义（恩格斯有时称"现代唯物主义"）。这无疑也就表明，在马克思主义创始人那里，这种新世界观或者新唯物主义就是最能从根本上揭示马克思主义与其他理论相区别的地方，简言之，就是马克思主义最根本的理论特征。

那么，马克思主义的新世界观或者新唯物主义到底"新"在何处呢？它到底是什么呢？恩格斯对此作出了明确的回答，指出，马克思主义新世界观的"新"在于它"不是单纯地恢复旧唯物主义，而是把两千年来哲学和自然科学发展的全部思想内容以及这两千年的历史本身的全部思想内容加到旧唯物主义的永久性基础上"。①

该怎样理解恩格斯的上述论断呢？应该可以得出这样一个结论，即马克思主义虽然继承了旧唯物主义的历史传统，但是，它也超越了旧唯物主义。马克思主义深刻指出，旧唯物主义有两个重大缺陷。第一，它不懂得社会实践对认识的决定作用，因而也不懂得认识主体对客体的能动作用，正如马克思本人所指出的，旧唯物主义"对对象、现实、感性，只是从客体的或者直观的形式去理解，而不是把它们当作感性的人的活动，当作实践去理解，不是从主体方面去理解"。②第二，旧唯物主义并不是彻底的唯物主义，而是"半截子"唯物主义，它在历史观问题上，"自己背叛了自己"，陷入了唯心主义。其原因正如恩格斯指出的，"它认为在历史领域中起作用的精神的动力是最终原因，而不去研究隐藏在这些动力后面的是什么，这些动力的动力是什么"。③因为完全忽视了现实的生活生产这一历史的现实基础，旧唯物主义根本不可能认识到人类历史的发展是一个自然的过程，有其固有的客观规律。为了克服旧唯物主义的上述缺陷，马克思主义创始人批判地吸取德国古典哲学——黑格尔的唯心主义辩证法的"合理

---

① 《马克思恩格斯选集》第3卷，人民出版社1995年版，第481页。
② 《马克思恩格斯选集》第1卷，人民出版社1995年版，第54页。
③ 《马克思恩格斯选集》第4卷，人民出版社1995年版，第248页。

内核”和费尔巴哈机械唯物论的“基本内核”，在总结自然科学、社会科学和思维科学的基础上创立了今天我们耳熟能详的辩证唯物主义，并运用辩证唯物主义的基本原理分析人类社会的历史及其发展，揭示了社会发展的客观规律，进而创立了历史唯物主义或者说唯物史观，从而把唯心主义从历史观这个“最后一个避难所”中驱逐出去，使历史观从此奠基于唯物主义的基础之上，因而也使马克思主义的新世界观或新唯物主义成为彻底的唯物主义。

正因为辩证唯物主义和历史唯物主义既超越了旧唯物主义，也标明了马克思主义与唯心主义辩证法的根本区别，那它毫无疑义地就是马克思主义的最根本理论特征。

值得一提的是，有学者深刻指出，辩证唯物主义和历史唯物主义不是两个主义而是一个主义，即关于整个世界包括人类社会和思维在内的既是唯物的又是辩证的主义。历史唯物主义不是辩证唯物主义之外的另一种主义，而是对马克思主义哲学不同于一切旧哲学包括旧唯物主义在内的哲学特点的强调。它既不是半截子唯物主义，也不是不彻底的辩证法，而是彻底的完备的辩证唯物主义。它的彻底性完整性，正表现在它包括历史观在内。①

辩证唯物主义和历史唯物主义的世界观与方法论是无产阶级及其政党科学认识世界纷繁复杂的客观事物，把握事物发展规律的钥匙，是无产阶级及其政党推进自己事业的强大思想武器。马克思主义诞生后 160 多年来国际共产主义运动的历史充分表明，世界各国共产党人什么时候真正科学深刻把握了辩证唯物主义和历史唯物主义这一马克思主义最根本的理论特征，什么时候真正懂得根据辩证唯物主义和历史唯物主义的世界观和方法论系统、具体、历史地分析世界和各国社会运动及其发展规律并积极运用社会发展规律，它们就一定能在认识世界和改造世界的过程中不断推进党和人民的事业。中国共产党 90 多年的奋斗史也充分表明，只有坚持辩证唯物主义和历史唯物主义的世界观和方法论，才能不断深化对“什么是社会主义，怎样建设社会主义”这一重大问题的认识，不断开辟马克思主义中国化的新境界，也才能始终站在时代的前列，团结和带领广大群众

---

① 陈先达：《毫不动摇地坚持辩证唯物主义和历史唯物主义》，《思想理论教育导刊》1999年第 9 期。

前进。

我们要坚持和发展中国特色社会主义，要通过全面深化改革来解决实现中国梦前进道路上面临的诸如发展不平衡、不协调、不可持续，科技创新能力不强，产业结构不合理，农业基础依然薄弱，资源环境约束加剧，城乡区域发展差距和居民收入分配差距依然较大，社会矛盾明显增多，教育、就业、社会保障、医疗、住房、生态环境、食品药品安全、安全生产、社会治安、执法司法等关系群众切身利益的问题较多，部分群众生活比较困难，一些领域存在道德失范、诚信缺失现象，以及一些领域消极腐败现象易发多发等突出矛盾和问题，那就应该如习近平同志所说："牢固树立辩证唯物主义、历史唯物主义的世界观和方法论"，① 不断适应社会生产力发展调整生产关系，不断适应经济基础发展完善上层建筑，紧紧围绕发展这个第一要务来部署各方面改革，以解放和发展社会生产力为改革提供强大牵引，更好推动生产关系与生产力、上层建筑与经济基础相适应。同时要坚持生产力和生产关系、经济基础和上层建筑之间有着作用和反作用的现实过程，并不是单线式的简单决定和被决定逻辑这一辩证唯物主义和历史唯物主义揭示的基本原理，从增强各项改革的关联性、系统性、协同性着眼，加强顶层设计、整体谋划，提出全面深化改革的方案，以适应我国社会基本矛盾运动的变化来推进社会发展。在改革开放这一事关党和国家前途命运的大是大非问题面前，我们一定要坚持辩证唯物主义和历史唯物主义的基本态度，要深刻认识到，社会基本矛盾总是不断发展的，调整生产关系、完善上层建筑的改革开放只有进行时、没有完成时，需要不断进行下去。

我们要在新的历史起点上全面深化改革，必须牢牢把握辩证唯物主义和历史唯物主义深刻揭示的人民群众是历史创造者的观点，紧紧依靠人民推进改革。要坚持把实现好、维护好、发展好最广大人民根本利益作为推进改革的出发点和落脚点，让发展成果更多更公平惠及全体人民。要处理好尊重客观规律和发挥主观能动性的关系，坚持一切从实际出发，按照客观规律办事，一张蓝图抓到底，抓好打基础利长远的工作。同时，要鼓励地方、基层、群众大胆探索、先行先试，勇于推进理论和实践创新，不断

---

① 习近平：《毫不动摇坚持和发展中国特色社会主义 在实践中不断有所发现有所创造有所前进》，《人民日报》2013 年 1 月 6 日第 1 版。

深化对改革规律的认识。

二 马克思主义最崇高的社会理想

在深入研究人类社会尤其是阶级社会发展规律的基础上，马克思主义认为，无产阶级反对资产阶级的斗争，其结局只能有一个，那就是：资产阶级必然灭亡和无产阶级必然胜利。在马克思主义那里，无产阶级的胜利不是指它取代资产阶级成为新的剥削者、压迫者，而仅仅意味着，无产阶级和全人类获得最终的和彻底的解放。这种"最终的和彻底的解放"，一直是马克思主义孜孜以求的最崇高的社会理想，也一直是激励和鼓舞无产阶级和广大人民群众团结奋斗的思想旗帜，其基本内涵就是，在消灭资本主义私有制，或者说积极"扬弃"资本主义"私有财产即人的自我异化"的基础上，实现共产主义。

马克思主义要实现的共产主义社会是什么样子呢？马克思主义并没有也不屑于充满空想性质地详尽细致地描绘所谓的"共产主义千年王国"，而是着力在批判资本主义"旧"社会的同时，发现资本主义社会的矛盾运动中孕育的新社会的因素和前提，并根据这些"因素"和"前提"来展望和勾勒新社会即未来共产主义社会的基本特征。根据马克思主义创始人关于共产主义社会特征零散而非系统、宏观而非具体而微的一些论述，胡锦涛同志把马克思主义要实现的共产主义社会的基本特征高度概括为"物质财富极大丰富"、"人民精神境界极大提高"、"每个人自由而全面发展"。①

所谓"物质财富极大丰富"，就是说，在共产主义社会里，由于生产力的极大发展和劳动生产率的大幅提高，物质财富不断涌流，社会产品极大丰富，整个社会及其成员的需要，无论是生存需要，还是享受需要或者发展需要，都能得到充分的满足。

所谓"人民精神境界极大提高"，就是说，在共产主义社会，人民不仅同包括资本主义所有制在内的"传统的所有制"实行了最彻底的决裂，也同奠基于传统的所有制基础上的"传统的观念"实行最彻底的决裂，因

---

① 胡锦涛：《在"三个代表"重要思想理论研讨会上的讲话》，《人民日报》2003年7月2日第1版。

而完全超越了"资产阶级权利的狭隘眼界",成为具有高度共产主义思想觉悟和道德品质的新人。在共产主义社会,人民精神境界极大提高有哪些表现呢?主要有:人民具有高度自觉的劳动态度,劳动成了人们生活的"第一需要",已不再只是人们谋生的手段;人们习惯于履行社会义务而不需要特殊的强制机构,不拿报酬地为公共利益工作成为普遍现象;人们完全摆脱了封建的、保守的思想观念的束缚,彻底摒弃了以利己主义为核心的资产阶级思想意识,树立了以集体主义为核心的共产主义人生观、价值观和道德观,等等。

所谓"每个人自由而全面发展",就是说,在共产主义社会,由于阶级和阶级对立的自动消亡和消除,工业和农业,城市与乡村的差别不复存在,个人奴隶般地服从分工的情形,以及脑力劳动和体力劳动的差别都将消失,也不存在以牺牲某些个人的利益和发展为代价满足另外一些人的需要的情形,人与人之间的社会关系实现高度和谐,每个人因而可以全面发展和完善自己的潜能、需要、自我意识、思想道德观念和现实的社会关系等,社会也将使其中的每个成员能够全面发挥他们的得到全面发展的才能,人类因此将开始自觉地创造自己的历史。

虽然实现共产主义是一个非常漫长的历史过程,但是,共产主义是人类社会发展的必然趋势,代表了人类社会发展的正确方向,因此,真正的共产党人要牢固树立共产主义的远大理想,坚定共产主义的理想信念。忘记共产主义的远大理想而只顾眼前,就会失去前进的方向,如同离开现实工作而空谈远大理想会脱离实际一样。我们中国共产党人不仅要做中国特色社会主义共同理想的坚定信仰者和忠实践行者,也要做共产主义远大理想的坚定信仰者和忠实践行者,否则,就不是合格的中国共产党人。

中国共产党人如何能够同时既做中国特色社会主义共同理想的坚定信仰者和忠实践行者,也做共产主义远大理想的坚定信仰者和忠实践行者呢?首要的就是要在建设社会主义的整个历史进程中,始终坚持发展是解决我国所有问题的关键这个重大战略判断,把经济建设作为党和国家的中心工作,聚精会神搞建设,一心一意谋发展,推动我国社会生产力不断向前发展,推动实现物的不断丰富和人的全面发展的统一。其次,要在建设社会主义的整个历史进程中努力做到既见物又见人,既重视物质生产水平的提高又重视人的精神境界的提高。在提高人的精神境界方面,面对世界范围思想文化交流交融交锋形势下价值观较量的新态势,面对改革开放和发展社会主义市场经济条件下思想意识多元多样多变的新特点，中国共产党一定要积极培育和践行以富强、民主、文明、和谐、自由、平等、公正、法治、爱国、敬业、诚信、友善为基本内容的社会主义核心价值观。党员干部特别是领导干部要在培育和践行社会主义核心价值观方面带好头，以身作则、率先垂范，讲党性、重品行、作表率，为民、务实、清廉，以人格力量感召群众、引领风尚。

需要指出，衡量一名共产党员、一名领导干部是否具有共产主义远大理想，是有客观标准的。这种客观标准，正如习近平同志指出的，"要看他能否坚持全心全意为人民服务的根本宗旨，能否吃苦在前、享受在后，能否勤奋工作、廉洁奉公，能否为理想而奋不顾身去拼搏、去奋斗、去献出自己的全部精力乃至生命。一切迷惘迟疑的观点，一切及时行乐的思想，一切贪图私利的行为，一切无所作为的作风，都是与此格格不入的。"①

三 马克思主义最鲜明的政治立场

自诞生之日起，马克思主义就不屑于隐瞒自己的观点和意图，在《共产党宣言》中它这样旗帜鲜明地公开表明其政治立场，"共产党人同其他无产阶级政党不同的地方只是：一方面，在无产者不同的民族的斗争中，共产党人强调和坚持整个无产阶级共同的不分民族的利益；另一方面，在无产阶级和资产阶级的斗争所经历的各个发展阶段上，共产党人始终代表整个运动的利益"，②"共产党人为工人阶级的最近的目的和利益而斗争，但是他们在当前的运动中同时代表运动的未来"，③"共产党人可以把自己的理论概括为一句话：消灭私有制"。④ 从上述表述中，我们应该不难知道，共产党要坚持的"整个无产阶级共同的不分民族的利益"，要代表的"整个运动的利益"和"运动的未来"，无疑是指无产阶级的根本利益，"消灭私有制"则无疑是共产党要致力实现的无产阶级的根本利益的最明确理论表达。

---

① 习近平：《始终坚持和充分发挥党的独特优势》，《求是》2012 年第 15 期。
② 《马克思恩格斯选集》第 1 卷，人民出版社 1995 年版，第 285 页。
③ 同上书，第 306 页。
④ 同上书，第 286 页。

虽然马克思主义最鲜明的政治立场首先是指以马克思主义为行动指南的无产阶级政党的理论和奋斗应该致力于实现无产阶级的根本利益，但是，在马克思主义那里，"无产阶级"无疑是包括其他以劳动而非剥削为生的阶级、阶层在内的"最广大人民"的核心部分，它最大公无私的阶级特性决定了其根本利益和"最广大人民"的根本利益是一致的。正是基于这一点，胡锦涛同志把马克思主义最鲜明的政治立场又简要概括为"马克思主义政党的一切理论和奋斗都应致力于实现最广大人民的根本利益"。

需要指出，利益在社会发展的各个历史时期都是强大有力而不可触犯的。大多数人的利益及他们争取实现自身利益的努力，更是强大有力而不可触犯的，因此，在阶级社会中，每一个企图取代"旧统治阶级的新阶级，为了达到自己的目的不得不把自己的利益说成是社会全体成员的共同利益"。① 不仅如此，这个"新阶级"在其处于上升阶段时期，它自己的利益也确实代表了除旧统治阶级外的广大社会成员的共同利益（不是它自己宣称的社会全体成员的共同利益），否则，这个"新阶级"就会因为缺乏同盟者势单力薄，从而使自己取代旧统治阶级的努力归于失败。对于无产阶级运动这一"绝大多数人的、为绝大多数人谋利益的独立的运动"来说也是如此，无产阶级要"上升为统治阶级"，如果没有其他以劳动而非剥削为生的阶级尤其是农民阶级的支持，无产阶级的运动就难以获得成功，"不免要变成孤鸿哀鸣的"，在中国这样农民占绝大多数的国家中尤其如此。而要得到其他以劳动而非剥削为生的阶级尤其是农民阶级的支持，不代表他们的根本利益，不为他们的利益尤其是根本利益而奋斗，那就不可能设想能获得这种支持。

需要指出，过去的一切"新阶级"在为争取其统治地位而奋斗的过程中，为争取同盟者虽然也一定程度地代表同盟者的利益，但是，在争得统治之后，这些"新阶级"却不仅不消灭反而不断强化有利于自己的私有制，"总是使整个社会服从于它们发财致富的条件"，它们的利益因而越来越与同盟者的利益尤其是根本利益不相一致，越来越根本对立，因此，过去的一切"新阶级"虽然在历史发展的某一阶段可能代表了社会绝大数成员的根本利益，它们在相应阶段的奋斗客观地说也有利于发展社会绝大多数成员的根本利益，但是，这种"代表"，这种"客观地""发展"只是

---

① 《马克思恩格斯选集》第 1 卷，人民出版社 1995 年版，第 100 页。

为争取其统治地位的目标服务的一个手段而已，而不是目标本身，因而只是暂时的。而无产阶级运动的目标不是什么"永久地"保持自己的统治地位，而是要消灭阶级，消灭私有制，并努力创造条件以便最终使无产阶级的统治自动消亡，一句话，是"为绝大多数人谋利益"，否则，无产阶级就不可能解放全人类，因而也不可能使自己获得最终的、彻底的解放。无产阶级运动目标本身决定了无产阶级及其先锋队组织——马克思主义政党在运动的整个过程中，都会始终致力于实现最广大人民的根本利益。马克思主义政党这种为最广大人民根本利益奋斗的坚定性，自然是马克思主义政治立场的最鲜明之处。

是否具有"致力于实现最广大人民的根本利益"这一马克思主义最鲜明的政治立场，是衡量一个政党是否是马克思主义政党的试金石。马克思主义政党坚持"致力于实现最广大人民的根本利益"这一鲜明的政治立场不动摇，那它就一定能赢得最广大人民的支持和拥护，不断推进党和人民的事业。中国共产党90多年的历史充分证明了这一点。

在领导中国革命、建设和改革的各个历史时期，中国共产党始终坚持马克思主义最鲜明的政治立场不动摇，始终坚持把人民利益放在第一位，把实现好、维护好、发展好最广大人民根本利益作为一切工作的出发点和落脚点，诚心诚意为人民群众谋利益。在革命战争年代，为实现民族的独立和人民的解放这一中国最广大人民的根本利益，中国共产党始终站在反对帝国主义、官僚资本主义和封建主义斗争的最前线，吃苦在前，牺牲在前。对于广大群众的切身利益问题，群众的生活问题，中国共产党一点也没有疏忽，一点也没有看轻。比如，为了维护广大工人的切身利益，中国共产党积极领导全国各地的工人运动，为实现广大工人增加工资、八小时工作制、改善劳动条件等目标而英勇斗争。为了维护广大农民的切身利益，中国共产党积极领导农民"打土豪，分田地"，实行减租减息政策，进行土地改革，帮助他们发展生产，并在这个基础上一步一步地提高他们的政治觉悟与文化程度。此外，在政治上，中国共产党在自己的根据地内广泛建立人民政权，全面实行由人民群众广泛参与的民主选举，人民群众在历史上第一次真正翻身做了主人。党的这些实际行动，在人民面前充分展现了自己"一切为了人民"的形象。

在建设和改革的和平年代，为实现国家繁荣富强和人民共同富裕这一最广大人民的根本利益，中国共产党始终坚持群众利益无小事，坚持权为民所用、情为民所系、利为民所谋，始终坚持把最广大人民的根本利益作为自己理论、路线、纲领、方针、政策和各项工作的出发点和归宿，同时，始终坚持在社会不断发展进步的基础上，使人民群众不断获得经济、政治、文化、社会和生态环境方面的实实在在的利益。新中国成立60多年，我们党和国家在经济建设各条战线取得的辉煌成就，我们党彻底解决了中国人民的吃饭问题，使城乡居民的生活水平实现了从贫困到温饱再到总体小康的历史性跨越，中国人民在就业、教育、医疗卫生、收入分配和社会保障等民生领域获得的巨大实惠，世界瞩目，举世公认。尤其值得一提的是，60多年以来，在发展中人口大国里，只有中国才是世界上唯一同时实现"文盲人口减半"和"贫困人口减半"的国家。

正是因为中国共产党始终致力于实现中国最广大人民群众的根本利益，始终坚持全心全意服务人民群众，中国人民在长期的历史比较中，认定她是人民需要的真正的马克思主义政党，并坚定选择她作为自己根本利益的代表，作为实现中华民族伟大复兴的中国梦的领导力量。

在全面深化改革和发展社会主义市场经济条件下，中国共产党要保持马克思主义政党的鲜明政治本色，"仍然要坚持把人民利益放在最高位置，尊重人民主体地位，尊重人民首创精神，想群众之所忧，急群众之所难，谋群众之所需，从人民最关心最直接最现实的利益问题入手，实实在在为群众解难事、办好事，把党的宗旨落实到各项工作中"。① 对广大党员领导干部来说，保持马克思主义政党的鲜明政治本色，极其重要的就是要真正站在人民大众立场上，解决好为谁掌权用权的问题。领导干部一定要牢记，一切权力属于人民，一切权力服务于人民。领导干部的权力是人民赋予的，只能用来为人民谋利益，决不能把它变成牟取个人或少数人私利的工具。须知，权力是柄"双刃剑"，领导干部手中掌握一定权力，虽然为自己创造和提供了为人民服务的机遇，但与此同时自己也容易成为权力寻租的主攻目标。如果领导干部一旦对社会上出现的针对自己越来越多和越来越隐蔽的拉拢腐蚀的手段和形式放松警惕，经受不住各种诱惑，就可能因为搞权钱交易而滑向腐败和犯罪的深渊。各级领导干部一定要清醒地认识到，权力就是责任，权力越大责任也越大，一定要真正在思想上解决入党为什么、当干部做什么、身后留什么的问题，任何时候任何情况下都要

---

① 习近平：《始终坚持和充分发挥党的独特优势》，《求是》2012年第15期。

以人民利益为重、全心全意为人民谋利益，都要把执政为民、为民用权作为正确使用权力的基本要求，真正做到立身不忘做人之本、为政不移公仆之心、用权不谋一己之私。

四 马克思主义最重要的理论品质

关于马克思主义最重要的理论品质，马克思主义创始人曾具体谈到了以下几个重要之点。

第一，共产主义"不是从原则出发，而是从事实出发。共产主义者不是把某种哲学作为前提，而是把迄今为止的全部历史，特别是这一历史目前在文明各国造成的实际结果作为前提"。①

第二，"正确的理论必须结合具体情况并根据现存条件加以阐明和发挥"。②

第三，"人的思维是否具有客观的真理性，这不是一个理论的问题，而是一个实践的问题。人应该在实践中证明自己思维的真理性，即自己思维的现实性和力量，自己思维的此岸性"。③

马克思主义创始人的上述论述，阐明了认识、检验和发展真理的方法，即：要不断获得对事物的真理性认识，必须从事实而非抽象的原则出发，必须使理论紧密联系实际，必须用实践来检验真理和发展真理。"授人以鱼，不如授之以渔"。马克思主义提供的这种认识、检验和发展真理的方法，比起马克思主义本身提供的许多具体的真理，无疑更能体现马克思主义最重要的理论品质。

正是根据马克思主义创始人的相关论述尤其是上述论述，胡锦涛用中国式的通俗语言把马克思主义最重要的理论品质表述为"坚持一切从实际出发，理论联系实际，实事求是，在实践中检验真理和发展真理"。

这里需要指出，"实事求是"是毛泽东同志用中国成语对辩证唯物主义和历史唯物主义世界观和方法论所作的高度概括。毛泽东同志还非常形象地对实事求是作出解释，指出："'实事'就是客观存在着的一切事物，

---

① 《马克思恩格斯选集》第 1 卷，人民出版社 1995 年版，第 210 页。
② 《马克思恩格斯全集》第 47 卷，人民出版社 2004 年版，第 35 页。
③ 《马克思恩格斯选集》第 1 卷，人民出版社 1995 年版，第 58 页。

'是'就是客观事物的内部联系，即规律性，'求'就是我们去研究。"① 习近平同志认为，坚持实事求是，就是坚持一切从实际出发来研究和解决问题，坚持理论联系实际来制定和形成指导实践发展的正确路线方针政策，坚持在实践中检验真理和发展真理，并指出，坚持实事求是，探求和掌握事物发展的规律，关键是要勇于实践、善于实践，在实践中积累经验、进行理论升华，再用以指导实践、推动实践，在实践中使认识得到检验、修正、丰富和发展，要始终坚持一切为了群众、一切依靠群众，从群众中来、到群众中去的群众路线。②

从马克思主义最重要的理论品质来看，马克思主义与"理论与实践相分离，主观与客观相脱离，轻视实践，轻视感性认识，夸大理性认识的作用"的教条主义没有任何共通之处。把马克思主义教条化，不仅不是给予马克思主义荣誉，恰恰相反，是对马克思主义的侮辱，不仅不会给无产阶级的运动以正确的思想理论指导，恰恰相反，只会误导无产阶级运动，使之遭到危害和损失；不仅不会使马克思主义永葆与时俱进的蓬勃生命力，恰恰相反，只会窒息马克思主义的生命力，使之因为脱离实际而日益僵化和显得"过时"。

从马克思主义最重要的理论品质来看，马克思主义与那种一味迷信或者说神圣化狭隘的局部经验，轻视理论指导作用的经验主义也没有共同之处。马克思主义不是不需要经验以资参考借鉴，但是却坚决反对经验主义，因为经验主义坚持孤立、静止、片面的观点，往往用过去的、局部的经验套实践，不能从联系、发展和全面的角度看问题，因而与教条主义一样，同样有"理论与实践相分离，主观与客观相脱离"的主观主义的毛病，同样是唯心主义的思想方法。这种思想方法，被无数事实和不断发展的实践一再证明，是一种离认识和发展真理很远的错误的思想方法。

马克思主义最重要的理论品质能给我们什么启示呢。至少有这样两点。第一，我们要在坚决抵制马克思主义"过时论"等种种否定马克思主义错误思想的同时，不能以教条主义的观点对待马克思主义，不要被马克思主义针对具体情况、具体条件的个别词句、个别结论束缚住手脚，必须从中国实际出发，坚持把马克思主义基本原理同中国的具体实际相结合，

① 《毛泽东选集》第 3 卷，人民出版社 1991 年版，第 801 页。
② 习近平：《坚持实事求是的思想路线》，《学习时报》2012 年 5 月 27 日第 1 版。

不断开辟马克思主义中国化新境界。我们推进改革发展、制定方针政策，都要牢牢立足社会主义初级阶段这个最大实际，都要充分体现这个基本国情的必然要求，坚持一切从这个基本国情出发。任何超越现实、超越阶段而急于求成的倾向都要努力避免，任何落后于实际、无视深刻变化着的客观事实而因循守旧、固步自封的观念和做法都要坚决纠正。

第二，我们要懂得珍惜过去积累的宝贵经验和成功做法，但不能陷入经验主义。尤其在中国成功应对国际金融危机并不断取得新的巨大成就，越来越证明中国发展模式具有许多西方发展模式不可比拟的优越性的时代背景下，我们"不能把实践中已见成效的东西看成完美无缺的模式"。我们要清醒地认识到，过去有许多做法和经验已经不适用了，必须顺应人民对美好生活的新期待，根据新的实践要求，重新学习，不断创新，与时俱进，不断促进生产关系与生产力、上层建筑与经济基础相协调，不断完善适合我国国情的发展道路和发展模式。我们必须以更大的政治勇气和智慧，不失时机深化重要领域改革，坚决破除一切妨碍科学发展的思想观念和体制机制弊端，构建系统完备、科学规范、运行有效的制度体系，使各方面制度更加成熟更加定型。只有这样，我们才能不断增加全社会的生机活力，真正做到与时代发展同步伐、与人民群众共命运。

以马克思主义为指导思想和行动指南的各国共产党必须牢牢把握马克思主义最重要的理论品质。衡量一个国家的共产党及其各级组织是否牢牢把握了马克思主义最重要的理论品质，很重要的方面就是要看它是否敢于为了人民的利益坚持真理、修正错误，做到不唯上、不唯书、只唯实，是否具有光明磊落、无私无畏、以事实为依据、敢于说出事实真相的勇气和正气，是否能够及时发现和纠正思想认识上的偏差、决策中的失误、工作中的缺点，是否能够及时发现和解决存在的各种矛盾和问题，从而使自己的思想和行动更加符合客观规律、符合时代要求、符合人民愿望。

五　结语

我们要从整体上把握什么是马克思主义，必须坚持从它最重要的理论特征、最崇高的社会理想、最鲜明的政治立场和最重要的理论品质这四个方面的有机统一来理解。事实上，这四个方面之间本身就天然存在有机的统一的联系。真正坚持辩证唯物主义和历史唯物主义的世界观和方法论，往往就会坚信共产主义社会是人类社会发展的必然趋势，就会坚定共产主义的崇高理想。而具有坚定共产主义理想并致力于实现共产主义的马克思主义政党，它就一定会旗帜鲜明地表明自己为"消灭私有制"这一倏关最广大人民的根本利益而努力不懈奋斗的政治立场。真正致力于实现最广大人民根本利益的马克思主义政党和真正的马克思主义者，则一定会深刻懂得马克思主义最重要的理论品质在于它提供了认识、检验和发展真理的科学方法，而不是它提供的许多可以随着实践的发展而发展的具体的真理本身，因而也一定会自觉地与教条主义和经验主义划清界限，坚定站在最广大人民的立场去认识世界，并一定能够正确地和完整地把握住辩证唯物主义和历史唯物主义的世界观和方法论。

无视马克思主义上述四个方面本身存在的有机统一的联系，把这四个方面割裂开来，或者以为只要掌握了其中的一个方面，就是从整体上把握了马克思主义，这是一种误解。把马克思主义只等同于辩证唯物主义和历史唯物主义，而把它最崇高的社会理想、最鲜明的政治立场和最重要的理论品质一笔勾销，那马克思主义就会永远只停留在世界观与方法论的圈子里，就会最终成为一种对资产阶级和一切剥削阶级来说"无害"的认识世界的工具而已，这种马克思主义最终必定会走向无产阶级的对立面。把马克思主义只等同于它最崇高的社会理想，那这种社会理想就会因为缺乏科学的理论基础、觉悟的奋斗工具和现实的实践基础最终成为一种空想，成为乌托邦。把马克思主义只等同于它最鲜明的政治立场，那这种最鲜明的政治立场最终必定会因为没有理想目标的照耀和思想路线的指引而黯淡无光。把马克思主义只等同于它最重要的理论品质，那这种最重要的理论品质就会因为失去了马克思主义基本的立场、观点和是非界限而显得无足轻重。因此，一定要从上述四个方面的有机统一来整体上把握马克思主义。在这里，我们记住列宁的下述教导无疑是有益的："马克思主义的全部精神，它的整个体系，要求人们对每一个原理都要（α）历史地，（β）都要同其他原理联系起来，（γ）都要同具体的历史经验联系起来加以考察。"①

（将刊发在《社会科学辑刊》2014 年第 1 期）

---

① 《列宁选集》第 2 卷，人民出版社 1995 年版，第 785 页。

要从整体上把握马克思主义基本立场

周天楠

要从整体上理解和把握马克思主义的基本要义，更加坚定马克思主义基本立场，就要从理论上揭示它的来源，又要从实践上解释它的依靠力量，更要从理论和实践的结合上诠释它的思想路线。正是依据以上的思路，本文将从哲学基础、政治立场和思想路线角度，从整体意义上解读马克思主义基本立场上的主要观点。

一说到马克思主义立场，就应该首先回到它的哲学基础上去。可以明确地说，马克思恩格斯从创立马克思主义之时起，就把自己的理论建立在唯物主义的基础上。换句话说，马克思主义立场在哲学上的反映就是始终不渝地坚持唯物主义。早在 1845 年马克思发表的《关于费尔巴哈的提纲》这个"包含着新世界观天才萌芽的第一个文件中"，就明确表明自己唯物主义的立场，并用这种"新唯物主义"去同旧唯物主义和唯心主义相对立。马克思在《资本论》和《〈政治经济学批判〉序言》中，再次说明马克思主义的基础是唯物主义的，即具有"方法的唯物主义基础"。正是针对当时很多非唯物主义学说、流派及其代表人物都称自己是马克思主义时，马克思才不得不说他只知道自己不是马克思主义者。马克思在晚年通信中也多次声明"我是唯物主义者""我们永远也不能脱离唯物主义"。同时，马克思恩格斯在《德意志意识形态》中也提出并强调了"人类的感性活动，连续不断的感性劳动和创造、这种生产，正是现存感性世界的基础"，同时强调"外部自然界的优先地位仍然保持着"。这就一方面坚持人类劳动的巨大的能动性，另一方面也表明这种劳动实践不得不受到外部自然界的制约。十分明显，马克思主义哲学世界观，既坚持了唯物主义的基本立场，又反对了旧唯物主义的，更与唯心主义从根本上划清了界限。如果否认或歪曲马克思主义所具有的唯物主义一元论的基本立场，就会最终滑向"唯心主义"，就会出现用多元论的观点去解释马克思主义，就会导致指导思想上的多元论，就会损害马克思主义在我国意识形态领域的指导地位，就会最终导致甚至动摇马克思主义的政治立场和思想路线，因为新唯物主义指导下的"唯物史观"是马克思主义的基石。

马克思主义立场除了坚持哲学基础上的"唯物主义"，还需要坚持实践意义上的"代表最广大劳动人民的利益"这一基本立场。马克思主义从产生开始就一再表明自己学说的无产阶级性质。1848 年 2 月，马克思恩格斯在《共产党宣言》这部"科学共产主义的最伟大的纲领性文件"中，第一次揭示了"无产阶级只有解放全人类才能最终解放自己"的历史使命。最初的无产阶级亦称工人阶级，属于生活在整个社会最底层并代表着最广大劳动人民的社会群体。在马克思主义的指导下，它由自在的阶级成为自为的阶级，之后并自觉地把马克思主义作为指导自己的理论。按照马克思主义理论，无产阶级代表最先进的生产力，他最终的历史使命是在推翻资本主义过程中通过解放自己而解放全人类。列宁在 1904 年《进一步，退两步》中就指出，马克思主义是由资本主义训练出来的无产阶级的思想体系。从马克思主义创立至今，在马克思主义传播和发展中，无论在西方发达资本主义国家，还是东方社会主义国家，还是马克思主义流行的其他国家，真正的马克思主义始终代表占人口大多数、代表生活在社会最底层即最广大劳动人民利益的具有实践意义上的政治立场并没有改变。马克思主义认为："无产阶级的运动是绝大多数人的、为绝大多数人谋利益的独立的运动。"只有坚持无产阶级和劳动人民的立场，才是真正的马克思主义。中外历史中最广大劳动"人民"的力量也是被实践多次证明了的，"水能载舟，亦能覆舟"，它不仅是历史更替的主力，也是历史发展的中坚。在多种现代理论中，"人民"也被明确标识为政治权力的来源，"人民性"也被概括为基本特征或本质特征。实践也证明，是否维护最广大劳动人民的利益是衡量无产阶级政党是否具有马克思主义性质的重要标志，也是这一政党领导革命和建设是否顺利和成功的社会基础。在我国，无产阶级的范围和劳动"人民"的概念也都随着历史更替和社会发展等有了很大的变化。我国"人民"不仅包括工农联盟，也包括知识分子，还包括一切社会主义劳动者、建设者和拥护者。中国共产党是无产阶级政党，既是中国人民和中华民族的先锋队，又是代表着最广大劳动人民群众根本利益的先锋队，还是我国最广大劳动人民群众根本利益的倡导者和维护者。正如习近平同志所说："始终站在人民大众的立场上，始终不脱离、不动摇这个立场，这是共产党人掌握马克思主义世界观的重大问题。"很显然，马克思主义作为我们党和国家的指导思想，其在实践领域上的基本立场，始终是坚定地代表最广大劳动人民群众的根本利益。

马克思主义的思想路线是马克思主义立场在理论和实践结合上的反映，它的基本含义就是"一切从实际出发"。在我国，无论是"实事求是""与时俱进"，还是"科学发展"，都是马克思主义思想路线的基本内容，是与"一切从实际出发"一脉相承，其基本要义是把马克思主义的基本原理与我国发展中的新情况、新问题相结合，这也是我国革命、建设以及改革成功的一条基本经验。在这个结合过程中，我们既需要抛弃前人囿于历史条件而得出的个别论断，也需要破除对马克思主义教条式理解，以及批判附加在马克思主义名下的错误观点，更需要用马克思主义基本立场去了解和判断当前我国在深化改革的重要时期所发生的生动鲜活的历史事实。过去的实践也证明，什么时候坚持了"一切从实际出发"，我国的社会主义事业就发展和胜利，什么时候离开了这个思想路线，我国的事业就将遭受挫折和失败，其失败原因就是理论和实践"两张皮"，没有从根本上实现马克思主义基本原理与中国的"活实践"的紧密结合。早在1910年，列宁在《论马克思主义历史发展中的几个特点》中，也概括了这方面的最终原因："马克思主义不是死的教条，不是什么一成不变的学说，而是活的行动指南。"我国社会主义事业之所以成功和发展，一个根本原因，就在于始终坚持"一切从实际出发"，坚持把马克思主义基本原理同中国革命、建设、改革的具体实际相结合。同一个道理，马克思主义的发展也不能离开这一条思想路线。如果离开了这一思想路线也就谈不上马克思主义的基本立场，更不会出现马克思主义中国化的顺利发展。

当前，用马克思主义立场、观点和方法去认识和解决当前的中国问题，这已经是确定了的指导思想。但怎么认识和运用马克思主义基本立场，将关乎到党和国家发展的方向和根本，即是否仍然坚持一元的马克思主义思想的指导地位、是否最终代表最广大劳动人民根本利益、是否始终坚持已经被实践多次证明正确的"一切从实际出发"的思想路线。

如何科学对待马克思主义

——马克思主义中国化、时代化、大众化的视角

刘志明

一 马克思主义中国化

马克思主义虽然是无产阶级的科学的世界观和方法论，"放之四海而皆准"，但是，它提供给无产阶级解放事业的也只是一般的指导原理，只是无产阶级"任何坚定不移和始终一贯的革命策略的基本条件"，而不是具体的策略本身，各国无产阶级要找到这种策略，需要"把这一理论应用于本国的经济条件和政治条件"[①]，"结合具体情况并根据现存条件加以阐明和发挥"[②]。恩格斯指出："只有在这个意义上，'马克思主义'这个词才有存在的理由。"[③] 因此，对世界各国的无产阶级和共产党人来说，寻找社会主义革命和建设的正确的战略策略，极其重要的，自然就是使马克思主义"民族化"，使之与各自国情或者说具体条件相结合。

对中国共产党人来说，马克思主义"民族化"，具体地说就是马克思主义"中国化"。所谓马克思主义中国化，就是把马克思主义基本原理同中国具体实际相结合，深入研究和解决中国革命、建设、改革不同历史时期的实际问题，总结中国的独特经验，形成具有中国风格、中国气派的马

---

① 《马克思恩格斯选集》第 4 卷，人民出版社 1995 年版，第 669 页。
② 《马克思恩格斯全集》第 47 卷，人民出版社 2004 年版，第 35 页。
③ 中央编译局编译：《智慧的明灯：回忆马克思恩格斯》，人民出版社 1983 年版，第 91 页。

克思主义①。

这里需要指出，"马克思主义基本原理同中国具体实际相结合"包含两个方面，一方面叫基本原理，另一方面叫中国具体实际，否认或者说丢开任何一面都不行。马克思列宁主义承认各国运用马克思主义必须考虑它的民族特点，但这决不是说，各国在运用马克思主义时可以否认甚或丢开马克思主义的基本原理或普遍真理。在中国共产党看来，马克思主义的基本原理或普遍真理有这样一条，就是"消灭封建主义、资本主义，实现社会主义，将来还要实现共产主义"②。中国的具体实际，现在来说，就是中国处于并将长期处于社会主义初级阶段。社会主义初级阶段，就是生产力不发达、社会主义制度不完善不成熟的阶段，也是人民日益增长的物质文化需要同落后的社会生产之间的矛盾始终是社会主要矛盾的阶段。这一中国的具体实际，是推进马克思主义中国化的基础。

虽然马克思主义中国化是科学对待马克思主义的题中应有之义，但是，中国共产党深入认识到这一点却是经历了曲折和斗争的。在中国共产党形成以毛泽东同志为核心的成熟的党中央之前，虽然党的早期领导人李大钊等都曾经提出过要把马克思列宁主义应用到中国的实践当中去的思想，但是，客观地说，党内对马克思主义中国化这个问题还没有形成深刻的、完整的、统一的认识，也没有党的领导人向全党提出实现马克思主义中国化的任务。相反地，党内倒是曾一度盛行教条主义地对待马克思主义的问题。

所谓教条主义（亦称"本本主义"），乃是主观主义的一种表现形式，其最明显的特点就是轻视实践、割裂理论与实践、主观与客观的具体的历史的统一。教条主义"只会片面地引用马克思、恩格斯、列宁、斯大林的个别词句，而不会运用他们的立场、观点和方法，来具体地研究中国的现状和中国的历史，具体地分析中国革命问题和解决中国革命问题"③。教条主义在党内盛行或者说占统治地位的结果，就是"使革命斗争遭到严重的失败，使当时的革命根据地和工农红军损失了百分之九十，国民党统治区

---

① 习近平：《关于建设马克思主义学习型政党的几点学习体会和认识——在中央党校2009年秋季学期第二批进修班开学典礼上的讲话》，《学习时报》2009年11月16日。

② 《邓小平文选》第1卷，人民出版社1994年版，第258页。

③ 《毛泽东选集》第3卷，人民出版社1991年版，第797页。

的党组织和党领导下的革命组织几乎损失了百分之百"①。

针对教条主义的巨大危害，毛泽东同志率先向全党郑重提出了马克思主义中国化这一科学命题和历史性任务。1938 年 10 月，毛泽东在中共六届六中全会的政治报告《论新阶段》中指出："离开中国特点来谈马克思主义，只是抽象的空洞的马克思主义。因此，使马克思主义在中国具体化……成为全党亟待了解并亟须解决的问题。"②

在毛泽东那里，"使马克思主义在中国具体化"或者说实现马克思主义中国化，最根本的就是"要纠正脱离实际情况的本本主义"③，要"把马克思列宁主义的理论和中国革命的实践密切地联系起来"④，"应确立以研究中国革命实际问题为中心，以马克思列宁主义基本原则为指导的方针，废除静止地孤立地研究马克思列宁主义的方法"⑤，努力使马克思主义"在其每一表现中带着必须有的中国的特性，即是说，按照中国的特点去应用它"⑥。因此，在中国应用马克思主义或者说根据中国的特点应用马克思主义，必然不同于英国、法国、德国和俄国等其他国家，这不是对马克思主义的离经叛道，恰恰相反，是正确应用马克思主义的题中应有之义。

自从毛泽东同志率先提出马克思主义中国化的历史任务后，一代一代中国共产党人开始自觉地从对马克思主义的错误的和教条式的理解中解放出来，从主观主义和形而上学的桎梏中解放出来，坚持把马克思主义基本原理同中国革命、建设、改革的具体实际相结合，接力推进马克思主义中国化，使中国社会主义革命、建设和改革不断取得举世瞩目的重大成就，也不断开辟了马克思主义在中国发展的新境界。

具体地说，在领导中国革命和建设的过程中，以毛泽东为主要代表的中国共产党人，把马克思列宁主义的基本原理同中国革命的具体实际结合起来，创立了毛泽东思想，第一次实现了马克思主义的中国化。

党的十一届三中全会以来，以邓小平为主要代表的中国共产党人，在总结国内外社会主义建设的历史经验，特别是改革开放以来的新鲜经验的

---

① 《刘少奇选集》下卷，人民出版社 1985 年版，第 267 页。
② 《毛泽东选集》第 2 卷，人民出版社 1991 年版，第 534 页。
③ 《毛泽东选集》第 1 卷，人民出版社 1991 年版，第 111 页。
④ 《毛泽东文集》第 7 卷，人民出版社 1999 年版，第 116 页。
⑤ 《毛泽东选集》第 3 卷，人民出版社 1991 年版，第 802 页。
⑥ 《毛泽东选集》第 2 卷，人民出版社 1991 年版，第 534 页。

基础上，初步回答了"什么是社会主义、怎样建设社会主义"这个首要的基本的理论问题，逐步形成了建设中国特色社会主义的路线、方针、政策，阐明了在中国建设社会主义、巩固和发展社会主义的基本问题，创立了邓小平理论，开辟了建设中国特色社会主义的正确道路，推进了马克思主义的中国化。

党的十三届四中全会以来，以江泽民为主要代表的中国共产党人，根据国内外形势和党的历史方位的新变化，进一步回答了什么是社会主义、怎样建设社会主义和建设什么样的党、怎样建设党的问题，深化了对中国特色社会主义的认识，形成了"三个代表"重要思想，进一步推进了马克思主义的中国化。

党的十六大以来，以胡锦涛为总书记的党中央立足社会主义初级阶段基本国情，总结我国发展实践，借鉴国外发展经验，适应新的发展要求提出了"科学发展观"等重大战略思想，进一步回答了实现什么样的发展、怎样发展这一关系到中国未来前途和命运的重大问题，深化了党对共产党执政规律、社会主义建设规律、人类社会发展规律的认识，继续推进着马克思主义中国化的发展进程。

党的十八大以来，以习近平为总书记的党中央着眼坚持和发展中国特色社会主义，提出和深刻阐述了民族复兴中国梦这一重要战略思想，回答了什么是中国梦、怎样实现中国梦这个重大问题，在马克思主义中国化的道路上迈出新步伐。

一代一代中国共产党人在领导中国革命、建设和改革的长期实践中，实现了马克思主义同中国实际相结合的两次历史性飞跃，产生了两大理论成果。第一次飞跃的理论成果是毛泽东思想，是被实践证明了的关于中国革命和建设的正确的理论原则和经验总结。第二次飞跃的理论成果是中国特色社会主义理论体系，包括邓小平理论、"三个代表"重要思想、"科学发展观"以及"中国梦"等重大战略思想，是指引党和国家事业不断从胜利走向胜利的行动指南。

在接力推进马克思主义中国化的历史进程中，中国共产党人积累了以下一些尤其值得珍视的经验，即：一定要以科学态度对待马克思主义，正确处理坚持和发展、一脉相承和与时俱进的辩证统一关系；一定要胸怀共产主义远大理想，坚持以我们正在做的事情为中心，充分尊重人民群众的伟大实践和创造；一定要以宽广的眼光密切观察世界局势的发展变化，积极借鉴吸收人类文明一切优秀成果；一定要坚持不懈地用党的理论创新成果武装党员干部头脑，不断提高全党的思想理论水平。

二　马克思主义时代化

马克思主义是无产阶级认识真理的工具和科学方法论。遵循马克思主义开辟的认识真理的道路，无产阶级就会越来越接近真理和不断获得新的真理性认识；反之，离开马克思主义开辟的认识真理的道路，除了收获混乱和谬误，无产阶级什么也不会得到，这是实践反复证明了的真理。因此，对于无产阶级及其政党尤其是中国共产党来说，必须坚持马克思主义的世界观与方法论，必须坚持不丢马克思主义老祖宗，必须经常学习他们的著作。以马克思主义产生于 160 多年以前，资本主义已经发生了相对于马克思主义创始人所生活时代的众多新变化，马克思主义的某些论断甚至一些重要论断明显已经过时为由，宣扬"马克思主义过时论"，是根本错误的。

但是，无产阶级及其政党坚持马克思主义，遵循马克思主义开辟的认识真理的道路，并不意味着马克思主义可以无视时代和实践的发展，可以不需要随着时代和实践的发展不断发展和完善自身。相反，无产阶级及其政党应该认识到，马克思主义是科学，它始终严格地以客观事实为根据。而实际生活总是在不停地变动中，这种变动的剧烈和深刻，近一百多年来达到了前人难以想象的程度。因此，并没有结束和穷尽真理的马克思主义必定随着时代、实践和科学的发展而不断发展，不可能一成不变，它必定要在实践中不断地开辟自己认识真理的道路，它也要求始终以其为行动指南的无产阶级及其政党根据它的基本原则和基本方法，不断结合变化着的实际，探索解决新问题的答案，从而也发展马克思主义理论本身。只有这样，马克思主义才能真正发挥其作为无产阶级伟大认识工具的功能，无产阶级也才能按照自己的愿望和要求来"改造世界"。

作为历史的产物，马克思主义要与时代与实践一道前进，那它就必须吸收时代的新内容，反映时代的新精神，必须紧密结合时代特征，科学回答其发展历程中经历的不同时代所提出的各种问题，因为问题是"公开的、无所顾忌的、支配一切个人的时代之声"①。简言之，马克思主义要使

---

① 《马克思恩格斯全集》第 1 卷，人民出版社 1995 年版，第 203 页。

自己不"过时",就必须使自己时代化。

所谓马克思主义时代化,就是把马克思主义同时代特征结合起来,使之紧跟时代发展步伐、不断吸收新的时代内容、科学回答时代课题①。

虽然"马克思主义时代化"是我们党的十七届四中全会通过的《中共中央关于加强和改进新形势下党的建设若干重大问题的决定》第一次提出的科学命题,但是,马克思主义必须随着时代的发展而发展,必须与时代特征相结合,必须回答时代课题等马克思主义时代化的基本要义却是一代一代马克思主义者都一再强调的。比如,《共产党宣言》(以下简称"《宣言》")发表 24 年后,马克思、恩格斯在为《宣言》德文版作序时就说,由于时代的变迁和实践的发展,《宣言》中的一些观点、一些论述"是不完全的",有的"已经过时了";如果可以重写,"许多方面都会有不同写法了"②。列宁也表示:"我们决不把马克思的理论看作某种一成不变的和神圣不可侵犯的东西;恰恰相反,我们深信:它只是给一种科学奠定了基础,社会党人如果不愿落后于实际生活,就应当在各方面把这门科学推向前进。"③ 他还说,只有"首先考虑到各个'时代'的不同的基本特征(而不是个别国家的个别历史事件),我们才能够正确地制定自己的策略;只有了解了某一时代的基本特征,才能在这一基础上去考虑这个国家或那个国家的更具体的特点"④。毛泽东也指出,马克思主义"要随着实践的发展而发展,不能停滞不前。停止了,老是那么一套,它就没有生命了"⑤。他还说,"马克思这些老祖宗的书,必须读,他们的基本原理必须遵守,这是第一。但是,任何国家的共产党,任何国家的思想界,都要创造新的理论,写出新的著作,产生自己的理论家,来为当前的政治服务,单靠老祖宗是不行的。"⑥ 邓小平也指出,"马克思主义必须发展"⑦,"真正的马克思列宁主义者必须根据现在的情况,认识、继承和发展马克思列宁主义"⑧。江泽民也

---

① 习近平:《关于建设马克思主义学习型政党的几点学习体会和认识——在中央党校 2009 年秋季学期第二批进修班开学典礼上的讲话》,《学习时报》2009 年 11 月 16 日。

② 《马克思恩格斯选集》第 1 卷,人民出版社 1995 年版,第 249 页。

③ 《列宁选集》第 1 卷,人民出版社 1995 年版,第 274 页。

④ 《列宁专题文集·论资本主义》,人民出版社 2009 年版,第 91 页。

⑤ 《毛泽东文集》第 7 卷,人民出版社 1999 年版,第 281 页。

⑥ 《毛泽东文集》第 8 卷,人民出版社 1999 年版,第 109 页。

⑦ 《邓小平文选》第 3 卷,人民出版社 1993 年版,第 191 页。

⑧ 同上书,第 291 页。

指出："马克思主义是发展的科学"①，必须把马克思主义"同时代和世界形势的新发展、新变化紧密结合起来，在坚持马克思主义的实践中丰富和发展马克思主义"，并表示相信，"只要我们站在时代前列，立足于新的实践，把握住时代特点，运用马克思主义基本理论研究现实中的重大问题……我们就能够对丰富和发展马克思主义作出新的贡献"②。胡锦涛也指出，马克思主义要"随着时代的发展、实践的发展和科学的发展而不断接受检验，不断丰富内容，不断向前发展"③，"我们不可能从马克思、恩格斯那里找到我国社会主义建设的全部现成答案，必须结合我国实际、通过实践来不断加以回答"。④ 习近平也强调，不要被马克思主义针对具体情况、具体条件的个别词句、个别结论束缚住手脚，要坚持"把马克思主义基本原理同中国具体实际和时代特征相结合，自觉运用马克思主义立场观点方法研究和解决中国革命、建设、改革的实际问题"⑤，等等。

深刻认识到马克思主义时代化的必要性和重要性的中国共产党人，在中国革命、建设和改革的各个历史时期，自觉遵循马克思主义时代化的基本要求，坚决反对停留在对马克思主义的某些原则、某些本本的教条式理解上，或者停留在对社会主义的一些不科学的甚至扭曲的认识上，坚持从时代的发展和本国的国情出发，以创造性的态度对待马克思主义，在努力把握各个时代的主题、科学回答各个时代所提出的众多课题的基础上，在不断实现我们党的指导思想与时俱进的历史进程中，续写了马克思主义时代化的精彩篇章，从而保持了马克思主义的巨大的影响和旺盛的生命力。

具体地说，以毛泽东同志为主要代表的中国共产党人，在革命和建设的长期实践中，科学把握帝国主义和无产阶级革命时代民族要独立，人民要解放的特点，以马克思主义为指导，对半殖民地半封建社会的中国革命和建设的路线、纲领、方针、政策和策略，作出了科学回答，形成了符合时代发展要求的毛泽东思想，在新民主主义革命、社会主义革命和建设，革命军队建设、军事战略和国防建设，政策和策略，思想政治工作和文化

---

① 《十三大以来重要文献选编》中，人民出版社1991年版，第1143页。
② 《江泽民文选》第3卷，人民出版社2006年版，第284页。
③ 《十五大以来重要文献选编》（上），人民出版社2000年版，第355页。
④ 《十六大以来重要文献选编》（中），中央文献出版社2006年版，第703页。
⑤ 习近平：《深入学习中国特色社会主义理论体系　努力掌握马克思主义立场观点方法》，《求是》2010年第7期。

工作，外交工作和党的建设等方面，以独创性的理论丰富和发展了马克思主义。

以邓小平同志、江泽民同志和胡锦涛同志为主要代表的中国共产党人，在建设和改革的长期实践中，敏锐把握和平与发展成为世界主题的时代特征，准确反映世界要改革开放的时代要求，对"什么是社会主义，怎样建设社会主义，建设一个什么样的党，怎样建设党，实现什么样的发展，怎样实现发展"等时代课题作出了更加符合实际与时代要求的科学回答，形成了包括邓小平理论、"三个代表"重要思想和科学发展观在内的中国特色社会主义理论体系。中国特色社会主义理论体系既破除了对马克思主义的教条式理解，又抵制了抛弃社会主义基本制度的错误主张；既坚持了科学社会主义基本原则，又具有鲜明的时代特征和中国特色；既继承了前人，又创新了内容，开拓了马克思主义新境界，是深深扎根于中国大地、符合中国实际的当代中国马克思主义。

党的十八大以来，以习近平同志为主要代表的中国共产党人，在领导全国各族人民奋力实现中华民族伟大复兴中国梦的历史节点，深刻把握后国际金融危机世界兴起大变革大调整的时代潮流，高举全面深化改革的旗帜，坚持解放思想、实事求是、与时俱进、求真务实，一切从实际出发，总结国内成功做法，借鉴国外有益经验，继续推进理论和实践创新，在马克思主义时代化的进程中迈出新步伐。

中国共产党人在接力推进马克思主义时代化的历史进程中，积累了许多宝贵的历史经验，主要有：必须坚持解放思想与实事求是的统一，积极推进实践基础上的理论创新，做到思想上不断有新解放，实践上不断有新创造，理论上不断有新突破。必须坚持把人民的生动实践作为马克思主义时代化的源泉，把实现和发展最广大人民的根本利益作为马克思主义时代化的目的，把顺应时代潮流不断与时俱进的创造精神作为马克思主义时代化的动力，把研究和解决我们在前进中面临的突出问题作为马克思主义时代化的着力点，等等。

三 马克思主义大众化

马克思主义大众化，就是把马克思主义理论用简单质朴的语言讲清楚、用群众喜闻乐见的方式说明白，使之更好地为广大党员和人民大众所理解、所接受①。

历史反复证明，代表先进阶级的正确思想，一旦被群众掌握，就会变成改造社会、改造世界的物质力量。马克思主义要成为人民大众尤其是无产阶级的锐利思想武器和行动指南，要在人民大众改造社会、改造世界的伟大实践中实现自身的价值，必须被人民大众所理解和接受，必须实现大众化。否则，马克思主义就会失去其作为人民大众尤其是无产阶级认识世界、改造世界的"工具"价值。须知，"任何思想，如果不为人民群众所掌握，即使是最好的东西，即使是马克思列宁主义，也是不起作用的。"②

马克思主义大众化，贯穿了我们党领导革命、建设和改革伟大实践的全过程，贯穿了我们党加强理论建设、坚持和发展马克思主义的全过程。

在革命时期，党在马克思主义大众化方面，主要做了以下工作：

一是努力推进马克思主义通俗化。用中国人民通俗语言的形式表达马克思主义，用人民群众听得懂的话向他们解释马克思主义，这是马克思主义大众化在中国的基础性工作。为此，党强调向人民群众学习语言，强调"应当学会不用书本上的公式而用为群众事业而奋斗的战士们的语言来和群众讲话"，因为"这些战士们的每一句话，每一个思想，都反映出千百万群众的思想和情绪"③。毛泽东同志特别强调指出："真想实行大众化的人，那就要实地跟老百姓去学，否则仍然'化'不了的。"④ 在用中国通俗语言表达马克思主义理论方面，毛泽东率先垂范。毛泽东的著作《在延安文艺座谈会上的讲话》就被当时的中央总学委评价为"用通俗语言转化成的马列主义中国化的教科书"⑤。党的理论工作者在马克思主义通俗方面也做了大量工作。这里需要特别提到被称为"哲学大众化之第一人"的艾思奇在马克思主义通俗化方面的巨大贡献。1932 年，艾思奇就开始在《中华日报》上陆续发表哲学短文。从 1934 年 11 月至 1935 年 10 月，他为《读书生活》杂志每期都写一篇通俗的哲学文章。1935 年底，艾思奇将这些文章汇编成册，1936 年 1 月以《哲学讲话》为书名出版。1936 年第四

① 习近平：《关于建设马克思主义学习型政党的几点学习体会和认识——在中央党校 2009 年秋季学期第二批进修班开学典礼上的讲话》，《学习时报》2009 年 11 月 16 日。

② 《毛泽东选集》第 4 卷，人民出版社 1991 年版，第 1515 页。

③ 《毛泽东选集》第 3 卷，人民出版社 1991 年版，第 842 页。

④ 同上书，第 841 页。

⑤ 《中共中央文件选集》（第 14 册），中共中央党校出版社 1991 年版，第 102 页。

版发行时，更名为《大众哲学》。《大众哲学》是我国哲学大众化的开山之作。该书把深刻的哲理寓于生动的事例之中，通俗易懂，使青年和干部受到了马克思主义哲学世界观的启蒙教育，启发引导了几十万青年去探求真理，找到认识和改造旧中国的革命道路。毛泽东对艾思奇所著的哲学通俗读物《大众哲学》，给予了高度评价，盛赞这本书胜过十万雄兵①。

二是倡导马克思主义宣传教育方式大众化。党强调对人民大众进行马克思主义宣传教育的方式方法要贴近大众，要为大众所喜闻乐见。"我们的文学专门家应该注意群众的墙报，注意军队和农村中的通讯文学。我们的戏剧专门家应该注意军队和农村中的小剧团。我们的音乐专门家应该注意群众的歌唱。我们的美术专门家应该注意群众的美术。"② 毛泽东还创造性地提出了马克思主义宣传教育的十大教授法，即："1. 启发式（废止注入式）；2. 由近及远；3. 由浅入深；4. 说话要通俗化（新名词要释俗）；5. 说话要明白；6. 说话要有趣味；7. 以姿势助说话；8. 后次复习前次的概念；9. 要提纲；10. 干部班要用讨论式。"③ 在党的大力倡导下，各地注意采取群众喜闻乐见的民歌、戏剧、标语、图画和讲演等形式来宣传马克思主义的革命道理。

党在马克思主义大众化方面的这一系列工作富有成效，其成效正如刘少奇同志指出的，"是马克思主义这个最好的真理在四万万七千五百万人口的民族中空前的推广"④。马克思主义在中国广大农民中间尤其得到了推广，正如毛泽东同志指出的，"农民如同每个都进过一下子政治学校一样，收效非常之广而速"⑤，就是"开一万个法政学校"也不能"在这样短时间内普及政治教育于穷乡僻壤的男女老少"⑥。

在社会主义建设时期，中国共产党在推动马克思主义大众化方面同样不遗余力，主要做了两项工作。一是推进马克思主义理论通俗化。鉴于"把马列主义原理拿到中国人民中间，特别是拿到中国劳动人民中间来宣

① 陈中奎、罗晶：《新民主主义革命时期马克思主义大众化的历史进程及经验启示》，《重庆科技学院学报》（社会科学版）2011 年第 10 期。

② 《毛泽东选集》第 3 卷，人民出版社 1991 年版，第 863—864 页。

③ 《毛泽东邓小平江泽民论教育》，中央文献出版社、人民教育出版社、北京师范大学出版社 2002 年版，第 3 页。

④ 《刘少奇选集》上卷，人民出版社 1981 年版，第 336 页。

⑤ 《毛泽东选集》第 1 卷，人民出版社 1991 年版，第 35 页。

⑥ 同上书，第 34 页。

传，来实践，来应用；如果不进行通俗化的工作，就不可能在中国推广，劳动人民就不可能接受"①，中国共产党鼓励理论工作者对马列原著进行通俗化解读，以便民众能够听得懂、看得懂。毛泽东同志还特别寄语新闻出版界的同志，说在做理论宣传时，报纸上的文章要"写得通俗、亲切，由小讲到大，由近讲到远，引人入胜，这就很好。板起面孔办报不好"②。在党的大力倡导下，马列主义通俗化成果不断涌现。如艾思奇的《辩证唯物主义纲要》，李达的《〈实践论〉解说》，杨献珍的《什么是唯物主义》等文章，在社会上产生了极大的影响。此外，报纸、刊物也大量登载理论工作者的通俗性文章，甚至一些刊物还开辟专栏，如《中南农民》开辟"农村共产党员课本"栏目，连载《中国共产党的三十年简史》。这些通俗性马克思主义理论的宣传简明扼要、生动形象，极大地消除了社会发展史、历史唯物主义、马克思主义哲学等理论的神秘感，使民众轻松地接受了马克思主义的教育③。二是倡导采取人民大众喜闻乐见的形式进行马克思主义的宣传教育工作。党和政府要求在宣传马克思主义理论时，"应当利用各种文教工具，采取为群众所愿意接受的形式"。④各地积极响应党和政府的号召，非常注意运用百姓喜闻乐见的文艺表演的方式，例如说评书式的讲解、快板、西河大鼓、太平说词、河南坠子、数来宝、图书讲解、讲故事等进行马克思主义理论的宣传教育工作。

在改革开放的历史新时期，中国共产党继续推进马克思主义大众化，主要做了这样两项工作。一是通过恢复和办好各级党校，做好党员干部马克思主义理论教育工作的经常化、制度化、正规化工作，加强对马克思主义经典著作的编译和研究，努力建设具有时代特征的马克思主义基础理论和哲学社会科学学科体系等举措，开展好马克思主义理论的宣传普及活动。二是组织编写体现当代中国马克思主义最新理论成果的哲学、政治经济学、科学社会主义、政治学、社会学、法学、史学、新闻学和文学等重点学科教材，组织编写《理论热点面对面》等一系列通俗读物，推动中国特色社会主义理论体系的宣传普及。在这一时期，我们党始终把学习和运用马克思主义理论特别是马克思主义中国化最新成果作为党员和干部教育培训的中心内容，党的理

---

① 《刘少奇选集》下卷，人民出版社 1985 年版，第 78—79 页。
② 《毛泽东文集》第 7 卷，人民出版社 1999 年版，第 263 页。
③ 黎见春：《建国初期马克思主义大众化的历史考察》，《理论月刊》2011 年第 12 期。
④ 《建国以来重要文献选编》第 6 册，中央文献出版社 1993 年版，第 74 页。

论创新每前进一步、党的理论武装工作就跟进一步，着力推进毛泽东思想、邓小平理论、"三个代表"重要思想以及科学发展观等重大战略思想进教材、进课堂、进头脑，帮助广大党员和干部牢固树立马克思主义世界观、人生观、价值观，始终保持政治上的清醒和坚定，始终保持和发展共产党人的先进性。这一时期，正如习近平同志指出的："是当代中国马克思主义大普及的时期，也是党的理论创新成果被越来越多的党员和群众所学习、所接受、所掌握、所运用，理论成果变为巨大物质力量的时期。"①

党在接力推进马克思主义大众化的历史进程中，积累了一系列重要的历史经验，主要有以下四条。一是要多与群众交朋友，多接近生活，关注群众在日常工作和生活中遇到的实际问题，帮助他们解决思想上的疑惑。二是要紧扣时代主题、贴近时代实际，坚持用马克思主义的立场、观点、方法观察、分析和解决我国经济社会发展中的一系列实际问题，更好地满足人民群众的新期待、新需求。三是要紧紧围绕人民群众普遍关心的热点、难点问题进行具有针对性和说服力的解答，使马克思主义大众化的过程切实转化为不断实现人民群众根本利益的过程，让广大人民群众在自身需要不断得到实现中真切感受到马克思主义的科学价值。四是要尊重人民群众在推进马克思主义大众化中的主体地位，调动人民群众学习、掌握、接受、运用马克思主义并推动马克思主义理论创新的积极性、主动性、创造性。

需要指出，党在推进马克思主义大众化的进程中也面临重大挑战。主要的挑战有两个。一是国内形形色色的反马克思主义、非马克思主义思潮不时抬头，再加上随着我国社会经济成分、就业方式、分配方式和利益关系的日益多样化，人们思想活动的独立性、选择性、多变性、差异性不断增强，人们的思想观念呈现出多样化的趋势。这对我们继续推进马克思主义大众化构成现实挑战。二是我国信教人数的数量在不断地增长。虽然我国目前到底有多少人信仰宗教没有准确的统计数据（通常的说法是大约有1亿多人信仰各种宗教），但是对于最近二三十年来，我国信教人数不断增长的判断，几乎没有人持怀疑态度。这也是我们继续推进马克思主义大众化无法回避的重大挑战。

（原载《学术研究》2013 年第 12 期）

---

① 习近平：《改革开放 30 年党的建设回顾与思考》，《学习时报》2008 年 9 月 8 日。

什么是马克思主义具体论断

——以《马克思恩格斯选集》、《列宁选集》为例

严国红

一 问题的提出

什么是马克思主义？对于这个问题的回答有赖于全面把握马克思主义的整体性。而要准确理解马克思主义的整体性，首先必须明确理解"什么是马克思主义基本原理？什么是马克思主义具体论断？"这两个基本问题。尽管普遍认为，马克思主义的精髓在于它的基本原理，"坚持与发展马克思主义"最重要的就是要坚持与发展马克思主义基本原理。也正是基于此认识，对于"什么是马克思主义基本原理"的探讨相对热烈，并形成了一大批理论成果，如有学者从文本的角度，相对系统地梳理了马克思主义基本原理的文本内容[1]，等等。而对于"什么是马克思主义具体论断"的探讨也取得了一些成果，如有学者认为，马克思主义具体论断也即个别结论，它具有变动性、非普适性、特殊性，有的具体论断有参考、借鉴价值，有的则没有此种价值；具体论断是无比生动、丰富、多样的，这就成为马克思主义的生长点，也是马克思主义发展和生命力的突出体现[2]。也有学者认为，马克思主义的个别结论或个别观点，随着条件的变化，个别结论或个别观点有可能变得不正确了[3]。也有学者认为，马克思主义具体

---

① 梅荣政：《什么是马克思主义基本原理》，《马克思主义研究》2009 年第 4 期。

② 张耀灿，刘伟：《关于马克思主义整体性的几点思考》，《福建师范大学》（哲学社会科学版）2006 年第 3 期。

③ 双传学：《论坚持与发展马克思主义的实践向度》，《江海学刊》2009 年第 2 期。

论断是马克思主义的血肉，其适用范围最狭窄，稳定性最差①，等等。从目前的研究成果看，关于"马克思主义具体论断"的研究成果数量并不多，几乎都是在马克思主义层次性研究的视阈下进行的，研究成果多半处于碎片式阶段，缺乏系统性，更为不足的是，都缺乏马克思主义经典著作的文本例证，从而使得"马克思主义具体论断"的理论探讨相对文本证据不足。

事实上，在马克思主义著作中，马克思主义具体论断与马克思主义基本原理存在着千丝万缕的联系，正如 2004 年 4 月李长春同志在中央实施马克思主义理论研究和建设工程工作会议上所指出的："要深入研究和准确阐述马克思主义经典著作中的基本观点，帮助人们分清哪些是必须长期坚持的马克思主义基本原理，哪些是需要结合新的实际加以丰富发展的理论判断，哪些是必须破除的对马克思主义的教条式的理解，哪些是必须澄清的附加在马克思主义名下的错误观点。"② 具体论断对于全面、准确理解马克思主义的基本观点有着极为重要的意义，可以说，如果不认真理解马克思主义具体论断，也不可能深刻理解马克思主义的基本原理，更不可能真正理解"什么是马克思主义"。而在马克思主义经典著作中，马克思主义具体论断和基本原理常常交织在一起，从而导致我们在理解具体论断和基本原理时产生混乱，如何从理论上真正做到"四个分清"仍是新形势下我们坚持与发展马克思主义所面临的重大课题。有鉴于此，本文拟以《马克思恩格斯选集》、《列宁选集》两个文本的相应论述为具体例证，从理论上对"马克思主义具体论断"进行一定程度的阐释。

二 何为马克思主义具体论断？

从查阅《马克思恩格斯选集》、《列宁选集》的著作来看，马克思、恩格斯、列宁都说明过在他们的著作中存在着具体论断。例如，马克思在《1848 年至 1850 年的法兰西阶级斗争》中指出："法兰西银行根据 1850 年 8 月 6 日的法令恢复兑现，就是繁荣再度来临的最令人信服的证明。……这一事实令人信服地证明，我们在本刊前一期中的论断是正确

---

① 王彦深、吴鹏：《关注马克思主义的层次结构》，《河北学刊》2005 年第 2 期。

② 《十六大以来重要文献选编》（中），中央文献出版社 2006 年版，第 54 页。

的，即金融贵族不仅没有被革命推翻，反而更加巩固了。……我们可以看到，那些跟着巴黎的临时政府说大话的冒牌革命理论家也像临时政府中的先生们自己一样，对所采取的措施的性质和结果一无所知。"① 又如，恩格斯在《反杜林论》中指出："如果在那些我最多只能以涉猎者的资格发表看法的领域里我不得不跟着杜林先生走，那么这不是我的过错。在这种情况下，我大多只是限于举出确切的、无可争辩的事实去反驳我的论敌的错误的或歪曲的论断。在法学上以及在自然科学的某些问题上，我就是这样做的"②。再如，列宁在《论"左派"幼稚性和小资产阶级性》中指出："'左派共产主义者'所谓'国家资本主义'是对我们的威胁的论断，是一个极大的经济错误，它清楚地证明他们完全成了小资产阶级思想的俘虏。"③，等等。

从总体上看，在《马克思恩格斯选集》、《列宁选集》中，马克思、恩格斯、列宁都发表过大量的具体论断，涉及诸如政治、经济、社会、文化、生态等各个领域，既有言辞激烈的批判，又有语重心长的建议；既有真知灼见的分析，又有慎重严谨的预言。

（一）马克思、恩格斯、列宁在什么情况下提出具体论断？

从《马克思恩格斯选集》、《列宁选集》的著作内容上看，马克思、恩格斯、列宁的具体论断主要出现在三种特定的条件与环境之中：

一是在论及"事物事件的具体性质"时出现。在马克思、恩格斯、列宁那里，常常涉及评论社会重大热点事件，而且需要对事物或事件的性质做出具体判断，因此，马克思、恩格斯、列宁通常在陈述相关的事实和分析后得出有关的具体论断。这种具体论断的详略程度也根据需要提供的具体论据情况而适当安排，其出现在著作中的位置完全是根据论及的事件的性质或被评论人观点所在的位置来决定的。例如，马克思在《对华贸易》中指出："我们曾认为，除我们已证明与西方工业品销售成反比的鸦片贸易之外，妨碍对华出口贸易迅速扩大的主要因素，是那个依靠小农业与家庭工业相结合而存在的中国社会经济结构。"④ 又如，恩格斯在《英国状况》

---

① 《马克思恩格斯选集》第 1 卷，人民出版社 1995 年版，第 469 页。
② 《马克思恩格斯选集》第 3 卷，人民出版社 1995 年版，第 345 页。
③ 《列宁选集》第 3 卷，人民出版社 1995 年版，第 528 页。
④ 《马克思恩格斯选集》第 1 卷，人民出版社 1995 年版，第 755 页。

中指出："18 世纪以前根本没有科学；对自然的认识具有自己的科学形式，只是在 18 世纪才有，某些部门或者早几年。"① 又如，列宁在《共产主义运动中的"左派"幼稚病》指出："1905 年的俄国资产阶级革命显示了世界历史上的一个异常独特的转变：在一个最落后的资本主义国家里，罢工运动范围之广和力量之大在世界上第一次达到了空前未有的程度。"②

二是在论述"具体人物的深刻评价"时出现。在马克思主义发展过程中，马克思主义经典作家一方面坚持与错误思潮的理论论战，在不同时期先后批判过黑格尔、费尔巴哈、鲍威尔、施蒂纳、蒲鲁东、杜林、马赫、普列汉诺夫等，因此，在对论战对象进行评价时，往往形成针对具体人物的具体论断。如，1863 年 1 月 28 日马克思致恩格斯的信："我相信，杜林也是由于恼恨罗雪尔才来评论这部书的。他害怕自己也陷入罗雪尔的处境，这的确是十分明显的。"③ 又如，列宁在《唯物主义和经验批判主义》中所作的具体论断："现在我们只作出一个结论：'最新的'马赫主义者提出来反对唯物主义者的论据，没有一个，的确没有一个是贝克莱主教没有提出过的。"④ 另一方面，经典作家们时时关注着社会现实，在对社会事件中的具体人物进行深刻评价的同时形成具体论断。如，马克思在《法兰西内战》中对梯也尔的评价："梯也尔这个侏儒怪物，将近半个世纪以来一直受法国资产阶级的倾心崇拜，因为他是这个资产阶级的阶级腐败的最完备的思想代表。还在他成为国家要人以前，他作为一个历史学家就已经显露出说谎才能了。他的政治生涯的记录就是一部法国灾难史。"⑤

三是在表达"具体形势的预测判断"时出现。经典作家在实现革命实践活动中，由于种种现实活动的需要，在发动、开展、指导革命斗争过程中，往往会对现实的具体形势进行预测和判断，从而形成具体论断，如，1881 年 2 月 22 日马克思致斐·多·纽文胡斯的信："我确信，建立一个新的国际工人协会的关键性的形势还不具备……"⑥ 又如，1882 年 9 月 12 日恩格斯致卡·考茨基的信："依我看，真正的殖民地，即欧洲移民占据

① 《马克思恩格斯选集》第 1 卷，人民出版社 1995 年版，第 18 页。
② 《列宁选集》第 4 卷，人民出版社 1995 年版，第 198 页。
③ 《马克思恩格斯选集》第 4 卷，人民出版社 1995 年版，第 577 页。
④ 《列宁选集》第 2 卷，人民出版社 1995 年版，第 33 页。
⑤ 《马克思恩格斯选集》第 3 卷，人民出版社 1995 年版，第 37 页。
⑥ 《马克思恩格斯选集》第 4 卷，人民出版社 1995 年版，第 644 页。

的土地——加拿大、好望角和澳大利亚，都会独立的；……这一过程究竟怎样展开，还很难说。"① 再如，列宁在《社会主义与战争》中指出："但是我们确切知道并且确信不疑的是，我们党将朝着上述方向在我们的国家内，在我们的无产阶级中间不懈地工作，并将通过我们日常的全部工作建立起马克思主义国际的俄国支部。"②

不可否认，马克思、恩格斯、列宁由于斗争与阐释的目的不同，其具体论断的对象也不同，而且没有特定的范围，表达形式也灵活多变，因此，必然还存在着其他的具体论断形成的条件和环境，我们再举一例，如，1893 年 7 月 14 日恩格斯在致弗·梅林的信中指出："在研究德国历史（它完全是一部苦难史）时，我始终认为，只有拿法国的相应的时代来作比较，才可以得出正确的标准，因为那里发生的一切正好和我们这里发生的相反。"③ 诸如这种在阐释、指导他人进行理论研究的方法的具体条件和环境中，马克思、恩格斯、列宁也偶尔表述具体论断，但相对于前述的三种情况而言，在这些条件和环境中提出的具体论断数量相对较少。

（二）马克思主义具体论断有哪些主要类型？

马克思主义具体论断涉及马克思主义基本原理的方方面面的具体内容。从《马克思恩格斯选集》、《列宁选集》相关文本上看，马克思主义具体论断主要有四种类型：

第一种主要类型是"重大历史问题的判断"。这种类型主要是指马克思主义经典作家在涉及特定的重大历史事件或问题时，根据某些马克思主义基本原理，并通过相应的逻辑推理而作的具体的判断。尤其是，在有关一些具体国家的政治经济以及阶级斗争情况分析过程中所进行的重大观点性陈述往往都是这种类型，如，马克思在《路易·波拿巴的雾月十八日》中，通过对社会民主派的同盟情况进行逻辑分析后，得出具体论断："从以上的分析可以明显地看出，当山岳党为了共和国和所谓的人权不断同秩序党作斗争时，共和国或人权并不是它的最终目的，正像一支将被缴械的军队进行反抗和投入战斗并不只是为了保留自己的武器一样。"④ 又如，马

---

① 《马克思恩格斯选集》第 4 卷，人民出版社 1995 年版，第 648—649 页。
② 《列宁选集》第 2 卷，人民出版社 1995 年版，第 542 页。
③ 《马克思恩格斯选集》第 4 卷，人民出版社 1995 年版，第 729 页。
④ 《马克思恩格斯选集》第 1 卷，人民出版社 1995 年版，第 613—614 页。

克思、恩格斯关于"英国暴力革命"的具体论断。18 世纪的英国"由于工业革命，产生了无产阶级"①。当时的英国，在经济危机的巨大影响下，无产阶级和资产阶级的阶级矛盾表现得极为尖锐，工人的反抗浪潮高涨，从而使得资本主义基本矛盾的对抗性和不可调和性完全暴露出来，而当时英国所谓的宪章派运动的"合法革命"使得无产阶级充分认识到不可能采取和平革命的方式进行合法斗争，因此，马克思主义创始人根据当时英国无产阶级和资产阶级斗争的现实而断言："英国面临着一场按一切迹象看来只有用暴力才能解决的危机。"② 而且，"英国只有暴力革命这条唯一出路"的具体论断，恩格斯在 19 世纪 40 年代论及英国问题时曾多次明确阐释。然而，1848 年欧洲暴力革命失败了。面对新的革命形势，马克思、恩格斯又提出了英国可能实现和平过渡。如 1871 年 7 月马克思在同"世界报"记者谈话时明确指出，在英国，可以利用和平宣传手段达到"夺取政权从而实现工人阶级的经济解放"这一目的。

第二种主要类型是"具体民族发展的规律"。这种具体论断是马克思、恩格斯、列宁根据马克思主义的基本原理，并结合具体国家民族的实际特点而作出的具有判断。从《马克思恩格斯选集》、《列宁选集》相关著作来看，这种论断主要涉及英国、法国、德国、美国、俄国、波兰、中国、印度等国家的民族发展规律。如，马克思在《给〈祖国纪事〉杂志编辑部的信》中认为："如果俄国继续走它在 1861 年所开始走的道路，那它将会失去当时历史所能提供给一个民族的最好的机会，而遭受资本主义制度所带来的一切灾难性的波折。"③ 又如，马克思、恩格斯在《关于波兰的演说》中指出："在所有的国家里，英国的无产阶级和资产阶级之间的对立最为尖锐。因此，英国无产者对英国资产阶级的胜利对于一切被压迫者战胜他们的压迫者具有决定意义。因此，不应该在波兰解放波兰，而应该在英国解放波兰。"④ 又如，列宁在《社会民主党在俄国第一次革命中的土地纲领》中指出："俄国革命只有作为农民土地革命才能获得胜利，而土地革命不实行土地国有化是不能全部完成其历史使命的。"⑤

---

① 《马克思恩格斯选集》第 1 卷，人民出版社 1995 年版，第 37 页。
② 《马克思恩格斯选集》第 4 卷，人民出版社 1995 年版，第 424 页。
③ 《马克思恩格斯选集》第 3 卷，人民出版社 1995 年版，第 340 页。
④ 《马克思恩格斯选集》第 1 卷，人民出版社 1995 年版，第 309 页。
⑤ 《列宁选集》第 1 卷，人民出版社 1995 年版，第 783 页。

第三种主要类型是"具体事件问题的看法"。这种论断在马克思、恩格斯、列宁那里是大量存在的：一方面，马克思、恩格斯、列宁由于斗争的需要必须时时关注着世界发生的大事件，并给出自己的具体判断；另一方面，主要是出于指导与帮助别人理解马克思主义基本原理以及联合斗争的需要。马克思、恩格斯、列宁在指导与帮助别人时，需要对某些具体事件或问题表明自己的观点，如，马克思在致阿·卢格的信中断言："在偶尔写写的剧评之类的东西里偷运一些共产主义和社会主义的原理，也就是偷运新的世界观，我认为是不适当的，甚至是不道德的。"① 又如，恩格斯在《波斯与中国》中指出："简言之，我们不要像道貌岸然的英国报刊那样从道德方面指责中国人的可怕暴行，最好承认这是保卫社稷和家园的战争，这是保存中华民族的人民战争。"② 又如，1890 年恩格斯致保·恩斯特的信："挪威的农民从来都不是农奴，这使得全部发展具有一种完全不同的背景。"③ 再如，列宁在《游击战争》中的具体论断："由此只应得出结论说，1906 年俄国社会民主工人运动受到破坏的事实不能归咎于游击战争。"④ 有时，这类论断还会对事件或问题的原因进行精辟、具体的分析说明，如 1895 年恩格斯致康·施米特的信："您在利润率问题上为什么走上了岔路，……我把它归咎于 1848 年以来在德国大学中流行的哲学研究的折衷主义方法……"⑤

第四种主要类型是"工人政党的任务和策略"。马克思主义是无产阶级思想的科学体系，对于工人政党的历史使命以及在阶级斗争中所要采取的策略的论述是马克思主义成为无产阶级斗争的指导思想的重要体现，因此，这种类型的具体论断是马克思主义具体论断的重要组成部分。如，马克思、恩格斯在《共产主义者同盟中央委员会告同盟书》中指出："为了坚决而严厉地反对这个从胜利的头一小时起就开始背叛工人的党，工人应该武装起来和组织起来。必须立刻把整个无产阶级用步枪、马枪、大炮和弹药武装起来；必须反对复活过去那种用来对付工人的市民自卫团。"⑥

---

① 《马克思恩格斯选集》第 4 卷，人民出版社 1995 年版，第 527—528 页。
② 《马克思恩格斯选集》第 1 卷，人民出版社 1995 年版，第 710 页。
③ 《马克思恩格斯选集》第 4 卷，人民出版社 1995 年版，第 690 页。
④ 《列宁选集》第 1 卷，人民出版社 1995 年版，第 693 页。
⑤ 《马克思恩格斯选集》第 4 卷，人民出版社 1995 年版，第 744 页。
⑥ 《马克思恩格斯选集》第 1 卷，人民出版社 1995 年版，第 371 页。

等等。

相对马克思、恩格斯主要针对世界工人政党任务和策略而言，列宁更多的是针对俄国革命斗争和社会主义建设实际而提出相应的具体论断。如，在《小资产阶级社会主义和无产阶级社会主义》中，列宁指出："现代的地主经济包含有资本主义的和农奴制的特点。……从这里只能作出唯一的一个结论：我们在自己的纲领中和自己的策略中，应当把反对资本主义的纯粹无产阶级的斗争和反对农奴制的一般民主主义的（和一般农民的）斗争联结起来。"① 又如，在《俄共（布）第七次（紧急）代表大会文献》中，列宁指出："如果我们只是用号召、口号、游行、宣言等等来表示我国革命的国际意义，那是极端错误的。这是不够的。我们必须具体地指给欧洲工人看，我们着手做了什么事情，怎样着手做的，怎样来理解这一点。这样就会促使他们具体地了解怎样达到社会主义的问题。"②

另外，马克思、恩格斯、列宁在进行学术论战、在反驳错误思潮并论述马克思主义基本原理的同时，有时候也形成具体论断。如，1846年12月28日马克思致帕·瓦·安年科夫的信："我再顺便指出一点：蒲鲁东先生由于不懂得机器产生的历史，就更不懂得机器发展的历史。可以说，在1825年——第一次普遍危机时期——以前，消费的需求一般说来比生产增长得快，机器的发展是市场需求的必然结果。从1825年起，机器的发明和运用只是雇主和工人之间斗争的结果。而这一点也适用于英国。……可以得出结论：蒲鲁东先生把竞争这个鬼怪召来当作第三个进化，当作机器的反题，是表现得多么明达呵！"③

当然，在这里，我们仅以《马克思恩格斯选集》、《列宁选集》为例探讨马克思主义具体论断，这并不意味着其他马克思主义经典作家没有具体论断。事实上，其他经典作家都有过大量的具体论断，如毛泽东断言，马克思主义是"放之四海而皆准的理论"、邓小平断言"和平与发展是当今世界的两大主题"，等等。这些具体论断产生的条件与主要类型和马克思、恩格斯、列宁的具体论断相类似，他们的具体论断也是我们在坚持与发展马克思主义过程中必须高度重视的理论成果。

---

① 《列宁选集》第1卷，人民出版社1995年版，第660页。
② 《列宁选集》第3卷，人民出版社1995年版，第463页。
③ 《马克思恩格斯选集》第4卷，人民出版社1995年版，第535页。

从以上经典作家的相关论述中，我们应该可以作出如下小结：马克思主义具体论断是指马克思主义经典作家在理论探索与社会实践活动中对于特定社会和历史环境下的具体社会事件、具体学术观点、具体民族发展、具体人物思想等问题所进行的具体判断、具体观点、具体结论。具体论断往往涉及明确的时间、地点、人物、事件和民族，通常都是对具体国家或地区在具体历史时期的历史事件、发展状况、微观局势、具体问题所作的具体断言，有着鲜明的指向性、时效性、地域性，非普适性。

三　马克思主义具体论断的理论与实践价值

马克思主义著作中大量存在的具体论断是马克思主义的生动活泼形象的重要载体，尽管具体论断并非体系，甚至存在着种种不足，但是具体论断对于坚持与发展马克思主义有着重要的理论与实践价值。

一是丰富了理解马克思主义基本原理的基础。

马克思主义具体论断和基本原理之间至少有一种具体关系可以明确：具体论断是基本原理的具体延展。具体论断是针对具体问题的，在分析具体问题并从中得出具体论断的过程中，马克思主义经典作家们都在自觉或不自觉地运用着基本原理，也就是说，具体论断是"基本原理的实际运用"[①]，具体论断的基础是马克思主义的基本原理，没有基本原理的存在，马克思主义的具体论断就不可能存在。同时，基本原理也是以具体论断作为其依托的，甚至在一些著作中，在表现形式上，基本原理就是具体论断。如，在《〈黑格尔法哲学批判〉导言》一文的结尾，马克思得出的具体论断"德国唯一实际可能的解放是以宣布人是人的最高本质这个理论为立足点的解放。……哲学不消灭无产阶级，就不能成为现实；无产阶级不把哲学变成现实，就不可能消灭自身"[②]就具有基本原理的性质。同时，"这些基本原理的实际运用，……随时随地都要以当时的历史条件为转移"。[③]也就是说，在具体阐释这些马克思主义基本原理时，必须根据当时具体情况进行具体描述，因而，这些马克思主义基本原理的论述表达形态

[①]《马克思恩格斯选集》第1卷，人民出版社1995年版，第248页。

[②]同上书，第16页。

[③]同上书，第248页。

上会存在着差异，而具体论断恰恰呈现了这种差异性功能。在某种程度上，很多具体论断可以看作是马克思主义基本原理的形象性表达，如，在《社会民主党在民主革命中的两种策略》中，列宁指出："根据这个结论还应当得出下面的原理：从某种意义上说，资产阶级革命对无产阶级要比对资产阶级更加有利。正是从下面这样一种意义上说这个原理是无可怀疑的：对资产阶级有利的是依靠旧时代的某些残余，例如君主制度、常备军等等来反对无产阶级。"①

从本质上看，尽管马克思主义具体论断与基本原理存在着明显区别，但是两者却是有着十分紧密的联系，我们可以说，马克思主义具体论断有着自己的具体性，同时，它也包含着一定的原理性，只不过，具体论断的具体性在其内涵中是占主导地位的。这种相辅相成的内在关系使得马克思主义具体论断成为理解马克思主义基本原理的一把钥匙。要想真正理解马克思主义基本原理，必须把马克思主义具体论断理解清楚。

二是有助于我们按马克思主义经典作家的真实意图来理解马克思主义。

"一切划时代的体系的真正的内容都是由于产生这些体系的那个时期的需要而形成起来的。所有这些体系都是以本国过去的整个发展为基础的，是以阶级关系的历史形式及其政治的、道德的、哲学的以及其他的后果为基础的。"② 马克思主义具体论断，不仅仅是一种文本表达，更为本质的是，这些具体论断和基本原理共同呈现着马克思主义的真实内涵，并共同融入于马克思主义经典作家的社会实践活动中，因此，理解这些具体论断时，必须将它与基本原理相结合的同时，也必须将这些具体论断与其产生的历史条件相结合，更为重要的是，还必须将这些具体论断与马克思主义经典作家的相关理论活动和政治活动紧密相连。而这种理解方式本质上就是历史唯物主义的理解方式，只有这样，才能"按马克思所理解的意思来解释、阐明马克思的学说"。③ 事实上，列宁对于马克思主义具体论断的理解为我们提供了典范。我们知道，恩格斯曾有一个著名的具体论断："共产主义革命将不是仅仅一个国家的革命，而是将在一切文明国家里，

---

① 《列宁选集》第1卷，人民出版社1995年版，第556—557页。
② 《马克思恩格斯全集》第3卷，人民出版社1960年版，第544页。
③ ［匈］卢卡奇：《历史与阶级意识》，杜章智等译，商务印书馆1996年版，第18页。

至少在英国、美国、法国、德国同时发生的革命。"① 列宁在长期的革命实践活动中，在遵循马克思主义基本原理的基础上，以其处所时代资本主义政治和经济发展不平衡的绝对规律为具体依据，作出"社会主义可能首先在少数甚至在单独一个资本主义国家内获得胜利"② 的具体论断，最终的事实证明列宁的这个具体论断是正确的。

同时，马克思主义是一种理论体系，很多情况下，它的批判性、深邃性是通过论战的形式而彰显出来的，但是其本质理论的抽象性是不言而喻的，其基本原理也不是通过简单的几句表述就可以清楚明白地展现出来，而具体论断可以十分形象地解释基本原理。我们知道，马克思主义的具体论断通常是针对具体问题和事件的观点和判断，这些具体问题和事件要么是当时国内外刚发生的热点问题，要么是极为具体的斗争策略，要么是论战所需的通俗素材，可以说，马克思主义的具体论断具有极强的生活气息，是与马克思主义经典作家所处时代紧密相关的日常生活与革命斗争的具体呈现，如，马克思在《路易·波拿巴的雾月十八日》中的具体论断："我这部著作的结束语：'但是，如果皇袍终于落在路易·波拿巴身上，那么拿破仑的铜像就将从旺多姆圆柱顶上倒塌下来'——这句话已经实现了"③ 等等。这些具体论断用语时而活泼生动，时而形象具体，时而诙谐幽默，可以说，其直观性和生活化的内容在很大程度上贴近了无产阶级日常生活和革命斗争的现实，从而为我们按马克思主义经典作家的真实意图来理解马克思主义发挥了重要作用。

三是彰显了马克思主义的实事求是的实践精神。

马克思主义是开放的体系，其具体论断也是不断发展开放的，具体论断的这种开放性完全彰显了马克思主义的实事求是的实践精神。我们知道，马克思、恩格斯的具体论断是针对当时所处的社会条件而进行的具体判断，因此，有些具体论断存在着局限性，甚至错误性，如，马克思、恩格斯在《共产党宣言》的第二章结尾提出的十条对"所有权和资产阶级生产关系实行强制性的干涉"措施。然而，时隔24年后，马克思和恩格斯以马克思主义者的实事求是的实践精神，公开承认："这个纲领现在有些

① 《马克思恩格斯选集》第1卷，人民出版社1995年版，第241页。
② 《列宁选集》第2卷，人民出版社1995年版，第554页。
③ 《马克思恩格斯选集》第1卷，人民出版社1995年版，第580页。

地方已经过时了。"①

同时，列宁也以马克思主义者的实事求是的实践精神对马克思、恩格斯的某些具体论断进行修正。如，在《〈约·菲·贝克尔、约·狄慈根、弗·恩格斯、卡·马克思等致弗·阿·左尔格等书信集〉俄译本序言》中，列宁明确指出："马克思和恩格斯在估计革命时机很快到来这一点上，在希望革命（例如1848年的德国革命）获得胜利这一点上，在相信德意志'共和国'很快成立这一点上，有很多错误，常常犯错误。"② 又指出："他们在1871年也犯了错误。"③

马克思主义具体论断有些是错误的，这是不可否认的事实，这些错误的具体论断也就是邓小平同志所说的"个别论断"。需要注意的是，这些错误的具体论断与科学的马克思主义体系之间有着明确的界线的，正如邓小平同志所言："至于个别的论断，那么，无论马克思、列宁和毛泽东同志，都不免有这样那样的失误。但是这些都不属于马列主义、毛泽东思想的基本原理所构成的科学体系。"④ 这些错误的具体论断在坚持与发展马克思主义过程中起着重要的警示作用。在坚持与发展马克思主义过程中，不断纠正错误的具体论断和完善正确的具体论断，一方面是为了揭示马克思主义是永远充满活力的科学本性；另一方面，正是在实践过程中不断发展这些具体论断，才能破除对马克思主义具体论断的教条式理解，马克思主义的实事求是的核心精神才能进一步彰显。这也是我们对待马克思主义所必须具有的科学态度。

参考文献

［1］《马克思恩格斯选集》第1—4卷，人民出版社1995年版。

［2］《列宁选集》第1—4卷，人民出版社1995年版。

［3］梅荣政：《什么是马克思主义基本原理》，《马克思主义研究》2009年第4期。

［4］双传学：《论坚持与发展马克思主义的实践向度》，《江海学刊》2009年第2期。

［5］王彦深、吴鹏：《关注马克思主义的层次结构》，《河北学刊》2005第2期。

---

① 《马克思恩格斯选集》第1卷，人民出版社1995年版，第249页。
② 《列宁选集》第1卷，人民出版社1995年版，第728页。
③ 同上书，第728页。
④ 《邓小平文选》第2卷，人民出版社1994年版，第171页。

［6］《十六大以来重要文献选编》（中），中央文献出版社 2006 年版。

［7］　［匈牙利］卢卡奇：《历史与阶级意识》，杜章智等译，商务印书馆 1996 年版。

［8］《马克思恩格斯全集》第 3 卷，人民出版社 1960 年版。

［9］《邓小平文选》第 2 卷，人民出版社 1994 年版。

（原载《马克思主义研究》2013 年第 12 期）

论实践整体性与马克思主义理论整体性

张建云

任何一门科学的理论都必然是一个完整的思想体系，其组成部分、具体观点之间内在相连、彼此呼应、首尾连贯、合乎逻辑、浑然一体。马克思主义理论即是如此，马克思说："不论我的著作有什么缺点，它们却有一个长处，即它们是一个艺术的整体。"① 马克思主义理论是一个完整的理论体系，但是这个体系却不是马克思和恩格斯明确提出并刻意论证的，相反，他们反对像黑格尔那样建立抽象的封闭僵化、绝对完善的理论体系，为体系而体系，为整体而整体。马克思主义理论的整体性并非来自理论上的刻意论证，而是来自理论自身的来源和根据——实践。"立足于实践"是马克思主义解决一切问题的独特方式，是马克思主义超越其他一切理论的革命性变革。正是以实践为基础，马克思主义科学地说明了思想、理论等的真理性及最终来源问题，科学地解决了理论与实践、真理与价值、理想与现实等的统一性问题。马克思主义理论的整体性来源于实践的整体性，并随着实践的发展而发展。因此，马克思主义理论的整体性不是封闭僵化的整体性，而是随着实践的深入而日益丰富、气象万千的整体性。

实践是人所特有的对象性活动，是人为满足自身需要而有目的、有意识地认识和改造自然的活动。实践是关系性范畴，"它的关系者一头总是人，另一头可以是自然界，可以是社会，可以是他人，可以是自己，可以是物体，可以是关系，可以是运动，可以是精神。"② 实践的整体性可以从

---

① 《马克思恩格斯全集》第31卷，人民出版社1972年版，第135页。
② 黄楠森：《论实践论在马克思主义哲学中的地位》，《教学与研究》1996年第1期。

多个角度和层次去理解。从实践活动的内容看，实践是以经济活动为基础及核心的完整统一过程。从实践过程看，实践是一个创造性发展的完整统一过程。从实践活动结果看，实践是社会历史性活动，是一个普遍协同的过程。特别是在当今时代，人类实践活动的广度和深度都前所未有，实践活动的整体性更日益显现和增强。实践的整体性发展不断丰富、完善着马克思主义理论，特别是中国化马克思主义理论的整体性。我们今天强调加强马克思主义理论整体性研究不是理论上的主观臆想，而是社会主义建设实践"五位一体"整体推进的客观要求。

一 实践是完整统一的过程：实践活动内容的统一性与马克思主义理论整体性

从实践活动内容看，人的实践活动是以经济活动为基础及核心的完整统一过程。经济活动所解决的是人与自然之间的矛盾。有生命的个人的存在是人类历史的第一个前提，现实的肉体的人为了生活，"首先就需要衣、食、住以及其他东西。因此第一个历史活动就是生产满足这些需要的资料，即生产物质生活本身。同时这也是人们仅仅为了能够生活就必须每日每时都要进行的（现在也和几千年前一样）一种历史活动，即一切历史的一种基本条件。"① 满足人的生理需求等的物质需要是人类实践活动的第一动因和发展的始源。因此，生产满足人的物质需要的经济活动是人类最基本的实践活动，它是人类获取物质生活资料、维持生命的源泉。在人类社会早期，经济活动几乎是劳动的全部内涵。"劳动起初只作为农业劳动出现，然后才作为一般劳动得到承认。"② 在经济活动中，为了更好地改造自然、获取生活资料，一方面，人们互相联系起来，彼此合作，在生产过程中结成一定的经济关系。人们日常的经济关系是分散的，不可能自发地形成稳定的、范围较大的协调一致性，必须要有超越其上的自觉的力量来进行协调和规范。这种力量首先就是政治的力量，政治比经济更具有自觉性和强制性，它以强制的方式规范人们的经济生活和社会生活，保证社会生产稳定有秩序地进行。而宗教、道德等则以非强制性方式规范人们的经济

① 《马克思恩格斯全集》第 3 卷，人民出版社 1960 年版，第 31—32 页。
② 《马克思恩格斯全集》第 42 卷，人民出版社 1979 年版，第 115 页。

生活和社会生活，保证社会生产有秩序地进行。另一方面，人们在经济活动中创造了工具系统，从而无限增强了人类改造自然的能力。人们不但创造了实物工具系统，而且与意识的发展相适应，创造了语言和文字等符号系统。语言具有抽象、概括功能，它和概念的形成密切相连。概念的形成即人以直接经验为基础，从许多同类事物中获取它们共同的特征，并把它们归入某一范畴的过程。而文字可以"传于异地，留于异时"，能够突破时间和空间的局限。实物工具系统作为物质实体，可以直接传递主体的作用力，与客体发生物质和能量交换，从而改变客体存在的形态。但是主体要熟悉、熟练运用实物工具，还必须首先掌握使用这些实物工具的相应的规则和方法，这些规则和方法作为观念形态的知识和经验等而存在，而对规则和方法的掌握是通过主体在思维中运用概念运演而实现的，并同时与实物工具的操作过程相协调。在这个过程中，实物工具的使用规则、方法等与语言文字密切联系在一起，语言文字系统对实物工具的传承、改进和创新等所起到的作用至关重要。文化活动借助于语言文字符号体系，以概念、判断或者体验等的观念思维形式渗透进经济、政治活动之中，从而使人类实践活动得以完整实现。由此，以经济活动为基础及核心，形成了经济、政治、文化、社会和生态建设等完整统一的实践活动内容。

经济活动是人类全部实践活动的基础与核心，物质生产力发展是人类社会发展的最终决定力量，这是马克思主义历史唯物主义的基本思想。马克思主义理论以经济活动的基础性和本源性建构起了自身的完整统一性。马克思指出："物质生活的生产方式制约着整个社会生活、政治生活和精神生活的过程。不是人们的意识决定人们的存在，相反，是人们的社会存在决定人们的意识。社会的物质生产力发展到一定阶段，便同它们一直在其中活动的现存生产关系或财产关系（这只是生产关系的法律用语）发生矛盾。于是这些关系便由生产力的发展形式变成生产力的桎梏。那时社会革命的时代就到来了。随着经济基础的变更，全部庞大的上层建筑也或慢或快地发生变革。"[①] 列宁指出："这个理论制定了社会经济形态的概念。它以人类任何共同生活中的基本事实即生活资料的谋得方式为出发点，把这种生活资料谋得方式和在它影响下形成的人与人间的关系联系起来，并指出这些关系（即马克思的用语'生产关系'）的体系是为政治法律形式

---

① 《马克思恩格斯全集》第13卷，人民出版社1962年版，第8—9页。

和某些社会思潮所包裹着的社会基础。"① 毛泽东指出："上层建筑也是一种社会关系。上层建筑是建立在经济基础上的。所谓经济基础，就是生产关系，主要是所有制。"②

改革开放以后，中国共产党确立了"一个中心、两个基本点"的思想路线，将以经济建设为中心同四项基本原则、改革开放这两个基本点统一于中国特色社会主义伟大实践，使中国的社会主义事业发生了翻天覆地的变化，取得了举世瞩目的成就。中国化的马克思主义理论（中国特色社会主义理论）始终强调，以经济建设为中心是兴国之本，只有推动经济持续健康发展，才能筑牢国家繁荣富强、人民幸福安康、社会和谐稳定的物质基础。同时，在强调以经济建设为基础与核心的基础上，强调经济与政治、文化、社会和生态建设的协调统一性。党的十八大报告指出："中国特色社会主义道路，就是在中国共产党领导下，立足基本国情，以经济建设为中心，坚持四项基本原则，坚持改革开放，解放和发展社会生产力，建设社会主义市场经济、社会主义民主政治、社会主义先进文化、社会主义和谐社会、社会主义生态文明，促进人的全面发展，逐步实现全体人民共同富裕，建设富强民主文明和谐的社会主义现代化国家。"这些思想深刻体现了马克思主义以经济活动为基础和根据而构建的理论大厦的完整统一性。

二 实践是创造发展的过程：实践活动的创造性与马克思主义理论的发展

实践整体性不仅体现在其内容是完整统一的，还体现在实践过程是一个不断创新发展的过程，是一个不断完善的过程。实践的创造性源于文化的创造性。文化活动所形成的人的精神世界具有主观性的形式，但是其内容是客观的，是客体对象经过主体反映、内化之后形成的观念世界（概念世界）。马克思说："观念的东西不外是移入人的头脑并在人的头脑中改造过的物质的东西"。③ 客观事物的现实存在状态是无法移入人的头脑中的，

① 《列宁全集》第 1 卷，人民出版社 1984 年版，第 388 页。
② 《毛泽东选集》第 5 卷，人民出版社 1996 年版，第 319 页。
③ 《马克思恩格斯选集》第 2 卷，人民出版社 1972 年版，第 217 页。

所谓移入人的头脑，就是客观事物在人的头脑中所反映的意象、表象及与之相对应的概念、观念。这个概念、观念并不是客观事物本身，而是经过主体加工过的、与主体的内在尺度有着密切联系的事物的表象或意象及其相应的观念。移入人头脑之中的事物不具有直接现实性、非当下性，这使观念世界超越了现实世界的种种限制。"这样一来，掌握语言的主体就能够利用语言在思维中构筑不是现在的过去或未来、现实中不存在的乌有、远离自身的微观和宇观。"① 在观念世界，人们可以"在头脑中改变事物的现存状态，把不同的事物组合起来，创造出全新的、在现实中尚不存在、甚至根本不可能存在的事物"。② 由此，通过文化活动，人以语言、文字等符号体系为中介对对象世界进行观念把握，超越了对象的现实性领域，在自己面前打开了一个无限多样的可能性世界，人总是从多种可能性世界中选择一种真的、善的、美的世界来引导自己的物质生活，使之合乎人的本性。因此，观念地认识和把握世界的文化活动，使人的实践活动根本超越了动物的封闭静止、当下直接状态，是一个不断创造、不断发展的过程。

实践是理论的最终的源泉和根据。马克思主义理论是在吸收了人类以往的实践所创造的一切优秀文明成果的基础上创立起来的。同时，实践又是一个不断创新发展的过程，马克思主义理论必然随着人类社会实践发展、随着社会主义革命和建设实践的深入而不断丰富和完善。在俄国无产阶级革命和苏联社会主义建设时期，列宁、斯大林等根据实践需要丰富和发展了马克思主义理论，把马克思主义发展到列宁主义阶段。在中国社会主义革命和建设中，以毛泽东为核心的中国共产党人在血与火的实践中凝结而成的毛泽东思想是马克思主义中国化的成果，是马克思主义在中国社会主义实践中的创新发展。新中国成立后，面对当时新中国经济、政治、文化和社会建设等发展状况，毛泽东多次指出："随着经济建设的高潮的到来，不可避免地将要出现一个文化建设的高潮。中国人被人认为不文明的时代已经过去了，我们将以一个具有高度文化的民族出现于世界。"③ 这是因为："人民革命的胜利和人民政权的建立，给人民的文化教育和人民

---

① 齐振海、袁贵仁主编：《哲学中的主体和客体问题》，中国人民大学出版社 1992 年版，第46 页。

② 高清海：《哲学体系改革》，吉林人民出版社 2007 年版，第 269 页。

③ 《毛泽东文集》第 5 卷，人民出版社 1996 年版，第 345 页。

的文学艺术开辟了发展的道路。"①

改革开放以来，随着社会主义市场经济的确立和发展，政治体制、文化体制改革的不断深入推进，社会主义建设实践出现了一系列新矛盾和新问题，涉及人与自然、人与人及社会、人与自身方方面面，以邓小平等为代表的中国共产党根据实践发展的新要求进一步发展了马克思主义理论。具体说来：

首先，在人与人及社会关系上，一方面，经济体制深刻变革、社会结构深刻变动、利益格局深刻调整、思想观念深刻变化，带来了巨大的社会进步，同时，也由于分化较快而整合不够，造成了贫富差距拉大、社会秩序失范等一系列问题，老百姓温饱问题基本解决了，但是，还面临着层出不穷的上学难、就业难、看病难、住房难，社会保障水平低，公共服务不到位，城乡差距明显，不同社会群体之间的利益矛盾日益复杂，社会公平正义问题愈益引人注目。总之，社会问题、民生问题日益突出。这些问题的出现实际上是实践深化的结果，它表明人与人及社会之间的矛盾随着实践发展的具体化。从广义的一般意义上讲，解决这些问题是政治建设的重要任务，但由于这些问题的突出性和重要性，我们党创造性地提出了社会主义社会建设的任务，党的十七大报告指出："社会建设与人民幸福安康息息相关。必须在经济发展的基础上，更加注重社会建设，着力保障和改善民生，推进社会体制改革，扩大公共服务，完善社会管理，促进社会公平正义，努力使全体人民学有所教、劳有所得、病有所医、老有所养、住有所居，推动建设和谐社会。"党的十八大又进一步明确了社会建设的策略和思路，从而更加深入丰富和发展了马克思主义社会建设理论。

其次，从人与自然关系上，改革开放 30 年多来，中国的经济发展取得了举世瞩目的成绩，然而，这个成就却是我们付出了巨大的环境代价换来的。一方面，人口的剧增，加上传统的粗放式的经营方式，造成了大量资源消耗，表现在：耕地资源不断减少，人均耕地、人均草地面积大幅度下滑；水资源紧缺；能源消耗已经不能承受之重；森林、草场、湿地等资源锐减，区域干旱加重，水土流失严重，土地沙化、荒漠化。另一方面，环境污染严重，水、大气污染问题突出，土地和农产品的污染问题令人触目惊心。水资源减少和水污染问题加剧，造成水体生态功能退化，致使河

---

① 中共中央文献研究室编：《毛泽东文艺论集》，中央文献出版社 2002 年版，第 130 页。

流断流、湿地消失、水生生物灭绝。同时，过量开采地下水，导致地下水位下降，引起地面下沉，引起一系列水生态和水灾害。土壤功能下降；由于森林、草场等地表植被资源锐减，造成地球的"肺"功能和"肾"功能衰退。生态危机、环境全面恶化，直接影响到我国经济社会发展和社会主义建设事业，不但对人的生存造成威胁，而且直接危害人体健康。当前我国人均生态赤字达0.8地球公顷，高于世界平均水平近一倍。巨额的生态赤字日益成为我国经济社会可持续发展的巨大阻碍。面对这一社会主义建设实践出现的新情况新问题，我们党创造性地提出生态文明建设思想，胡锦涛同志在十八大报告中，提出了未来生态文明建设的四大任务：一是优化国土空间开发格局。二是要全面促进资源节约。三是要加大自然生态系统和环境保护力度。四是要加强生态文明制度建设。生态文明建设思想的提出是对马克思主义理论的又一次创新发展。

最后，在上述思想基础上，党的十八大正式提出了经济、政治、文化、社会和生态建设"五位一体"的思想。

三 实践是普遍协同的过程：社会主义经济、政治、文化、社会、生态建设理论"五位一体"与马克思主义理论的不断完善

实践的整体性还体现在：实践过程，"决不像人们所直观到的那样凌乱，那样狭小，事实上，它是人类进步趋势的坚实基础，具有普遍统一性的品格"。[①] 也就是说，人类的实践不是一个一个偶然的、不相关的孤立的活动，而是各个活动彼此相连、内在相关的协调统一的过程。动物的活动是偶然的、个别的，因为动物与自然发生关系，仅仅是以与维持生命有关为限，与满足本能欲望、生理需要无关的自然不能进入动物的活动中。而人的实践活动不同，在自然人化过程中，人不仅仅与他所直接改造的具体的自然对象发生关系，而且指向整个客体世界。实践之所以具有普遍性特点，从根本上说，是因为物质世界是普遍联系、运动发展的，辩证唯物主义表明：一方面，世界上任何事物、现象和过程都不是孤立存在的，都与周围的其他事物、现象和过程发生这样的或那样的联系，世界是事物普遍

---

① 侯惠勤：《侯惠勤自选集》，学习出版社2012年版，第221页。

联系的统一整体。另一方面，世界上任何事物、现象和过程内部的各个要素、各个部分、各个环节之间也是相互联系、相互作用的，共同构成完整事物的存在和运动。在实践活动中，人在与某些具体的对象发生关系时，只要人认识到与这个对象相联系的其他对象及其关系，就必然会对此作出反映，并依据自己的需要而相应调整自己的活动，以获得最大的成效。这样，人在直接改造某一具体对象的同时，也创造出了人与其他对象，及至整个世界的越来越广阔的关系。由此，人类实践就表现出各个活动、各个环节、各个要素彼此联系、协同发展的一体化过程。

正是在这个意义上，我们说，经济、政治、文化、社会、生态建设，并不是人类实践活动的五个彼此独立、互不相连的部分，而是一个实践整体的五个重点方面，它们互相联系，构成统一的实践整体。在这个统一的整体中，经济建设是根本，政治建设是保障，文化建设是灵魂，社会建设是条件，生态文明建设是基础。"五位一体"的战略总布局贯穿于中国特色社会主义伟大实践和事业的全过程，而"五位一体"的社会全面、协调、可持续发展思想也就是当今时代马克思主义理论在中国社会主义实践发展中的最新成果。

首先，从经济与政治的关系看，经济是基础，政治是经济的集中表现，政治与经济密切联系，互为一体。在阶级社会，不同阶级和社会集团为了实现和维护自己的经济利益必然要进行斗争，因此，政治就是阶级斗争。在社会主义建设时期，政治的核心内容就是发展经济，列宁曾指出，社会主义时期主要的政治应当是"从事国家的经济建设，收获更多的粮食，开采更多的煤炭，解决更恰当地利用这些粮食和煤炭的问题，消除饥荒，这就是我们的政治"。[①] 邓小平强调，"经济工作是当前最大的政治，经济问题是压倒一切的政治问题"，"所谓政治，就是四个现代化"。[②] 政治与经济分开，只是理论上能做到的，在生活中，在实践中，政治和经济是分不开的，二者共同存在。

其次，从文化与经济、政治的关系看，经济、政治活动中必然渗透着文化，表现为文化的过程和成果。这是人的实践活动的本质决定的。一方面，"宗教、家庭、国家、法、道德、科学、艺术等等，都不过是生产的

---

① 《列宁全集》第 31 卷，人民出版社 1985 年版，第 336—337 页。
② 《邓小平文选》第 2 卷，人民出版社 1994 年版，第 194 页。

一些特殊的方式，并且受生产的普遍规律的支配"。① 另一方面，"一定的文化（当作观念形态的文化）是一定社会的政治和经济的反映，又给予伟大影响和作用于一定社会的政治和经济"。② 批判现实的经济、政治生活中的不合理现象和因素，引导现实世界走向理想的真善美的世界。

再次，从社会建设与经济、政治、文化关系看，社会建设贯穿于经济建设、政治建设、文化建设全过程中。改善民生是社会建设的重点。解决人民群众最关心的切身利益问题，使人民安居乐业、共享太平是任何政权的最坚实的群众基础。民生问题必然是一个经济问题，也是一个政治问题，同时也是一个文化建设问题。什么是人民最关心最直接最现实的利益问题呢？十八大报告提出：学有所教、劳有所得、病有所医、老有所养、住有所居，具体来说，社会建设的内容包括：努力办好人民满意的教育，推动实现更高质量的就业，千方百计增加居民收入，统筹推进城乡社会保障体系建设，提高人民健康水平，加强和创新社会管理，等等。这表明，大力发展经济，这是社会建设的物质基础，同时，就业、收入分配、社会保障体系、公共服务体系等的建设，是社会建设的为民所谋的具体体现；而教育、卫生等文化事业的发展，更是涉及提高人民群众素质的更高层次的为民所谋，是社会建设的重要内容。

最后，从生态建设与经济、政治、文化和社会建设的关系看，生态文明建设渗透在经济、政治、文化、社会建设之中，融为一体。生态问题的迫切提出源于过去经济发展的高耗能、高污染、高成本，造成了人与自然关系的紧张，也严重制约了经济的可持续发展。生态建设的主要内容是实现各个产业和经济活动的"绿色化"，绿色生产是生态文明建设的基础和关键。绿色生产包括生态农业、生态工业、绿色采掘业、绿色流通、绿色设施建设与运营、生态旅游业、再生资源利用等人类生产生活的所有方面。同时，实现经济生态化还需要若干重要前提条件，比如建立有关环境与发展信息的动态监测与预测预警体系，建立反映自然资源及其他功能变化的市场价格信号体系，等等。而这一系列工作需要政府部门的扎实管理和切实推进，因此，转变过去的以牺牲环境为代价、单纯追求 GDP 增长的执政理念是各级政府政治建设必须要落实的要求，把环境更加美好、人民

---

① 《马克思恩格斯全集》第 42 卷，人民出版社 1979 年版，第 121 页。
② 《毛泽东选集》第 2 卷，人民出版社 1996 年版，第 624 页。

生活更加富裕作为干部政绩考核目标，必是政治建设的主方向。当然，生态文明建设也绝不仅仅是企业和政府部门的事情，它关系到全社会各个领域、全体人民群众的切身利益，关系到社会建设的方方面面。生态文明建设需要全社会、全体人民群众的积极参与，首先需要生态文明观念和文化深入人心，需要全社会树立人与自然和谐发展的理念和决心，从而将生态文化精神贯注在社会主义文化建设的方方面面。过去，一些地方政府和企业为了追逐短期经济利益，不惜牺牲环境，造成严重的社会问题；那些因环境污染而引发的群体性事件，令人痛心不已。金山银山，人民群众所欲也，绿水青山也是人民群众所欲，但是，二者绝不是鱼和熊掌"不可得兼"的对立关系，那些将生态建设与经济建设成功结合的地方的经验表明，生态经济才是民生之本，是社会建设之本。

正是根据实践中经济、政治、文化、社会和生态建设协调发展的客观要求，我们党创造性地提出了"五位一体"的发展理论。党的十八大报告指出："全面落实经济建设、政治建设、文化建设、社会建设、生态文明建设五位一体总体布局，促进现代化建设各方面相协调，促进生产关系与生产力、上层建筑与经济基础相协调。""五位一体"思想是马克思主义理论整体性在新时期的集中表现，是社会主义建设实践整体推进的客观要求，它必然会推动社会主义建设实践向纵深全面发展。

（原载《长江论坛》2013 年第 6 期）

领袖与学者在我国社会主义市场经济
理论确立中的互动性

——马克思主义整体性研究视角和案例之一

苑秀丽

马克思主义整体性的研究视阈之一，是从领袖和学者分别发展马克思主义，并产生互动和共同推动马克思主义理论创新的角度来阐述。

马克思主义、列宁主义、毛泽东思想和邓小平理论以领袖的名字命名是有根据的，它与马克思、恩格斯、列宁、斯大林、毛泽东和邓小平等无产阶级领袖对马克思主义发展的特殊贡献分不开。江泽民、胡锦涛、习近平这些我们党卓越的领导人推进了中国特色社会主义理论的发展。马克思主义的发展离不开无产阶级的卓越领袖。同时，在马克思主义的发展史上，学者亦有重大贡献。程恩富教授关注到了学者在马克思主义发展中的重大作用，认为："许多马克思主义观点在党的文件里是第一次提，但从整个学术界来看就不一定是首创，所以，不能用政界马克思主义代替学界马克思主义。"[①] 陈先达教授也肯定了学者的重大贡献，他认为以马克思主义为指导的哲学社会科学工作者，完全可能在自己专业范围内对某些问题提出创造性的见解，为党和政府的正确决策，为在总体上发展马克思主义提供有价值的见解，不能认为只有党的领导人才能创新，而哲学社会科学工作者只能宣传、解释、复述。改革开放以来，广大哲学社会科学工作者，特别是经济学家的见解包括不同意见的争论，对于邓小平理论的形成

---

① 程恩富：《注重原创　繁荣学派　推动中国学术发展》，《探索与争鸣》2004 年第 11 期。

对于"三个代表"思想，都直接或间接具有某种作用。① 马克思主义与时俱进的发展是一个充满领袖与学者的互动性的历史过程。领袖和学者都有发展马克思主义的权利，领袖治党治国的马克思主义理论与学者治学的马克思主义理论存在互动互促关系。

以下，我们分时期以我国社会主义市场经济体制和理论确立为例，说明马克思主义整体性的发展是包含领袖和学者共同推动的结果。

第一个时期从党的十一届三中全会至 1984 年 10 月，确立了社会主义经济是有计划商品经济的理论。

党的十一届三中全会前后，经济学界在揭批"四人帮"的同时，就我国经济体制改革问题展开了热烈的讨论，按照什么方向和原则进行改革？如何进行改革？当时的认识并不一致。于是，从上到下展开了热烈的讨论。

邓小平一直在思考这个问题。1979 年 11 月 26 日，邓小平在会见国外客人时指出："说市场经济只存在于资本主义社会，只有资本主义的市场经济，这肯定是不正确的。社会主义为什么不可以搞市场经济，这个不能说是资本主义。我们是计划经济为主，也结合市场经济，但这是社会主义的市场经济。"② "市场经济不能说只是资本主义的。市场经济，在封建社会时期就有了萌芽。社会主义也可以搞市场经济。同样地，学习资本主义的某些好东西，包括经营管理方法，也不等于实现资本主义。这也是社会主义利用这种方法来发展社会生产力。中国会不会重新回到资本主义，与这些问题有关。把这当作方法，不会影响整个社会主义，不会重新回到资本主义。"③ 这是我们党的高层领导第一次明确肯定市场经济是发展生产力的手段，它并不属于资本主义专有，社会主义也可以利用。

一些坚定的马克思主义经济学家是改革的首创者和杰出的贡献者。1979 年 4 月，我国经济学界在江苏无锡召开了有三百多名学者参加的全国性大型经济理论讨论会，即"社会主义经济中价值规律问题讨论会"，会上就经济改革问题进行了广泛讨论。中国社会科学院于祖尧教授在讨论会上递交了一篇文章——《试论社会主义市场经济》，正式提出"社会主义

---

① 陈先达：《论与时俱进与理论创新》，《中国特色社会主义研究》2002 年第 4 期。
② 《邓小平文选》第 2 卷，人民出版社 1994 年版，第 236 页。
③ 同上。

市场经济"概念并加以论证。文章指出："社会主义既然实行商品制度，那末，社会主义经济在本质上就不能不是一种特殊的市场经济，只不过它的性质和特征同资本主义市场经济有原则的区别。……为了加快实现四个现代化，搞好经济改革，应当怎样正确地对待市场经济，这是我们经济学界需要认真研究的重大课题。"① 我们光知道"吴市场"，不知道"于市场"。"于市场"比"吴市场"要早提十多年。在这次会议上，这些见解虽然当时未被多数人接受，但可以肯定，它对打破一些理论束缚起到了历史性的作用。

于祖尧教授一直研究我国的经济体制改革，他认为"社会主义市场经济"范畴是可行的选择。原因如下：一是，同一经济制度可以采用不同的经济运行机制；同一经济运行机制可以适用于不同的经济制度。二是，改革是在坚持社会主义基本制度前提下的转换经济运行机制。三是，商品经济是任何社会形态都不可以逾越的经济形式。四是，商品经济与市场经济没有本质的区别。五是，我们选择的市场经济是发达的、现代的、规范有序的、实行政府计划调节的、社会主义的市场经济。六是，既然商品生产有社会主义与资本主义之别，那么就应当承认市场经济也有社会主义与资本主义之别。把市场经济与资本主义画等号是错误的，否定社会主义市场经济与资本主义市场经济的区别也是不对的。七是，经济改革是要实现社会主义与市场经济对接。②

中国社会科学院副院长、学部委员刘国光教授是主张缩小指令式计划和市场取向改革的最早倡导者。他在 1979 年 7 月一次关于经济体制改革取向问题的座谈会中明确提出，高度集权的苏联模式仅是社会主义经济体制模式之一，东欧国家偏重分权、偏于分散的市场体制和用经济办法管理经济的模式，也是社会主义经济体制的重要模式之一，我国经济体制改革在选择模式时，"要解放思想，按照实践是检验真理的唯一标准来决定我们的取舍……只要有利于经济的发展和人民生活水平的提高，都是可以采取的，没有什么政治帽子问题只有适不适合一个国家各个时期的具体历史条件和经济发展条件的问题，也就是适不适合一国国情的问题"，市场机

①《经济研究资料》第 50 期，1979 年 3 月 28 日；并收入会议文集《社会主义经济中计划与市场的关系》，中国社会科学出版社 1980 年版。

② 于祖尧：《我的土生土长的社会主义市场经济论——我是怎样探索社会主义市场经济理论的》，《毛泽东邓小平理论研究》2013 年第 2 期。

制是实行分权管理体制的重要手段（座谈会中刘国光教授的发言题目为《对经济体制改革中几个重要问题的看法》，后载于《经济管理》1979 年第 11 期）。他在《论社会主义经济中计划与市场的关系》一文中对这一问题进行了进一步阐述，他从生产与需求脱节、计划价格脱离实际、供给制资金分配体制的缺陷、企业结构上自给自足倾向的原因等方面，翔实论证了社会主义经济中计划与市场相结合的必然性，并对计划经济条件下如何利用市场的问题和利用市场机制条件下如何加强经济发展的计划性问题，提出了完整、系统的改革举措与政策建议。[1] 这一报告受到当时国内经济学界，特别是政府决策部门和中央领导的高度重视，对我国社会主义市场改革取向的抉择产生了重要影响。中国经济体制改革初期的不同意见是激烈的，在 20 世纪 80 年代初期，刘国光教授因他在改革取向抉择关键时期的这些观点受到某些高层的批评，但他没有退却。一些人关注到了刘国光教授在市场经济问题上的前沿认识，并高度评价。

在改革的初期，如何在理论上解决社会主义条件下的计划和市场的相容问题，成为理论探讨的焦点。当时，人们对市场的提法，市场作用的范围、程度，计划和市场结合方式等问题在认识上尚存在差异。杨承训教授在《"产品交换"的渊源及其对社会主义经济的影响》、《社会主义商品经济的"小循环"和"大循环"——试论如何搞活国民经济》、《商品经济的一般和商品经济的个别》等论著中探讨了计划和市场、商品经济等问题。他提出，要正确认识商品经济的一般和社会主义商品经济的个别。有计划的商品经济，就是以市场为基础，以计划为指导，使计划从市场中来，到市场中去，使我们的经济兼有二者的优点，弥补二者的缺点，利用商品经济的积极作用，限制它的消极作用，发挥社会主义经济的优越性。[2]

在这一时期，我们党的提法可以概括为"计划为主、市场为辅"。1981 年《关于建国以来党的若干历史问题的决议》指出："必须在公有制基础上实行计划经济，同时发挥市场调节的辅助作用。"[3] 1982 年召开的

---

① 刘国光、赵人伟：《论社会主义经济中计划与市场的关系》，《经济研究》1979 年第 5 期。

② 杨承训：《"产品交换"的渊源及其对社会主义经济的影响》，《郑州大学学报》1980 年第 4 期；《社会主义商品经济的"小循环"和"大循环"——试论如何搞活国民经济》，《河南师范大学学报》1980 年第 5 期；《商品经济的一般和商品经济的个别》，《学术月刊》1983 年第 2 期。

③ 《中国共产党中央委员会关于建国以来的若干历史问题的决议》，人民出版社 1981 年版，第 55 页。

党的十二大提出"计划经济为主、市场调节为辅的原则"。这一原则的确立对解决改革实践中遇到的问题，进而推动从计划经济向市场经济转轨无疑具有十分重要的意义。然而，党在理论上的飞跃并不等于在实际工作中，在广大人民群众中和理论界中，一切传统观念和模糊认识都完全被搞清楚了，而是存在种种疑虑和难题。而且，改革的实践，使市场调节的作用已冲破了"为辅"的地位，迫切需要理论上予以进一步的解答。

不过，当时一些学者提出的社会主义经济应当大力发展商品经济的观点受到了批判。有人批评社会主义商品经济论，强调社会主义经济只能是计划经济，认为计划经济的基本标志是指令性计划，如果把中国经济概括为商品经济，就会模糊社会主义经济和资本主义经济的本质区别。那时一些人还是认为，商品经济作为整体来说只能存在于私有制社会。分歧的产生凸显了对社会主义与商品经济关系认识的模糊，而双方的争论也推动着对这一问题认识的深化。在这一时期，一些学者对社会主义商品经济的分析，对计划与市场关系的认识，都明显冲破了传统经济理论。1984 年 7 月，中国社会科学院马洪院长发表了《关于社会主义制度下我国商品经济的再探索》，针对有同志不赞成"有计划的商品经济"的提法，提出中国的社会主义经济仍然是一种商品经济，但是，它既不同于小商品经济，也不同于资本主义商品经济，而是具有社会主义特征的商品经济。社会主义经济是有计划的商品经济，批评了把计划经济与商品经济对立起来的认识，主张应该肯定被否定的"社会主义经济是有计划的商品经济"的提法。①

理论界的讨论最终在党的十二届三中全会的报告中得到了确认。1984 年 10 月党的十二届三中全会通过的《中共中央关于经济体制改革的决定》，在总结我国前期改革经验和我国理论研究成果的基础上，明确提出："改革计划体制，首先要突破把计划经济同商品经济对立起来的传统观念，明确认识社会主义计划经济必须自觉依据和运用价值规律，是在公有制基础上的有计划的商品经济。商品经济的充分发展，是社会经济发展的不可逾越的阶段，是实现我国经济现代化的必要条件。"② 社会主义"有计划的商品经济"的提出，改变了把计划经济同商品经济对立起来的传统观念，

---

① 马洪：《关于社会主义制度下我国商品经济的再探索》，《经济研究》1984 年第 12 期。
② 《中共中央关于经济体制改革的决定》，人民出版社 1982 年版，第 13 页。

肯定了社会主义经济的商品经济属性，并且强调商品经济的充分发展是社会经济发展不可逾越的阶段。这是社会主义经济理论的一个重大突破，是对科学社会主义理论的伟大发展。这就为深化经济体制改革进一步指明了方向。

第二个时期从 1984 年 10 月至 1988 年，确立了有计划商品经济应该是计划与市场内在统一的体制的理论。

这是理论界开始逐步抛弃了把社会主义计划经济看成是同商品经济不相容的观点，越来越多的同志逐步认识到商品经济是中国经济发展不可逾越的阶段。一些学者围绕我们党的这个新见解展开了认真思考并大胆献言。"有计划的商品经济"这种新提法在经济学界也引出了争论。有人认为"有计划"是定性；也有人说"商品经济"是实质，这就把计划与商品经济对立起来了。关于有计划的商品经济到底是计划为主，还是商品经济为主，经济学界持续争论了好几年。在这个问题上，个别学者仍拘守社会主义非商品经济论的观点，反对社会主义经济是有计划的商品经济的论断，把强调商品经济的历史作用和现实作用的经济理论，斥之为"商品经济的神话"，是"为反对公有制、发展私有制作理论依据"。于祖尧提出，半个多世纪的实践证明，否定商品生产、排斥价值规律的认识同生产力发展的必然趋势存在着尖锐的矛盾，应当顺应生产力的潮流，把带自然经济色彩的经济模式，转到社会主义商品经济模式，促进社会主义商品经济的大发展和全面繁荣，这是我国经济体制改革的方向。不能把社会主义商品货币关系视为社会主义的异己物。同时，于祖尧指出，构成社会主义经济本质特征之一的商品经济，是以公有制为基础的有计划的商品经济，而不是商品经济一般。[①]

面对理论界的热议，我们党的理论发展对我国经济改革的理论与实践的发展起了推进作用。1985 年 10 月，邓小平回答美国客人的提问时又明确地用生产力标准来观察、评价计划和市场问题，并进一步就社会主义与市场经济的关系阐明了自己的独到见解。他指出："社会主义和市场经济之间不存在根本矛盾。问题是用什么方法才能更有力地发展社会生产力。我们过去一直搞计划经济，但多年的实践证明，在某种意义上说，只搞计划经济会束缚生产力的发展。把计划经济和市场经济结合起来，就更能解

---

① 于祖尧：《产品经济论质疑》，《福建论坛》1985 年第 1 期。

放生产力，加速经济发展。"① 至此，社会主义市场经济作为改革的目标模式可谓是呼之欲出。

面对我党在理论上的重大突破，马克思主义经济学家在阐述理论，解答疑惑方面发挥了巨大作用。一些学者认识到，既然是商品经济，就必然要以市场机制的调节为基础，计划和市场不存在谁主谁辅的问题，他们是内在统一的关系。改革的市场取向已经非常清晰。经济学界重新提出社会主义市场经济的问题。对商品经济和市场经济的认识是这一时期理论探讨的重要内容。在讨论中也存在着相反的观点：有人认为典型的，全社会范围的市场经济，就是资本主义经济；反驳者则认为把市场经济等同于资本主义经济是不能成立的。这场讨论聚焦在我国经济体制的改革取向和目标模式到底是什么？实践的发展进一步触到了计划经济与市场经济关系这一更为敏感的禁区：究竟计划经济是不是社会主义的经济特征？市场经济是不是资本主义特有的东西？社会主义能不能、该不该搞市场经济？当时还是中青年马克思主义经济学者的程恩富教授肯定了商品经济对社会主义发展的重要作用，"《资本论》涉及了经济生活中的主要环节和主要领域马克思对一般经济规律的论述，对商品经济运行规律的论述，甚至是对资本主义商品经济范畴及其运行规律的大部分论述，只要撤除其反映的资本属性，完全可以作为社会主义经济建设的指导原则"。② 此后程恩富教授在《社会主义初级阶段的经济特征与改革》、《关于划分社会经济形态和社会发展阶段的基本标志——兼论我国社会主义社会初级阶段的经济特征》等文章中，进一步创造性地提出了在初级阶段的社会主义条件下，计划经济与商品经济并非根本对立，而且互相渗透的，即计划调节中含有充分的市场机制，市场调节中含有大量的计划导向等观点。③

讨论最终在计划和市场是内在统一的等问题上取得了共识，并为党的正式文件所采纳和肯定。1987 年党的"十三大"召开前夕，邓小平再次指出："计划和市场都是方法嘛！只要对发展生产力有好处，就可以利用。

① 《邓小平文选》第 3 卷，人民出版社 1993 年版，第 148—149 页。

② 洪远朋、程恩富、宋运肇：《试论建立综合的社会主义经济学》，《复旦学报》（社会科学版）1985 年第 6 期。

③ 程恩富、徐惠平：《社会主义初级阶段的经济特征与改革》，《赣江经济》1987 年第 6 期。程恩富、周环：《关于划分社会经济形态和社会发展阶段的基本标志——兼论我国社会主义社会初级阶段的经济特征》，《复旦学报》（社会科学版）1988 年第 1 期。

它为社会主义服务，就是社会主义的；为资本主义服务，就是资本主义的。"根据邓小平同志的指示精神，"十三大"文件是这样写的："社会主义有计划商品经济的体制，应该是计划与市场内在统一的体制"；"社会主义商品经济同资本主义商品经济的本质区别，在于所有制基础不同。建立在公有制基础上的社会主义商品经济为在全社会自觉保持国民经济的协调发展提供了可能，我们的任务就是要善于运用计划调节和市场调节这两种形式和手段，把这种可能变为现实。社会主义商品经济的发展离不开市场的发育和完善，利用市场调节决不等于搞资本主义。"

第三个时期从1989年至1993年，确立了社会主义市场经济及其体制框架的理论。

1989年开始了计划与市场问题讨论的又一个时期。这一时期是国民经济的治理整顿时期，在这个时期，针对前期国民经济出现过热，通货膨胀加剧，开始贯彻治理经济环境、整顿经济秩序、全面深化改革的方针。严酷的现实，使人们进一步认识到经济体制改革的复杂性、艰巨性、长期性。1990、1991年这两年理论界对计划为主还是市场为主的问题还在继续争论。由于理论认识上不一致，对经济体制改革的目标模式就有不同的意见，有的主张计划取向，有的主张市场取向，争论非常激烈。

程恩富教授在一系列著作中，对计划和市场表达了自己的独立见解。我国的市场经济，并不就是单纯模仿或照搬西方国家的市场经济，而必须走有中国特色的道路。① 但是，在这一时期，否定和批判市场经济的观点逐渐占据了主导地位。而邓小平在1990年底、1991年初的两次谈话，都强调我们要在发展市场经济问题上进行思想解放和理论突破。一些学者敏锐地理解到，邓小平同志要推动改革开放的深入，到了90年代的此时此刻，说穿了就是要在建立社会主义市场经济新体制上求深入、求突破。改革已经到了必须把建立社会主义市场经济体制作为经济体制改革的目标的时刻，这就必然要破除搞市场经济就是搞资本主义的思想观念。

---

① 蒋学模、洪远朋、程恩富等：《社会主义商品经济理论模式》，《复旦学报》（社会科学版）1989年第6期。程恩富：《构建"以市场调节为基础、以国家调节为主导"的新型调节机制》，《财经研究》1990年第12期。程恩富、施镇平：《再论构建"以市场调节为基础、以国家调节为主导"的新型调节机制》，《财经研究》1991年第5期。程恩富、施镇平：《三论构建"以市场调节为基础、以国家调节为主导"的新型调节机制》，《财经研究》1991年第6期。程恩富：《论市场调节与国家调节的结合机制——与厉以宁同志商榷之三》，《世界经济文汇》1991年第4期等。

与此意见相反的同志则认为中国不能搞市场经济，认为实行市场经济就是否定公有制，搞资本主义。由此，一场关于市场经济"姓资"还是"姓社"的争论在全国展开。争论是激烈的。1991 年这一年成了改革的争论之年、交锋之年。而争论和交锋的中心内容，始终是围绕改革开放的性质、市场经济的取向和改革开放总设计师邓小平本人展开的。1991 年年初，邓小平在视察上海时，他又一次强调："不要以为，一说计划经济就是社会主义，一说市场经济就是资本主义，不是那么回事，两者都是手段，市场也可以为社会主义服务。"① 邓小平对市场经济的认识更进了一层，关于计划和市场都是经济手段的论断的提出，扫清了社会主义市场经济理论形成道路上的最后障碍，社会主义公有制与市场经济能够实现有机结合的理论最终确立起来。

我国经济理论界积极引领和参与了这场讨论。1991 年 7 月 4 日，中国社会科学院经济学科片在刘国光同志的主持下，召开了"当前经济领域若干重要理论问题"座谈会，经济学家就"姓社姓资"这一敏感问题坦陈己见。卫兴华说了五点：第一，实行改革开放不能不问"姓社姓资"；第二，不能乱定"姓社姓资"；第三，不能对什么事情都一定要问"姓社姓资"；第四，问"姓社姓资"，不是排斥和否定一切姓"资"的东西存在；第五，不要用不正确的"社资观"去胡乱批评正确的理论思想。②

面对 1989 年至 1991 年间国内外对中国能否搞市场经济的种种责难和疑虑，很多学者著书立说。理论界的思想交锋对当时的国家领导人发挥了影响。1992 年春天，邓小平在南方谈话中多次论及这场交锋中所涉及的一些重大理论观点。在南方谈话中，邓小平提出："计划多一点还是市场多一点，不是社会主义与资本主义的本质区别。计划经济不等于社会主义，资本主义也有计划；市场经济不等于资本主义，社会主义也有市场。计划和市场都是经济手段。"③ 这就从根本上消除了把计划经济和市场经济看作是属于社会基本制度范畴的思想束缚，使我们在计划与市场的关系问题上的认识有了新的重大突破。1992 年 10 月，党的十四大首次明确提出建立

---

① 《邓小平文选》第 3 卷，人民出版社 1993 年版，第 367 页。

② 参见卫兴华：《中国特色社会主义经济制度的理论是非需要澄清——兼谈怎样正确理解邓小平南方谈话中关于"社"与"资"、"公"与"私"的论述》，《政治经济学评论》2012 年第 4 期。

③ 《邓小平文选》第 3 卷，人民出版社 1993 年版，第 373 页。

社会主义市场经济体制的总体目标。

理论界围绕党的十四大报告关于社会主义市场经济的新发展，进行了更为广泛和深入的阐释。刘国光在《社会主义市场经济理论的几个焦点问题》、《社会主义市场经济理论的若干问题》① 等一系列论著中，阐述与回答了一系列重要问题，包括社会主义商品经济的提法为什么要改成社会主义市场经济的提法？既然计划和市场都是经济手段，为什么我们现在又把社会主义计划经济的概念变成或者发展成社会主义市场经济的概念？既然市场经济不是制度性的概念，那么为什么要在市场经济前加上"社会主义"的定语？社会主义市场经济区别于资本主义市场经济的特点是什么呢？刘国光教授指出，计划和市场都是经济手段，这一科学论断从根本上破除了把计划经济和市场经济看作是社会基本制度范畴的传统观念，诊治了我们在市场和市场经济问题上常犯的"恐资病"，启发了人们从资源配置这一基本经济学观点出发去重新思考把社会主义市场经济体制作为经济改革目标模式的问题。②

1993 年 11 月 14 日中共十四届三中全会通过了《关于建立社会主义市场经济体制若干问题的决定》，从而标志着我国社会主义市场经济体制框架理论的正式确立。

综上所述，社会主义市场经济理论的确立，饱含着我国领导人和经济学家的长期执着探索。在社会主义市场经济理论的形成和发展过程中，一些坚定的马克思主义经济学家极大地发挥了引领思想、答疑解惑的作用。中国的改革开放，为社会主义经济理论提出了许多新的课题，在解决这些课题的过程中，领袖和学者建立了一种互动和互补的交互关系，从而共同推动了中国特色社会主义理论和实践的不断前进。

参考文献

［1］卫兴华：《社会主义经济运行机制》，人民出版社 1986 年版。

［2］卫兴华：《经济改革若干理论问题探讨》，中国经济出版社 1988 年版。

［3］程恩富：《国家主导型市场经济论：社会主义经济调节机制研究》，上海远东出版社 1995 年版。

---

① 刘国光：《社会主义市场经济理论的几个焦点问题》，《党校科研信息》1992 年第 21 期。

② 刘国光：《社会主义市场经济理论讨论中若干焦点问题》，《科学社会主义》1992 年第 6 期。

［4］左大培：《现代市场经济的不同类型：结合历史与文化的全方位探讨》，经济科学出版社 1996 年版。

［5］程恩富：《当代西方产权理论》，当代中国出版社 1997 年版。

［6］程恩富：《现代政治经济学》，上海财经大学出版社 2000 年版。

［7］程恩富：《现代政治经济学创新》，上海人民出版社 2007 年版。

［8］苏星主编：《邓小平社会主义市场经济理论与中国经济体制转轨》，人民出版社 2008 年版。

［9］卫兴华：《公平与效率的新选择》，经济科学出版社 2008 年版。

［10］杨圣明主编：《社会主义市场经济基本理论问题研究》，经济科学出版社 2008 年版。

［11］刘国光：《中国经济体制改革的模式研究》，中国社会科学出版社 2009 年版。

［12］杨承训主编：《中国特色社会主义经济学》人民出版社 2009 年版。

［13］吴易风：《当前经济理论界的意见分歧》，中国经济出版社 2000 年版。

［14］程恩富：《程恩富选集》，中国社会科学出版社 2010 年版。

［15］程恩富：《马克思主义经济学的五大理论假设》，人民出版社 2012 年版。

［16］吴敬琏、马国川：《重启改革议程：中国经济改革二十讲》，生活·读书·新知三联书店 2013 年版。

［17］顾海良：《市场经济是中性范畴吗》，《高校理论战线》1993 年第 4 期。

［18］程恩富：《辩证地认识邓小平的基本经济思想》，《财经研究》1997 年第 6 期。

［19］林岗、张宇：《"十五"期间中国政治经济学理论发展述评》，《经济思想史评论》2006 年第 1 期。

［20］程恩富：《四个层面加快完善社会主义市场经济体制》，《社会科学报》2013 年 5 月 30 日。

（原载《学术研究》2013 年第 12 期）

科学社会主义学科建设之整体性

王晓红

由于科学社会主义学科所具有的特点及多种功能与含义，导致科学社会主义学科本身的研究和发展受到种种限制，一些基本的问题不明确，比如学科的定位、学科的性质、与其他学科之间的界限等，甚至已经成为阻碍学科发展建设的重要因素。目前学界对于这些问题的存在基本已形成共识，但是仍需对此问题更为清晰的分析以寻找有效可行的解决办法。此外，科学社会主义学科与其他马克思主义基本学科，如并称为马克思主义基本原理的马克思主义哲学、马克思主义政治经济学等的关系如何，仍需进一步研究。本文试图从科学社会主义学科的形成来源，分析探究这一学科的定位、性质，并从它与其他两门马克思主义理论学科的关系出发，为科学社会主义学科建设的整体性提供思路，这也是科学社会主义基本原理整体性建设的重要部分。

一 在历史中发展、创新的科学社会主义学科

学科，《汉语词典》的释义是，知识或学习的一门分科，尤指在学习制度中，为了教学将之作为一个完整的部分进行安排。《辞海》对学科的定义更为清晰：①学术的分类。指一定科学领域或一门科学的分支。如自然科学中的化学、物理学；社会科学中的法学、社会学等。②"教学科目"的简称，也称"科目"。教学中按逻辑程序组织的一定知识和技能范围的单位。如中小学的数学、物理、语文、音乐等；高等学校心理学系的普通心理学、儿童心理学、教育心理学等。也就是说，学科包括学术研究

和教学两个层次。就科学社会主义学科而言，由于其复杂的多种功能并具的特点，不仅应包括学术研究、教学，还应包括意识形态、制度建设和实践层面的理论宣传、政策探讨等多方面的内容。

科学社会主义是在历史中发展、创新的一门学科，这是由科学社会主义学科的几个特点形成的。首先，科学社会主义学科的理论来源具有模糊性。马克思、恩格斯并没有专门论述科学社会主义学科的著作，科学社会主义思想散见在各类文章和著作中。学界认为比较集中地阐述科学社会主义思想的著作是1848年的《共产党宣言》，并多从此篇阐释科学社会主义的基本原则。同时，它也标志着科学社会主义的诞生。① 其次，社会主义从空想到科学的理论，是随着剩余价值论和历史唯物论的形成而逐步完成的。马克思、恩格斯依据这两大理论，构想了未来共产主义社会的基本面貌，比如生产资料公有、按需分配、没有阶级、没有剥削等的人人自由的社会。再次，马克思关于共产主义的理论是建立在对典型资本主义国家考察的基础上，并以此为摹本分析论证科学社会主义理论。而事实上，如何在经济落后的国家，如苏联、东欧各国、中国等建设社会主义并顺利迈向共产主义是马克思主义理论的一个新课题。这些是马克思、恩格斯的理论没有直接回答的。因此，马克思、恩格斯关于科学社会主义的学说因为实践的未来性以及多变性、复杂性，所以对于许多后来社会主义建设中遇到的问题不可能做出全面的预测和完全准确的回答。上述这些就要求这门学科在发展过程中需要以不断的实践探索和理论研究加以完善，与实践的密切关系和未完成性或开放性成为这门学科的独特特点。

科学社会主义的发展是以世界各国的社会主义实践为基础，不断丰富和发展的。自观念形态的空想社会主义创立以来，到马克思、恩格斯科学社会主义理论体系的创立，科学社会主义就在各国的社会主义实践中逐步发展完善。列宁领导了苏联建立初期的社会主义实践探索，苏联模式逐步形成并在随后成立的社会主义国家中推而广之并产生影响。我国的社会主义探索和实践，历经改革开放前和改革开放后这两个相互联系又有重大区别的时期，发展为今天坚持改革开放的中国特色社会主义。从社会主义发

---

① 参见周新城：《必须坚持〈共产党宣言〉阐述的科学社会主义基本原则》，《马克思主义研究》2013年第3期；侯惠勤：《科学的经典 真理的旗帜——读〈共产党宣言〉》，《马克思主义研究》2012年第12期。

展的历程看，虽然有科学社会主义理论的指导，但社会主义实践并非一帆风顺，没有可以照搬的现成理论模板，社会主义建设实践的各种复杂状况远远超出了马克思、恩格斯创立科学社会主义理论体系时所能构想到的状况。科学社会主义作为一门在人类社会中建立起实在形态——社会主义制度的理论学科，由于理论的抽象性、理想性与现实的复杂性之间不可避免的鸿沟，因此，在遵循社会主义基本原则的前提下，以科学社会主义关于人类最终理想——共产主义社会为目标，探索、开创社会主义实践道路，坚持各国社会主义发展具体的、特殊的历史逻辑，就成为社会主义实践的必然、也是必由的成功之路。坚持和发展是科学社会主义学科的应有之义和必然命运。这是科学社会主义作为一门以实践为核心的理论学科的本质特点。社会主义实践的发展促进了科学社会主义理论的丰富和发展，这已经为历史所证明，中国特色社会主义理论就是中国社会主义实践发展和创新的重要成果，构成了科学社会主义理论新的重要的组成部分。

科学社会主义理论的发展形成了六个历史阶段。2013 年 1 月 5 日，习总书记在中央党校的重要讲话中明确指出，这六个时间段为空想社会主义产生和发展，马克思、恩格斯创立科学社会主义理论体系，列宁领导十月革命胜利并实践社会主义，苏联模式逐步形成，新中国成立后我们党对社会主义的探索和实践，我们党作出进行改革开放的历史性决策、开创和发展中国特色社会主义；并提出了坚持马克思主义，建设中国特色社会主义需要把握的几个重要问题，即科学社会主义理论逻辑和中国社会发展历史逻辑的辩证统一，必须坚持科学社会主义的基本原则，坚持道路自信、理论自信、制度自信，要正确看待改革开放前和改革开放后这两个相互联系又有重大区别的时期，坚持发展的观点，胸怀革命理想，真正坚持社会主义。这充分表明，科学社会主义学科作为一门在历史中发展、创新的学科，需要把历史和现实相结合、理论和实践相结合、继承和创新相结合。

从科学社会主义学科的历史发展看，它是一门与实践紧密联系的，不断发展、创新的理论学科。迄今为止的社会主义发展历程已经证明，拘泥不变、因循守旧是没有出路的。只有把科学社会主义基本原理与本国实践相结合，根据具体的国情和世情探索发展科学社会主义的具体内容和实践道路，坚持党的领导，科学社会主义的发展才有生命力。如果在发展中不坚持科学社会主义的基本原则，发展就会失去方向，进而导致社会主义事业遭受惨重损失甚或完全失败。如果不结合具体的社会实践和国情世情党情的发展，及时调整、补充、发展科学社会主义的实践内容并完成理论上的总结，这门学科也就失去了发展的动力而变得僵化，失去发展的活力。如果没有理论上的大胆突破，不仅学科的发展会受到限制，更会对社会主义实践造成不可挽回的损失。马克思主义理论与其他人文学科相比有突出的实践性的特点，而科学社会主义学科与其他马克思主义理论基本学科相比，其实践性、方向性更为突出。

二 科学社会主义学科的定位

科学社会主义学科就纵向而言，具有发展性、实践性、科学性的特点；从横向而言，这一学科也具有多种定位和性质的复杂性。厘清学科的定位，不仅有助于从学科内部全面理解这门学科的各种不同作用，各种不同功能在不同领域发挥的不同作用，也有利于各种功能各司其职、各个部分分工协作，让一门学科作为整体发挥重要作用。科学社会主义学科的定位，应当从它承担的多重历史、现实功能出发，从科学社会主义发挥的作用出发。从科学社会主义的历史实践来看，也可以从历史发展的纵向和社会现实的横向两个方面梳理其功能定位。

从历史发展的纵向来看，科学社会主义在世界历史上写下了辉煌的篇章，它不仅是理论也是武器，是具体的社会制度、意识形态，也是抽象的理想社会。科学社会主义自产生之初，就是一种社会发展理论，一种指导社会运动的思想武器。从建立第一个社会主义国家起，它已然成为一种社会制度、一种建设事业，成为被压迫的民族国家向往的一面旗帜。由于新建立起的社会主义国家的特殊性（如经济落后），发展的曲折性、长期性，它也因此成为一种未来的人类理想社会。由于资本主义对社会主义的担心和害怕，它又成为人为划分的敌对世界的一种社会形态。①

从社会现实的横向来看，科学社会主义理论对于不同的对象发挥不同的作用。科学社会主义的对象根据范围不同可以分为两类，即一般对象与特殊对象。前者比如世界、国家，后者比如政党、学者、学生、大众等，科学社会主义对不同的对象发挥不同的功能。

---

① 参见孟鑫、刘晨光：《科学社会主义学科建设基本问题再认识》，《中国特色社会主义研究》2013 年第 3 期。

科学社会主义理论在世界、国家范围内仍发挥着重要作用。在世界范围内，目前有两种主要的社会形态，即对峙的社会主义国家和资本主义国家，这在冷战时期形成了资本主义世界与社会主义世界的两极对立。虽然现时代的矛盾冲突更为复杂和多样化，但这两种形态对立冲突的性质并没有完全消除。资本主义国家中，不少人冷战时期的思维惯性仍在延续。资本主义国家"和平演变"策略已在苏联等东欧国家的得逞，说明资本主义对社会主义的怀疑和攻击至今也没有停止。鉴于国际形势的复杂与资本主义社会的暂时优势，我们要时刻保持清醒和警惕。从世界层面看，科学社会主义是一种与资本主义相对的社会形态。从国家层面而言，它是与另一种意识形态对立的意识形态。科学社会主义作为社会主义国家的意识形态理论，不仅要随着世界状况的变化及时发展创新，也需要不放松地对内加强宣传教育，巩固和强化其基础。

科学社会主义理论对于不同的特殊对象，如政党、学者、学生、大众，发挥不同的功能。因此，学科定位要考虑到政党、学者、学生和民众这几个层面的问题。从政党（共产党）的角度看，它兼具政治理念、自身建设、制度建设和政策宣传的功能。从学者的角度出发，按照学术研究、理论宣教、政策探讨这三个维度①还是比较容易理清楚自己该做的工作的。从大学生角度，则要通过科学社会主义理论认清世界形势、国家的历史和现在，以成为信念坚定的社会主义事业的接班人。对于普通大众，则要通过科学社会主义理论的学习，坚定共产主义信仰，用实际行动建设社会主义。但事实上，由于科学社会主义功能作用的复杂性，导致长期以来各种对象之间对于其功能作用的混乱不清。比如，有些学者忽视了自己的学术研究职能而只专注于政策宣传，大学教学中忽视对学生进行世界形势和历史的认识教育等。有些情况已经得到改善，但仍有许多工作要做。

如果科学社会主义学科的这些基本功能清晰，则学科的发展研究就会路径清晰。各部分的清晰则会促进学科的整体协调发展。从某个角度进行研究，或者针对哪类对象进行言说，就会比较有针对性。比如一名学者，研究一个问题，可以站在不同的角度，或者是从学者纯粹理论研究的角

---

① 程恩富曾在不同场合对马克思主义理论研究的这三个层次有过不同表述，如"学术研究、理论宣传、政策探讨"（程恩富、胡乐明：《中国马克思主义理论研究 60 年》，《马克思主义研究》2010 年第 1 期）等。在课题会议上，笔者专门就此请教程恩富，并最终采用了这一用法。

度，或者是从世界、国家政治的层面，或者从党的建设方面，或者就学科的历史发展而言。研究一个问题可以从不同的角度和层面，也允许有交叉重叠。也可以从一个角度研究不同的问题。但是要清晰，哪个问题是从哪些角度论述的，这个角度应遵循的原则是什么，实现的主要功能是什么，起的作用是什么。不能用一个原则标准要求不同的主体，也不应该对不同的主体提出不切实际的要求。比如从国家层面出发的意识形态教育，就应该以国家领导人的讲话、党中央的各种文件、指示为依据，做好各种理论论证和宣传推广。同时，针对不同的受众，所采取的方法也应该不同。比如，纯粹的学术研究则应适当宽泛，以逻辑和实践为依据，遵循科学社会主义学科发展的基本原则，大胆假设，小心求证，开拓思路，发挥学科的学术研究层面在理论和实践中应有的作用。针对大学生的教育，应该以理论性辅以实践性，注重从世界和历史角度的分析。而针对普通民众的教育，就应该更贴近现实，灵活生动，以事例说明理论，枯燥乏味的纯粹学术宣讲难以达到好的效果。

科学社会主义学科的定位是多角度的，也决定了学科的性质是综合的，而非单一的。比如，强调科学社会主义学科的理论性这一学科性质，就定义科学社会主义的学科性质是"综合性的理论学科"；强调学科的政治性的，认为科学社会主义学科是"综合性的政治理论学科"；强调科学社会主义作为社会发展的理想形态的特点，则它除了政治性、综合性之外，还有战略性的特点；强调其作为历史性的"历史的科学"，以历史为基础，展望社会主义的未来发展道路；以及把科学社会主义作为国家执政理念的意识形态框架，强调这一学科在中国的具体发展，即中国特色的社会主义理论等。这些都是从不同角度对科学社会主义学科的性质的理解。而显然，科学社会主义学科因其与国家、政治的紧密关系，因而具有强烈和明确的政治特性、实践特性和社会历史发展的阶段性特征。

三 科学社会主义与马克思主义哲学

学科建设的整体性不仅体现在学科内部历史和逻辑的内在统一上，也体现在各个分支学科之间内在逻辑联系上。就科学社会主义学科的整体性特征而言，不仅指上述学科内部复杂的多功能之间的综合统一，它与其他马克思主义理论学科，尤其是与同作为马克思主义基本原理的马克思主义哲学和马克思主义政治经济学之间的关系，也是学科整体性建设的重要问题。

马克思主义哲学、马克思主义政治经济学和科学社会主义作为马克思主义基本原理的三个组成部分，有其逻辑理路和现实根由。对于三个部分的来源和三分的弊端，学界已经讨论很多，这里只从科学社会主义学科建设的角度谈三者的统一，即以科学社会主义为立足点论述其与马克思主义哲学、政治经济学的关系。

科学社会主义的实践促进和丰富了马克思主义哲学的发展。

首先，科学社会主义学科的发展促进了马克思主义哲学的反思。中国社会主义革命的成功和中国特色社会主义制度的建立所取得的重大成就已经成为人类世界历史上重要的篇章。马克思主义理论发展到现在，已经成为包括马列主义、毛泽东思想、邓小平理论、"三个代表"重要思想、科学发展观为指导的中国特色社会主义理论。无论是当前马克思主义哲学研究"回到马克思"的思潮，还是对苏联模式所造成的禁锢的反思，都证明了社会主义的实践和理论对马克思主义哲学的影响。马克思主义哲学同样需要根据实践反思发展，找出哪些是不适宜社会发展需要的理论，哪些是必须要坚持的，哪些是必须要破除的。

其次，科学社会主义学科实践和理论促进和丰富了马克思主义哲学。中国特色社会主义的实践发展史同时也是马克思主义哲学中国化的理论探索和发展史，中国特色社会主义的伟大实践与马克思主义哲学中国化的历史进程具有深刻的内在逻辑一致性。研究马克思主义哲学，要立足于社会主义实践，借鉴科学社会主义学科的成果。在中国，马克思主义哲学要与中国特色社会主义的具体实际相结合，立足于中国的具体实际开展马克思主义哲学研究。

反过来，马克思主义哲学是科学社会主义的理论基础，给科学社会主义的科学性、理论和现实的可能性以及"以人为本"精神奠定了基础。科学社会主义作为一门实践性强的理论学科，作为一门以自由的共产主义社会为理论旨归的理论学科，其理论和现实的合理性需要马克思主义哲学的论证。马克思主义哲学对科学社会主义学科发挥着基础作用，主要体现在，批判继承西方的人本主义传统，发展为今天"以人为本"的社会主义核心价值观；承继西方自由的思想传统，以建立解放全人类的自由的共产主义社会为理论旨归。

首先，马克思主义哲学论证了科学社会主义学说的科学性。马克思主义哲学摈弃了旧唯物主义、唯心主义的立场，创立了从物质实践出发解释观念的实践唯物主义。马克思通过分析历史发展的客观规律，发现社会历史发展的根本决定性动力存在于社会的物质生产过程中，存在于生产力和生产关系、经济基础和上层建筑的矛盾运动中。社会历史发展的根本规律是物质决定意识，生产力决定生产关系，经济基础决定上层建筑，而不是相反。当然，后者对前者也有反作用。历史唯物主义的结论就是社会主义必然代替资本主义的基本规律。马克思主义的唯物史观科学地解释了人类社会的历史发展规律，为科学社会主义的科学性奠定了基础。马克思主义哲学关于社会历史发展的根本动力的思想在当前中国特色社会主义实践中依然发挥着根本性的作用。

其次，马克思主义哲学从逻辑和历史上论证了科学社会主义理论的现实可能性。科学社会主义是关于如何实现资产阶级灭亡、无产阶级和全人类自由解放的科学，因而是马克思恩格斯关于人类未来社会的理论学说。对于这一学说的合理性，尽管恩格斯在《反杜林论》与《社会主义从空想到科学》中已经对此进行了论证，但仍有不少人认为共产主义这一目标只是毫无意义的空想。以赛亚·伯林就认为，马克思不仅预设了共产主义社会这一最终目标与自由的一致，而且这一目的的可达至也同样是预设的。[①]

西方哲学的思想传统之一是对自由的追求，马克思显然接受了这一传统，并以此为基础建构自己的共产主义理论。通过对他所处的资本主义时代的政治经济学考察，马克思发现，人类的解放和自由恰恰表现在如何使人类从物的统治和所有制的支配下，从"异化"中解放出来。而如黑格尔那样只是依靠"自我意识"的革命是不可能获得真正解放的，"'解放'是一种历史活动，不是思想活动，'解放'是由历史的关系，是由工业状况、商业状况、农业状况、交往状况促成的"。[②] 马克思认为，人类历史的发展有自己的规律，社会形态更替是物质生产矛盾运动的结果，是人类历史发展的必然，这是由物质社会生产的基本矛盾决定的。当产生这一矛盾的条件消亡，自由的人类社会就得以实现。这一目标的实现是马克思历史唯物论哲学的必然结论。马克思以实践唯物主义观点通过对社会历史的考

---

① 参见以赛亚·伯林：《现实感》，译林出版社 2004 年版，第 133 页。
② 《马克思恩格斯选集》第 1 卷，人民出版社 1995 年版，第 78 页。

察，为共产主义社会的合理性和现实性作出了论证。从逻辑上而言，它是马克思以哲学的辩证思维得出的严密的逻辑结论；从事实上而言，它是马克思依据对社会历史发展进程的考察而得出的合理推论。

再次，马克思主义哲学为科学社会主义"以人为本"的精神奠定了基础。马克思主义哲学从唯物论出发理解现实的人及其自由而全面发展的人。在必然的历史阶段，生产力和生产关系不断矛盾冲突，被压迫阶级必然会行动起来，打破束缚发展的生产关系，推动社会生产力的进步，最终实现科学社会主义的目标，即自由的共产主义社会。如果说宗教告诉人们，救世主是神的话，那么马克思主义哲学就告诉我们，社会发展的基本矛盾要通过革命的方式来解决，无产阶级可以推翻已经代表阻碍生产力发展的资产阶级的统治从而拯救自己。救世主是人，是无产阶级自己。无产阶级能够自己拯救自己，而无须借助于神恩。以处于现实社会关系中的人为出发点，经过自己的努力就能够实现自由而全面的人这一目标。马克思主义哲学处处贯穿着对现实人的理解、对自由的人的尊重和追求。科学社会主义"以人为本"的核心精神正是建立在马克思主义哲学的基础上。

因而，离开科学社会主义的实践，马克思主义哲学就会陷入僵化而固步自封。而离开马克思主义哲学，科学社会主义就会失去基础和方向。两者是马克思主义理论整体中密不可分、相互支撑的部分。

四 科学社会主义与政治经济学

科学社会主义理论作为马克思主义理论的核心和理论结论，需要通过实践活动的运用来加以实现，也需要通过实践的理论来丰富和发展，负责这一具体实践活动的理论就是政治经济学。如果说，与马克思主义哲学相比较，科学社会主义具有更贴近实践的特点，那么与政治经济学相比较，科学社会主义就具有更多理论色彩。而三者的关系，则是不可分的"一整块钢板"。①

科学社会主义与马克思主义哲学相比较，具有更明确的、贴近现实的目标，具有更强的时代气息。同时，它还根据政治经济学理论和实践的发

---

① 列宁：《什么是人民之友以及他们如何攻击社会民主主义者》，人民出版社1955年版，第116页。

展而发展创新，为政治经济学的发展实践指明方向。科学社会主义理论不仅揭示了社会历史发展的基本规律，而且直接关注处于具体历史时代的具体国家关于社会主义建设的本质问题，它是社会主义国家进行社会主义建设的纲领。马克思主义政治经济学研究商品经济与资本主义的内在矛盾和运动规律，揭露资本主义剥削本质和必然灭亡。在新时期，政治经济学的任务不仅要研究全球资本主义的新动态，还要研究社会主义市场经济的运行规律，指导政治经济活动实践，使社会主义建设顺利进行。同时，也为科学社会主义理论提供基础，促进它的发展和完善。

科学社会主义理论为政治经济学研究指明了方向，规定了马克思主义政治经济学的本质。科学社会主义以哲学和政治经济学理论为基础，确定了为受压迫的无产阶级张目的立场，以达到人的全面、自由的主旨。在创立起始，《共产党宣言》就成为指导工人阶级与资产阶级斗争的纲领性文件。"全世界无产者联合起来"的口号催生了共产国际，并在与资产阶级的斗争中发挥了积极的作用。19 世纪风起云涌的革命热潮，与科学社会主义理论所产生的作用不无关系。科学社会主义理论明确了马克思主义政治经济学所要坚持的立场，它是为无产阶级大众而不是资产阶级精英服务的理论，决定了政治经济学的本质。

科学社会主义理论丰富和发展了政治经济学理论。中国特色社会主义理论作为科学社会主义的当代发展，首先，它丰富了马克思主义经济学的方法论原则。马克思主义政治经济学的方法论原则是在分析生产力与生产关系的矛盾运动的基础上，阐释社会发展的根本动因，以生产资料所有制为基础判断社会经济制度的本质属性，通过改革和完善生产关系来促进生产力发展。而中国特色社会主义从我国初级阶段的国情出发，把发展生产力与坚持完善社会主义基本经济制度相结合，坚持了这一科学方法论原则。其次，拓展了政治经济学的研究领域。列宁时期的帝国主义理论，毛泽东创造的新民主主义理论，中国特色社会主义理论对于经济本质、社会主义初级阶段基本经济制度的理论，社会主义市场经济理论，经济全球化与对外开放理论，全面持续可协调发展的观点等，都丰富和发展了马克思主义政治经济学的研究对象和理论视野。中国改革开放的实践，发展了科学社会主义理论，也不断丰富和发展着政治经济学的研究领域。最后，丰富了政治经济学的研究内涵。中国特色社会主义理论以马克思主义关于市场经济内在规律的理论为基础，深化了对社会主义市场经济运行规律的认识，丰富了政治经济学的研究内涵。在社会主义市场经济条件下，如何深入分析马克思主义关于价值规律、竞争规律、剩余价值规律和按比例规律等经济规律的范围和机制需要不断探索，而中国特色社会主义理论则可以给这些研究提供指南。随着改革的进一步深化，中国特色社会主义理论的不断发展，政治经济学研究的内涵也必将更为丰富。总之，随着我国改革开放和中国特色社会主义理论和实践的发展，政治经济学学科已经逐步构建了具有中国特色的现代政治经济学学科体系，其科学解释力和实践性都得到加强。[①]

反过来，政治经济学也作为科学社会主义的基础，论证了科学社会主义的革命性，推动了科学社会主义的发展创新。首先，政治经济学研究是科学社会主义理论发展的坚实基础。没有政治经济学理论研究的结果，科学社会主义理论就会成为无本之木，无源之流。马克思就是从对当时政治经济状况的分析得出了科学社会主义理论的科学结论。他在《莱茵报》工作期间，在关于林木盗窃问题、摩塞尔地区农民贫困原因问题的讨论中，就意识到，"对市民社会的解剖应该到政治经济学中寻求"。只有对整个社会深刻的政治经济学洞察和研究，才能得出符合社会发展规律的结论。邓小平对"文化大革命"的反思和对社会主义初级阶段的分析和认识，并没有局限于政治和思想领域，而是从经济方面着手，从而引发了中国改革开放的浪潮，开创了中国特色社会主义制度和理论。其次，政治经济学论证了科学社会主义理论的革命性。正如前面已经提到的，马克思在《资本论》中阐发的剩余价值理论，表明了资产阶级剥削工人阶级的秘密，资本主义也因此产生了自己的掘墓人，即无产阶级，这成为科学社会主义理论的革命性根据。再次，政治经济学推动了科学社会主义理论的发展创新。科学社会主义理论的发展创新面临着一系列需要解释和克服的挑战。比如资本主义经济全球化的发展，对社会主义优越性的置疑，马克思主义阶级分析理论面临的挑战等，都需要如马克思那样，对社会进行深刻的政治经济学分析，才能以对这些难题的解剖为前提，对之作出合理的回答。在此基础上，才能面对资本主义挑战，增强对社会主义的信心，推动科学社会主义理论的进一步发展创新。

---

① 参见程恩富：《近十年我国政治经济学的两大理论成就》，《中国社会科学报》2012 年 8 月 24 日第 A04 版。

总之，对科学社会主义学科的历史发展和创新，从学科自身的多功能定位分析以及与马克思主义哲学、马克思主义政治经济学的关系的研究，构成了科学社会主义学科整体性建设的重要部分。

社会主义就是消灭剥削和阶级

——论社会主义运动的本质

李 伟

什么是社会主义的本质？社会主义的本质是一个什么问题呢？社会主义首先是一种社会运动，社会主义思想是这一运动的理论表现。所谓社会主义的本质，就是回答社会主义运动是围绕一个什么基本矛盾或基本问题开展起来的，即社会主义运动所要解决的最基本的矛盾或问题是什么，也就是回答什么是社会主义，社会主义是干什么的。

一 社会主义的历史任务

无论是欧美资产阶级学术界的历史研究，还是社会主义国家的历史研究，都表明了这样一个历史事实："当农奴制被推翻，'自由'资本主义社会出现的时候，一下子就暴露出这种自由意味着压迫和剥削劳动者的一种新制度。于是反映这种压迫和反对这种压迫的各种社会主义学说就立刻产生了。"① 寥寥数语，列宁就精辟地揭示出社会主义是围绕着一个怎样的基本矛盾和基本问题而产生并发展起来的。无疑，列宁所指出的"压迫和剥削劳动者的一种新制度"，就是资本主义雇佣劳动制；所指出的"反对这种压迫"的现象，就是无产阶级反对资产阶级压迫和剥削的斗争。还在列宁之前的一个较早历史时期即 1875 年，恩格斯曾经批评俄国民粹派在社会主义方面的幼稚甚至无知，告诫他们"需要学一学关于社会主义的初步

---

① 《列宁选集》第 2 卷，人民出版社 1995 年版，第 313 页。

知识"。恩格斯所指的"关于社会主义的初步知识"是什么呢？他告诉俄国民粹派："现代社会主义力图实现的变革，简言之就是无产阶级战胜资产阶级，以及通过消灭一切阶级差别来建立新的社会组织。……资产阶级正如无产阶级本身一样，也是社会主义革命的一个必要的先决条件。因此，谁竟然断言在一个虽然没有无产阶级然而也没有资产阶级的国家里更容易进行这种革命，那就只不过证明，他还需要学一学关于社会主义的初步知识。"①

本文的题目——社会主义就是消灭剥削和阶级，出自列宁的两篇文章。

一篇是列宁 1894 年写的《什么是"人民之友"以及他们如何攻击社会民主党人?》。在列宁这篇早期著名的文章里，他批评俄国民粹派不懂得："反对剥削劳动者的抗议和斗争，目的在于完全消灭这种剥削的斗争，才叫作社会主义。"② 一篇是十月革命后两年即 1919 年 10 月底列宁写的，但没有写完就很快公开发表的一篇著名文章《无产阶级专政时代的经济和政治》。在这篇文章里，列宁两次提出和阐述了这样一个问题："社会主义就是消灭阶级。为了消灭阶级，首先就要推翻地主和资本家。这一部分任务我们已经完成了，但这只是任务的一部分，而且不是最困难的部分。为了消灭阶级，其次就要消灭工农之间的差别，使所有的人都成为工作者。这不是一下子能够办到的。这是一个无比困难的任务，而且必然是一个长期的任务。"③

列宁的这篇在 1919 年 11 月 7 日俄国《真理报》上发表的文章，是那时新成立的俄国苏维埃共和国纪念十月革命两周年一篇很有影响的文章，是列宁经过深思熟虑而写成的。文章中提出的俄国已经面临着这样"一个无比困难的任务，而且必然是一个长期的任务"，表明俄国的社会主义运动已经进入一个新的历史阶段。

笔者选用列宁这两篇相隔 25 年的文章，是概括而精练地表明列宁一生关于什么是社会主义的基本思想和基本观点。但是这一基本思想和基本观点不是列宁独有的创新，而是来自马克思，来自马克思主义，是与马克

---

① 《马克思恩格斯选集》第 3 卷，人民出版社 1995 年版，第 272 页。
② 《列宁全集》第 1 卷，人民出版社 1984 年版，第 237 页。
③ 《列宁选集》第 4 卷，人民出版社 1995 年版，第 64 页。

思主义一脉相承的。早在马克思主义创立时期，即马克思、恩格斯建立和组织共产主义者同盟和国际工人协会即第一国际的无产阶级社会主义运动的年代，马克思就反复地、一再地阐述社会主义运动即共产主义运动的基本任务和目的就是消灭剥削和阶级。1847 年底，马克思为刚成立的共产主义者同盟起草和制定的《共产主义者同盟章程》第一章第一条规定："同盟的目的：推翻资产阶级政权，建立无产阶级统治，消灭旧的以阶级对立为基础的资产阶级社会和建立没有阶级、没有私有制的新社会。"① 1864年，马克思为刚成立的国际工人协会即第一国际起草和制定《国际工人协会共同章程》，在总纲里阐明国际工人协会的任务和奋斗的目标是，"工人阶级的解放斗争不是要争取阶级特权和垄断权，而是要争取平等的权利和义务，并消灭一切阶级统治"。② 欧美国家工人团体申请加入国际工人协会，马克思总是严格地审查他们的纲领。1869 年，马克思代表国际工人协会总委员会致信成立时间不长的社会主义民主同盟中央局，指出他们纲领里的错误："各阶级的平等，照字面上理解，就是资产阶级社会主义者所拼命鼓吹的'资本和劳动的协调'。不是各阶级的平等——这是谬论，实际上是做不到的——相反地是消灭阶级，这才是无产阶级运动的真正秘密，也是国际工人协会的伟大目标。"③

　　只有消灭了剥削、消灭了阶级，无产阶级才能得到彻底解放，社会主义运动才算完成了历史任务。用"社会主义就是消灭剥削和阶级"这句话，作为笔者讨论社会主义本质问题文章的题目，一方面表明作者是以马克思、列宁的这个已经公开的"无产阶级运动的真正秘密"这一基本思想来认识、理解社会主义运动的基本问题即本质问题；另一方面表明作者以马克思、列宁的这一基本思想为立场而加入到社会主义运动中。综上所述，简而言之，社会主义就是在无产阶级与资产阶级的矛盾及其斗争中产生的。无产阶级与资产阶级的矛盾，是社会主义赖以产生和存在的基因。有矛盾就有斗争。社会主义运动就是围绕这一基本矛盾及其斗争展开并发展起来的。解决这一矛盾，是社会主义运动最基本的历史任务。社会主义或社会主义运动的本质就在这里，也以此划分或鉴别与其他社会运动的本

---

① 《马克思恩格斯全集》第 4 卷，人民出版社 1958 年版，第 572 页。
② 《马克思恩格斯选集》第 2 卷，人民出版社 1995 年版，第 609 页。
③ 《马克思恩格斯全集》第 16 卷，人民出版社 1964 年版，第 394 页。

质区别。

当代中国思想界、理论界比较熟悉 1992 年邓小平在南方谈话里的这样一段话："社会主义的本质，是解放生产力，发展生产力，消灭剥削，消除两极分化，最终达到共同富裕。"① 那么邓小平阐述的这一社会主义本质观，是否与上述马克思、列宁的社会主义本质观相矛盾呢？——不矛盾。我们说马克思列宁主义、毛泽东思想、邓小平理论是一脉相承的，那么这个"一脉"是什么呢？又在哪里呢？就在他们说的"消灭剥削"、"消灭阶级"上面。

在市面上流行的解说邓小平理论的大多数读本里，人们不难发现，我国思想界理论界解说邓小平的社会主义本质观，往往只谈"解放生产力，发展生产力"、"共同富裕"这三句话，认为这是邓小平社会主义本质观最主要的东西，而对"消灭剥削，消除两极分化"这两句话往往不作解释，甚至避而不谈。这种解说是极其错误、极其有害的。有这种认识的人，这样写读本的人，非常有必要像当年恩格斯批评俄国民粹派所指出的那样，"需要学一学关于社会主义的初步知识"。

我国理论界对邓小平社会主义本质观的这种错误的解读，割裂了邓小平社会主义本质观，泯灭了邓小平社会主义本质观鲜明的党性原则即阶级性和革命性，掩盖了邓小平社会主义本质观的社会指向和革命锋芒，把马克思主义的科学社会主义变成了非马克思主义或反马克思主义可以接受和玩弄的庸俗社会学。为什么呢？道理并不复杂，难道资产阶级就没有解放生产力、发展生产力吗？任何关于什么是社会主义的思想观点，如果不把"消灭剥削"看作是社会主义的本质东西，并把它作为重点或要点加以翔实地解说，其错误的性质，正如前美国驻苏大使马特洛克在《苏联解体亲历记》里一针见血地剖析苏共修正主义纲领所说的："苏联领导人愿意抛弃这个观念（即阶级斗争的理论——笔者注），那么他们是否继续称他们的指导思想为'马克思主义'也就无关紧要了。这已是一个别样的社会里实行的别样的'马克思主义'。这个别样的社会则是我们大家都能认可的社会。"② 显然，任何关于邓小平社会主义本质观的阐述，有意或无意地回避"消灭剥削"这一思想内核，就是抹杀了马克思主义的科学社会主义与

---

① 《邓小平文选》第 3 卷，人民出版社 1993 年版，第 373 页。
② ［美］马特洛克：《苏联解体亲历记》，世界知识出版社 1996 年版，第 169 页。

形形色色的资产阶级、小资产阶级社会主义的本质区别，都是对邓小平社会主义本质观的亵渎。

"解放生产力，发展生产力"，是"消灭剥削，消除两极分化，最终达到共同富裕"的物质基础与实现手段，而"消灭剥削，消除两极分化"是"解放生产力，发展生产力"和"最终达到共同富裕"的所有制基础，"最终达到共同富裕"是生产力发展和公有制发展共同的目标和结果。邓小平为什么说"最终达到共同富裕"，"最终"是个什么意思呢？"最终"是个时空概念，所表达的内容是告诉人们，"达到共同富裕"是要经过一个历史的过程，是社会主义社会发展的最终结果。

邓小平社会主义本质观更深邃的内容在于，既然"社会主义的本质"是"消灭剥削"，那么前提自然是在建立和建设社会主义的进程中还存在私有制引发的剥削。由此，对无产阶级专政时期的社会主义运动的考察，必然产生出一系列十分重大的问题及其思想逻辑，如：什么是剥削，是谁在剥削谁，怎么才能"消灭剥削"，靠谁、靠什么来"消灭剥削"，等等。马克思主义告诉我们，所谓剥削是个生产方式和生产关系的问题，它发生在阶级之间，因而剥削关系也是阶级关系问题。

剥削是一个阶级的行为和活动，是一个阶级的生产方式和生活方式，所以消灭剥削就是消灭这个阶级，所以"消灭剥削"和"消灭阶级"是一回事。消灭剥削，就必须消灭一切可以产生剥削的条件和手段，也就消灭了阶级及其差别得以发生和存在的条件，这是社会主义运动的根本目的，这个任务只有无产阶级才能完成。这个在社会主义运动的最初阶段就已经由马克思主义的科学社会主义揭示出来的"无产阶级运动的真正秘密"，在社会主义运动发展到它的高级阶段——无产阶级专政时期就越发清楚地显现出来了。

当代世界是资本主义生产方式和生产关系占统治地位的世界，不是别的什么，而是私有资本剥削劳动，就是资产阶级剥削工人阶级和其他劳动人民。剥削是怎么实现的？主要是通过商品交换，即通过商品经济实现的。就是说，存在私有制的基础上的商品经济就存在剥削，因为私有的剩余价值就包含在商品之中，并通过商品经济，通过商品交换得以实现。而"两极分化"是剥削的必然结果，"两极分化"就是阶级分化，其表现和结果就是无产阶级与资产阶级的矛盾和博弈，就是阶级斗争。消灭剥削和消灭阶级是实质相通的一回事，是一个问题的两个不可分割的方面。邓小离了、模糊了这一行动方向、任务、目的的社会主义运动及其思想，从而形成了科学社会主义之外的非马克思主义的形形色色的社会主义。

"全世界无产者联合起来！"是社会主义运动最直接、最基本的行动口号。喊出这样的口号是要干什么呢？就是打倒一切剥削者，消除资本主义，建立社会主义社会。在科学社会主义产生的 19 世纪 40 年代，共产主义就是马克思主义的社会主义。关于什么是社会主义这个曾经是很明确的问题，在当代，随着苏东剧变，造成国际社会主义运动即国际共产主义运动陷入了低潮，曾经的机会主义和社会主义运动的叛徒趁势而起，那些偏离、背离了科学社会主义的修正主义和形形色色的资产阶级、小资产阶级社会主义也一哄而上，把"社会主义"搅得面目全非，一片涂鸦，滥竽充数和浑水摸鱼者的喧嚣模糊了不少人的视野，搅乱了人们的思想。

自社会主义产生以来，号称或自称社会主义的派别、政党、国家和人物比比皆是、鱼目混珠，致使不少善良的人们真假难辨。被北约摧毁的由卡扎菲建立的利比亚，国名的全称是"大阿拉伯利比亚人民社会主义民众国"。可见，两百年来，社会主义这面旗帜在世界各国是多么有吸引力，以至资产阶级、小资产阶级中的一些阶层也要搞社会主义。《共产党宣言》第三章列举了当时不下五种社会主义，令人眼花缭乱，至今也是许多国家政治上一道绚丽多彩、引人注目的风景线。

社会主义运动的历史表明，只有在马克思主义的科学社会主义指导下，无产阶级才能有自身明确的奋斗纲领，组成自己的政党，由这个政党领导本阶级，并团结和领导一切劳动者共同开展社会主义运动，由此才能摆脱资产阶级或小资产阶级社会主义运动的羁绊，识别他们设置的种种迷局，排除他们形形色色的影响和干扰，从以往的资产阶级运动中独立出来，形成"革命的社会主义"运动，走上"革命的社会主义"道路，① 像列宁和毛泽东那样，领导俄国和中国的社会主义运动拔地而起，剑指贼王，所向披靡，取得突破性的胜利。

不能要求工人、农民、知识分子都来阅读大本大本的马列著作，不能要求他们都成为理论家。但是，在当今这个纷纷攘攘的全球化年代，要识别和区别非马克思主义的、资产阶级的、小资产阶级的和修正主义的假社会主义，非常有必要学习、掌握一些关于科学社会主义的常识性的基本观

---

① 《马克思恩格斯选集》第 1 卷，人民出版社 1995 年版，第 462 页。

点和基本思想。我们在这里摘引马克思、恩格斯、列宁的关于什么是社会主义、关于社会主义基本问题的经典论述，文字简明易懂，概括了社会主义最基本的知识。只要人们熟悉了它，记住了这些文字，即便不会做出分析和解说，一旦碰上与这些文字及其思想很矛盾的所谓社会主义言论，就会产生疑问，就能引起思考，有了这样的意识，有了这样的警惕性，以后的事情就好办了，沿着发生的疑问思考下去，就能学会识别真假社会主义。下面请看：

——1846 年，恩格斯致信布鲁塞尔共产主义通讯委员会："共产主义究竟是什么呢？……我把共产主义者的宗旨规定如下：（1）实现同资产者利益相反的无产者的利益；（2）用消灭私有制而代之以财产公有的手段来实现这一点；（3）除了进行暴力的民主的革命以外，不承认有实现这些目的的其他手段。"①

——1847 年底，马克思恩格斯参与起草和制定的《共产主义者同盟章程》第一章第一条："同盟的目的：推翻资产阶级政权，建立无产阶级统治，消灭旧的以阶级对立为基础的资产阶级社会和建立没有阶级、没有私有制的新社会。"

——1848 年，马克思、恩格斯为共产主义者同盟制定的党纲《共产党宣言》阐明："共产主义的特征并不是要废除一般的所有制，而是要废除资产阶级的所有制。""共产党人可以把自己的理论概括为一句话：消灭私有制。""在所有这些运动中，他们都强调所有制问题是运动的基本问题，不管这个问题的发展程度怎样。"②

——1850 年，马克思总结两年来法兰西阶级斗争的历史经验，告诫无产阶级一定要"团结在革命的社会主义周围，团结在被资产阶级用布朗基来命名的共产主义周围。这种社会主义就是宣布不断革命，就是无产阶级的阶级专政，这种专政是达到消灭一切阶级差别，达到消灭这些差别所由产生的一切生产关系，达到消灭和这些生产关系相适应的一切社会关系，达到改变由这些社会关系产生出来的一切观念的必然的过渡阶段"。③

——1869 年，马克思代表国际工人协会总委员会致信社会主义民主同

---

① 《马克思恩格斯选集》第 4 卷，人民出版社 1995 年版，第 530 页。
② 《马克思恩格斯选集》第 1 卷，人民出版社 1995 年版，第 286、307 页。
③ 同上书，第 462 页。

主和工业资本家。……但是，除了剥削者阶级以外，一切资本主义国家——也许英国除外——几乎都存在着小生产者和小农阶级。现在，革命的主要问题就是要同这最后的两个阶级作斗争。为了摆脱这两个阶级，必须采取其他办法，不同于对付大地主和资本家的办法。"①

……

上述语录，是从马克思主义经典作家的著作里摘引的一小部分，从不同的角度，不同的方面，以不同的叙说方式，比较直接地、画龙点睛式地阐述了社会主义、社会主义运动的本质问题。读一读这些语录，对读者熟悉科学社会主义的基本知识和基本观点，建立起关于什么是社会主义和社会主义本质问题的最基本的认识，会有帮助的。对上述语录无须作过多的解释，我们相信工农群众理解起来不会很困难，他们会从自身的劳动和生活中来认识和学习什么是社会主义的，如同毛泽东所揭示的那样，"中国有许多专门从书本上讨生活的从事社会科学研究的共产党员，不是一批一批地成了反革命吗？……那些不识字的工人常常能够很好地掌握马克思主义"。②

三 社会主义运动的本质表现具有历史阶段性特征

认真学习过《共产党宣言》的读者，都不会忘记《共产党宣言》最后一句话、它的结束语："全世界无产者联合起来！"16 年后，国际工人协会即第一国际在英国伦敦成立，马克思又亲自起草了《国际工人协会成立宣言》。该宣言的结束语、最后一句话，仍然是《共产党宣言》里第一次发出的那个战斗的号召："全世界无产者，联合起来！"自那以后，从马克思、恩格斯始，列宁、斯大林、毛泽东、邓小平，所有坚信马克思主义的无产阶级革命家在出版自己的著作时，都把"全世界无产者，联合起来！"这句口号，庄严地印在自己著作的第 1 页上。这个相沿久已的举动，已经成为马克思主义革命家的一个传统，一个公开申明自己身份和信念的标记。这个口号是马克思主义的精髓之一，是社会主义运动的本质特征之一，再清楚不过地显示出马克思主义指导的无产阶级社会主义运动毫不妥协的革命品格，拉开了架势，与剥削他们、压迫他们的资产阶级斗争到

---

① 《列宁全集》第 42 卷，人民出版社 1987 年版，第 42、44 页。
② 《毛泽东选集》第 1 卷，人民出版社 1991 年版，第 111 页。

底，不达目的，决不收兵！无产阶级要彻底改变自身被资本剥削、压迫和奴役的社会地位，他们在强大的资产阶级面前，除了自身联合起来、团结起来，共同与之战斗，没有别的可以选择。无产阶级认识到这一点，完全归功于马克思、恩格斯，归功于马克思主义，社会主义运动从此才走上了奔向胜利的正轨。

进入 20 世纪，欧洲自由资本主义发展成垄断资本主义，公开诉诸武力，争霸世界。列宁运用马克思主义的望远镜和显微镜，深入考察被垄断资本主义争霸而极大分裂的世界和各个民族，由此发现了导致各国经济和政治发展的不平衡，已经成为资本主义世界的普遍现状和发展的绝对规律，确认世界进入帝国主义和无产阶级革命的时代，冲破第二国际修正主义设置在马克思主义上的重重藩篱，提出了"社会主义可能首先在少数甚至在单独一个资本主义国家内获得胜利"的科学论断。①

十月革命的胜利，使社会主义运动即国际共产主义运动上升到一个新的历史台阶，开辟了社会主义运动向广度和深度进展的无产阶级专政的新时代；进入新的历史阶段的社会主义运动有了新的直接的目标和任务，即从无产阶级反对资产阶级的斗争，上升到消灭剥削、消灭阶级的时代，表明社会主义运动本质的更深的一个层次暴露出来，表现出来了。

1875 年，恩格斯批评俄国民粹派曾提出了这样一个观点："生产力只有在资产阶级手中才达到了这样的发展程度……以致使得阶级差别的消灭成为真正的进步。"② 现在看来，事情已经不完全是那个样子。因为无产阶级专政的取得和社会主义社会的建立，没有发生在欧美发达资本主义国家，而是发生在比他们落后的民族和国家。在 19 世纪马克思恩格斯生活的年代，俄国无论经济发展水平和革命进展程度，都远没有达到可能开展社会主义革命的程度。但是后来，资本主义在一大批落后、弱小的国家迅速发展，扩大了无产阶级和资产阶级斗争的广度和深度，使这些国家和民族产生并逐渐具备了社会主义革命的因素和条件，世界的格局和形势也随之发生了巨大的变化，一系列曾在 19 世纪不可能发生的情况，在 20 世纪成为现实。十月革命的胜利，就是 20 世纪俄国和世界的经济政治条件起了巨大变化而引起的无产阶级社会主义革命的胜利。俄国以及后来的中国

---

① 《列宁选集》第 2 卷，人民出版社 1995 年版，第 554 页。
② 《马克思恩格斯选集》第 3 卷，人民出版社 1995 年版，第 273 页。

马克思对劳动价值论的破与立

孙应帅

马克思政治经济学的研究路径，是从商品入手，对资本主义社会的生产和经济运行进行了细致入微的研究，"对资产阶级社会说来，劳动产品的商品形式，或者商品的价值形式，就是经济的细胞形式。在浅薄的人看来，分析这种形式好象是斤斤于一些琐事。这的确是琐事，但这是显微解剖学所要做的那种琐事"。① 通过从商品入手的方法论，马克思在逐步剥丝抽茧，去伪存真，揭示了资本主义生产方式的运转奥秘和内在矛盾，洞察了资本主义经济危机的爆发和周期性，预见了资本主义社会的发展规律和趋势。其对人类社会特别是资本主义社会演进规律的研究与把握，正如达尔文的《进化论》发现有机自然界的演进规律一样，具有划时代的世界历史意义。它既从经济上为无产阶级革命找到了理论合法性依据，也为全人类的解放和发展指明了方向。

一 古典政治经济学劳动价值论的提出与缺陷

"财富从哪里得来？""创造价值的源泉在哪里？"千百年来，人们思考和追问着这一决定着财富和价值如何分配才能公平的问题。而资本主义古典政治经济学家们，从威廉·配第、亚当·斯密到大卫·李嘉图，都曾对财富和价值的源泉进行过深入研究，并且很早就提出了劳动价值论的观点。

---

① 《马克思恩格斯文集》第5卷，人民出版社2009年版，第8页。

西方古典经济学先驱威廉·配第曾经在其代表作《赋税论》中，即对"劳动价值论"提出了自己的见解："假如一个人在能够生产一蒲式耳（约36升）谷物的时间内，将一盎司（约31克）白银从秘鲁的银矿中运来伦敦，那么，后者便是前者的自然价格。如果发现了新的更丰富的银矿，因而获得二盎司白银和以前获得一盎司白银同样容易，那么，在其他条件相等的情况下，现在谷物一蒲式耳十先令的价格，和以前一蒲式耳五先令的价格，是一样便宜。"① 这里，配第所谓的"自然价格"就是指"价值"，就是生产一种商品所费的劳动。由于一蒲式耳谷物的价值等于生产一盎司白银的劳动时间，则谷物的价值可以由生产白银的劳动时间来决定。由此他推论，任何商品的价值都是由劳动时间决定，是由生产白银这种货币的劳动时间来决定的。而价值量的大小，就取决于劳动时间的长短。如果劳动生产力提高了，所生产的商品里的劳动时间减少了，它的价值也相应降低了。这就提出了早期"劳动价值论"的最根本命题。

但是，配第还不是彻底的劳动价值论者。从他最著名的"土地是财富之母，而劳动则为财富之父和能动的要素"② 的观点可以看出，他认为是土地和劳动共同创造了价值，因而社会财富和价值的真正来源是土地和劳动，并且创造价值的劳动不是所有生产劳动，而只是生产金银的劳动。尽管他没有明确提出"生产要素二元论"，但实际上就将土地和劳动作为价值的两个源泉或生产的两个要素，这就为后世经济学家提出并发展"生产要素论"做了铺垫。

同时，他把地租看成是剩余劳动的产物，从而也是赋税的最终源泉。"假定一个人能够用自己的双手在一块土地栽培谷物；即假定他能够作为耕种这块土地所需要的种种工作，如挖掘、犁、耙、除草、收割、将谷物搬运回家、打脱簸净等；并假定他有播种这块土地所需的种子。我认为，这个人从他的收获之中，扣除了自己的种子，并扣除了自己食用及为换取衣服和其他必需品而给予别人的部分之后，剩下的谷物就是这块土地一年的自然的真正的地租。"这表明，他认为是土地创造了剩余价值，土地的地租才是征税的最终源泉。因而主张对土地的产物和劳动征税，同时反对对生产和贸易活动征税。尽管没有提出"剩余价值"的概念，但他把地租

① ［英］威廉·配第：《赋税论》，商务印书馆1963年版，第52页。
② 同上书，第71页。

当作剩余价值的代表形态，而把其他所得，如利息等，当作其派生形态，而不能像在一百多年后从亚当·斯密到大卫·李嘉图那样，把利润作为剩余价值的代表形态，但已经触及了剩余价值的问题。

在此之后，经济学家亚当·斯密尽管也承认劳动是价值的源泉之一，明确提出："一国国民每年的劳动，本来就是供给他们每年消费的一切生活必需品和便利品的源泉。"① 但他在劳动和土地之外，又将"资本"列为价值的源泉或生产要素之一。在他的代表作《国富论》中，他提出："无论在什么社会，商品价格归根到底都分解成为那三个部分或其中之一（即劳动、资本和土地）。在进步社会，这三者都或多或少地成为绝大部分商品价格的组成部分。""以谷物价格为例。其中，一部分付给地主的地租，另一部分付给生产上所雇用的劳动者的工资及耕畜的维持费，第三部分付给农业家的利润。谷物的全部价格，或直接由这三部分构成，或最后由这三部分构成。"② 这种"生产要素三元论"尽管没有否定劳动价值论，但对于劳动决定商品价值这个论点来说，他却一方面主张商品价值是由生产所费的劳动量决定的，但有时又强调商品价值是由商品在交换中所能获得的劳动量来决定；一方面说商品价值分解为工资、利润和地租，另一方面又忽视了不变资本的存在而使其价值理论呈现出正确与错误、科学与庸俗的两重特点。

与亚当·斯密的价值理论相比，大卫·李嘉图则认为商品的价值是由生产该商品所费劳动量决定的，这纠正了斯密把生产商品所耗费的劳动与该商品能换得（或支配）的劳动混淆起来的错误。他认为："商品的价值或其所能交换的任何另一种商品的量，取决于其生产所必需的相对劳动量，而不取决于付给这种劳动的报酬的多少。"假定"我雇一个人作一个星期工，付给的工资不是十先令而是八先令，货币的价值又未变动，这个劳动者用这八先令所能购得的食物和必需品也许比以往的十先令还多。但这却不象亚当·斯密和马尔萨斯先生所说的那样，是由于工资的实际价值上升，而是由于用工资购买的各种物品的价值已经跌落。这两种情形是迥然不同的"。③

---

① ［英］亚当·斯密：《国民财富的性质和原因的研究》，商务印书馆1972年版，第1页。
② 同上书，第45页。
③ ［英］大卫·李嘉图：《政治经济学和赋税原理》，商务印书馆1962年版，第7、14页。

但大卫·李嘉图在认可劳动价值论的同时，也继续强调资本在创造价值中的作用，认为在决定商品价值的劳动中，也包括为提供用于生产的资本所需的时间和劳动。虽然"资本可能是由猎人自己制造和积累的，但他总是要有一些资本才能捕猎鸟兽。没有某种武器，就不能捕猎海狸和野鹿。所以这类野物的价值不仅要由捕猎所需的时间和劳动决定，而且也要由制备那些协助猎人进行捕猎工作的资本（武器）所需的时间和劳动决定"①。可以看出，他不了解资本是一定的生产关系，生产资料只有在它被用来支配与剥削雇佣劳动者的时候才变成资本。而将资本和捕猎工具的生产资料等同起来，认为资本只是积蓄的劳动，是劳动过程中的一个物质要素。因而以见物不见人的观点看资本，是不能看透资本的社会本质及其作用的。

也由于他不了解劳动与劳动力、物化劳动与活劳动、具体劳动与抽象劳动、不变资本与可变资本这些范畴，因此也就未能对劳动的二重性、转移在原材料中的劳动、以直接生产过程为基础的资本有机构成等区别进行考察，而只是考察固定资本与流动资本的区别，并且将这种区别同不变资本与可变资本的区别混淆起来，从而无法将利润与剩余价值区别开来，也不能全面地认识到工资与利润之间、劳动与资本之间的关系。正如马克思所指出的："所有经济学家都犯了一个错误：他们不是就剩余价值的纯粹形式，不是就剩余价值本身，而是就利润和地租这些特殊形式来考察剩余价值。"② 由此必然会产生一些理论谬误。例如："当李嘉图谈到产品分为利润和工资的时候，他总是假定，预付在生产上并在生产中消费了的资本已经扣除。"但他"对资本的不变部分没有作任何进一步的分析，忽视了它，犯了重大的错误，特别是把利润和剩余价值混淆起来，其次在研究利润率的波动等问题上也犯了错误"③。

这些古典经济学家之所以会产生这些理论混乱或谬误，其根本原因，还是站在资产阶级的立场上，以非历史唯物主义的视角解读财富和价值问题。由于不能更加深入地揭示资产阶级的逐利本性和资本的剥削本质，看不清资本主义经济中的基本矛盾，以及资本主义生产方式的历史性、过渡

---

① ［英］大卫·李嘉图：《政治经济学和赋税原理》，商务印书馆 1962 年版，第 18 页。
② 《马克思恩格斯全集》第 26 卷（Ⅰ），人民出版社 1972 年版，第 7 页。
③ 同上书，第 87 页。

性，因而在理论上犯了一系列的错误。其在资本主义兴起的时代，在反对封建专制制度，支持资本主义工商业，促进社会生产力的发展上，是顺应了当时历史发展的潮流。但在资本主义生产资料的私人占有越来越桎梏了社会化大生产的时代，就无法解决资本主义的内在矛盾、无产阶级的相对贫困和愈演愈烈的经济危机等顽疾了。

寻求资本主义制度的替代方案的历史任务就落在了马克思主义者的肩上。马克思主义的创始人马克思和恩格斯，从一开始就将研究落在劳动人民的立场上，以历史唯物主义的视角，带着问题意识，从商品入手，抽丝剥茧地厘清了被资本主义经济学家们解读的混乱不堪的劳动价值论乃至剩余价值论中的诸多关键环节，从而揭开了资本主义生产方式的运转奥秘。

二 马克思政治经济学剩余价值理论的提出和发展

马克思对资本主义生产方式的运转奥秘，也就是剩余价值生产的揭示是其政治经济学乃至马克思主义最核心的部分。也正因为剩余价值的存在与发现，资本主义生产方式的秘密和内在矛盾才得以揭示，无产阶级针对资产阶级的斗争才具有政治和经济意义上的合法性，资本主义社会的存在也才是不道德和无法永存的。

曾几何时，"干活付钱"、"干多少活付多少钱"，在雇佣型社会被人们视为天经地义的道理，资本家也据此声称，偿付劳动报酬是他们比古代奴隶社会和封建社会的奴隶主和地主利用暴力、强权和地权强迫他人劳动要仁慈和公平的理由。但马克思通过大量事实和数据指出，这种表现为"工资"的劳动给付既不公平，也非"等价交换"。实际上，工人为资本家劳动所创造的财富远远大于自己所得的报酬，但这种超出社会必要劳动时间的剩余的价值哪里去了呢？实际上是被资本家以拥有资本、资源、厂房、管理能力等生产要素而以应得"利润"的名义巧妙而又无偿地剥削掉了。而马克思的劳动价值论创新的地方或许就在于，他强调只有人的"活劳动（包括简单与复杂劳动、体力与脑力劳动等）"才能"创造价值"，而土地、厂房、资源等生产要素只是"转移价值"而不能增殖，"维持一个工人24小时的生活只需要半个工作日，这种情况并不妨碍工人劳动一整天。因此，劳动力的价值和劳动力在劳动过程中的价值增殖，是两个不同的量。资本家购买劳动力时，正是看中了这个价值差额。劳动力能制造棉纱或皮靴的有用属性，只是一个必要条件，因为劳动必须以有用的形式耗费，才能形成价值。但是，具有决定意义的，是这个商品独特的使用价值，即它是价值的源泉，并且是大于它自身的价值的源泉。这就是资本家希望劳动力提供的独特的服务"。[①]

马克思以棉花纺纱为例，"工人在工场中遇到的，不仅是 6 小时而且是 12 小时劳动过程所必需的生产资料。如果 10 磅棉花吸收 6 个劳动小时，转化为 10 磅棉纱，那末 20 磅棉花就会吸收 12 个劳动小时，转化为 20 磅棉纱。我们来考察一下这个延长了的劳动过程的产品。现在，在这 20 磅棉纱中对象化了 5 个工作日，其中 4 个工作日对象化在已消耗的棉花和纱锭量中，1 个工作日是在纺纱过程中被棉花吸收的。5 个工作日用金来表现是 30 先令，或 1 镑 10 先令。因此这就是 20 磅棉纱的价格。1 磅棉纱仍然和以前一样值 1 先令 6 便士。但是，投入劳动过程的商品的价值总和是 27 先令。棉纱的价值是 30 先令。产品的价值比为了生产产品而预付的价值增长了 1/9。27 先令转化为 30 先令，带来了 3 先令的剩余价值。戏法终于变成了。货币转化为资本了"[②]。如果我们现在把价值形成过程和价值增殖过程比较一下，就会知道，价值增殖过程不外是超过一定点而延长了的价值形成过程。如果价值形成过程只持续到这样一点，即资本所支付的劳动力价值恰好为新的等价物所补偿，那就是单纯的价值形成过程。如果价值形成过程超过这一点，那就成为价值增殖过程。

他为此提出了"不变资本（C）"和"可变资本（V）"的概念。产品的总价值超过产品的形成要素的价值总额而形成的余额，就是价值已经增殖的资本超过原预付资本价值而形成的余额。一方的生产资料，另一方的劳动力，不过是原有资本价值在抛弃货币形式而转化为劳动过程的因素时所采取的不同的存在形式。

可见，变为生产资料即原料、辅助材料、劳动资料的那部分资本，在生产过程中并不改变自己的价值量。因此，我把它称为不变资本部分，或简称为不变资本。

相反，变为劳动力的那部分资本，在生产过程中改变了自己的价值。它再生产自身的等价物和一个超过这个等价物而形成的余额——剩余价

---

① 《马克思恩格斯文集》第 5 卷，人民出版社 2009 年版，第 225—226 页。

② 同上书，第 226 页。

值。这个剩余价值本身是可以变化的，是可大可小的。这部分资本从不变量不断变为可变量。因此，我把它称为可变资本部分，或简称为可变资本。① 如果将资本 G 分为两部分，一部分是为购买生产资料而支出的货币额 c，另一部分是为购买劳动力而支出的货币额 v；c 代表转化为不变资本的价值部分，v 代表转化为可变资本的价值部分。这样，"最初是 C = c + v，例如，预付资本 500 镑 = 410 镑 + 90 镑。在生产过程结束时得到商品，它的价值 = c + v + m（m 是剩余价值），例如，410 镑 + 90 镑 + 90 镑。原来的资本 C 变为 C′，由 500 镑变为 590 镑。二者的差额 = m，即 90 镑剩余价值。"② 由此，在资本主义生产方式中就能得到 "C = c + v + m = C′" 的公式，资本家在将 C 变为 C′ 的过程中，就实现了资本增殖，所不同的是，资本家通过将 v + m 合并成 p，即 "利润" 来掩盖掉 m 的存在，而马克思则把这个 m 揭示出来，从而将资本家剥削工人的剩余劳动创造出来的 m 的本质揭示出来。可以说，如果没有这个 m 的存在，则资本主义生产方式将是公平和不容推翻的。

相对于以往的各种空想社会主义，固然也批判了现存的资本主义生产方式及其后果，但是，它不能说明这个生产方式，因而也就制服不了这个生产方式；它只能简单地把它当作坏东西抛弃掉。它越是激烈地反对同这种生产方式密不可分的对工人阶级的剥削，就越是不能明白指出，这种剥削是怎么回事，它是怎样产生的。而马克思就彻底弄清了资本和劳动的关系，换句话说，就是揭示了在现代社会内，在现存资本主义生产方式下，资本家对工人的剥削是怎样进行的，"现代资本主义生产方式是以两个社会阶级的存在为前提的，一方面是资本家，他们占有生产资料和生活资料，另一方面是无产者，他们被排除于这种占有之外而仅仅有一种商品即自己的劳动力可以出卖，因此他不得不出卖这种劳动力以占有生活资料。……给这个资本家做事的工人，不仅再生产着他那由资本家付酬的劳动力的价值，而且除此之外还生产剩余价值"。③ 因此，现代资产阶级社会的秘密就像以前的各种社会一样真相大白：它仍然是少数人剥削大多数人的一种社会结构，因而不可避免地内生出两大阶级的矛盾和对立。而这种

① 《马克思恩格斯文集》第 5 卷，人民出版社 2009 年版，第 242—243 页。
② 同上书，第 245 页。
③ 《马克思恩格斯选集》第 3 卷，人民出版社 1995 年版，第 336 页。

矛盾的消除，只能在资本主义生产方式的消除，无产阶级从雇佣劳动中获得解脱才能消亡。

三　马克思对资本主义经济危机的根源分析和周期性研究

马克思主义创立 160 多年来，马克思主义在发展，资本主义也在发展。资本主义以其对社会生产力的巨大解放，也"在历史上曾经起过非常革命的作用"①。加上在世界社会主义运动的不断冲击之下，也对自身的矛盾和弱点不断进行着调整，这使得它在相当长的时间内还看不到消亡的远景。但是伴随着资本主义的一个顽疾——经济危机却始终没有办法从其内部医治。尤其近年来越来越严重的国际金融危机再次使世界重新审视资本主义的表面繁荣，重新研读《资本论》关于资本主义经济危机和经济周期的判断，人们发现，马克思对资本主义经济运行规律的审视和把握在今天仍然具有穿透力和说服力。

西方经济学家往往把经济危机的原因归结为"金融界的贪婪"上，因而是人性的弱点上。而马克思则更愿意从资本主义生产方式和经济运行机制上去探究原因。他在《资本论》中提到，资本主义经济危机的实质是生产相对过剩。这种过剩不是社会产品的绝对过剩，而是一种相对过剩，是相对于无产阶级支付或消费能力不足而出现的过剩。"一切现实的危机的最终原因，总是群众的贫穷和他们的消费受到限制，而与此相对比的是，资本主义生产却竭力发展生产力，好像只有社会的绝对的消费能力才是生产力发展的界限。"② 由于对生产资料和资本的占有，资本家成为利润或商品价值的多数拥有者，劳动者仅靠工资，其购买力相对于不断扩张的企业产能是趋于下降的。于是，他们减少或无力消费，商品就卖不出去，资本就无法完成周转，企业被迫闲置生产力，最终导致危机的发生，这是资本主义特有的经济现象。

至于金融危机，马克思则把它归结为信用过剩。"一旦劳动的社会性质表现为商品的货币存在，从而表现为一个处于现实生产之外的东西，货

---

① 《马克思恩格斯选集》第 1 卷，人民出版社 1995 年版，第 274 页。
② 《马克思恩格斯文集》第 7 卷，人民出版社 2009 年版，第 548 页。

币危机——与现实危机相独立的货币危机，或作为现实危机尖锐化表现的货币危机——就是不可避免的。"① 因为，"在现实积累不断扩大时，货币资本积累的这种扩大，一部分是这种现实积累扩大的结果，一部分是各种和现实积累的扩大相伴随，但和它完全不同的要素造成的结果，最后，一部分甚至是现实积累停滞的结果。仅仅由于这些和现实积累相独立、但和它伴随的要素扩大了借贷资本的积累，就总会在周期的一定阶段出现货币资本的过剩；并且这种过剩会随着信用的发达而发展。因此，驱使生产过程突破资本主义界限的必然性，同时也一定会随着这种过剩而发展，也就是产生贸易过剩，生产过剩，信用过剩。同时，这种现象必然总是在引起反作用的各种形式上出现"。② 这样，在再生产过程的全部联系都是以信用为基础的生产制度中，只要信用突然停止，只有现金支付才有效，危机显然就会发生，对支付手段的激烈追求必然会出现。"所以乍看起来，好象整个危机只表现为信用危机和货币危机。而且，事实上问题只是在于汇票能否换为货币。但是这种汇票多数是代表现实买卖的，而这种现实买卖的扩大远远超过社会需要的限度这一事实，归根到底是整个危机的基础。不过，除此之外，这种汇票中也有惊人巨大的数额，代表那种现在已经败露和垮台的纯粹欺诈营业；其次，代表利用别人的资本进行的已告失败的投机；最后，还代表已经跌价或根本卖不出去的商品，或者永远不会实现的资本回流。这种强行扩大再生产过程的全部人为体系，当然不会因为有一家象英格兰银行这样的银行，用它的纸券，给一切投机者以他们所缺少的资本，并把全部已跌价的商品按原来的名义价值购买进来，就可以医治好。"③ 这时，我们就会清楚地看到，在一切国家同时出口过剩（也就是生产过剩）和进口过剩（也就是贸易过剩），物价在一切国家上涨，信用在一切国家过度膨胀。接着就在一切国家发生同样的总崩溃和金融及经济危机。

从经济层面探寻资本主义经济危机的表现和本质后，马克思还试图从社会制度层面去寻找经济危机的根源。认为只要资本主义制度存在，经济危机就不可避免。由于资本主义生产资料的私人占有制，使得资本主义本

---

① 《马克思恩格斯文集》第 7 卷，人民出版社 2009 年版，第 585 页。
② 同上书，第 574 页。
③ 同上书，第 555 页。

身为了追求利润最大化而具有盲目提高生产能力和无限扩大生产规模的本性，但现代社会中，生产的社会化却内在要求生产和消费、各企业各部门各行业，乃至各国之间必须保持一定的比例和协调发展的关系，而这是资本主义制度所无法解决的。因此，生产社会化和生产资料的资本主义私人占有之间造成的这种基本矛盾，决定了经济危机的周期性爆发。"正如天体一经投入一定的运动就会不断地重复这种运动一样，社会生产已经进入交替发生膨胀和收缩的运动，也会不断地重复这种运动。而结果又会成为原因，于是不断地再生产出自身条件的整个过程的阶段变换就采取周期性的形式。这种周期性一经固定下来，那么，就连政治经济学也会把相对的，即超过资本增殖的平均需要的过剩人口的生产，看做是现代工业的生活条件。"① 按照马克思恩格斯的分析，经济危机的这种周期性使资本主义再生产也表现出周期性，这种周期性一般地包括四个阶段：危机、萧条、复苏和高涨。

同时，他们分析了从 1825 年英国第一次发生普遍性生产过剩危机开始后的历次经济危机，发现大体上，每隔若干年资本主义经济危机就发生一次。"现代工商业在其发展过程中产生历时五年到七年的周期性的循环，以经常的连续性经过各种不同的阶段——沉寂，然后是若干好转，信心渐增，活跃，繁荣，狂热发展，过度扩张，崩溃，压缩，停滞，衰竭，最后，又是沉寂。"② "在英国，存在有人数非常众多、非常集中和非常典型的无产阶级，它的队伍每隔五六年就要遭受一次由经济危机的毁灭性的灾难以及饥饿和伤寒所造成的浩劫。"③ 由此，他们预测，"如果 1848 年开始的工业发展的新周期象 1843—1847 年的周期那样发展下去的话，那末 1852 年就会爆发危机"。④ 1852 年以后，马克思恩格斯又根据形势的发展，总结出普遍经济危机大约每 10 年就爆发一次，"英国的工业垄断是英国现存社会制度的基石。甚至在保持着这种垄断的时期，市场也跟不上英国工业的日益增长的生产率；结果是每隔十年就有一次危机"。⑤ 从后来至今的历次经济危机的爆发情况来看，普遍的经济危机可能有大有小，有长有

---

① 《马克思恩格斯文集》第 5 卷，人民出版社 2009 年版，第 730 页。
② 《马克思恩格斯全集》第 8 卷，人民出版社 1961 年版，第 416—417 页。
③ 《马克思恩格斯全集》第 5 卷，人民出版社 1958 年版，第 332 页。
④ 《马克思恩格斯全集》第 7 卷，人民出版社 1959 年版，第 505 页。
⑤ 《马克思恩格斯全集》第 6 卷，人民出版社 1961 年版，第 230 页。

短，但其周期性规律大抵维持在 8—10 年的时间。尤其是 1998 年亚洲金融危机到 2008 年国际金融危机的 10 年间隔，更是验证了马克思恩格斯的判断力。

可见，马克思对资本主义经济危机的本质、根源以及危机的周期性发生等方面的科学论断，既符合资本主义生产方式的内在运行逻辑，也经受住了百多年来历史和现实的屡次验证，充分体现了其科学性和解释力。基于上述分析得出的一些理论判断，对于今后世界乃至中国的经济运行、预警和应对周期性危机的挑战都具有重要的现实意义。

四　马克思对资本主义社会的发展规律和趋势的预见

马克思通过对资本主义生产的内在逻辑的分析，可以看出，受资本主义生产的内在逻辑和支配，资本主义的经济危机无法避免，资本主义的基本矛盾也无法根除。由此，才在科学上论证了《共产党宣言》所预见的"资产阶级的灭亡和无产阶级的胜利是同样不可避免的"结论。

在《资本论》序言中，马克思即开宗明义："我要在本书研究的，是资本主义生产方式以及和它相适应的生产关系和交换关系。到现在为止，这种生产方式的典型地点是英国。因此，我在理论阐述上主要用英国作为例证。但是，如果德国读者看到英国工农业工人所处的境况而伪善地耸耸肩膀，或者以德国的情况远不是那样坏而乐观地自我安慰，那我就要大声地对他说：这正是说的阁下的事情！"[1] 马克思强调这一点，一是要表明他所要研究的对象，二是要批驳资本主义生产方式不具有普遍性的观点，因而暗含世界历史意义上的世界革命的存在是可能的。

他进一步将这种普遍性上升到规律性的高度："问题本身并不在于资本主义生产的自然规律所引起的社会对抗的发展程度的高低。问题在于这些规律本身，在于这些以铁的必然性发生作用并且正在实现的趋势。工业较发达的国家向工业较不发达的国家所显示的，只是后者未来的景象。"[2] 这就强调了经济规律乃至于铁的经济规律的客观存在，同时指出观察事物既要看到现在又要看到发展趋势的方法论，要求警惕实用主义只管埋头走

---

[1] 《马克思恩格斯文集》第 5 卷，人民出版社 2009 年版，第 8 页。
[2] 同上。

路不抬头看方向的后果。

当然，资本主义给我们展示的发展趋势既然是客观的，自然又是不可避免的，因而马克思才强调："一个社会即使探索到了本身运动的自然规律，——本书的最终目的就是揭示现代社会的经济运动规律，——它还是既不能跳过也不能用法令取消自然的发展阶段。但是它能缩短和减轻分娩的痛苦。"① 这里，马克思将资本主义社会等同于现代社会，表明人类社会从"传统"转型到"现代"可能无法"跨越"的命运，也表明了不同国家和社会通过探索独特的发展道路和适当的过渡方式"跨越卡夫丁峡谷"、"缩短和减轻分娩的痛苦"也是可能的。

还需要指出的是，马克思强调资本是一种社会力量，资本家只是资本的人格化，因此，在未来与资产阶级进行斗争时，无产阶级也需要注意斗争的对象和方式，并不是要从肉体上消灭资本家个体，而是要改变将资本家和劳动者都禁锢其中的雇佣和剥削的社会制度。"我决不用玫瑰色描绘资本家和地主的面貌。不过这里涉及的人，只是经济范畴的人格化，是一定的阶级关系和利益的承担者。我的观点是把经济的社会形态的发展理解为一种自然史的过程。不管个人在主观上怎样超脱各种关系，他在社会意义上总是这些关系的产物。同其他任何观点比起来，我的观点是更不能要个人对这些关系负责的。"② 正因为资本家只是"人格化的资本"③，因此不是从肉体上消灭资本家或任何一个自私贪婪的人，而是要通过生产力的发展改变那种人奴役剥削人的生产方式和交往形式，也正是从生产力不发展导致生产关系无法改变的角度，马克思才说"不仅苦于资本主义生产的发展，而且苦于资本主义生产的不发展"④。

总之，马克思通过对资本主义生产方式和经济运行规律进行深入剖析后，指出了破解资本主义矛盾与危机的方法和人类前进的目标，即改变生产资料的私人占有制，实现生产资料全民所有的公有制，赢得劳动者的解放。同时按照社会需要对社会各生产部门实行有计划的调节，保证社会化大生产按比例地协调发展，从而从根本上消除生产过剩和经济危机的根源。而实现这一目标的重任，就历史地落到了无产阶级身上。他的这些思

---

① 《马克思恩格斯文集》第 5 卷，人民出版社 2009 年版，第 9—10 页。
② 同上书，第 10 页。
③ 同上书，第 269 页。
④ 同上书，第 9 页。

考和观点，经由百多年人类历史的实践，仍然闪耀着科学和理性的光芒，值得人们认真研究和珍视。

（部分内容刊载于《开发研究》2013 年第 5 期）

马克思"共同体"思想及其对我国
社会组织发展的启示

——基于整体性视域的研究

蔡晓良

马克思主义整体性研究日益成为学术热点、难点和重点，根源于对马克思主义理论有所割裂和歪曲这一学术生态。在一定的意义上说，马克思主义整体性研究与马克思主义的综合创新是二而一、一而二的事情。只有遵循"马学为体、西学为用、国学为根、世情为鉴、国情为据"的学术精神，方能实现马克思主义的综合创新。① 这一学术精神是理论联系实际、逻辑与历史相一致等马克思主义方法论的时代化、学理化，因而成为马克思主义整体性研究或综合创新的必由之路。曾几何时，马克思共同体思想这一璀璨瑰宝，还是一个需要开掘的理论原野。幸赖学术界不懈探索之功，相关学术成果已经蔚为大观，把这些成果作为一个整体加以系统研究正当其时！综合而言，马克思共同体思想的整体性研究主要表现为理论整体性、发展整体性以及价值整体性三个学术维度。

一 理论整体性：马克思"共同体"思想的理论渊源与"共同体"的概念内涵

把马克思思想作为一个理论或逻辑的整体看，马克思共同体思想的整

---

① 程恩富、何干强：《论推进中国经济学现代化的学术原则》，《马克思主义研究》2009年第4期。

体性表现为理论渊源的整体性以及概念内涵的整体性。任何一种伟大思想都是在前人研究的基础上予以创新并发扬光大的，马克思共同体思想也不例外。马克思批判继承古希腊城邦思想、社会契约思想、德国古典哲学思想、英法古典经济学和空想社会主义思想等，在此基础上提出了自己的共同体观点。

对共同体的研究，最早应追溯到古希腊时期。古希腊语用 koinonia 指称城邦设立的市民共同体。亚里士多德将共同体界定为达到某种共同善的关系组合，"所有的共同体都是为着某种共同的善而建立的"①。文艺复兴以来，随着资本主义的发展，人的主体性及人权得到极大的弘扬，契约论者纷纷要求建立契约式共同体，使人们摆脱专制独裁的枷锁，保障人的权利和自由。霍布斯主张主权在君，可以让渡；卢梭倡导主权在民，不可转让。近代以来，随着私有制和分工的发展市民社会从国家中分离出来，市民阶层兴起，他们渴望解放和自由。这引起了哲学家们的理论关注，黑格尔就从物质交往关系角度阐述市民社会共同体。空想社会主义者从阶级社会中的等级差别与社会分化出发，反对一切特权和等级制度，主张建立一种人人平等且自由的理想共同体。傅立叶希望通过建立一种和谐共同体——法郎吉，来动员社会各领域通过团结协作实现社会平等与和谐。上述共同体思想，对马克思产生了极其深远的影响。此外，同时代的赫斯的自由—和谐共同体思想、理论前辈亚当·斯密以经济人为基础的市场共同体思想，也对马克思有直接的重要影响。

西方思想家对共同体的各种论述，为马克思提供了或直接或间接的理论准备，但这些思想本身却瑕瑜互见。马克思在吸收借鉴前人优秀成果的同时，对不足之处也进行了改造，丰富了共同体的概念内涵。

（一）"共同体"是共同利益需要的产物

共同体作为人类古老的组织形式，首先是一种人类的集合体，由具有共同的生活环境和特点的人组成。共同体不仅是一群人，还是一个整体，共同利益及其共同意识是形成共同体的必要条件，否则就是乌合之众或者初级社群。马克思认为，追逐利益是人类生存和发展的物质前提。人类为了生活，首先需要满足吃喝穿以及其他活动的基本生活资料，在这些需求

---

① 苗力田：《亚里士多德全集》（第 9 卷），中国人民大学出版社 1994 年版，第 3 页。

满足后，又会引起新的需求，这些新的需求的产生，成为推动历史发展的动力。不同的共同利益需求，催生出不同的共同体。无论是城邦共同体、契约式共同体抑或是市民共同体、国家共同体，都体现了特定时代特殊群体的共同利益诉求。这些共同体的意识形态本质上是对这些利益诉求的反应和建构。

（二）"共同体"体现人的本质

苏格拉底认为人是万物的尺度，作为理性的主体应该"认识你自己"。马克思在其理论体系中，始终将现实的人作为研究的出发点，指出人的本质是人的共同体。人的现实本质是一切社会关系的总和，因而必须把人的本质置于共同体中考察。共同体是人发展的前提，离开共同体，人将失去作为人的根据。"只有在共同体中，个人才能获得全面发展其才能的手段，也就是说，只有在共同体中才能有个人的自由。"①

（三）人的发展与共同体发展应实现和谐统一

马克思认为人的发展历经三个阶段：对人的依赖阶段、对物的依赖基础上的独立性阶段以及人的自由全面发展阶段。在前两个阶段，人的发展始终受到共同体的制约，共同体发展凌驾于人的发展之上。在第三个阶段，真正共同体以公有制和民主制的结合为制度基础，实现个体利益与公共利益的协调。人的发展与共同体发展是和谐统一的，因为人的发展为共同体发展提供前提，共同体发展为人的发展提供保障。

（四）阶级社会的"共同体"是虚假的、抽象的"共同体"

任何已经形成的共同体，为了得到巩固和发展，都必须保障其成员的共同利益，这样才能得到广泛的认可和支持。古希腊思想家认为城邦共同体旨在实现全体公民的正义和幸福，却将奴隶、妇女、儿童等排斥在公民身份之外。契约式共同体所倡导的保护人的自由和财产，也只是资产阶级享有的特权。即使是卢梭的"主权在民"主张，在阶级社会里，也是不能实现的。分工和私有制下产生的国家，维护统治阶级利益，并不能保障公共利益。因而，阶级社会的国家共同体具有极大的虚假色彩。资产阶级社

---

① 《马克思恩格斯选集》第 1 卷，人民出版社 1995 年版，第 199 页。

会的货币共同体、资本共同体都是抽象共同体，由此决定资产阶级国家代表全民利益的虚假性。

（五）理想"共同体"的实现有其历史必然性

空想社会主义敏锐地洞察到了剥削制度和私有制的危害，提出了平等劳动、社会和谐、按劳分配等伟大设想，但他们没有认识到人类社会发展的规律，无法证明资本主义灭亡的必然性，也找不到实现理想共同体的主体力量，因而他们所提出的社会主张，只能以失败告终。马克思认为，只有自由人联合体才是理想的共同体，真正的共同体，才能够有效保障所有人自由全面的发展。与空想社会主义不同的是，马克思从历史唯物主义出发，论证了自由人联合体实现的必然性。

总之，马克思语境中的共同体具有以下几方面的特征：首先，共同体是人的本质存在，人以共同体作为存在方式，在共同体中不断将自己社会化；其次，共同体是个体与个体之间相互交往所构建起来的关系总和，形式上代表普遍的共同利益，在共同利益基础上形成共同意识；再次，共同体随着历史的发展而不断分化和演化，真正的共同体是与共产主义社会紧密相连的，共产主义社会的共同体具有无阶级的特征。

二 发展整体性：马克思"共同体"思想的发展 历程与"共同体"的基本形态

把马克思思想作为一个发展的整体看，马克思终生都在探索共同体的特征和规律。尽管马克思共同体思想具有发展整体性，但是不妨碍人们划分为早期、中期、晚期三个阶段加以精细研究。在早期，马克思实现了从民主主义到共产主义、从唯心主义到唯物主义的思想转型，对西方思想史上的共同体思想进行了多维度批判性分析。《黑格尔法哲学批判》对市民社会、政治国家等共同体作出了不同于黑格尔的独特理解，《1844年经济学哲学手稿》"依据异化劳动理论对工资、货币、资本、私有财产乃至共产主义的剖析都为理解共同体开辟了道路"[①]。《德意志意识形态》、《共产党宣言》从虚假共同体与真正共同体（自由人联合体）对比的视角"表达

---

① 秦龙：《马克思对共同体的探索》，《社会主义研究》2006年第3期。

了自己对共同体的独特理解和价值关怀"①。在中期，马克思运用唯物史观对资本主义社会形态进行了全面批判，形成了《资本论》及其"手稿"这一理论巨著。《资本论》及其"手稿"对货币、资本等"抽象共同体"进行了系统的、集中的论述，对阶级、国家等虚假共同体进行了明确的、大量的论述，对未来理想社会的"自由人联合体"及其公有制作出了科学预测。特别地，在《1857—1858年经济学手稿》的《资本主义生产以前的各种形式》一章中，马克思对亚细亚的、古典古代的、日耳曼的等三种"自然形成的共同体"进行了论证。马克思晚年在写作《资本论》的同时，主要从事关于古代社会（史前社会）、关于东方社会结构和制度这两个方面的研究，"上述研究都在不同程度上触及到原始群、氏族、村社等自然形成的共同体，使得马克思对自然形成的共同体的理解更加深入"②。

把马克思思想作为一个联系的整体看，马克思的共同体思想与唯物史观密切相连。关于唯物史观与共同体思想的关系，有的学者认为，共同体思想服务于唯物史观，是唯物史观的"副产品"。③ 有的学者对此提出了质疑，认为唯物史观作为一种方法和原则，服务于共同体思想。④ 我们认为，如果把唯物史观看作一个理论体系的话，共同体思想是唯物史观的重要内容；如果把唯物史观看作一种方法论的话，共同体思想是唯物史观的体现和运用。共同体观与唯物史观的关系是动态的，存在三种互动方式，即早期的共同体观与唯物史观的相互结合，中期的二者相互渗透，晚期的二者的相互拓展。在整体性的视阈下，共同体思想是马克思主义理论整体的重要部分，既与唯物史观、唯物辩证法相关联，也与政治经济学、科学社会主义相关联。

总之，马克思对共同体的研究经历了一个不断深化、比较复杂的过程。从理论逻辑上看，马克思对共同体的研究历程始于资本主义的虚幻共同体、抽象共同体，再到自然—本源共同体，真实—自由共同体的研究始终伴随其他共同体的研究。从历史规律上看，共同体主要表现为三种依次相替的形态，即自然—本源共同体、虚幻—抽象共同体、真实—自由共同

---

① 秦龙：《马克思对共同体的探索》，《社会主义研究》2006年第3期。

② 同上。

③ 同上。

④ 邵发军：《马克思的"共同体思想"与唯物史观的关系探讨——兼与〈马克思对"共同体"的探索〉一文商榷》，《社会主义研究》2009年第3期。

体，真实—自由共同体统摄其他两类共同体。

（一）"自然—本源共同体"

人类最早的社会共同体主要是氏族组织和原始家庭。在原始社会末期，逐渐产生实行土地公有制的公社共同体，这种公社共同体一直残存于阶级社会中。马克思把资本主义生产方式以前的公社共同体称为自然共同体或本源共同体，① 这是因为从个体与共同体的关系看，在原始公社共同体及其在奴隶社会、封建社会的残余中，个人对公社共同体发生人身依赖关系，个人的独立和自由受制于自然经济的必然性。

马克思在《1857—1858 年经济学手稿》中从共同体与所有制互为前提和基础出发，详细论述了前资本主义社会三种自然形成的共同体，即亚细亚共同体、古典古代共同体、日耳曼共同体，为我们提供了自然—本源共同体的生动例证。在亚细亚共同体中，共同体作为一种实体是个人存在的基础，个人只不过是实体的附属物。个人的财产表现为公社财产，公社共同占有财产，共同体是公有制的基础；在古典古代共同体中，存在公社（作为国家）财产与私人财产的对立，一部分土地被公社占有，一部分被分割成小块成为私人的财产，但"个人财产不是同公社分开的个人的财产，相反，个人只不过是公社财产的占有者"②，私人土地所有从总体上要受公社共同体的制约；而在日耳曼共同体中，公社的基础是独立的家庭财产，独立的个人土地所有者不受公社的制约，"公社表现为一种联合而不是联合体，表现为以土地所有者为独立主体的一种统一，而不是表现为统一体"。③

这些"自然形成的共同体"具有以下特点：首先，血缘关系以及人身依附关系是共同体的突出特征，土地是共同体存在的物质基础；④ 其次，个人只有在公社共同体中才能拥有财产，个人拥有财产必须以共同体为中介；再次，个人将劳动条件看作自己的东西，也就是说劳动者和劳动条件是相结合的。这些自然形成的共同体也有其内在缺陷，因而必然灭亡。在所有这些共同体形式中，发展的基础都是僵化的、重复的，"因此，这种

---

① 《马克思恩格斯全集》第 46 卷上册，人民出版社 1979 年版，第 472—476 页。
② 同上书，第 475 页。
③ 同上书，第 480 页。
④ 秦龙：《马克思"共同体"思想研究》，辽宁出版社 2007 年版，第 40 页。

基础从一开始就是有局限的，而随着这种局限的消除，基础就崩溃和灭亡了"。① 随着独立个体的发展，个人劳动与劳动条件的分离，再加上生产力发展的推动，自然形成的共同体存在的前提被打破并很快被消解。

（二）"虚幻共同体"

随着生产力和社会分工的发展，原始公有制被私有制所取代，阶级共同体和国家共同体得以从社会中产生出来并不断发展，国家共同体把社会秩序控制在统治阶级需要的范围内。奴隶社会、封建社会的阶级—国家共同体是明显的虚幻共同体，资本主义共同体则是隐蔽的虚幻共同体。

马克思认为，在前资本主义的中世纪，市民社会淹没于政治国家，个人依赖于专制国家。到了资本主义时代，随着商品经济的发展和政治革命的完成，市民社会和政治国家得以分离和独立发展，个人在形式上获得一定人权和自由。至此，市民社会决定政治国家，政治国家表面代表全民公共利益，实际上维护资产阶级利益。② "正是由于特殊利益和共同利益之间的这种矛盾，共同利益才采取国家这种与实际的单个利益和全体利益相脱离的独立形式，同时采取虚幻的共同体的形式……"③ 在这里，马克思将与市民社会相对的政治国家称为"虚幻的共同体"。

在马克思看来，国家并不是像黑格尔所说的那样是"伦理观念的现实"，国家之所以被看作一种虚幻的共同体，是因为国家表面上代表着普遍的利益，实际上体现一种特殊利益；阶级国家打着体现"人民"普遍利益的旗号，实际上是少数人对多数人实施宰制、奴役和支配；国家是一种与人的力量相异化的力量，在这种虚幻共同体中，被统治阶级是不自由的，"对于被统治的阶级来说，它不仅是完全虚幻的共同体，而且是新的桎梏"④；资本主义国家受资本共同体支配，以生产资料资本主义私有制为社会基础，不过是资产阶级共同体统治无产阶级共同体的工具，对无产阶级共同体的自由发展起着阻碍作用，必将为实现无产阶级和全人类解放的真正的共同体所取代。

---

① 《马克思恩格斯全集》第46卷上册，人民出版社1979年版，第485页。
② 俞可平：《马克思的市民社会理论及其历史地位》，《中国社会科学》1993年第4期。
③ 《马克思恩格斯文集》第1卷，人民出版社2009年版，第536页。
④ 《马克思恩格斯选集》第1卷，人民出版社1995年版，第199页。

（三）抽象的共同体

在《资本论》及其手稿中，马克思透彻地分析了现代市民社会共同体即资本主义社会的两种抽象共同体——货币共同体与资本共同体。

首先，马克思对货币共同体的哲学—经济学分析。公社成员的再生产—生产的发展和人口的增长，导致对土地、财产的掠夺和私有制的产生，以前公社的生产方式及生产关系被破坏，自然形成的公社共同体逐渐被人为的货币共同体所解构。"货币欲或致富欲必然导致古代共同体的没落。由此产生了对立物。货币本身就是共同体，它不能容忍任何其他共同体凌驾于它之上。"① 资本主义社会的劳动者与劳动条件分离，产生了交换劳动的需要，这种交换的媒介是货币，资本即是在货币财富的积累中发展起来的。所以，货币作为交换媒介的职能产生了货币共同体，"货币直接是现实的共同体，因为它是一切人赖以生存的一般实体；同时又是一切人的共同产物"。② 货币共同体的首要特征在于抽象性，它之所以是抽象的共同体，是因为它"对于个人只是外在的、偶然的东西；同时又只是单个的个人满足需要的手段"③。货币共同体的抽象性，表明货币是一般财富、共同利益、社会劳动的代表。但是，资本主义私有制使货币共同体的共同利益扭曲为私人利益的争夺，形成"人对人是狼"的局面。因为货币是固定充当一般等价物的特殊商品，商品是在市场上交换的劳动产品，所以货币共同体就是市场共同体，私有制同样扭曲市场共同体。马克思货币共同体思想依然适用于当代发达商品经济基础上的市场共同体：尽管当代资本主义的共同利益在于有效配置资源、调节社会劳动、满足人的多元化需求、发展人的多元化交往关系，同时发达市场经济的本质并未改变，在那里，市场人作为经济人，仍然追求私人利益，彼此相互冷淡、漠不关心，与市场机制、货币机制结合的私有制还是扭曲市场关系，甚至反抗市场关系，破坏市场或货币共同体，造成经济危机、金融危机的不断发生。总之，货币—市场共同体尽管实现了人的独立性，同时使人与人的关系变为一种物与物的交换，这种物的关系支配着整个社会关系，并导致各种社会矛盾的激化。

---

① 《马克思恩格斯全集》第 46 卷上册，人民出版社 1979 年版，第 175 页。

② 同上。

③ 同上书，第 176 页。

其次，马克思对资本共同体的哲学—经济学分析。货币共同体对人的统治主要在交换、分配、消费领域，而资本共同体对人的统治主要在生产领域。在资本主义生产中，资本家拥有生产资料，劳动者失去生产资料，不得不靠出卖劳动力维持生计。这样，资本通过与劳动力相交换，把工人集聚在工场、工厂、企业中从而实现了联合。在联合的过程中，分工、科学、劳动的集体力量，统统成为资本的集体力量，促进了社会生产力的发展。结果，"资本不仅表现为工人的集体力量，他们的社会力量，而且表现为把工人连结起来，因而把这种力量创造出来的统一体"。① 但是，资本共同体仅仅是资本的联合，还不是真正个人的联合。"工人的联合，象它在工厂里所表现的那样，也不是由个人而是由资本造成的。他们的联合不是他们的存在，而是资本的存在。"② 工人的劳动就其结合体来说，服务于、支配于资本家的意志和智力，同时从属于固定资本的物质力量的统治。③ 因此，资本共同体所实现的联合对于工人来说是被迫的、偶然的、外在的，从而是抽象的。在资本主义私有制下，资本"现在却变成真正的共同体，工人力图吞食它，但它却吞食着工人"④。所以，资本共同体只能是抽象共同体，对工人发生强制、剥削、奴役的关系。

资本共同体的历史进步性在于个人摆脱对他人的依赖关系，对自然共同体的从属关系，从而呈现一定的独立性和自由性。同时，在资本共同体中，资本家凭借资本力量驱动、压迫和剥削工人，造成了资产阶级与无产阶级之间的对立；资本主义社会产生商品、资本、货币拜物教之类的意识形态，个人陷入对物质力量的依赖中，物化关系成为异于人并高于人、支配人的东西；工人的劳动成为异于自己的力量，造成劳动异化的泛滥。

总之，货币—资本抽象共同体形成物化世界和拜物教的信仰体系，人与人之间的关系被物化关系所主宰、所异化。抽象共同体实质上是异化共同体，阻碍工人阶级的自由和发展。货币—资本共同体表现为工厂、企业、公司等经济组织形式，受资本主义私有制支配。在私有制下，这些经济组织把工人联合起来利用科学技术、分工协作拓展生产力，但是经济必然性迫使工人服从资本家的意志，资本家无偿占有工人的剩余劳动，工人

---

① 《马克思恩格斯全集》第 46 卷下册，人民出版社 1979 年版，第 85 页。
② 同上书，第 83 页。
③ 《马克思恩格斯全集》第 46 卷上册，人民出版社 1979 年版，第 469 页。
④ 同上书，第 497 页。

自觉联合的社会关系得不到发展，合理必要的经济利益得不到满足，因而阻碍了工人的自由全面发展。消灭资本主义私有制，建立生产资料公有制或联合起来的个人所有制，是解决这一问题的历史必由之路。这种社会所有制，既要求适合生产力发展的高效率，也要求促进工人自由发展的高公平。历史演进的内在逻辑呼唤共产主义、人类解放、自由人联合体的诞生。

（四）"真正的共同体"

马克思认为自然的共同体、虚幻的共同体、抽象的共同体都不能保证人的自由全面发展，反而阻碍人的自由发展。只有在一种真正的共同体条件下，各个人在自己的联合中并通过这种联合摆脱对人、对物的依赖，实现自己的个性自由。这种真正的共同体即是自由人联合体或共产主义社会。

真正的共同体的主要特征是：首先，无产阶级通过革命，消灭阶级压迫，专制制度、阶级特权也将不复存在，无产阶级享有广泛的自由权利；其次，人不只是实现政治解放，而且是实现人类解放，人不仅获得政治自由，而且获得经济社会自由；再次，社会分工之间的本质差别消失，脑力劳动以及体力劳动之间的对立也消失，劳动成为人自由自主的活动；最后，"每个人的自由发展是一切人自由发展的条件"。[①] 人作为独立的个体存在于自由人联合体中，人和人和谐地生活在这一共同体中；自由人联合体的价值特征是每个人的自由发展和一切人自由发展的和谐统一，自由人联合体的制度特征是生产资料公有制和社会民主制的有机统一。[②]

马克思认为，实现自由人联合体的现实条件，主要是高度发展的生产力以及在生产力发展基础上人与人的普遍交往。"在共产主义社会中，即在个人的独创的和自由的发展不再是一句空话的唯一的社会中，这种发展正是取决于个人间的联系，而这种联系部分地表现在经济前提中，部分地表现在一切人自由发展的必要的团结一致中，最后表现在以当时的生产力为基础的个人多种多样的活动方式中。"[③] 社会主义实践证明，真正共同体

---

① 《马克思恩格斯选集》第 1 卷，人民出版社 1995 年版，第 294 页。

② 蔡晓良：《关于马克思"自由人联合体"思想的思考》，《福州大学学报》（哲学社会科学版）2009 年第 4 期。

③ 马克思、恩格斯：《德意志意识形态》，人民出版社 2003 年版，第 100 页。

形成的主要路径是：生产力的发展；私有制的消灭；人与人的普遍交往；资本主义内部矛盾的激化；无产阶级政党的领导和阶级斗争。社会主义实践正在和将要开辟通向自由人联合体的新路径。

三 价值整体性：马克思"共同体"思想的 当代价值与中国社会组织发展路径

马克思共同体思想的整体性还表现为理论和实际相结合的整体性，这就是其价值整体性。马克思共同体思想内涵丰富、观点深刻，包括人的共同体本质思想、个体与共同体辩证统一思想、批判虚假—抽象共同体思想以及建构真正的共同体思想等，这些思想具有重大的理论和现实价值。就理论价值而言，学术界指出，马克思的共同体思想对于解决新自由主义与社群主义的争论、三社会形态与五社会形态的争论、唯物史观与共同体观关系的争论具有重要的价值，对于丰富马克思主义发展史、马克思主义基本原理、马克思主义中国化的社会观、国家观、价值观、制度观具有重要的意义。就现实价值而言，学术界指出，马克思的共同体思想对于促进当代中国人的发展、自由和解放，对于正确处理个体与共同体的辩证统一、协同发展关系，对于在改善民生和创新管理中加强社会建设，对于驾驭资本、发展民主、坚定信仰具有重要的价值。总而言之，马克思共同体思想的理论整体性决定了其价值的整体性。

马克思共同体思想的价值整体性要求我们对于其价值既要全面了解，又要突出重点；既要系统把握，又要分类深化。基于学术界对马克思共同体思想见诸我国社会组织健康有序发展的研究比较薄弱的学术实际，我们认为，有必要加强马克思共同体思想对于我国改善民生和管理创新视域下的社会组织发展的指导意义的研究，作为马克思共同体思想研究的重点领域和创新的学术生长点。

何谓社会组织？社会组织是指除了国家政府组织、市场经济组织之外的所有非强制权力—非营利性组织形态。在国际上，社会组织被称为非营利性组织、非政府组织、第三部门。在我国，社会组织主要包括社区组织、事业单位、人民团体和民间社会组织。现代社会组织的理论分析框架是政府—市场—社会三分社会结构模式。诺贝尔经济学奖得主奥斯特罗姆在《公共事务的治理之道：集体行动制度的演进》一书中指出，传统的分析公共事务的理论模型不是市场的就是政府的，通过社会自治管理公共物品则是新途径。"社会运行的三大支点是政府、企业和非营利组织，政府是靠科层权力体系的机制运行，企业是靠市场机制运行，而非营利组织是靠社会参与和利益协调的机制运行。"①

当前，中国社会组织发展中存在先天发育不足、信用缺失、资源不足、管理不善、自治能力不强、制度环境恶化等具体问题，可以概括为三大深层问题，即社会主义价值取向问题、资源合理配置问题、权力有效运行问题。马克思共同体思想对解决上述问题的启示意义可以概括为：人的自由全面发展的价值追求原理是树立社会组织发展的自由平等、民主法治、公平正义、公益和谐理念的理论指导；社会公有制和社会民主制相结合的制度追求原理是解决社会组织发展的资源有效配置问题的理论指南；公共权力回归真实社会共同体的权力追求原理是社会组织建立权力有效运行机制的理论武器。

（一）当代中国社会组织发展必须树立社会主义价值取向

马克思共同体思想揭示的人的自由全面发展的价值追求原理认为，人的自由全面发展是"人以一种全面的方式，也就是说，作为一个完整的人，占有自己的全面的本质"，② 它包括人的个性、劳动、素质、能力、需求的全面自由发展。人的自由全面发展是自由人联合体的本质特征，是引导人类不断走向未来的价值目标，是社会主义的最高价值取向。人的自由全面发展是历史性与理想性的统一，它不是天然的"实然"状态，而是现实制度环境下不断向理想状态接近的"应然"过程，只有在无产阶级和全人类为争取解放的斗争中方能得以实现。人类解放是政治、经济、文化、社会的全面解放，其中政治解放是人类解放的前提，而政治解放的后果是市民社会和公民国家的分离。"政治解放一方面把人归结为市民社会的成员，归结为利己的、独立的个体，另一方面把人归结为公民，归结为法人。"③ 当市民社会和公民国家再度统一的时候，人类解放得以实现。"只有当人认识到自身'固有的力量'是社会力量，并把这种力量组织起来因

---

① 李培林：《我国社会组织体制的改革和未来》，《社会》2013 年第 3 期。
② 《马克思恩格斯全集》第 42 卷，人民出版社 1979 年版，第 123 页。
③ 《马克思恩格斯全集》第 3 卷，人民出版社 2002 年版，第 189 页。

而不再把社会力量以政治力量的形式同自身分离的时候，只有到了那个时候，人的解放才能完成。"① 因而，人的自由全面发展是以人民社会（公民和市民结合的共同体）或曰自由人联合体为社会基础的，代表社会力量的人民社会共同体是保障人的自由发展的有力武器。

中国社会组织建设是和谐社会建设与人民社会构建的有机组成部分，和谐社会与人民社会以富强、民主、文明、和谐、自由为内在旨趣，强调公民的独立人格和有序参与，重视人民集体行动的力量，因而社会组织建设需要以社会主义最高价值为导向，树立自由平等、民主法治、公平正义、公益和谐的理念。良好的理念和行为方式需要靠文化来塑造，应通过加强社会组织的文化建设，特别是公民文化建设来加强社会组织成员的社会责任感和道德意识，培育公有公益共享共治精神，塑造新时代的公民形象，增强人民的主人翁意识，提高人民参与公共事务的积极性，培养人民之间的协作精神和服务能力。

（二）当代中国社会组织发展必须完善资源有效配置模式

马克思共同体思想揭示的社会公有制和社会民主制相结合的制度追求原理认为，私有制的出现是异化产生的根源，私有制导致了人的异化、劳动的异化和国家的异化，而自由人联合体是对异化的消除。消除劳动异化的根本动因，就是要消灭资本主义私有制，建立生产资料的社会公有制，应该"在资本主义时代的基础上，也就是说，在协作和对土地及靠劳动本身生产的生产资料的共同占有的基础上，重新建立个人所有制"。② 生产资料公有制是生产资料的社会占有，在生产资料全体社会成员共同所有的前提下实现消费资料的个人占有，这种产权制度只有在民主的社会联合体中才能实现。因而"工人革命的第一步就是使无产阶级上升为统治阶级，争得民主"。③ 社会主义国家政权是无产阶级争取人类解放的第一步，是从政治国家逐渐消亡走向社会共同体建立的准备阶段，社会主义公有制和社会民主制相结合是人类经济解放在政治制度上的保障。

中国社会组织的发展，需要经济和政治制度的双重保障，也需要建立

---

① 《马克思恩格斯全集》第3卷，人民出版社2002年版，第189页。
② 《马克思恩格斯选集》第2卷，人民出版社1995年版，第269页。
③ 《马克思恩格斯选集》第1卷，人民出版社1995年版，第293页。

现代组织体制，优化资源配置模式。首先，要在坚持生产资料公有制的基础上尽可能快地促进经济的发展，增加社会经济总量，为社会组织的发展提供充足的物质基础，社会组织也可以通过适度的自营活动及社会活动尽可能多地增加社会资源。社会组织依据其独特的社会地位和运行机制，将整合后的社会资源根据效益原则和公平原则进行最优化配置，以确保社会资源为最大范围的社会成员所占有。其次，需要通过社会民主建设为社会组织的运行和发展提供一个民主、透明的制度环境，应逐步完善社会组织的参与机制、表达机制、法律机制、监督机制，扩大民主参与的范围和频度，确保组织工作的民主化、法制化、高效化，保障社会组织资金运作的透明化和公共产品及服务提供的公平性，从而确保资源的最优配置。最后，借鉴公有制和民主制相结合的资源配置模式，建立现代社会组织体制配置资源模式。"通过体制内改革和体制外发展的双轨驱动，来构建我国现代社会组织体制。具体来说，就是一方面要通过社区组织、事业单位和人民团体的改革盘活现有社会组织资源的存量，另一方面要通过发展民间组织扩大社会组织资源的增量。"①

（三）当代中国社会组织发展必须建构权力有效运行机制

马克思共同体思想揭示的公共权力回归真实社会共同体的权力追求原理认为，私有制与阶级消灭后，政治国家也随之消亡，这时，原本掌握在国家手中的权力重新回归社会，全体人民将权力掌握在自己手中，成了自己社会结合的主人。公共权力回归社会后，全体人民自己管理自己，这时将出现一个自治的人类共同体代替旧的国家共同体管理社会公共事务，人类从对物的依赖转变为对自身力量的依靠。国家消亡——公共权力回归社会——社会自治是一个历史过程，随社会的发展程度而不断完善。无产阶级革命后第一步是争取民主，第二步是逐渐完善民主共和国，这是"无产阶级能用来行使自己刚刚夺取的政权、镇压自己的资本家敌人和实行社会经济革命的唯一机构"②。无产阶级国家以无产阶级专政取代资产阶级的专政，代表社会大多数根本利益的无产阶级政权更具有广泛的民主特征，人民受国家统治的局面不断被人民自治所取代。社会自治不是无序状态，它

---

① 李培林：《我国社会组织体制的改革和未来》，《社会》2013 年第 3 期。
② 《马克思恩格斯选集》第 4 卷，人民出版社 1995 年版，第 656 页。

需要一定的权威将社会保持在一定的秩序范围内，"一方面是一定的权威，不管它是怎样形成的，另一方面是一定的服从，这两者都是我们所需要的，而不管社会组织以及生产和产品流通赖以进行的物质条件是怎样的"。①

中国社会组织是自治的人类共同体的雏形，是公共权力回归社会的桥梁，是人民自治的重要力量，社会组织参与政府决策是政府还政于民的重大探索，因而社会组织要善于运用公共权力，保障权力有效运行，确保人民能通过社会组织实现有序的自治。构建社会组织公共权力的有效运行机制是实质，创新社会组织管理和治理机制是形式。为此，一是要确保社会组织的自主性、独立性充分实现，强化社会组织的权力主体意识。一方面，要正确处理政府与社会组织的权力关系，在政社分离中实现政府与社会组织的合作互动。"社会组织和政府在共建和谐社会的过程中，应形成一种平等的合作关系，各自发挥自身的积极作用。同时，民间社会组织和政府功能的互补性，为二者在构建和谐社会过程中的有机合作、良性互动提供了前提。"② 另一方面，要正确处理执政党与社会组织的权力关系，既加强执政党对社会组织的政治领导、组织领导、思想领导，同时减少执政党对社会组织的过分干预，恢复社会组织的活力。二是要增强社会组织自身能力建设，增强社会组织权力行使能力。这是一个加强社会组织的内部管理问题，既涉及建立完善社会组织会员代表大会制度、重大事项由代表大会决定、建立常务理事会制度贯彻会员代表大会的决定等具体体制建设，③ 又涉及建立完善的学习机制、民主决策机制、考核评价机制、人才引入机制等系统机制建构。三是要依靠完善的监督机制，规避权力失控、权力滥用风险，确保权力运行的透明化。政府应依靠自身权威监督社会组织对公共权力的运用程度和运用方向，社会应运用新闻媒体、网络、舆论等手段监督社会组织权力行为，社会组织本身应把提高权力自律能力作为首要问题，为社会组织的发展和权力的运行赢得政府和社会的支持。

（部分内容刊载于《马克思主义研究》2013 年第 11 期）

---

① 《马克思恩格斯选集》第 3 卷，人民出版社 1995 年版，第 226 页。
② 向春玲：《发展社会组织，共建和谐社会》，《学习时报》2005 年 10 月 31 日第 4 版。
③ 王名：《社会组织概论》，中国社会出版社 2010 年版，第 176 页。

国别性马克思主义

周天楠

马克思主义一经产生，就以其彻底的革命性、深刻的科学性以及全面的实践性的独特魅力在全世界广泛传播。马克思主义的传播对不同国家和民族产生了深远影响，不仅确立了不同国家和民族的马克思主义本土化的理论领袖，还成就了众多的本地化的马克思主义专家学者，形成了不同特色且具有民族意义的本地化马克思主义理论成果。在传播过程中，在一些国家的马克思主义思想占据了主导地位，建立了社会主义国家，走上了社会主义道路，并由此改变了民族命运。而在另一些国家，马克思主义虽没有占据主导地位，但其始终代表社会底层最广大劳动人民的政治立场已经深入人心、家喻户晓，对本国家、民族以及社会的发展起到了积极的促进作用。下面就对具有代表性的不同国家革命领袖或理论学者等为代表的马克思主义本土化的主要思想及其发展变化，即国别性马克思主义——例述。

一 中国化马克思主义

"中国化马克思主义"是马克思主义中国化的理论成果，是毛泽东思想和中国特色社会主义理论体系的统一，是具有中国特色、中国气派和中国风格的马克思主义。"马克思主义中国化"是包括革命、建设和改革的整个历史过程，是将马克思主义的基本原理和中国革命、建设与改革的实际情况相结合，从而得出适合中国国情的社会主义革命、建设和改革开放的道路。

马克思主义中国化与中国化马克思主义是浑然一体，密不可分的。没有马克思主义中国化，就不会有中国化的马克思主义；没有中国化马克思主义，马克思主义中国化也就失去了本意。一百多年来，中国社会主义运动在马克思主义的指导下，改变了中国的历史进程和亿万中国民众的命运。马克思主义对中国社会产生了无比深刻的影响，使我们摆脱了半封建半殖民地的束缚，确立了社会主义基本制度，并推动着中国特色社会主义制度的探索和发展，中国经济、政治和文化得以大大发展，中国面貌得以彻底更新。

马克思主义中国化大约经历了一个从启蒙、发展和较为成熟的历史过程。

对马克思主义中国化进程的认识，马克思主义学者郭建宁认为，既不要前移，也不要上移、横移和泛移，应该将 1898—1917 年作为马克思主义在中国的传入时期，1917—1937 年作为马克思主义在中国的传播时期，1937 年延安时期以毛泽东为代表的中国共产党人开始了马克思主义中国化的时期，至今不衰。

马克思主义在中国的启蒙阶段，主要是以陈独秀、李大钊等为代表的中国先进知识分子，引进、宣传和应用马克思主义的阶段。最早完整介绍马克思主义思想并成为马克思主义者的是李大钊。1918 年，李大钊和陈独秀一起创办《每周评论》，在第 16 号发表了《共产党宣言》第二章的最后几段文字。1919 年 5 月、11 月出版的《新青年》第 5、6 号上发表了《我的马克思主义观》。文章的第五、六部分介绍并摘译了《共产党宣言》的重要思想。1920 年 8 月，陈望道翻译了我国第一部完整的《共产党宣言》中文译本，系统地介绍马克思主义。正是《共产党宣言》中文全译本的出版，普及了马克思主义基本理论，造就了中国早一代的共产主义者。正是这些人集合起来组成了中国共产党。1921 年 7 月 23 日，中国共产党第一次全国代表大会在上海秘密召开，会议最后一天因受到巡捕搜查，一大代表们秘密转移到嘉兴，在南湖景区的一条游船上继续举行会议。出席嘉兴南湖会议的代表有：李达、张国焘、刘仁静、毛泽东、何叔衡、董必武等13 人。会议审议、通过了中国共产党第一个纲领和第一个决议，选举产生了党的领导机构——中央局，庄严宣告中国共产党正式成立。从此，中国革命的航船从这里扬帆起航，乘风破浪，写下了全新的篇章。多年以后，毛泽东同志这样评价"红船"上的这一幕历史："自从有了共产党，中国革命的面貌就焕然一新了。"

第一次国共合作时期，马克思主义得到更大范围的传播。马克思主义不仅成为中国共产党的指导思想，而且对国民党人也产生了重要影响。1924 年 1 月 20 日至 30 日，在中国共产党人的努力和具体帮助下，以解决改组问题为中心内容的国民党第一次全国代表大会在广州召开。在孙中山的主持下，大会通过了由中国共产党人参加起草的《中国国民党第一次全国代表大会宣言》。这个宣言，总结了过去革命斗争的经验，批评了当时社会上流行的立宪派、联省自治派、和平会议派以及商人政府派等各种错误的、反动的主张；确定了"联俄、联共、扶助农工"的"三大政策"；接受了中国共产党提出的反帝反封建的口号，规定了民主革命的基本纲领以打倒帝国主义、打倒军阀为目标。从而把旧"三民主义"重新解释为革命的新"三民主义"。在历经革命失败的痛苦之后，孙中山认识到，革命要成功，就必须同中国共产党合作，唤起民众、扶助农工；必须联合世界上一切被压迫的民族和人民；必须打倒帝国主义，铲除封建军阀的统治。

马克思主义在中国的发展阶段，主要是以毛泽东为核心的中国共产党第一代中央领导集体将马克思主义基本原理与中国革命具体实际相结合，探索形成了农村包围城市武装夺取政权的正确道路，取得了新民主主义革命的胜利。不仅首次提出了"马克思主义中国化"，而且形成了马克思主义中国化的理论成果——毛泽东思想。毛泽东思想的基本内容主要由 6 个方面组成。第一，新民主主义革命理论。新民主主义革命理论是毛泽东思想的基石，是毛泽东同志对中国的历史状况和社会状况、中国革命的特点和规律深刻研究的基础上创立的。其基本内容有四个方面：关于中国资产阶级的分析和统一战线的政策；关于中国武装斗争的特点和作用；关于中国共产党本身的建设；关于中国革命夺取全国胜利的道路。第二，社会主义革命和社会主义建设理论。毛泽东思想中关于社会主义革命和社会主义建设的理论，具有很大的探索性和先导性。毛泽东从理论和实践上解决了在中国这样一个占世界人口四分之一的、经济文化落后的大国中，建立社会主义制度的艰难任务。主要包括四个方面：创造性地实现了生产资料私有制的社会主义改造；提出人民民主专政理论，丰富了无产阶级专政的学说；提出社会主义建设的十大关系；创造性地提出两类矛盾学说和正确处理人民内部矛盾的理论。第三，革命军队的建设和军事战略理论。中国新民主主义革命的二十八年，主要是在战争中进行的。因此，关于革命军队的建设和军事战略，是毛泽东思想中的主要内容之一。毛泽东系统解决了以农民为主要成分的革命军队，如何建设成为一支无产阶级性质的、具有严格纪律的、同人民群众保持密切联系的新型人民军队的问题。这一领域主要包含五方面的内容：系统地解决了建设新型人民军队的问题；系统地提出了建设人民军队的思想；提出了人民战争的思想；制定了人民战争的战略、战术原则；提出了建设和发展现代化国防技术的重要思想。第四，政策和策略的理论。毛泽东思想中关于政策和策略的内容涉及方方面面，非常广泛，主要围绕两大方面展开：精辟地论证了革命斗争中政策和策略问题的极端重要性；在统一战线中提出了许多重要的政策和策略思想。第五，思想政治工作和文化工作的理论。思想政治工作是一切工作的生命线，毛泽东思想对这方面的论述可以归纳为五个方面：思想政治工作是经济工作和其他一切工作的生命线；发展民族的、科学的、大众的文化；实行百花齐放、推陈出新、古为今用、洋为中用的方针；知识分子应当与工农相结合；强调全心全意为人民服务，艰苦奋斗，不怕牺牲。第六，党的建设理论。中国革命"三大法宝"中党的建设是重要内容。毛泽东的建党学说成功地解决了在中国这样一个农民和其他小资产阶级占人口大多数的国家里，建设一个马克思主义的无产阶级政党的问题。在这方面主要包含四点内容：从思想上建党；理论和实践相结合的作风；"惩前毖后、治病救人"的正确方针；创造了通过批评和自我批评进行马克思列宁主义思想教育的整风形式；要继续保持谦虚谨慎、戒骄戒躁、艰苦奋斗的作风。在毛泽东思想的指导下，成立了新中国，实行了社会主义改造，确立了社会主义制度，使中国人民走上了社会主义道路。

马克思主义在中国的较为成熟的阶段，贯穿于中国改革开放的全过程。这一阶段理论成果丰富，不仅包含了邓小平理论、"三个代表"重要思想、科学发展观，还包括习近平等中国共产党新一代领导集体关于"中国梦"的思想、理论和实践，是马克思主义中国化的最新理论成果，是中国改革发展的指导原则和行为指南。

邓小平理论是马克思主义中国化的又一大理论成果，是中国共产党获得的与苏联模式不同的社会主义建设经验的理论总结。是对毛泽东思想的继承和发展。它第一次比较系统地初步回答了中国社会主义的发展道路、发展阶段、根本任务、发展动力、外部条件、政治保证、战略步骤、党的领导和依靠力量以及祖国统一等一系列基本问题，指导我们党制定了在社会主义初级阶段的基本路线。它是贯通哲学、政治经济学、科学社会主义等领域，涵盖经济、政治、科技、教育、文化、民族、军事、外交、统一战线、党的建设等方面比较完备的科学体系，内容非常丰富。1. 关于社会主义的发展道路。强调走自己的路，不把书本当教条，不照搬外国模式，以马克思主义为指导，以实践作为检验真理的唯一标准，解放思想，实事求是，尊重群众的首创精神，建设有中国特色的社会主义。2. 关于社会主义的发展阶段。作出了我国还处在社会主义初级阶段的科学论断，强调这是一个至少上百年的很长的历史阶段，制定一切方针政策都必须以这个基本国情为依据，不能脱离实际，超越阶段。3. 关于社会主义的根本任务。指出社会主义的本质是解放生产力，发展生产力，消灭剥削，消除两极分化，最终达到共同富裕。强调现阶段我国社会的主要矛盾是人民日益增长的物质文化需要同落后的社会生产之间的矛盾，必须把发展生产力摆在首要位置，以经济建设为中心，推动社会全面进步。判断改革和各方面工作的是非得失，归根到底，要以是否有利于发展社会主义社会的生产力，是否有利于增强社会主义国家的综合国力，是否有利于提高人民的生活水平为标准。科学技术是第一生产力，经济建设必须依靠科技进步和劳动者素质的提高。4. 关于社会主义的发展动力。强调改革也是一场革命，也是解放生产力，是中国现代化的必由之路，僵化停滞是没有出路的。推进经济体制改革，就是要坚持公有制为主体、多种所有制经济共同发展，建立和完善社会主义市场经济体制，不断解放和发展生产力。推进政治体制改革，就是在中国共产党的领导下，在人民当家作主的基础上，进一步扩大社会主义民主，健全社会主义法制，依法治国，建设有中国特色的社会主义民主政治体制。同经济体制、政治体制的改革和发展相适应，必须着力提高全民族的思想道德素质和科学文化素质，以培育"有理想、有道德、有文化、有纪律"的公民为目标，建设社会主义精神文明。5. 关于社会主义建设的外部条件。指出和平与发展是当今世界两大主题，必须坚持独立自主的和平外交政策，为我国现代化建设争取有利的国际环境。强调实行对外开放是改革和建设必不可少的，应当吸收和利用世界各国包括资本主义发达国家所创造的一切先进文明成果来发展社会主义，封闭只能导致落后。6. 关于社会主义建设的政治保证。强调坚持四项基本原则，就是坚持社会主义道路，坚持人民民主专政，坚持共产党的领导，坚持马列主义、毛泽东思想。四项基本原则是立国之本，是改革开放和现代化建设健康发展的政治保证，又从改革开放和现代化建设获得新的时代内容。7. 关于社会主义建设的发展战略。提出了分"三步走"基本实现社会主义现代化的战略步骤和战略目标。强调在现代化建设中，要抓住战略重点，抓住时机，争取每隔几年上一个台阶。贫穷不是社会主义，同步富裕又是不可能的，必须允许和鼓励一部分地区、一部分人先富起来，以带动越来越多的地区和人们逐步达到共同富裕。8. 关于社会主义的领导力量和依靠力量。强调中国共产党是社会主义事业的领导核心，党必须适应改革开放和现代化建设的需要，不断改善和加强对各方面工作的领导，改善和加强自身建设。执政党的党风，党同人民群众的联系，是关系党生死存亡的问题。必须依靠广大工人、农民、知识分子，必须依靠各民族人民的团结，必须依靠全体社会主义劳动者、拥护社会主义的爱国者和拥护祖国统一的爱国者的最广泛的统一战线。党领导的人民军队是社会主义祖国的保卫者，是建设社会主义的重要力量。9. 关于祖国和平统一。提出"一个国家，两种制度"的创造性构想。在一个中国的前提下，国家的主体坚持社会主义制度，香港、澳门、台湾保持原有的资本主义制度长期不变，按照这个原则来推进祖国和平统一大业的完成。

"三个代表"的重要论述具有鲜明的时代特征，不仅是中国共产党的建设的重大课题，同时，它事关改革开放和两个文明建设的成败，事关中国共产党、中国工作大局，事关党和国家的前途命运，是中国共产党的立党之本、执政之基、力量之源。

从全面总结党的历史经验和如何适应新形势新任务的要求出发，2001年江泽民同志首次对"三个代表"重要思想进行了比较全面的阐述。

中国共产党要始终代表中国先进生产力的发展要求，就是党的理论、路线、纲领、方针、政策和各项工作，必须努力符合生产力发展的规律，体现不断推动社会生产力的解放和发展的要求，尤其要体现推动先进生产力发展的要求，通过发展生产力不断提高人民群众的生活水平。中国共产党要始终代表中国先进文化的前进方向，就是党的理论、路线、纲领、方针、政策和各项工作，必须努力体现发展面向现代化、面向世界、面向未来的，民族的科学的大众的社会主义文化的要求，促进全民族思想道德素质和科学文化素质的不断提高，为我国经济发展和社会进步提供精神动力和智力支持。中国共产党要始终代表中国最广大人民的根本利益，就是党的理论、路线、纲领、方针、政策和各项工作，必须坚持把人民的根本利益作为出发点和归宿，充分发挥人民群众的积极性、主动性、创造性，在社会不断发展进步的基础上，使人民群众不断获得切实的经济、政治、文化利益。

进入新世纪新阶段，面对我国经济社会发展严峻的不平衡、不协调、不可持续，以胡锦涛为总书记的党中央领导集体以高度的历史使命感和责任感，客观、全面、深刻地分析了我国现代化建设实践所面临的各种矛盾，以实事求是的理论勇气和勇于探索的创新精神，提出和确立了科学发展观，为回答和解决新世纪新阶段实践提出的新课题指明了正确方向。

科学发展观是马克思主义同当代中国实际和时代特征相结合的产物，是马克思主义关于发展的世界观和方法论的集中体现，对新形势下实现什么样的发展、怎样发展等重大问题作出了新的科学回答，把我们对中国特色社会主义规律的认识提高到新的水平，开辟了当代中国马克思主义发展的新境界。科学发展观是中国特色社会主义理论体系的最新成果，是中国共产党集体智慧的结晶，是指导党和国家全部工作的强大思想武器。科学发展观同马克思列宁主义、毛泽东思想、邓小平理论、"三个代表"重要思想一道，是党必须长期坚持的指导思想。

科学发展观，第一要义是发展，核心是以人为本，基本要求是全面协调可持续，根本方法是统筹兼顾。

面向未来，深入贯彻落实科学发展观，对坚持和发展中国特色社会主义具有重大现实意义和深远历史意义，必须把科学发展观贯彻到我国现代化建设全过程、体现到党的建设各方面。全党必须更加自觉地把推动经济社会发展作为深入贯彻落实科学发展观的第一要义，牢牢扭住经济建设这个中心，坚持聚精会神搞建设、一心一意谋发展，着力把握发展规律、创新发展理念、破解发展难题，深入实施科教兴国战略、人才强国战略、可持续发展战略，加快形成符合科学发展要求的发展方式和体制机制，不断解放和发展社会生产力，不断实现科学发展、和谐发展、和平发展，为坚持和发展中国特色社会主义打下牢固基础。必须更加自觉地把以人为本作为深入贯彻落实科学发展观的核心立场，始终把实现好、维护好、发展好最广大人民根本利益作为党和国家一切工作的出发点和落脚点，尊重人民首创精神，保障人民各项权益，不断在实现发展成果由人民共享、促进人的全面发展上取得新成效。必须更加自觉地把全面协调可持续作为深入贯彻落实科学发展观的基本要求，全面落实经济建设、政治建设、文化建设、社会建设、生态文明建设五位一体的总体布局，促进现代化建设各方面相协调，促进生产关系与生产力、上层建筑与经济基础相协调，不断开拓生产发展、生活富裕、生态良好的文明发展道路。必须更加自觉地把统筹兼顾作为深入贯彻落实科学发展观的根本方法，坚持一切从实际出发，正确认识和妥善处理中国特色社会主义事业中的重大关系，统筹改革发展稳定、内政外交国防、治党治国治军各方面工作，统筹城乡发展、区域发展、经济社会发展、人与自然和谐发展、国内发展和对外开放，统筹各方面利益关系，充分调动各方面积极性，努力形成全体人民各尽其能、各得其所而又和谐相处的局面。

实践发展永无止境，认识真理永无止境，理论创新永无止境。解放思想、实事求是、与时俱进、求真务实，是科学发展观最鲜明的精神实质。

2012年11月党的十八届一次会议，选举产生了以习近平为总书记的新一届中央领导集体。2012年11月29日，中共中央总书记习近平带领新一届中央领导集体在参观中国国家博物馆"复兴之路"展览时，第一次提出实现中华民族伟大复兴中国梦的号召；2013年3月17日，习近平总书记在第十二届全国人民代表大会第一次会议闭幕式的讲话中，进一步阐述"中国梦"。在此前后，习总书记还在不同的场合对实现中国梦做出战略部署，初步形成了实现中国梦的重要战略思想。这一重要战略思想视野宽广、内涵丰富，升华了我们党的执政理念，开辟了中国特色社会主义新境界，彰显了以习近平同志为总书记的党中央继往开来、高瞻远瞩的战略眼光，体现了新一届中央领导集体对国家对民族对人民的责任担当，代表了新一届政府对于建设富强民主文明和谐的社会主义现代化国家的目标和信心，是当代中国发展进步的高昂旋律和精神旗帜。

1. 实现中华民族伟大复兴，是近代以来中华民族最大的梦想。中国梦是历史的、现实的，也是未来的。这个梦想，凝聚了几代中国人的夙愿，体现了中华民族和中国人民的整体利益，是每一个中华儿女的共同盼望。经过鸦片战争以来170年的持续奋斗，中华民族伟大复兴展现出光明的前景。现在，我们比历史上任何时期都更接近中华民族伟大复兴的目标，比历史上任何一个时期都更有信心、更有能力实现这个目标。

2. 国家富强、民族振兴、人民富裕是中国梦的基本内涵和精神实质。中国梦是强国梦，就是要实现国家富强。国家富强是民族振兴和人民幸福的基础条件，主要体现在物质文明极大丰富，经济实力和人均水平赶上发达国家水平，在世界上占据领先地位，拥有较高的国际影响力，同时也体现了"富强中国"、"民主中国"、"文明中国"、"和谐中国"与"美丽中国"的有机统一。中国梦是复兴梦，就是要实现民族振兴。民族振兴是国家富强的根本标志，是人民幸福的重要保障，它的内涵就是通过一代代中国人的接力奋斗，使我们这个曾经拥有几千年辉煌文明，却一度衰落的民族再度兴盛起来，再一次为人类社会作出较大贡献。中国梦是幸福梦，就是要实现人民幸福。人民幸福是国家富强、民族振兴的根本价值追求，实现人民幸福就是要以民生为本，顺应民心，尊重民意，凝聚民智，让人民群众过上更加富裕、更有尊严、更加美好的新生活。

3. 中国梦是国家的、民族的，也是每一个中国人的。每个人心中都有一个梦，都有追求幸福生活、享受幸福生活的权利。习近平同志在新一届中央政治局常委与中外记者见面会上指出："我们的人民热爱生活，期盼有更好的教育、更稳定的工作、更满意的收入、更可靠的社会保障、更高水平的医疗卫生服务、更舒适的居住条件、更优美的环境，期盼孩子们能成长得更好、工作得更好、生活得更好。人民对美好生活的向往就是我们的奋斗目标。"中国梦归根到底是人民的梦。生活在我们伟大祖国和伟大时代的中国人民，共同享有人生出彩的机会，共同享有梦想成真的机会，共同享有同祖国和时代一起成长与进步的机会。国家好、民族好、大家才会好，每个中国人都应当自觉把个人的梦与国家的梦联系起来，在实现中国梦的过程中实现个人梦。

4. 中国梦不仅造福中国人民，而且造福各国人民。当今时代，任何国家都与世界紧密相连、密不可分，追求自身发展必然要以促进世界和平稳定、合作共赢为外部条件。"中国梦"不仅仅是要实现自己国家的梦，更是一个开放、包容、共享的"世界梦"。中国梦与包括美国梦在内的世界各国人民的美好梦想相通相连。中国发展壮大，带给世界的是更多机遇而不是什么威胁。中国好，世界会更好；世界好，中国同样会更好。中国梦是把中国人民根本利益与世界各国人民共同利益结合起来，把发展自己与促进人类文明的崇高事业统一起来，为人类文明不断作出新的更大的贡献。中国梦既是中华民族发愤图强的复兴之梦，也是与世界人民携手共进的共赢之梦，中国梦的实现必将促进人类文明进步与世界和平发展，使世界更加绚丽多彩。

5. 实现中国梦必须走中国道路、弘扬中国精神、依靠中国力量。实现中国梦必须走中国道路，这就是中国特色社会主义道路。这条道路来之不易，它是在改革开放 30 多年的伟大实践中走出来的，是在中华人民共和国成立 60 多年的持续探索中走出来的，是在对近代以来 170 多年中华民族发展历程的深刻总结中走出来的，是在对中华民族 5000 多年悠久文明的传承中走出来的，具有深厚的历史渊源和广泛的现实基础。中华民族是具有非凡创造力的民族，我们创造了伟大的中华文明，我们也能够继续拓展和走好适合中国国情的发展道路。中国特色社会主义道路，是引领中国走向繁荣富强、和谐幸福之路，是一条通向中华民族伟大复兴的必由之路。我们应当增强对中国特色社会主义道路的自觉自信，坚定不移地沿着这条道路走下去。实现中国梦必须弘扬中国精神，这就是以爱国主义为核心的民族精神和以改革创新为核心的时代精神。这种精神是凝心聚力的兴国之魂、强国之魄。爱国主义始终是把中华民族坚强团结在一起的精神力量，改革创新始终是鞭策我们在改革开放中与时俱进的精神力量。全国各族人民一定要弘扬伟大的民族精神和时代精神，不断增强团结一心的精神纽带、自强不息的精神动力，永远朝气蓬勃、迈向未来。只要我们大力弘扬伟大的民族精神和时代精神，不断增强团结一心的精神纽带、自强不息的精神动力，努力将中国精神内化于心、外化于行，永远朝气蓬勃朝着既定的奋斗目标迈进，我们就一定能如期实现中华民族伟大复兴的梦想。实现中国梦必须依靠中国力量，这就是全国各族人民大团结的力量。中国梦是民族的梦，也是每个中国人的梦。实现中国梦，创造全体人民更加美好的生活，需要我们每一个人继续付出辛勤劳动和艰苦努力。有梦想，有机会，有奋斗，一切美好的东西都能够创造出来。只要我们紧密团结，万众一心，为实现共同梦想而奋斗，实现梦想的力量就无比强大，我们每个人为实现自己梦想的努力就有无比广阔的空间。

6. "空谈误国，实干兴邦。"说一千，道一万，伟大中国梦最终还是要靠实干来实现。真抓才能攻坚克难，实干才能梦想成真。全面建成小康社会要靠实干，基本实现现代化要靠实干，实现中华民族伟大复兴的中国梦要靠实干。幸福不会从天而降，梦想不会自动成真。劳动是财富的源泉，也是幸福的源泉。人世间的美好梦想，只有通过诚实劳动才能实现。

二　古巴卡斯特罗思想

在马克思主义古巴化的过程中，古巴长期坚持马克思主义、奉行卡斯特罗思想，谨慎进行经济社会领域改革，努力摆脱由于地缘政治和历史原因造成的不利的国际因素。卡斯特罗在把马克思主义应用于古巴实际中，采用了灵活而不是教条的态度，形成了古巴特色的马克思主义，集中体现为卡斯特罗坚持马克思主义基本原则、社会主义建设思想、马克思主义党的建设理论，近年来也呈现出新的特征。

（一）卡斯特罗坚持了马克思主义的基本原则

首先，卡斯特罗坚持了马克思主义的实践观。马克思主义的实践观认为，实践是认识的源泉和动力，实践也是检验真理的唯一标准。马克思主义的实践观立足于无产阶级解放全人类的使命。卡斯特罗坚信古巴社会需要人民去改变，并在社会建设实践中更加美好。"人类最终走向完善。人是斗争和困难锻造的产物，各种问题不断塑造人，就像车床塑造一件物品。这样，成就了物质和人的精神。"卡斯特罗欣赏历史是人民群众创造的马克思主义观，极力反对苏联的个人迷信和领袖崇拜。

其次，用马克思主义的世界观和方法论改造古巴。马克思主义是无产阶级解放的科学，共产主义是人类社会的理想目标。马克思主义认为生产方式决定社会性质，制约着整个社会生活、政治生活和精神生活。卡斯特罗说："马克思主义、列宁主义是工人阶级的意识形态，是最完备的政治学说，是对社会和历史问题最全面的解释。"古巴 1976 年宪法确立马克思列宁主义为指导思想。卡斯特罗指出古巴仍处在生产力发展水平不高的社会主义阶段。强调按劳分配，在公平基础上消除平均主义。卡斯特罗认为社会主义社会的人们应该各尽所能的劳动，社会成果为全体社会成员共享。卡斯特罗也犯有对马克思主义教条式理解的错误。如经济发展政策有超越古巴发展阶段的问题。卡斯特罗希望立即创建无私、利他和奉献的共产主义社会关系，反对竞争或物质激励等。①

再次，对资本主义的基本批判。批判资本主义是马克思主义产生的基本前提，也是卡斯特罗社会主义思想的重要内容。马克思主义为卡斯特罗分析资本主义提供了世界观和方法论，尤其是历史唯物主义的方法。卡斯特罗认为仅法国革命时代的资产阶级代表了最进步的阶级。在随后的岁月，资本主义社会存在两个群体：没有平等可言的剥削者和被剥削者。当

---

① 张金霞：《卡斯特罗社会主义思想的来源及精髓》，《社会主义研究》2010 年第 5 期。

然，资本主义在技术上和体制上取得了一定成就。但是资本主义制度不可能通过社会改良而永恒。卡斯特罗对资本主义的批判集中在：批判资本主义的个人主义和拜金主义；谴责资本主义对人民的无尽剥削；批判资本主义竞争的无序与腐败等；强烈反对西方发达国家对落后国家的新掠夺等等。

最后，对社会主义的基本判断和认识。以卡斯特罗思想为指导的古巴共产党坚持走自己的社会主义的路子，积极探索社会主义经济建设规律。20 世纪 60 年代，古巴在卡斯特罗的领导下实行社会主义，并不照搬别国模式，70 年代建立"经济领导与计划体制"，80 年代上半期实行一系列"新经济政策"，下半期开展"纠偏运动"，90 年代开始着手进行各个领域全面的持续的改革。

卡斯特罗的社会主义思想来源于以马蒂思想为代表的古巴传统文化和马克思主义。古巴坚持马蒂思想和马克思主义的指导，并在社会主义革命和建设实践中坚持独立、公正、平等、民主、人道主义和国际主义等治国理念。这些构成了卡斯特罗社会主义思想的精髓。[1]

古巴坚持走自己特色的社会主义道路。马蒂思想和马克思主义相结合，形成古巴特色的社会主义。在几十年的建设实践中，在马蒂思想和科学社会主义理论指导下，卡斯特罗探索了古巴特色的社会主义模式。他坚信古巴不会照搬别的社会主义国家建设模式，强调"从古巴发展阶段的实际情况出发，走自己的路，探索有本国特色、适合本国国情的社会主义发展道路和模式"[2]。

古巴坚持加强精神文化和思想道德建设。卡斯特罗赞同马克思"跨越资本主义卡夫丁峡谷"的观点。社会主义可以不经过资本主义阶段而直接到达共产主义社会。因此，卡斯特罗更多强调精神建设、道德品质更重于经济建设和物质。他甚至反对苏联建设中的经济至上原则，认为经济决定论属于资本主义的市场经济规律。

古巴追求坚持公正、平等、和谐、民主的社会主义。卡斯特罗认为社会主义是公正、平等、民主、和谐的社会。卡斯特罗认为资本主义缺乏公正，因为价格是根据利润以垄断的方式制订的。而社会主义的古巴，基本

---

① 张金霞：《卡斯特罗社会主义思想的来源及精髓》，《社会主义研究》2010 年第 5 期。
② 郭伟伟：《古巴社会主义经济建设与发展》，《拉丁美洲研究》2009 年第 1 期。

用品都是根据大众的需要生产的，人民公平享受国家免费提供的。古巴坚持社会主义政治应该更加民主，经济发展应该更加合理。卡斯特罗认为社会主义比资本主义更加民主和公正，从而不断完善古巴民主政治。他积极推动"参与式民主"或"协商式民主"的发展，希望古巴人人参与国家和社会生活的管理。

（二）卡斯特罗的党建思想卓有成效

古巴共产党"加强党的组织和作风建设，改善执政党领导；加强党内民主建设，密切联系群众；加强思想建设，防止'和平演变'；加强道德建设，坚决抵制政治腐败；加强政权建设，健全全国人民政权代表大会制度等"①。

首先，在思想和组织建设上，古巴共产党坚持以马蒂思想、马克思主义为指导，捍卫社会主义不动摇。在组织建设上，古巴共产党坚持列宁的民主集中制原则，强调入党人员的先进性和代表性，并允许信教者加入共产党。

卡斯特罗明确了党的职能和作用，认为党负有监督功能、指引方向和保持国家机关活力的职责；强调应用民主集中制的原则建党，指出所有决策都由集体决定，遵循少数服从多数原则；对入党人员严格把关，认为"党是由那些接受社会主义革命和具有社会主义思想的模范工人组成的"；卡斯特罗在尊重古巴宗教实际的基础上，允许信教者入党，不仅扩大了党的群众基础，而且改善了古巴的国际形象。

其次，在党的作风建设上，古巴共产党坚持先锋表率作用，以"四个一切"原则搞好党群关系，坚决反对和严惩腐败。

卡斯特罗尤为强调党的作风建设。强调党要发挥先锋和表率作用，指出"与人民群众保持最密切、最持久的联系，在过去、现在和将来都应该永远是我党行动的指南"；指出党群关系坚持"四个一切"的原则，即一切立足于群众，一切依靠群众，一切重大决定要广泛听取群众的意见，一切活动要由群众配合；卡斯特罗特别加强了领导干部廉洁奉公、反腐肃贪工作，从法规上对领导干部严要求，同时完善监督机制，对腐败违纪案件

---

① 李慎明、姜述贤、王立强：《执政党的经验教训》，社会科学文献出版社 2008 年版，第 77—80 页。

严惩不贷，有效遏制了较大腐败案件的发生和蔓延。

（三）近年来古巴社会主义及与中国等的比较研究

古巴驻华大使卡洛斯·米格尔·佩雷拉（Carlos Miguel Pereira）在《古巴特色的可行的社会主义》中强调，古巴革命不是外力强加的，而是古巴人民根据自身国情做出的历史性选择，在新的历史条件下，古巴社会主义必须在"延续"的基础上寻求"变革"。佩雷拉认为，"中国模式"的成功很大程度上归功于其所坚持的、具有本国特色的发展道路，因此古巴在学习和借鉴中国经验时，必须清醒地认识到即使是别国最成功的经验，若脱离本国实际，也将无所适从。[①]

古巴哈瓦那大学国际经济研究中心教授胡里奥·迪亚兹在《古巴是否适用中国模式与越南模式?》一文中指出，中国模式与越南模式的有效性证明了非苏联社会主义模式的可行性，两国对社会主义市场经济趋利避害的有益探索值得肯定，尽管市场经济极大地调动了劳动者的积极性，但其负面产物亦不容姑息。[②]

国内学者江时学研究员认为，中古两国社会主义的共性在于：强调共产党的绝对领导地位；把改革作为完善社会主义制度的必要手段；坚持公有制。两国社会主义的差异在于：古巴特色社会主义缺乏完整的理论体系，而中国特色社会主义拥有丰富的理论基础；古巴不搞市场经济，而我国改革开放30多年的最大成果之一是在理论与实践结合的基础上建立和完善了社会主义市场经济体制；尽管两国改革均取得了相应的成就，但两国改革的具体成效不尽相同；两国改革的步伐有明显差异；两国与美国的关系大不相同；腐败问题的严重性不同。就古巴改革的历史与创新，袁东振研究员认为，古巴当前的改革是过去近30年改革进程的逻辑延续。古巴的改革开放取得了显著成就，但在改革进程中也出现收入分配差距加大、卖淫、腐败、盗窃等不良现象。2006年以来的新一轮改革，虽然没有预期的激烈，但仍然逐渐放开了一些限制，在政治、经济、社会领域陆续推出了一系列新的改革举措。古巴的"改革"是困难时期被迫做出的调整

---

① 贺钦《社会主义在向前走，绝对不会变——访古巴驻华大使佩雷拉》，《中国社会科学报》2010年6月3日。

② Julio A. Díaz Vázquez, "Es Aplicableel ModeloChinoo Vietnamita en Cuba?", in Revista Temas, 20－03－2011, see http：／／www. temas. cult. cu／catalejo／economia／Julio_ Diaz_ Vazquez2. pdf.

或开放，是暂时的"让步"，具有一定的应急性、阶段性特征，因此，困难一旦缓和，政策就会出现反复。古巴领导人认为，"系统的、稳健的调整与修正是必要的，但决不能操之过急"①。

三 朝鲜金日成主体社会主义

1945 年 8 月，朝鲜独立并实行了土地改革和主要产业的国有化。1958 年战争结束以后，朝鲜在金日成领导下通过社会主义改造，建立了国家所有制和集体所有制为基础的社会主义经济制度，选择了"主体社会主义"和"先军政治"的思想指导或战略决策。"主体社会主义"思想的核心就是认为革命和建设的主人是人民群众，推动革命和建设的力量也在人民群众，并要求："每个党员在本国的具体环境和条件下进行革命斗争，并通过这一斗争丰富国际革命运动的经验，为进一步发展这一运动做出贡献。"②

（一）朝鲜主体思想的形成是一个历史过程。

1930 年 6 月 30 日至 7 月 2 日，朝鲜在中国东北卡伦举行了革命者参加的共产主义青年同盟和反帝青年同盟领导干部会议。在这个会上金日成作了题为《朝鲜革命前进的道路》的报告，报告指出："革命斗争的主人是人民群众，只有人民群众组织和动员起来，才能在革命斗争中取得胜利。""卡伦"会议确立的这种主导思想，标志着朝鲜主体思想的初步确立。

金正日全面继承了金日成的主体思想，在社会主义条件下，人的思想建设优于经济建设，社会主义建设依于主体。在朝鲜劳动党和金日成、金正日的带领下，主体思想在朝鲜成为了绝对权威的意识形态的主导思想。

（二）主体思想的理论基础是马克思主义

主体思想是以人民群众为中心阐明革命的本质及其根本原理的思想。金日成指出："主体思想是以人是一切的主人，人决定一切这一哲学原理为基础的。"③ 主题思想的实质就是依靠人民群众推动社会主义革命和建设

---

① 袁东振：《古巴改革何处去》，《人民论坛》2010 年第 31 期。
② 金日成：《过于我国革命的主体》第一卷，朝鲜外文出版社 1975 年版，第 422 页。
③ 金日成：《迎接朝鲜劳动党成立三十周年》，第 5 页。

事业的发展。它主要表现为：第一，坚持人民群众是革命的主人的观点。金日成指出："主题思想就是认为革命和建设的主人是人民群众，推动革命和建设的力量也在于人民群众这一种思想。"第二，坚持人民自主性的立场。金日成指出："主体思想是一切都要以人为中心来考虑，一切都要为人民服务，以人为中心的世界观，是以实现劳动人民群众的自主为目的的革命学说。"一切工作都要根据本国的实际情况并创造性地运用马克思列宁主义和别国经验，相信自己的力量，坚持自主性立场；第三，坚持人民群众创造性的立场。人民群众在改造自然和社会方面必须根据本国的实际解决一切问题。只有这样才能最大限度地发挥人民群众的创造力，从而避免教条主义和经验主义。①

（三）主体思想的内容与实践正在发生变化

主体思想的内涵有一个充实和发展的过程，主体社会主义的理论和实践也随之调整和变化，具体表现在以下方面：

1. 独立自主地制定全部路线和政策，反对教条主义和事大主义。金日成在阐述主体思想时指出，树立主体意味着要"独立地根据本国的实际情况并且主要依靠自己的力量，解决革命和建设中的一切问题"，认为"这是反对教条主义，并根据本国的历史条件和民族特点运用马克思列宁主义的普遍真理和国际革命运动经验的现实的创造性的立场"。思想上树立主体，就是使一切思想工作都服从本国革命的利益，反对事大主义和教条主义，树立民族自豪感和自主意识；政治上自主就是从本国革命和人民的利益出发，从本国的具体实际出发，独立自主地制定和贯彻全部路线和政策。对外活动采取自主立场，行使完全的平等权和自主权；经济上自立，是指建设独立发展的自立的民族经济、提高人民的物质文化生活水平，奠定社会主义的物质技术基础；国防上自卫，就是用自己的力量建设强大的足以自卫的国防力量，坚持经济建设和国防建设同时并举的战略方针。

2. 强调人的自主性及思想意识在发展中起决定性作用。金正日对主体思想作了进一步阐述：首先，他强调主体思想的独创性。金正日认为主体思想是一个"完整的体系"，是金日成的"思想、理论和方法"，也称为

---

① 肖枫：《社会主义向何处去——冷战后世界社会主义运动大扫描》上卷，当代世界出版社1999年版，第386—387页。

"金日成主义";其次,由强调人的主观能动性,进一步主张人的思想意识在发展中起决定性作用,认为人是具有自主性、创造性和意识性的社会存在,人的自主性、创造性和意识性的发展水平,决定社会的发展水平;再次,他推崇领袖是革命主体的大脑,人民群众必须为领袖"尽忠尽孝"。

3. 强调以"先军政治"应对新挑战,建设强盛国家。金正日在苏东剧变后朝鲜面临极端困难的形势下,提出将"先军政治"作为朝鲜各项工作的指导方针和生命线,建设思想强国、军事强国和经济强国的强盛国家。"先军政治"的内涵是:第一,将军事作为第一国事。首先致力于加强军事力量。以军事领先的原则,解决革命和建设中出现的问题。加强大约116万正规部队和几百万民兵组织的建设。第二,国防工作是国家政治的首要大事。优先发展国防工业,不断提高军事装备的现代化水平,为先军政治提供可靠的物质保证,与军工产业密切相关的重工业部门成为国民经济发展的"先行部门"。国防开支占财政预算支出从1994年的11.6%提高到1998年以来的15%。第三,军队作为强盛国家建设的第一支柱、主力军。依靠军队发展经济,推进社会主义革命和建设。提出军队不仅是"社会主义的捍卫者",也是"经济建设的主力军",军队自力更生建设现代化的食品加工厂、牧场、养鱼场和发电站,自己解决吃穿住问题。参与大型工程项目和水利工程建设,安排大批复员军人赴边远落后地区支援经济建设。第四,先军政治应用于外交。实行强硬的自主外交。

4. 强调以新观念,从新的高度出发探索朝鲜式社会主义的发展道路。

第一,要以新的观念适应时代发展要求。金正日表示,"国家经济力量是社会主义强盛复兴的基础","环境的变化和新的现实迫切要求用革命的方式改进和完善经济管理,以革新的眼光、从发展的角度审视和解决经济管理问题,不断适应时代发展的要求"。

第二,改进和完善主体社会主义经济管理方法。2002年7月1日朝鲜实施"社会主义经济管理措施"。其主要内容是:逐步废止城镇居民粮食、食品、日用品配给制;取消外汇兑换券,朝币与外币直接兑换;改善经济管理体制,放宽工厂、企业的自主经营权,企业内部实行独立核算,强调按劳分配等。

第三,把科学技术作为经济发展重点,朝鲜把加快科技发展作为经济发展的战略目标。

第四,加大对外开放力度。朝鲜提出要根据变化了的环境和现实的要求，大力发展对外贸易，积极开辟对外市场，实现贸易的多样化和多边化。①

（四）我国学者对金正日主体思想的评述

近几年来，朝鲜将经济重心由重工业向农业和轻工业转变，把提高人民生活水平作为经济政策的核心目标，但朝鲜须正确处理计划经济与市场经济、自力更生与有限的对外开放、重工业与农业和轻工业之间的关系，才能从根本上解决其经济难题，实现经济稳定增长。吉林大学教授、朝鲜问题专家张慧智从国家发展战略的角度对金正日的主体思想进行了分析，认为早自金正日出任朝鲜国防委员会委员长开始，朝鲜对其国家生存与发展战略就进行了调整：意识形态上，以先军政治思想为指导稳定度过危机时期；国家安保上，由打核牌向拥核战略转变，以此保障国家的生存安全；外交上，以全方位外交为基础寻求对美外交突破，改善外部环境；经济上，对内加强自力更生的社会主义计划经济控制，对外继续扩大经济合作，寻求经济发展。此外，张慧智还对朝鲜新时期的经济发展战略进行了详尽的分析。他认为，2009 年末朝鲜突然实施的货币更换和禁止外币流通措施以失败告终，虽然没有达到抑制通货膨胀、扭转汇率双重结构、整顿经济管理秩序混乱的目的，却加快了朝鲜扩大对外经济合作的步伐，明确显示出朝鲜利用外部力量促进经济发展的战略调整轨迹。②

四　苏联俄罗斯马克思主义

（一）总体概述

十月革命胜利后，列宁在其领导的苏联全面运用和发展了马克思主义，把马克思主义发展到列宁主义阶段。列宁之后，斯大林也作出了重大贡献，其继任者维护了苏联的强大和片面运用了马克思主义。苏联解体以后，俄罗斯联邦共产党等独联体国家共产党继续奉行马克思主义，不断反思苏联共产党的深刻教训。

列宁在苏联领导了第一个社会主义实践，并把马克思主义基本原理从

---

① 姜述贤：《朝鲜主体社会主义的理论和实践》，《世界社会主义研究》2007 年第 4 期。

② 张慧智：《新时期朝鲜经济发展战略调整》，《东北亚论坛》2010 年第 3 期。

理论变为了现实。列宁运用马克思主义基本原理，从俄国基本国情出发，运用了科学社会主义的基本原则，提出社会主义不能直接过渡只能迂回过渡的基本原则，并积极运用资本主义的一切优秀成果。他还提出了社会主义建设的长期性，强调反对官僚主义和加强监督。

斯大林时期社会主义实践在一定程度上正确运用了马克思主义，巩固了社会主义制度，全面促进了生产力发展，综合国力迅速提升。但其片面运用马克思主义，导致苏联经济社会出现了发展畸形，导致后斯大林时期积重难返，彻底背离了马克思主义，最终导致苏联静悄悄地解体。

苏联解体后的俄罗斯联邦共产党，制定了党纲，对苏联共产党进行了反思，并对俄罗斯社会进行了全面解读。

（二）苏联解体后俄罗斯对马克思主义的反思与重建

苏联解体后，俄罗斯的马克思主义研究陷入了困境，经过了对马克思主义的否定、批判、反思和再认识，俄罗斯的马克思主义研究终于趋于正常化。经过了马克思主义研究风风雨雨的二十年，俄罗斯的马克思主义研究者们不断突破束缚，对马克思主义的研究更加客观化、多元化。

1. 否定与批判——对马克思主义的情绪化质疑。

苏联解体初期，那些过去整天高呼共产主义口号的人开始公开同社会主义思想划清界限，认为马克思主义和社会主义已经过时，普遍转向资产阶级的价值观。1993 年 8 月 22 日—28 日，在莫斯科举行了第 19 届世界哲学大会。大会主题是"世纪转变中的文化、价值和人类"。这次大会把"世纪转变中的文化、价值和人类"作为大会的主题，除了与本次大会执行主席弗洛罗夫注重人类的未来前景问题有关系，还与当今世界的现状和发展变化有关，这时期越来越多的哲学工作者开始思考的是急剧变化中的文化、价值和人类。大会上，对马克思主义的反思也较为突出。在苏联解体之前马克思主义在苏联意识形态居统治地位，而其他非马克思主义的流派遭到排挤和压制。苏联解体后，马克思主义的统治地位不复存在。有些学者虽然仍然坚持马克思主义，但是也受到一定的压制，学术活动难搞，论著难出，研究受到很大的影响。有些学者开始对马克思主义进行反思，甚至批评和超越，以构筑自己的哲学观念，并趋向宗教和唯心主义。在一次关于马克思主义的学术研讨会上，聚集了大部分俄罗斯哲学工作者，其中许多人主张不该把马克思主义意识形态化，不能用马克思主义来诠释和论证党的一切政策，而应从科学的观点出发，把马克思主义作为一种学说或是理论来进行研究。俄罗斯《哲学问题》主编列克托尔斯基指出："苏联哲学解体后，意识形态领域里的一个最大变化，是许多哲学开始对马克思主义进行独立的反思和重新理解。"①

2. 反思与复兴——对马克思主义的新认识。

20世纪90年代后半期对马克思主义哲学从学术的角度进行探讨，其中最具代表性的是1998年4月为纪念马克思诞辰180周年在俄罗斯科学院哲学研究所举行的学术讨论会。会议的主要注意力放在马克思的哲学在现时代的作用以及马克思主义在哲学思想史中的地位上，而不是放在对马克思主义在现时代的作用的认识上。会议材料以《卡尔·马克思与现代哲学》为名，于1999年结集出版。该书反映了90年代末俄罗斯哲学界对马克思主义哲学的认识，提出了很多非常有价值的值得思考借鉴的思想。②

2001年4月26—27日由俄罗斯科学院哲学研究所主持召开了题为"21世纪的马克思列宁主义与俄罗斯发展的前景"讨论会。与会者一致认为，俄罗斯的社会学家近年来丝毫没有减少对马克思主义的兴趣。不仅如此，他们还更加清醒地意识到，现在尤其需要创造性地理解马克思主义并根据现代史材料对某些观点进行批判的反思。他们相信，马克思的思想在今天仍然有重大意义。大多数发言者还认为，在整个20世纪处于社会学家理论争论中心的那些马克思列宁主义的理论与实践问题，今天尤其尖锐和迫切。从总结20世纪的历史经验和预测已经到来的世纪发展的角度，来分析马克思列宁主义在当代的位置，这比以往任何时候都显得更为重要。

3. 坚持与发展——苏联解体后俄罗斯的马克思主义主要研究者。

从20世纪末开始，俄共在党的杂志《对话》、《政治教育》中系统地发表了关于马克思主义问题的理论文章，内容涉及俄罗斯社会主义的命运以及当代资本主义的矛盾、世界全球化及其影响等问题，这些文章分析了俄罗斯国内最现实的问题及国际问题，集中反映了俄共的观点。俄共对马克思主义的创造性发展，主要体现在其领导人久加诺夫所主张的"俄罗斯

① 韩庆祥、刘建能：《世纪转变中的文化、价值和人类——第19届世界哲学大会述要》，《理论前沿》1993年第17期。
② 段丽娟、李尚德：《反思与重建——苏联解体后俄罗斯学界对马克思主义的研究》，《求实》2011年第4期。

社会主义"思想中，其思想核心是，强调应当将爱国、强国的思想和俄罗斯精神注入到社会主义的基本原则中，提高俄罗斯的强国地位，寻找俄罗斯自己的社会主义之路。近几年，久加诺夫出版了《强国》、《我的俄罗斯》、《生活的教训》、《全球化与人类命运》等书籍，并发表了大量文章，从各个角度对自己的"革新的社会主义"、"俄罗斯式的社会主义"思想进行宣传和论证。

以莫斯科大学经济系教授亚·布兹加林为代表的一些左翼学者在 90 年代曾经成立"争取民主和社会主义学者"国际协会。协会具有明显的民主社会主义倾向，其目标是团结那些具有"民主主义、社会主义和国际主义"思想的人，在俄罗斯 76 个地区设有分支机构。21 世纪初，他们又倡议建立俄罗斯"新马克思主义"学派。该学派的主要刊物是《抉择》杂志。2002 年，亚·布兹加林在莫斯科出版《新马克思主义：对后工业社会全球性问题挑战的回答》一书，书中对"新马克思主义"学派的观点作了阐述：俄罗斯的"新马克思主义"有以下一些特点：批判地继承经典马克思主义的成果；批判马克思主义的教条主义解释；与其他社会经济学派进行坦承对话；强调现时代是社会生活的基础本身发生两个全球性的质的变革。布兹林加认为马克思主义理论具有重要的现实意义，赞成马克思提出的关于人的全面自由发展是共产主义最高任务的论述，并试图把实现这一任务与推进人的创造性活动联系在一起。他批评对马克思主义的教条主义解释，同时也反对西方的新自由主义。①

（三）近年来俄罗斯马克思主义研究的新特点

对马克思主义哲学作深层次解读，是近年来俄罗斯马克思主义研究的新特点。2008 年，俄罗斯哲学界对马克思主义哲学的解读，在理论深度上超过以往。这主要体现在以下三个方面。

1. 马克思主义哲学发展中的两条路线。

在哲学家马列耶夫看来，苏联哲学中有两条不同的马克思主义哲学发展路线：一条是马克思（部分地也包括恩格斯）——列宁——卢卡奇——维果茨基——伊里因科夫；另一条是普列汉诺夫（实际上也包括恩格

---

① 段丽娟、李尚德：《反思与重建——苏联解体后俄罗斯学界对马克思主义的研究》，《求实》2011 年第 4 期。

斯）——德波林——米丁——斯大林。而正统的苏联哲学，则是后一条路线的产物。

马列耶夫认为，苏联哲学的辩证唯物主义、历史唯物主义体系是一种物质本体论。用物质及其运动解释一切，包括人的意识；辩证法被当作事物发展的一般规律，历史唯物主义被视为辩证唯物主义世界观在社会领域的运用。这一体系是米丁、斯大林建立的，但真正的关键人物其实是德波林。德波林在1929年出版的《辩证法与自然科学》中提出马克思主义哲学体系由三个部分组成唯物辩证法，它是关于各种有规律的联系的科学，它是普遍的方法论和关于一般运动规律的抽象科学；自然辩证法（对自然界的认识有如下等级：数学、力学、物理学、化学、生物学）；运用于社会的唯物辩证法——历史唯物主义。这是苏联哲学的雏形。德波林的观点来源于普列汉诺夫，普列汉诺夫把辩证法理解为由对立面的统一与斗争、质量互变、否定之否定等规律组成的关于运动的理论。

中国人民大学安启念教授认为，普列汉诺夫、德波林以及后来的苏联哲学的最大错误是，把辩证法本体论化，进而形成一个没有人的地位的辩证唯物主义世界观。而这一哲学是历史的倒退："本体论"实质上是向前康德形而上学的倒退，而"认识论"是向洛克·休谟认识论的倒退，因为前者完全脱离了意识来解释存在，后者则只是对存在本身的认识。这甚至不是"回到康德"，而是"回到沃尔夫"。①

2. 俄罗斯"实践唯物主义"。

在俄罗斯马克思主义哲学家梅茹耶夫看来，马克思主义就是"劳动现象学"，即用劳动的自我发展解释人的历史的理论。基于这样的认识，梅茹耶夫明确提出马克思的唯物主义是实践唯物主义："人在其中生活的世界，既不是自然的（像以前的唯物主义者所认为的），也不是精神的（像黑格尔所认为的），而是实践的，即它是感性对象，同时又被创造性地改造着。因此，可以把马克思的唯物主义称作实践唯物主义。"②

梅茹耶夫从马克思的实践唯物主义中解读出许多新内容。例如，马克思对哲学基本问题的解决途径。"被视为哲学基本问题的存在和意识、物质和精神的关系问题，按照马克思，不是通过对于物质高于精神的理论证

---

① 安启念：《俄罗斯马克思主义研究的新观点》，《学术月刊》2009年第1期。
② 同上。

明（如法国唯物主义者那样）或者从哲学上假定思维与存在的同一来解决的，这一解决是克服劳动的社会分工的结果。"①

3. 从十月革命看马克思主义。

哲学家凯列说："马克思推测，在世界上建立社会主义制度的最初尝试可能不会成功。并且说届时可能需要重新开始。现在俄罗斯正处于这种情况。历史上在理性和公正的基础上自觉建设一个社会的最初尝试，看来不是新的历史时代的开始，而是一场社会试验，它所宣称的目标只是部分得到实现。"这使人想起了波普尔对社会工艺学的批判。但是，凯列不反对历史决定论，他在对苏联社会试验的历史反思中，认识到不能把哲学完全等同于科学。他提出："如果我们把哲学仅仅看作认识形式，看作科学，而哲学研究的是世界和认识的终极基础，那就必然得出结论：哲学可以掌握绝对真理。这意味着哲学走到了自己的反面，因为这时它就和宗教一样了。只不过宗教以启示的名义说话，哲学则以绝对真理的名义说话。……考虑到哲学知识的特点，最好不要把哲学，甚至是马克思主义哲学，称作科学。"②

五　美国马克思主义

马克思主义在美国的传播和发展，体现了美国后工业社会的特征。先后经历了两个时期。第一时期：20 世纪 20—40 年代批判的兴起、马克思主义与实用主义的结合；第二时期：20 世纪 50 年代末至现在：在"新左派"运动的推动下，美国马克思主义迅速崛起，马克思主义多元形态的形成。

20 世纪 70 年代之前，美国马克思主义虽然也通过融合美国本土的实用主义而进行自己的理论传统的创造，但其产生的思想影响根本不可能与西方马克思主义相提并论。然而，70 年代之后，随着阿多诺、萨特、阿尔都塞等理论家相继退出思想舞台，作为一种思想传统的西方马克思主义逐渐走向衰落，马克思主义研究却开始焕发出勃勃生机，一大批以重新理解马克思和重新解读当代社会为基本指向的理论家和学术流派开始纷纷登上

---

① 安启念：《俄罗斯马克思主义研究的新观点》，《学术月刊》2009 年第 1 期。

② 同上。

思想的舞台。从 20 世纪 70 年代发展到今天，美国马克思主义形成了诸多有影响的理论派别，主要有分析的马克思主义、生态学马克思主义、后现代马克思主义、新黑格尔主义的马克思主义以及辩证法的马克思主义等派别，代表了当前美国马克思主义发展的主流。

分析的马克思主义派别阵容强大。约翰·罗默（John Roe-mer）、乔恩·埃尔斯特（Jon Elster）、埃里克·欧林·赖特（Erik Olin Wright）以及波兰裔美国学者亚当·普雷泽沃斯克（Adam Przeworski）都是当今美国分析的马克思主义的代表人物。对于分析的马克思主义的原初理论目标，现任耶鲁大学教授的约翰·罗默有过这样一段论述："按照现代科学的标准，马克思主义理论必然是粗糙的，在细节上是存在错误的，甚至某些基本观点也是错误的。但是，在说明某些历史阶段和历史事件时，它又表现出异乎寻常的说服力，所以，我们就觉得马克思主义理论中必定有需要澄清和进一步阐明的合理内核。我们不会因为一件好的工具在某些时候突然失灵就将之遗弃，特别是在没有发现有更好的工具用以替代时更应如此。"[1] 分析的马克思主义根据分析哲学，特别是风行于美国的逻辑经验主义哲学的方法度量传统的马克思主义理论，试图在坚持马克思主义理论基本指向的前提下通过分析的方法使之成为一门精细、丰满的科学。所以其任务大致在于：其一，将马克思主义理论中含混不清的地方表述得更为准确、论证得更为严密；其二，将马克思主义理论因为过于注重宏大叙事而忽略的微观层次的问题揭示出来；其三，对马克思主义理论中在经验上不能成立的论题加以修正。

自 20 世纪 80 年代末期以来，随着资本主义经济的发展和社会福利政策的推行，马克思和恩格斯时代所凸显的阶级结构和阶级矛盾趋于消解，马克思主义理论所一直强调的阶级斗争的学说也由此受到了前所未有的严峻挑战。所以，分析的马克思主义在基本的问题求证方式和理论布展视域上发生了重要的转型，即从注重对马克思主义理论进行语言和逻辑上的分析，转变到注重对当代社会政治哲学问题进行追问与考量。分析的马克思主义所要发展的政治哲学基本上不涉及国家、政党、法治这样一些宏观意义上的政治哲学的论题，它所讨论的是罗尔斯《正义论》发表以来逐渐引出的一些问题如机会平等、社会正义、公民资格等。

---

[1]　John Roemer edited, *Analytical Marxism*, Cambridge University Press, 1986, p. 2.

无论是罗默还是埃尔斯特，在对社会正义理念加以证立时，其实并没有将批判私有财产制度当作是既定的起点，"没有诉求要否认自我所有权的激进的平等主义前提"① 并没有像原初设计的那样发展出一种完全异质于自由主义政治哲学的马克思主义政治哲学。这样一来，分析的马克思主义逐渐地远离了马克思主义而靠近了自由主义。

生态学马克思主义是北美马克思主义的一种独有理论形态，其主要代表人物包括加拿大学者本·阿格尔（Ben Agger）、威廉·莱易斯（William Leiss）和美国学者詹姆斯·奥康纳（James O' Connor）、约翰·贝拉米·福斯特（John Bellamy Foster）。在最近一二十年的研究中，美国的生态学马克思主义显然更为引人注目。

奥康纳在《自然的理由——生态学马克思主义研究》（*Natural Causes*：*Essays in Ecological Marxism*）一书中指出资本主义主要存在两种矛盾：其一是马克思所论述的生产力和生产关系之间的矛盾，这种矛盾导致的是因消费不足而产生的经济危机；其二是资本主义生产方式（生产力和生产关系）与生产条件之间的矛盾，这种矛盾导致的是人与自然关系的紧张以及由之而来的生态危机。在奥康纳看来，如果说马克思时代主要凸显出的是第一种矛盾，那么，今天的资本主义则主要凸显出的是第二种矛盾，因为资本自我扩张的本性在今天达到了前所未有的程度，无限增长的资本主义生产体系与有限的自然界之间的紧张与对抗就在所难免。"马克思对资本由于上述原因而导致的对其自身的发展所构成的限制的程度问题谈得较少。"② 生态学马克思主义阐释的是"对劳动的剥削以及资本的自我扩张的过程、国家对生产条件的供应的管理、围绕着资本对生产条件的利用与滥用而进行的社会斗争等问题"。③ 生态学马克思主义注重的不是对生产力和生产关系的重构，而是对生产条件的重构。

现为俄勒冈大学社会学系教授的福斯特，是近年来美国生态学马克思主义最为活跃的人物。他在《马克思的生态学——唯物主义与自然》（*Marx's Ecology*：*Materialism and Nature*）中提出了一个与奥康纳以及大多

---

① John Roemer, *Free to Lose*：*An Introduction to Marxist Eco-nomic Philosophy*, Harvard University Press, 1988, p. 168, p. 5.

② ［美］詹姆斯·奥康纳：《自然的理由——生态学马克思主义研究》，唐正东、臧佩洪译，南京大学出版社 2003 年版，第 255 页。

③ 同上书，第 265 页。

数生态学马克思主义者完全不同的观点，即"马克思的世界观是一种深刻的、真正系统的生态世界观，而且这种生态观是来源于他的唯物主义的"①。在福斯特看来，马克思曾经不止一次地阐述过"新陈代谢断裂"理论，即资本主义生产方式由于是一种以追求利润和经济增长为基础的掠夺式生产方式，所以这种生产方式必然会造成人类社会与自然界在物质和能量交换过程的中断以及生态的不可持续性发展。福斯特认为，应当通过精心地解读马克思的著作，将蕴含于其中的生态学思想开发出来，进而在这样的基础上重建马克思主义的生态哲学，这是生态学马克思主义极为根本的学术使命。

在近几年的研究中，美国生态学马克思主义又发展出了一个新的理论论域，即生态经济学。这方面的研究，最引人注目的是印第安纳州立大学教授保罗·柏克特（Paul Burkett）以及福斯特（Foster）的讨论。柏克特在其新著《马克思主义和生态经济学：通向一种红绿的政治经济学》（*Marxism and Ecological Economics：Toward a Redand Green Political Economy*）中指出，马克思的政治经济学体系不是在一般意义上构建起来的，它在将社会问题纳入理论范式的同时，也将自然和生态问题一并纳入其中，从而阐发了一种生态经济学的观点。柏克特进一步指出，马克思生态经济学的最突出特点，正是强调从阶级分析的视角理解种种生态问题，这对于今天生态经济学的发展是一个极有意义的启发。

后现代马克思主义主要是将后现代文化和后现代社会问题纳入马克思主义理论中而创造出来的理论形态。美国后现代马克思主义的主要代表人物是当红的弗雷德里克·詹姆逊（Fredric Jameson）和戴维·哈维（David Harvey）。他们自 20 世纪 80 年代后期开始，就一直注重将后现代主义强调的文化上层建筑的研究方法同马克思主义的政治经济学分析方法结合起来，对后现代社会问题作出马克思主义的回答（就此而论，后现代马克思主义不是后现代主义）。在最近几年的研究中，他们又将理论的视野由纯粹对后现代问题的分析推进到对全球资本主义结构性转变的多角度考量中，由此凸显了全球化下的总体性与辩证法、资本的空间及城市化、全球区域发展不平衡等主题。

---

① John Bellamy Foster, "Marx's Ecology：Materialism and Nature", *Monthly Review*, 2000, pp. viii, 13, 9—10.

与反对宏大叙事、仅仅强调差异性研究的后现代主义不同，后现代马克思主义主张运用马克思主义的政治经济学，对后现代进行总体的、辩证的研究，后现代马克思主义总是将后现代文化、政治及跨国资本的经济力量的关系看作一种辩证的总体性的运动，因而在说明每一部分的内容时，总是竭尽全力地通过对其他部分的说明来完成。例如，哈维就是通过对资本主义经济生产方式的说明来说明后现代文化产生的根源；詹姆逊则是通过对文化以及经济的说明来阐明后现代的政治现象。

后现代马克思主义最引人注目之处，莫过于在汲取晚期列菲伏尔"空间是生产出来的"之观点基础上，将"空间"范畴植入到历史唯物主义的体系当中，由此而对与空间地理直接勾连在一起的一系列问题进行了阐释。现代马克思主义将空间关系在总体上指认为一种采取特定地理形式的社会关系，认为空间逻辑最终指涉的是历史、当下以及未来的时间坐标中的政治、经济、文化逻辑。正因为如此，后现代马克思主义在空间理论中重点突出了空间与意识形态、空间与资本积累、空间与城市化等具体问题的研究。例如，在哈维看来，空间的重置与城市化的展开从来就不是分开推进的两个过程，资本主义的城市化造就了社会空间生生息息、不断转换的历史进程。在 2008 年发表的《城市的权利》一文中，哈维深入地阐述了"城市化总是一种阶级现象"① 的思想，从而在一种新的理论制高点上将空间理论与城市理论内在地会通在一起。哈维指出，现代资本主义社会的城市化在本质上是一种依赖于剩余产品的运动，它折射出的正是有产者如何通过压缩资本周转的时间与空间而不断吸收资本的镜像。城市居民贫富差距的加大以及随之而来的城市权利的不均衡分配（城市权利不断地掌握在少数的政治和经济精英手中，城市的模式越来越多地受到他们个人欲望的驱使），正是资本主义城市化之本质的有力佐证。在新自由主义大行其道因而需要不断开辟新的空间为其资本运转鸣锣开道的今天，蔓延全球的城市化也被逐渐纳入到新自由主义的体系之中，通过世界房地产业这样的经济介质强烈影响着世界经济的总体结构，进而在更大程度上强化了城市化之阶级归属的内在逻辑。这种研究将空间地理问题直接释放到政治行动主义之中，由此在更为激进的政治层面上推进了后现代马克思主义的空间理论。

---

① David Harvey, "The Right To The City", *New Left Review*, Vol. 53, Oct. 2008.

上述种种分析表明，后现代马克思主义在新的时期主要是注重开掘马克思主义的方法论和政治经济学研究的时代意义，进而在这样的基础上破解和把握资本主义在全球化运动和后现代转向中的内在矛盾和可能趋势。

新黑格尔主义的马克思主义，是对英美一些以黑格尔哲学为支点来考察马克思主义哲学理论的学者的总体称谓，主要代表人物包括美国的诺曼·莱文（Norman Levine）、托尼·史密斯（Tony Smith）以及英国的克里斯多佛·亚瑟（Christopher Arthur）、肖恩·塞耶斯（Sean Sayers）等。虽然他们关注的主要问题内存差异，但在基本的学术方向上却是完全一致的，即都是"将黑格尔或者黑格尔主义置放于马克思主义的场域当中"[1]，进而以此为基础去指认马克思主义哲学的内涵、实质与特征等。

目前，美国新黑格尔主义的马克思主义最为活跃的理论人物当推诺曼·莱文，他的哲学思想不仅在美国，甚至在欧洲、中国也都产生了相当的影响。中国学术界近些年对马克思与恩格斯关系的种种考量以及论辩，与莱文的"马克思恩格斯对立论"的影响与刺激不无关系。

莱文指出，理解马克思哲学与黑格尔哲学的关系，应当成为还原马克思主义哲学史本相的最根本性路径。莱文一方面考证了马克思与黑格尔思想的"连续性"与"非连续性"，另一方面又考证了恩格斯与西方马克思主义理论家对黑格尔及其马克思和黑格尔关系的种种理解，从而通过马克思主义"黑格尔化"与"去黑格尔化"的双重学术趋向，从自我意识、市民社会、生产模式和方法等重要的思想介质之中考察马克思对黑格尔的接续与超越，诠释了马克思哲学的黑格尔起源，并由此锁定了马克思哲学和马克思主义哲学史的解读模式。

其次，以莱文之见，恩格斯与一些西方马克思主义理论家虽然都曾经讨论过黑格尔以及马克思和黑格尔的联系，但这些讨论往往都不能够真实地还原思想史的真相，它们常常引导人们错误地理解马克思主义哲学中的黑格尔元素，进而错误地理解马克思主义哲学中的许多关于恩格斯误读的问题。莱文认为，对于黑格尔来说，客观现实和个体意识都是绝对精神的组成部分，因而，辩证法的原本意义在于说明存在与思维分离及重新统一的关系，然而，恩格斯却"将黑格尔的辩证方法转化为一种自然哲学"[2]，

---

[1] Norman Levine, *Divergent Paths: Hegel in Marxism and Engelsism*, Lexington, 2006, p. 18.

[2] Ibid., p. 6.

进而又以自然哲学的方式将辩证法具体界定为客观事物的关系、规律与法则。例如，将"否定"界定为两个客观事物之间的差异、对立或者冲突，等等。所以，恩格斯实质上没有真正理解黑格尔的思想，在某种程度上，他"分解并扭曲了黑格尔的思想"。[①] 恩格斯扭曲黑格尔的逻辑后果，便是对马克思的曲解。"当恩格斯声称辩证法的三大规律，即否定之否定规律、质量互变规律和对立统一规律不仅适用于解释自然，也适用于解释社会时，他无疑将马克思主义哲学引入了歧途。马克思强调的是实践，……恩格斯将马克思主义黑格尔化之后却排除了人类的实践活动，并以自然哲学的形而上学取而代之。"[②] 这样说来，马克思倒是离黑格尔更近而离恩格斯更远，如果说马克思是将自己的哲学置放于黑格尔开创的哲学传统之中，那么恩格斯无疑是曲解并歧出了这一哲学传统。这里需要指出的是，莱文是依据"马克思与恩格斯对立"的观点来判断恩格斯与黑格尔的关系的，进而又借助这种判断强化了"马克思反对恩格斯"的学术言论。

辩证法的马克思主义却主要指的是纽约大学政治学系教授伯特尔·奥尔曼（Bertell Ollman）的研究。这位被著名经济学家、《每月评论》创立者保罗·斯威齐（Paul Sweezy）誉为"美国马克思主义辩证法研究领军人物"的理论家，自20世纪90年代以来就一直致力于马克思主义辩证法的研究，并相继出版了《辩证法探究》（Dialectical Investigations）、《辩证法：新的前沿领域》（Dialectics：the New Frontier）、《辩证法的舞蹈：马克思方法的步骤》（Dance of Dialectic：Steps in Marx's Method）等辩证法研究的著作。在这些著作中，奥尔曼集中提出并回答了这样一个问题，即现在为什么需要研究辩证法？在奥尔曼看来，这是因为：其一，辩证法是理解不断变化的世界尤其是理解巨大而又复杂的资本主义的唯一有效方法；其二，现阶段的资本主义比以往任何时候更为复杂，其变化和相互作用比过去更为迅速，辩证的认识也就变得更为重要；其三，之所以是马克思而不是别人发现了资本主义生存和演进的内在规律，进而又在资本主义内部发现了共产主义，主要是因为马克思拥有了辩证法的理论武器。

奥尔曼认为，马克思的辩证法，从根本的意义上说是一种"内在关系"的理论，在理解现实世界时，不应当以事物而应当以关系为基本的构

---

① Norman Levine, *Divergent Paths：Hegel in Marxism and Engelsism*, Lexington, 2006, p. 6.

② Ibid.

件。具体地说，它把任何一种事物处于其中的关系看作是构成这件事物的基本的部分，以至于在理解事物的变化时，不是以事物本身而是以事物处于其中的关系作为最根本的标准。本着这样的见解，奥尔曼指出，在理解资本主义时，首先应当将之理解为一个关系的系统，而不是把它看作是一个静止的事物。这样一个资本主义关系的系统，由于构成其关系的部分的变化而变得不稳定，尤其是当那些潜藏于资本主义中的共产主义的因素如合作组织、公共教育、市立医院、政治民主、国有企业等变得越来越强大时，共产主义取代资本主义就会成为顺理成章的事情。奥尔曼的理论活动，在一定程度上刺激了美国乃至欧洲、亚洲马克思主义理论界关于辩证法的研究，使讨论辩证法成为复兴马克思主义的重要路径。

由于美国马克思主义流派是在各不相同的传统和视域中开展马克思主义的研究，所以相互之间存在相对清晰的理论边界，各自讨论的问题和关注的重点也大为殊异，有些流派彼此之间甚至存在根本性的差异。例如，在对待辩证法问题上，分析的马克思主义在重新阐述历史唯物主义范畴的时候，实质上是用分析的方法取代了辩证的方法，把需要用辩证法说明的问题化解成了分析方法能够接受的问题；然而，辩证法的马克思主义却总是不遗余力地将历史唯物主义范畴置放于辩证的思维结构中，强烈吁求用辩证法来说明这样的范畴所指涉的种种问题。同样还是在辩证法问题上，生态学马克思主义（尤其是福斯特）对于生态问题的研究，实质上是以承认并强调自然辩证法在马克思主义哲学中的地位为基本前提的；然而，新黑格尔主义的马克思主义在以黑格尔为支点理解马克思的时候，却在对历史辩证法的张扬中删除了自然辩证法。

不过，美国马克思主义诸流派并没有完全锁定在各自所在的理论范式和思想传统之中，有些流派其实是在相互借鉴、相互吸收的过程中推进自己的学理观点的，因而在某些方面表现出非常相似的特征。例如，辩证法的马克思主义、后现代马克思主义以及生态学马克思主义，就有一个比较相似的方面，即这三个流派基本上都还是在坚持马克思主义基本理论的前提下去研究各种现实问题，并由此开展马克思主义理论研究的。最近几年美国马克思主义的发展更是表明，不同流派总是试图打破原本彼此隔离的状态，进而通过对话、交流甚至是合作来实现观念的不断创新和思想的不断创造。与此相关联的另一个发展趋势也是极其显著的。这就是，美国马克思主义理论家越来越普遍地重视将政治经济学和广义的政治哲学作为重要的理论方向纳入到思想创构的框架之中，进而在这样的基础上用马克思主义理论来回应和破解美国资本主义以及全球化世界不断呈现、暴露出的新的政治、经济、社会问题。

六 德国马克思主义

两德统一后，德国马克思主义研究虽已经退居政治舞台和学术舞台的边缘，但目前与马克思主义研究有关的组织机构、学术论坛、学术杂志、学术网站多达几十家。例如，柏林 MEGA（《马克思恩格斯全集》）编辑出版资助协会、柏林布兰登堡科学院 MEGA 编辑部等。

在德国，既有左翼马克思主义精神导师阿本德罗特（1906—1985）、"无家可归的左翼马克思主义偷渡者"柯夫勒（1907—1995）、正统马克思主义哲学家施蒂勒（1924—2007）、"德国左翼马克思主义声音"容克（1935—1996）、左翼马克思主义经济学家胡弗施密特（1940—2009）等人的思想遗产；又有老一代马克思主义理论家，例如，作为民主社会主义者的马克思主义理论家费彻尔、风光不再的马克思主义哲学家哈恩，以及一体化马克思主义设计师迈彻尔、总体危机论提出者阿尔特法特等人的孜孜以求；还有"年轻一代"马克思主义理论家，例如，马克思主义巨擘比朔夫、（乌帕塔尔）马克思恩格斯基金会前主席 W. 泽普曼，以及马克思学家诺伊豪斯、胡贝曼等。因而可以说，作为马克思主义故乡的德国，今天仍然是马克思主义研究的重镇之一。

21 世纪以来，德国马克思主义研究者立足于 MEGA2（《马克思恩格斯全集》第二版），从文献学、经济学、政治学、伦理学、美学等视角，对马克思文本、马克思思想、马克思主义，以及当代社会理论和现实问题进行了广泛深入的探讨，反思、批判、创新，以广义理解的马克思主义反思历史、阐释现实、预测未来，从而涌现出许多新成果、新思想、新观点。近年来，甚至出现了"马克思思想复兴"、"马克思热"。

德国马克思主义研究呈现出四个特点：一是以马克思主义的"反思·批判·创新"为主题；二是跨学科、多层面、整体地研究马克思主义；三是以广义理解的马克思主义为标尺强烈关注现实问题；四是缺乏系统的马克思主义理论和统一的马克思主义观念。由于缺乏完整的马克思主义理论框架和统一的马克思主义概念，德国的马克思主义研究分化出了"寂寞的"学究派、"孤独的"正统派、"活跃的"创新派和"潇洒的"重建派四条路向。

第一，文献学路向（"寂寞的"马克思学家）。对马克思的手稿或著作进行文献学考证和文本学解读，一直是德国马克思主义研究者的兴趣所在。例如，豪克、诺伊豪斯、胡贝曼、福尔格拉夫、黑克尔等人，主要从事以下四项工作：一是 MEGA2 编辑出版研究；二是编辑出版经典著作：《马克思恩格斯著作》（再版）、《马克思恩格斯研究文献：新系列》、《马克思恩格斯研究通讯》等；三是编辑出版《马克思恩格斯年鉴》、《马克思主义历史批评辞典》等；四是创办"马克思—秋季学校"、设立"梁赞诺夫奖"——奖励在马克思恩格斯著作编辑出版研究领域做出杰出贡献的青年学者。在这条路向中，学术为主，兼顾思想，不问现实，最重要的是学术。2008 年，适逢马克思撰写《大纲》150 周年，学者纷纷著文对之进行研究。《大纲》成为马克思文本学研究的新热点。与马克思主义研究相关的学术活动非常热闹，但缺乏统一稳定的群众基础，热闹背后显露出急躁情绪和焦虑心态；文献学研究逐渐成为研究热点，但有陷入"有阅读、有研究、无信仰"的境地。

第二，意识形态路向（"孤独的"马克思主义正统派）。例如，施泰格瓦尔德、霍尔茨、哈恩、迈彻尔、比朔夫、W. 泽普曼等人，试图捍卫正统马克思主义理论的观点和方法，并站在正统马克思主义立场上解释社会现实问题。在他们那里，是否学术无所谓，有无思想不重要，最重要的是信仰。

第三，政治经济学路向（"活跃的"马克思主义创新派）。例如，胡弗施密特（2009 年逝世）、莱比格尔、利贝拉姆等人，试图对马克思主义进行反思、批判、创新，并用广义理解的马克思主义分析社会现实问题，发出了"德国左翼马克思主义声音"。在这条路向中，学术是基础，思想是灵魂，最重要的是现实。

第四，政治伦理学路向（"潇洒的"马克思主义重建派）。例如，霍耐特、维尔默、奥菲等人，尽管他们也试图借助于马克思的思想资源批判当代资本主义悖谬，但侧重点是进一步推进和最终完成后期哈贝马斯开启的法兰克福学派批判理论的"政治伦理转向"。在这条路向中，学术性、思想性、现实性相统一，最重要的是思想。从总体上看，这条路向已经不属于传统西方马克思主义范畴，而是已经进入与当代西方实践哲学主流话语对话的语境之中。因而，下述"基本特点"和"存在问题"不包括这条路向。

以上研究者尽管有不同的侧重点，但其都试图重新阅读、发现和塑造马克思。在这个过程中，体现出四个基本特点：一是立足于 MEGA2，对马克思主义进行反思、批判、创新；二是跨学科、多层面、整体性研究马克思主义；三是以广义理解的马克思主义反思历史、阐释现实、预测未来；四是缺乏系统的马克思主义理论框架和统一的马克思主义概念，从而形成了不同的马克思主义研究派别。不过，这些研究也存在着以下几个问题：一是与马克思主义研究相关的学术活动非常热闹，但缺乏统一的稳定的群众基础，在"热闹"背后显露出急躁情绪与焦虑心态；二是文献学研究逐渐成为马克思学研究热点，但有陷入"有阅读、有研究、无信仰"的危险境地；三是过分注重马克思主义经济学、伦理学、美学等维度，马克思主义哲学维度有所淡化；四是过分关注社会现实问题，理论深度有所弱化；五是研究视野过于宽泛，马克思主义研究与左翼思潮研究边界不明；六是研究队伍有老化倾向，后继人才亟须补充；七是研究者被主流社会边缘化，经济状况不佳，社会政治地位堪忧。

从总体上看，近年来德国马克思主义研究主要有六个维度：

1. 关于马克思主义实质与命运的反思。关于马克思主义实质的问题，尽管德国学者的具体观点有所不同，但基本上是将马克思主义理解为"反意识形态"（Antiideologie）、"现实的历史唯物主义科学"①。根据霍尔茨（Hans Heinz Holz）的看法，马克思主义理论体系中不能抛弃的第一原理或范畴是：生产关系是决定性的社会关系；阶级矛盾是所有制关系的产物；经济基础与上层建筑的关系；人与自然的关系；唯物主义思想总体性。在马克思主义命运问题上，一种观点认为，马克思主义没有未来，因为没有科学社会主义与工人运动的关联，就不会有真正的马克思主义。另一种观点认为，未来马克思主义作为"一体化的马克思主义"（intergrativer Marxismus），应包括六个维度，即（作为辩证过程的历史）本体论维度，（作为自然本性的人与社会关系总体的）人类学维度，（统一理智概念的）认识论维度，（生产关系的）形态史维度，（世界形成、美学的）文化史维度，（反对压迫的表达、人权的）伦理与政治实践维度。作为进步的实践

---

① Zeitschrift Marxistische Erneuerung, Nr 67, September 2006, S. 183.

哲学，马克思主义如何在社会建设过程中重新获得影响力？泽普曼（Werner Seppmann）指出，应该重构马克思思想的基础，放弃理论化世界观，并从实践哲学角度使之"再政治化"（Repoliti-sierung）。①

2. 比较视野中的马克思经济学理论。在德国，一些学者试图通过对卢森堡与马克思关于资本积累和再生产理论的比较，发现新的洞见。例如，施默尔（Hans-Jörg Schimmel）指出，依卢森堡之见，马克思并没有就资本积累机制给出令人满意的描述。他认为，卢森堡经济学的出发点就是以资本主义生产论证资本积累的内在逻辑，而核心观点在于，资本主义的生存与进一步发展需要把非资本主义生产形式作为自己的环境，需要使非资本主义社会成为其剩余价值的替代市场。② 与此同时，一些学者还对凯恩斯与马克思作了比较，并强调两者互补的必要性。例如，莱比格尔（J. rgenLeibiger）认为，凯恩斯的有效需求理论没有研究经济结构，以及不同民族经济环境的国际化问题，忽视了金融市场的影响、对劳动供给的必要干预以及生态问题。③ 马克思与凯恩斯的相似之处，就在于提出了共同的财政、货币政策，但在权力、所有制、财富等观点上存在差异。就经济政策是否符合工人利益而言，马克思的理论是完善的，但只有与凯恩斯理论相结合，才能有效地克服近十年来经济政策转变所导致的经济危机。

3. 布莱希特、阿本德罗特、容克与马克思主义。就布莱希特与马克思主义的关系而言，他本人将自己视为马克思主义鉴赏家，但今天在德国，只有马克思主义者，才允许上演布莱希特。④ 哈贝马斯指出，阿本德罗特对于民主法权国家基本法的解释是令人信服的，因为即使在今天，人们也普遍认为福利国家是民主法权国家的合法性条件之一。当然，阿本德罗特力图在宪法框架内进行社会主义变革的理论已经过时。为纪念"马克思主义创新杂志"创办人容克逝世十周年，该杂志重新刊发他的《马克思主义左派：瓦解与新生》（1989—1990）一文。在该文中，容克主张对马克思主义采取开放、创新的态度。难能可贵的是，他并没有因为苏东剧变后马

---

① Werner Seppmann, Marxoder Derrida! In: Zeitschrift Marxistische Erneuerung, Nr 66, Juni 2006, S. 158.

② Rosa Luxemburg, Die Akkumulation Kapitals, Frankfut/M, 1912, S. 289.

③ Zeitschrift Marxistische Erneuerung, Nr 66, Juni 2006, S. 128.

④ Manfred Wekwerth, Politisches Theater und Philosophie der Praxisoder Wie Brecht Theater machte, In: Zeitschrift Marxistische Erneuerung, Nr 66, Juni 2006, S. 29.

克思主义的现状而悲观，反而坚信，如果马克思主义者能够成功地将旧的阶级问题与新的社会、文化、全球问题结合起来。

4. 马克思主义阶级理论的生命力。在德国社会学中，阶级理论研究长期处于边缘地位，甚至像德佩所说，出现了"阶级分析理论的亏空"。不过自 20 世纪 90 年代以来，随着阶级矛盾和冲突的加剧，出现了以马克思阶级理论为基础的阶级分析趋势。关于无产者回归与无产阶级状况、阶级结构与阶级意识、阶级与性别关系等问题成为左派的讨论主题。[①] 泽普曼强调，阶级理论研究的核心在于讨论工人阶级是不是"不断变化的主体"。他指出，社会结构转型使工薪阶层不断分化，从而导致"再无产阶级化"和"去身份化"。不过，如果将"蓝领工人"视为工人阶级的标志，那么德国工人在数量和比重上将急剧下降。所以，索恩（Manfred Sohn）断言，对于大多数从业者来说，"无产阶级"、"工人阶级"概念是过时的东西，但如果把工人阶级重新定义为"工作的雇佣阶级"，将会引起更多人的关注。由于德国社会的两极分化日益明显，已经形成了新的无产阶级，即下层阶级。因此，阶级分析必须研究政治意识与政治行为的结构及其矛盾形式，揭示政治斗争统治方式及斗争形式的重要变化，特别是对现实权力形式与依赖性进行分析，对社会不平等原因及其特权动力学进行阐释，对统治阵营与霸权关系掩饰下的社会关系进行揭露。[②] 正如利贝拉姆（Ekkehard Lieberam）所说，如果不触及统治阶级内部的转变，就无法研究工人阶级自身的状况，因此，阶级理论不应仅仅从结构理论，更应从政治学角度分析阶级形成的原因。

5. 新自由主义、新帝国主义批判。20 世纪 90 年代初以来，随着全球化批判运动和社会抗议运动的爆发，在德国像在其他资本主义国家一样，新自由主义方案陷入了承诺危机，并出现了不可克服的内部矛盾。德国学者不仅批判了新自由主义，而且对新帝国主义的意识形态与政治关系、意识形态需求与生产问题进行了系统研究。他们认为，在新自由主义全球化语境中，对新帝国主义的讨论必须关注资产阶级意识形态与帝国主义意识形态、帝国主义意识形态与帝国主义政治之间的关系。例如，哈恩（Erich Hahn）在《帝国主义、政治与意识形态》一文中认为，就阶级本质而言，

---

① 资料详见《国外马克思主义研究报告 2007》中"德国部分"，人民出版社 2007 年版。

② Zeitschrift Marxistische Erneuerung, Nr 65, M3/4 rz 2006, S. 88.

帝国主义意识形态就是资产阶级意识形态，区别在于，前者为私有制辩护，后者则反映了经济关系、经济结构和经济利益。因而，不能排除帝国主义意识形态与经济、政治的原初关系。德佩指出，帝国主义意识形态的基本趋势，就在于不断远离政治自由主义、启蒙理性主义的基本立场。

6. 大左翼联盟的政策选择。在德国，传统政治陷入了危机，政党政治已经声名狼藉。作为独立的政治力量，德国共产党面临诸多挑战，甚至出现了意识形态观念、政策组织的危机；德国民社党已经成为左翼政党，不具有实现共产主义的基础。这样，面对国际国内形势的变化，"左"派只有通过联盟才能强大。德国学者认为，现实社会主义从根本上说是乌托邦社会主义。霍尔茨说，"在今天，社会主义构想是不可能的"①，但在未来，民主社会主义是必要的而且是可能的。21世纪的社会主义构想必须以所有制问题为中心，实现真正民主与权力分配的前提是废除生产资料私有制。例如，H. 迪特里希（Heinz Dieterich）所设置的新历史主义的战略目标就是，创造没有资本主义与市场、没有镇压的国家和没有异化的社会，其核心在于直接参与民主（普遍的基础民主），平衡经济（没有利润化、平等的劳动交换、引向合理的）伦理的（美学的主体）。不过，这一目标只有最终消灭阶级统治才能够实现。这一构想与其他各种社会主义尝试以及凯恩斯主义的本质区别就在于：不是国家创造社会正义、经济正义，而是通过制度来保证正义。总之，他们不仅批判了现实社会主义，而且对未来社会主义进行了勾画，并讨论了左翼政党的政策选择问题。在他们看来，左翼政府是实现社会主义的最好武器。因此，"左"派必须坚信政治变革的必要性，并进行共同的抗议活动。

尽管德国马克思主义研究者对马克思思想、马克思主义有不同的诠释，而且不少研究缺乏原创性和理论深度，但他们对马克思、马克思思想、马克思体系、马克思主义的热情和迷恋，以及对 MEGA2 的编辑出版研究，值得我们钦佩、尊敬；他们结合 MEGA2 阅读马克思的方式，以及重新发现马克思、重新诠释马克思、重新塑造马克思的激情和努力，值得我们借鉴、深思；他们强烈的现实关怀、有针对性的历史反思、深刻的理论探索、广阔的国际视野，对于我们的"马克思主义理论研究和建设工程"，以及马克思主义中国化、时代化、大众化战略，具有重要的启发和借鉴意义。

---

① Zeitschrift Marxistische Erneuerung, Nr 65, M3/4rz 2006, S. 218.

七 英国马克思主义

受经验论传统的影响，马克思主义传统在英国曾经比较薄弱，但是，自 20 世纪中期以来，英国逐渐成为马克思主义最为活跃的地区。

英国的新马克思主义，是指从 20 世纪 50 年代末以来在英国产生的、旨在把马克思主义本土化的一种学术倾向或研究思潮，其代表人物包括历史学家汤普森、霍布斯鲍姆和威廉斯等人。第二次世界大战后英国马克思主义经历了三个发展阶段：20 世纪 60 年代初以前是具有英国特色的文化马克思主义一枝独秀的一元阶段；60 年代末以后，进入活跃期，"结构主义的马克思主义"盛行，与文化马克思主义形成了双峰对峙的格局；80 年代初以后，伴随着新左派运动的终结和新社会运动的全面发展，英国马克思主义进入了多元分化发展的当代阶段。由于人物众多，研究领域涉及政治、经济和文化等多个方面，思想深邃，很难用"学派"来表征，因此，通常人们习惯于笼统地把它称为"新左翼"。英国"新左翼"特指从 50 年代末到 80 年代的一段时间内在英国产生的马克思主义，在这段时间以前的马克思主义称为传统马克思主义，以后的称为后马克思主义、后结构主义的马克思主义等，用法不一。

英国新马克思主义把现实的人作为研究活动的着眼点，把如何改善人的现实生存状况、改进人的生活方式和提高人的社会实践能力作为研究活动的目标指向。因此，从一开始，他们就坚持人的全面解放的哲学立场，倡导新文化生活方式，展现科学技术的社会意义，表现出强烈的人道主义、文化唯物主义和技术实践论的思想，这些思想构成其基本的哲学倾向。他们以马克思的经典思想为基础，以各种具体的学术领域为对象，结合英国实际，追求思维方式的创新和变革，就为什么研究马克思主义、如何发展马克思主义、如何使马克思主义的理想成为现实、如何认识马克思主义的现实危机、如何把社会主义变成适应"人类活动的整个范围"、资本主义为什么能够在经济的和政治的剧变中生存下来、社会主义失败了吗、资本主义以何种方式进行了转变以及共产党应该代表谁的利益等问题展开了激烈的辩论，形成了各种解释模式，先后出现了新历史主义、结构主义和地理—历史唯物主义等诸多形式。

英国新马克思主义是在历史主义传统的基础上形成的。他们在回归经典、深入研究马克思主义的过程中，在思维范式上发生了根本性转换，把历史活动看成是一个过程，人本身具有积极的作用，因此，一定要回归历史的"本体"，在历史自身的总体性存在的高度，建构人与客观世界的关系，深入历史的本质。从整体上看，历史学派运用马克思主义进行历史研究彰显为一种"从下往上看"的研究理念和批判视角，其最具影响力的著作是汤普森的《英国工人阶级的形成》等。

新生代马克思主义者的代表佩里·安德森，由于接受了西方马克思主义者葛兰西和结构主义者阿尔都塞等人的思想，安德森开始了对新历史主义的批判性扬弃，形成了英国式的结构主义的马克思主义。安德森认为，马克思主义就是"历史唯物主义"。历史唯物主义的目的在于从历史的编撰和书写中发掘出历史发展的一般规律和机制，从而为人类历史的发展提供一种因果解释，因此，历史唯物主义就不应仅仅聚焦于过去，而应主要关涉现在和未来。正如安德森所明确表述的：理解过去的核心目的之一就是提供对于历史过程的一种因果解释，它能够为当前充分的政治实践提供基础，以便把现存的社会秩序变革为一种期望的、民众的未来，这就是《共产党宣言》的抱负。①

随着新马克思主义的发展，把历史主义的时间过程和结构主义的空间构造结合为一体而形成新的研究范式的热情越来越高，哈维从地理学的思维出发，把地理的空间性与其时间的发展性密切联系起来，构造了一种全新的思维范式，即历史—地理唯物主义。在哈维看来，在历史唯物主义的传统中，空间的重要性一直被时间的维度所遮蔽，只有强调历史—地理双重含义才能完整地表达资本主义社会，"资本主义历史地理学必须成为我们理论研究的对象，而历史—地理唯物主义则是我们研究问题的方法"。历史—地理唯物主义是哈维重新构建马克思主义的元理论。差异是无所不在的和基本的社会的辩证法。象征性与内在性是社会生活的基础部分，开放性原则是社会再生产和转变的基础，这四个方法论原则相互牵制，互相影响，共同构成了解释资本主义世界的总方法。总之，历史—地理唯物主义实现了地理学与唯物主义研究的结合，地理学与马克思主义的结合，实现了时间与空间的双向互动。

---

① 转引自乔瑞金《我们为什么需要研究英国的新马克思主义》，《马克思主义与现实》2011年第 6 期。

如同其他马克思主义者一样，批判资本主义也是英国新马克思主义的一项基本任务，而且是一项特别重要的任务。在对资本主义的批判过程中，英国新马克思主义的特殊性在于它把这种批判同对现代主义的批判密切关联在一起，因为他们认为现代主义是资本主义的思想基础，是它的意识形态。因此，确立社会主义的意识形态，实现社会主义的根本胜利，必须对现代主义给予彻底批判，揭示它的弊端，逻辑地阐述它的局限，回答社会主义取代资本主义的必然性。在英国新马克思主义关于现代主义和资本主义的诸多批判中，威廉斯的文化唯物主义和安德森的整体论最有特色。威廉斯注意到，在英语中，现代主义较少地指称知识问题，更多的是指一种意识形态。威廉斯认为，现代主义已经耗尽了它的"创造力"。在《现代主义是何时?》一文中，他认为"现代主义是终点站，此后的一切都不被算在发展之内。它们是'之后'，呆在后面之中"。而安德森对现代主义意识形态的批判，是从整体论的立场和马克思的基本思想出发的。他认为，马克思在《德意志意识形态》中对意识形态的本质进行了最初的揭露，意识形态作为统治阶级的思想，本质上是与科学无关的，具有虚假性，是对这个颠倒了的世界的颠倒了的反映。马克思明白无误地指出了统治阶级意识形态的欺骗性和虚假性，认为它们掩盖了社会中真实的冲突和矛盾，从而使我们不自觉地维护了资本主义社会的统治。安德森认为，当代资本主义社会存在着更强大的意识形态统治，并欺骗着大众。"所有意识形态的形态上的结构，毫无例外都是对社会形态和其中个人之间真正关系的颠倒；因为任何一种意识形态的关键性机制，总是把个人当作是社会的想象的'臣民'——自由首创精神的中心，以此来保证它们作为社会的盲目支持者或牺牲品而真正隶属于这个社会秩序。"安德森所倡导和希望的革命策略是要对资本主义进行脱胎换骨式的革命，而非修修补补式的改良，因而是政治层面的，而不是文化层面的。在安德森看来，马克思当年对资本主义扩张和掠夺本性进行了科学地分析和揭露，100多年过去了，现实的状况依旧如此，在资产阶级普世主义的文化价值背后，隐藏的仍然是帝国主义和霸权主义的侵略行径。

英国新马克思主义群体对现代主义以及资本主义危机的分析和批判的思想和观点极为丰富，除了威廉斯和安德森等人的工作外，也包含了汤普森对现代主义的人道主义虚伪性的批判；柯亨关于资本主义社会非公正性的批判；吉登斯对现代主义极权主义本性的揭露；佩珀关于资本主义生态和社会危机的诘难；米利班德对资本主义权力系统丧失合法性以及普兰查斯对资本主义国家性质、构成及其功能的分析；伊格尔顿关于现代之后的哲学思考等，体现出马克思主义英国化的诸多特点。

威廉斯的学生伊格尔顿进一步从历史唯物主义理论和词源学等方面深化了文化唯物主义的文化理解。伊格尔顿用英国哲学特有的经验主义的分析的手法，对文化本身做了十分精细的剖析，从而把对文化唯物主义的研究推向新的高度。由于认识到文化的整体性和具体的实践性，伊格尔顿写到："文化是文明生活右书页的无意识的左书页，是必须模糊地在场以便我们能够行动、被想当然接受的信念和爱好。它是自然出现的，是在骨头中产生，而不是由大脑孕育的。"强调对文化现实的重视，尤其强调对不良文化现象的批判，倡导为大众的文化价值观。

英国新马克思主义始终不以批判为目的，对于他们来说，批判仅仅是手段。他们秉承传统，总是以理性作为研究活动和科学思维的基础，以实现社会主义为崇高目标，以人的解放为终结目的。英国新马克思主义预设了诸多的理想世界，如汤普森的人道主义、安德森的集体主义、威廉斯和伊格尔顿的共同文化以及柯亨的公平可致的理想社会等，针对极权主义的国家统治，吉登斯、米利班德以及普兰查斯等人都有关于废除极权、建立社会主义的新构想；针对人与自然关系的根本破坏，佩珀等人构造了生态主义的马克思主义的理想社会；针对全球化和城市化的扩张，哈维设计了理想化的美好城市社会等。他们的共同特点是把马克思理论中的社会主义转换成有特色的和具有针对性的理想的社会主义。

八　法国马克思主义

法国思想界对马克思主义的关注由来已久，马克思在世的时候就曾亲临法国进行理论考察、创造及其革命的实践，这为马克思思想在法国的研究进程奠定了历史基础。马克思逝世后，法国的马克思思想研究发生分化，而从第二次世界大战期间到21世纪初，形成了学派林立的活跃局面。按照历史脉络，可以把其分为战前战后两个历史阶段。

第一个历史阶段，即为第二次世界大战之前的法国马克思主义。

1883年3月14日，马克思与世长辞。马克思逝世之后，法国的马克思思想研究大体分化成两大潮流：第一大潮流是原法国工人党的思想家拉法格以及该党领袖葛斯德，开创了将马克思思想研究与该党的意识形态和政策理论研究相结合的范例，为此后持续一个世纪的法共内部的马克思思想研究路线和风格奠定了基础。① 第二大潮流是受欧洲社会民主主义思想影响的法国社会党及其他各个类似的派别，其主要代表人物是若雷斯和米勒朗，这一派别试图运用马克思思想为其社会改革和扩大人民福利的政策服务，也为此后社会民主主义范畴的马克思研究树立榜样。② 第二国际的破产和苏联十月革命的胜利，使上述两大派别越来越相互排斥，甚至相互对立。但这种分裂在客观上却有利于此后法国马克思思想研究走向多元化。

第二个历史阶段，即为第二次世界大战期间到 21 世纪初的法国马克思主义。

从第二次世界大战期间到 21 世纪初，在法国思想界逐步形成了各种马克思主义的理论流派，主要包括列斐伏尔的日常生活批判理论、柯耶夫的对马克思的独特解读、存在主义的马克思主义、列斐伏尔的异化—日常生活批判论、马勒的新工人阶级论、高兹的争取社会主义新战略、阿尔图塞的结构主义的马克思主义等几种理论派别。

（一）列斐伏尔的异化—日常生活批判理论

列斐伏尔（1901—1991）的思想具有明显的存在主义倾向。在对马克思主义的解释和评价中，他提出"人是马克思主义的出发点"、"没有单一的马克思主义"。列斐伏尔认为异化问题是马克思思想中的酵素，为此，现代马克思主义应当发展马克思未及全面展开的异化理论，研究现实中的异化现象，提出解决的办法。列斐伏尔强调马克思主义的多元化和开放性。他认为，人是马克思主义的出发点，人道主义是马克思思想的本质。他认为日常生活是比社会经济生活、政治生活更为基本的社会层面，只有从对日常生活的认识中才能找到解决现代社会问题的办法。而马克思提供了一种有效性的、建设性的日常生活批判理论，现代日常生活的主要问题

---

① Drabovitch, Les intellectuels franöais et le bolch visme. Paris. 1938. Lichtheim, Marxism in ModernFrance. London. 1966.

② Droz, Histoire générale du socialisme. 3 tomes. Paris. P. U. F.

仍是人的异化，现代马克思主义应当发展马克思未及全面展开的异化理论，要改变发达资本主义社会中的异化现象，苏联模式的国家社会主义是行不通的，必须走工人自治的社会主义道路。列斐伏尔的日常生活批判理论在"西方马克思主义"中具有代表性，对我们拓展马克思主义的研究思路有一定的启示。

（二）柯耶夫新黑格尔主义马克思主义

柯耶夫（1902—1968）是 20 世纪法国新黑格尔主义流派的重要人物。在柯耶夫所处的时代，法国哲学思想已经无法满足时代的要求和创作的需要，柯杰夫将马克思的思想和黑格尔的思想进行比较研究。他发挥了马克思的批判精神，强调辩证法必须成为人创造性地改造其自身的存在的无限动力。柯耶夫把黑格尔所说的意识同人的物质性生产劳动结合起来，使人类历史从黑格尔的绝对精神体系中解脱出来，转变成为充满创造性的人本身的实践过程。柯耶夫所重视的正是人类行动所固有的、能够不断自我生产出自身的创造性力量。这些思想，在客观上为 1968 年法国学生和工人运动的爆发做了理论上的准备，甚至直接地成为了它的哲学导言。①

（三）萨特和梅洛—庞蒂存在主义的马克思主义

存在主义的马克思主义是以法国哲学家萨特和梅洛—庞蒂为代表的理论派别。

萨特（1905—1980）企图把他的存在主义与马克思主义结合起来，建立一种"存在主义的马克思主义"。萨特对马克思主义进行了存在主义的改造，将其人道主义化。他认为马克思主义虽然正确，但教条主义者和官僚主义者却把他变成了一种"非人的人学"。他认为应该用他的存在主义来补充马克思主义的"不足"，使马克思主义重新发现人，以发展马克思主义。他主张用存在主义的"存在"第一性的原理，来补充或代替马克思主义的"物质第一性"的学说；用存在主义的"人学的辩证法"代替马克思主义的唯物辩证法；用他的"历史人本学"代替马克思主义的历史唯物主义。很显然，萨特的存在主义的马克思主义是以存在主义为基础的，它

---

① LÊwy，Le marxisme des annes 60 en France. Lecourant humanists revolutionnaire. Dans〈Marx actuel〉. No. 15. 1987.

不是本质上的马克思主义。

梅洛—庞蒂（1908—1961）力图把马克思主义存在主义化，寻求存在主义与马克思主义的结合，并从反自然主义的立场出发解释马克思主义，提出马克思主义是一种"历史的哲学"的结论。梅洛—庞蒂的所谓"存在主义的马克思主义"是马克思主义的存在主义化，而不是存在主义的马克思主义化。他的出发点可能是想用马克思主义改造存在主义，而其结果却是用存在主义改造了马克思主义。

（四）马勒的新工人阶级论

新工人阶级论是法国马克思主义研究中的一支理论派别，其代表人物就是马勒。马勒认为，当代资本主义社会的全面结构已经从根本上发生了变化，这就从性质上改变了工人阶级，出现了一个与传统的以体力劳动者为主的工人阶级根本不一样的"新工人阶级"，新工人阶级在社会结构上不同于以往的工人阶级，他们已经意识到自己在生产中和企业中的地位，从而要求从根本上改造社会关系，要求广泛参加生产管理并主张建立工人自治，主张企业组成工团。以工团主义为基础的新工人阶级，在工团发展过程中逐渐成为了从资本主义向社会主义过渡的"反资本主义的结构改革"的主要力量。马勒认为，企业工团主义是当代资本主义条件下建设社会主义的唯一可能，是达到工人对企业的自治。马勒提出，新的工团主义是当代阶级斗争的主要策略，工团斗争的目标和方式是选择对资本家有巨大损失的时机和岗位进行局部罢工，从而在企业中和平地取得权力，最终取得社会主义的使命。

（五）高兹的生态学马克思主义

高兹（1924—2007）是法国生态学马克思主义的代表人物。他认为，资本主义社会是个异化社会，这种异化源于匮乏。要消除异化就要消除匮乏，也就必须改变资本主义制度。这一斗争必须从劳动场所开始，劳工战略的作用就在于以一种适合发达资本主义的社会改造理论把工人争取到革命斗争这边来，这种理论应当是以劳动场所的改造为内容的。通过决策参与达到工人自治。这就是高兹的劳工战略。高兹认为，劳工战略的实现是从下而上的，是由群众而不是由领导或政党发动的，是出于工人对异化现状的认识而发起的。政党在革命中的作用主要是进行理论概括和宣传，使群众认识到斗争的可能性和必要性。政党只是为完成斗争任务而组成的短暂结构，在消灭资产阶级国家之后最终要消灭自己。

（六）阿尔图塞的结构主义的马克思主义

阿尔图塞（1918—1990）是法国著名的结构主义马克思主义者。阿尔都塞认为，研究马克思的思想方法是"症候阅读法"，即回到马克思的著作中去，通过反复阅读去发现马克思在文字表述背后的心理过程。要从马克思的历史理论中挖掘出他的理论框架，重新找出哲学辩证唯物主义来，以摆脱教条主义的规定。他所找出的框架结构就是多元的"结构因果性"。阿尔都塞通过对马克思前期著作与后期著作的结构比较，认为青年马克思和成熟时期的马克思之间有一种"认识论的断裂"，马克思早期的黑格尔式的著作，重视人道主义和异化，是非科学的"意识形态"，而后期的著作，才是"科学理论"的。阿尔图塞看到了马克思本人思想的前后变化，并且力图把马克思的思想建构成一个完整的体系。但阿尔图塞观点的缺陷在于他把马克思的思想看成是"反人道主义的"，否认人作为历史主体的地位。

九　意大利马克思主义

按照历史过程，意大利马克思主义分为两个阶段，即第二次世界大战之前的意大利马克思主义和第二次世界大战之后的意大利马克思主义。

第一阶段，即为第二次世界大战之前的意大利马克思主义。第二次世界大战之前的意大利马克思主义，形成了由拉布里奥拉开始的，由葛兰西充实并丰富的理论传统，其核心内容主要包括拉布里奥拉的马克思主义思想和葛兰西的实践哲学。

（一）拉布里奥拉的马克思主义思想

拉布里奥拉（1843—1904）是意大利最早的马克思主义宣传者之一。围绕着对"历史"的理解，拉布里奥拉在实践哲学的维度上对历史唯物主义做出了"反实证主义的和历史主义的"阐释。在他看来，"历史"一方面是作为现实的人及其实践活动产物的整体的历史，另一方面又是一系列的生成过程。与此相应，历史唯物主义既代表着一种以"历史地生成"的视野分析事物的思维方式，又指以这种思维方式分析人类社会历史活动所形成的历史理论，它既是马克思的世界观也是马克思的历史观。基于此，拉布里奥拉进而提出了"历史唯物主义在一定意义上也就是整个马克思主义"的论断。拉布里奥拉对历史唯物主义的理解对我们具有一定的启发作用和借鉴意义。当然，拉布里奥拉也有自己的不足之处。例如，他在政治观点方面，曾为意大利反动政府的扩张主义政策辩护，客观上支持了殖民主义的侵略政策。在哲学认识论方面，他的一些观点有不可知论的倾向。

（二）葛兰西的实践哲学

葛兰西（1891—1937）是意大利共产党的创始人，是西方马克思主义思潮的主要代表人物之一。在葛兰西那里，马克思主义被称为实践哲学，着意强调马克思主义是无产阶级改造世界、争取解放的强大思想武器。葛兰西始终关注历史唯物主义问题，并强调辩证唯物主义和历史唯物主义的有机统一。他强调人的意识在历史活动中的决定作用，主张以黑格尔主义的精神来重新理解马克思主义。他认为马克思主义的"实践哲学"是黑格尔哲学与李嘉图的经济学理论的结合物，并认为不对经济主义与实证主义给予批判，马克思主义就不可能发展。他提出了"文化霸权"的理论，并反复强调跟资产阶级争夺文化霸权是无产阶级革命的首要任务，并十分强调知识分子在革命中的地位和作用。葛兰西对马克思主义哲学作出了许多精辟且具创新性的解释和发挥，是马克思主义哲学理论的重要的思想遗产。

第二阶段，即为第二次世界大战后的意大利马克思主义。随着法西斯主义的垮台，意大利的马克思主义从 20 世纪 50 年代起出现了蓬勃发展的局面。战后意大利马克思主义的理论特点是注重历史唯物主义及其方法论的研究，注重与意大利现实状况相结合的研究。其主要派别包括班菲的批判理性主义哲学、德拉·沃尔佩学派以及 20 世纪 60 年代以来的理论新趋向等。

（三）班菲的批判理性主义哲学

安东尼奥·班菲（1886—1957）是战后意大利最著名的马克思主义哲学家之一。班菲的马克思主义基本观点包括：要在革命和历史的现实辩证法中把握马克思主义。他反对把马克思主义理解为本体论和范畴体系，认为马克思主义的实质是关于人类解放和争取人性的实现，因而，马克思主义哲学的核心范畴不是物质、意识，而是历史、实践等。在马克思主义那里，人是自然和历史的产物，人在自然中活动并创造历史，使意识、理想得以实现。班菲的思想继承了欧洲人道主义的传统，同时又主张从现实中去理解马克思主义的人道主义特征，这是他解释马克思主义的基本出发点。但是，60 年代以后，这种思想倾向很快被具有新实证主义特点的马克思主义思潮所取代。

（四）德拉·沃尔佩学派

卡尔瓦诺·德拉·沃尔佩（1895—1968）是新实证主义的马克思主义的创立者。他的主要理论倾向是否定黑格尔辩证法在马克思主义中的作用。他认为，马克思主义是一门实证科学，他断言青年马克思与老年马克思是截然对立的。前者的理论是不成熟的，非实证的；后者才是真正的马克思主义。并且他把马克思的理论跟恩格斯、列宁的理论相对立，认为后者的唯物主义辩证法早已为马克思所抛弃，马克思主义的辩证法是一种"科学辩证法"，即"具体—抽象—具体的历史性循环"的假设演绎法。在"科学的辩证法"中，事物内在的真正的对立是非矛盾的对立。黑格尔的错误是把逻辑的对立与物质的对立、相互包含的对立与相互排斥的对立混淆了起来。他还认为马克思主义是实证科学的典范。马克思主义反对历史活动中的意志主义，拒绝一切浪漫主义的文化批判以及人道主义的学说，他坚信科学技术的发展是社会发展的动力，并相信社会历史发展是一个自然的进程。

德拉·沃尔佩的理论在意大利理论界引起了热烈讨论，有反对者也有支持者，意共党内甚至形成了一个由多产的青年知识分子组成的理论群体，被称作德拉·沃尔佩学派。这些青年知识分子积极地发表自己的看法，补充、发展着德拉·沃尔佩的观点。其中，德拉·沃尔佩的学生科来蒂最为著名。

科来蒂（1924—）发挥德拉·沃尔佩关于马克思不同于黑格尔的观点，进一步论证了恩格斯思想与黑格尔的雷同，以及恩格斯同马克思的对立。他把恩格斯《反杜林论》与黑格尔《逻辑学》进行比较，认为前者是对后者的抄袭，辩证唯物主义的物质辩证法的一切基本命题也都抄自黑格尔。恩格斯及其辩证唯物主义与黑格尔的不同仅仅在于表面形式的不同，恩格斯把黑格尔的重复不自觉地说成是对唯心主义和形而上学的改造。科来蒂认为，这并不能使辩证唯物主义成为科学，正好相反，这只能使旧的形而上学以"科学"的面目继续影响大众。马克思所肯定的仅仅是黑格尔关于理性的理论，即把理性理解为存在与非存在的统一，所否定的是把理性直接实体化。马克思在打破理性实体化的神秘外壳过程中，拯救了"世界的自我观念化和自我否定"的合理内核。也就是说，在科来蒂看来，马克思把黑格尔哲学中有价值的东西看成是黑格尔的理念辩证法（即主观辩证法），所批判的是黑格尔把它实在化的倾向，而恩格斯以及列宁、普列汉诺夫等则恰恰进一步使黑格尔的理念辩证法走向实在，使这种主观的方法成为形而上学和教条主义。

科来蒂和其他德拉·沃尔佩学派成员的观点一经提出，立即引起激烈争论，也使意共理论成为意大利学术界的主导。

（五）20 世纪 60 年代以来的理论趋向

在 20 世纪 60 年代的马克思与黑格尔关系的大讨论中，对德拉·沃尔佩观点提出异议的是意共理论家卢波利尼和路德维柯·杰伊莫纳特。

卢波利尼（1909—）反对德拉·沃尔佩对马克思主义的解释，认为后者忘记了马克思主义范畴的历史性特征，马克思的方法不是具体—抽象—具体的方法，而是抽象—抽象的方法，因为客观实在并不是可以在经验抽象基础上简单推演出来的。但在对待辩证唯物主义的态度上，卢波利尼持同样的否定态度，认为它不是马克思原有的思想，他认为，马克思强调的是社会实践，是把实践看成认识的基础和人的历史存在的基础。列宁在《唯物主义和经验批判主义》中提出的认识论观点具有片面性，是出于政治斗争的需要。从认识以社会实践为基础出发，就绝不能把认识看作机械的反映过程，因为"反映"只是一种比喻，至多只能表示认识过程的结果，不能表示认识过程的运动，只有从人的方面去理解认识的客观性的能动过程，才能把握马克思以实践为基础的认识论思想。

路德维柯·杰伊莫纳特（1908—）从另一方面反对德拉·沃尔佩的观点。以他为首的一些理论家着重研究了辩证唯物主义，认为必须肯定存在着不依赖认识主体的客观实在，这个客观实在是可知的又不是绝对的；认为认识过程是感觉同理论抽象化、形式化的综合过程，感觉和概念是认识客观实在的工具。杰伊莫纳特认为，意大利马克思主义传统的缺陷是在历史联系中考察自然界，因而忽略了自然界本身的内在规律。

70 年代以后，意大利马克思主义转向对科技革命的理论研究。主要表现在葛兰西研究所、意共领导人、意共中央党校的马克思主义者的研究中。他们看到了盲目夸大科技革命作用的危险，认为科技革命在资本主义制度下不能促进社会进步，科学的价值和科学的后果之间的矛盾只能由有效的社会革命改造来解决。因此，他们主张把科技革命纳入社会主义革命中来考虑。

十　日本马克思主义

日本是东亚最早研究马克思主义的国家。按照时间线索，日本的马克思主义可以分为第二次世界大战前和第二次世界大战后两个时期。

第一时期，第二次世界大战前期的日本马克思主义。第二次世界大战前期的日本马克思主义又可以 1922 年 7 月日本共产党正式成立为标志划分成两个阶段："移植"阶段和初步应用阶段。

（一）移植阶段

在日本，马克思主义一词最早见于 1881 年（明治十四年）4 月号的《六合杂志》所载小崎弘道《论近世社会党之原因》一文。他是从反社会主义的立场来介绍的。19 世纪 90 年代，日本的社会主义运动开始高涨，为了给社会主义寻找理论基础，马克思主义开始在日本传播，不过最初大都以综述的形式介绍马克和恩格斯的理论和学说。

此后，有一批知识分子陆续翻译介绍马思著作。1904 年《平民新闻》周刊刊登了幸德秋水和圳利彦合译的《共产党宣言》的节译本，这是《共产党宣言》最早的日译本。随后在 1906 年的《社会主义研究》创刊号上发表了《共产党宣言》的全译文。该刊同年第 5 号登了醉利彦的《恩格一斯的"从空想到科学"》文章。1907 年山川均在《大阪平民新报》撰文，对马克思《资本论》第一部分作了综述性介绍。从 1909 年 5 月起，《社会新闻》连载发表《资本论》的日译文，译者是安部矶雄，然而后来因故中辍。

在这一时期，日本马克思主义者对马克思主义的理解很肤浅，甚至有错误，例如有的学者把价值和价格混为一谈，等等。但是这批启蒙学者在日本介绍和传播马克思主义学说的历史功绩是不可磨灭的。

（二）初步应用阶段

俄国的十月革命不仅推动了一些欧洲国家的社会主义运动的发展，也影响了日本的社会政治气氛。1922 年 7 月，日本共产党宣告正式成立，但到 1924 年即自行解散，1926 年又根据共产国际的指示重建。与此同时，出现了另外两个左翼政党：社会民众党和日本工农党。此后的二十年间，马克思主义的研究者队伍不断扩大，不仅有非学术界的人士，而且在相当一部分大学教授、教师和青年学生中出现了一股"马克思主义研究热"。在此期间，一些马克思主义的重要著作被译成日文。这一时期，日本的马克思主义者开始重视理论是行动指南的核心问题，所以说它进入了初步"应用"阶段。这一时期的三场大论战便是这种"应用"的具体反映。第一次和第二次论战是在日本马克思主义者与非马克思主义者之间围绕着价值学说和地租理论进行的。第三次论战完全是在马克思主义者之间进行的，几乎所有的日本马克思主义研究者都卷入了这场论战，时间长达十年（从 1927 年至 1937 年），争论的焦点是日本资本主义的历史特点。这场论战导致了讲座派和工农派的分化。

讲座派以野吕荣太郎、平野义太郎、服部之总和羽仁五郎等人为主要代表。他们试图以自己对日本资本主义的分析去支持这种政治立场。为了论证未来资产阶级革命的必要性，他们把明治维新看作仅仅是一次封建土地制度的改革，说明治维新以后的资本主义发展的社会基础是由封建地主和资本家两部分合成的。为此，野吕荣太郎主编出版了七卷本的《日本资本主义发展史讲座》，讲座派即由此得名。这种看法由于同日共的政治路线保持一致，就成为居于支配地位的正统立场，对日本社会科学和日本社会的历史分析产生了广泛的影响。

工农派，则以 1927 年创办的《工农》杂志得名，创办这个刊物的核心人物是山川均、猪误津南雄、荒烟寒村和铃木茂三郎，重要撰稿人还有栉田名藏、向坂逸郎和土屋乔雄。工农派的观点同讲座派相反，他们认为明治维新是一次资产阶级革命，此后的日本经济一直沿着资本主义的道路发展。这意味着工农派主张日本直接向社会主义革命过渡。这种观点成为除日共以外的各社会主义党派中左翼的理论基础。

1937 年中日战争爆发后，法西斯主义的白色恐怖笼罩着日本，在大逮捕和书报检查双管齐下的政治压迫下，日共和其他左翼政党被迫转入地下，几乎所有信奉和研究马克思主义的学者都被赶出大学，投入监狱，日本的社会主义运动和马克思主义研究再度遭受严重的挫折。

第二时期，即第二次世界大战后日本的马克思主义研究。第二次世界大战后，日本的马克思主义研究与日本的社会环境紧密相连，二者呈现出此兴彼衰，此衰彼兴的特点。同时呈现出第二次世界大战结束到 20 世纪 70 年代中期、20 世纪 70 年代中期到苏东剧变、苏东剧变至今等不同历史阶段。

第二次世界大战结束到 20 世纪 70 年代中期：在民主改革下马克思主义研究成果的涌现期。从第二次世界大战结束到 20 世纪 70 年代可以说是日本的马克思主义研究的黄金时期。首先，战后的民主改革使马克思主义的传统地位得以恢复。此时，日本的学界、思想界兴起了一股"学术自由"之风，马克思主义的研究也重新登上了历史舞台。直到 20 世纪 70 年代，马克思主义在日本的哲学、经济学和历史学等领域都居于主流地位[1]。其次，日本在这一时期取得了大量马克思主义的研究成果。如永田广志的《现代唯物论》、田中吉穴的《通向主体论的唯物主义道路》《对大众社会理论的疑问》、梅本克己的《唯物史观与现代》、竹内良知的《现代自然科学与唯物辩证法》等哲学研究成果和《经济理论学会年报》等马克思主义经济学的研究成果。竹内良知的《现代自然科学与唯物辩证法》一书，是一部具有代表性意义的著作，书中继承和发展了恩格斯的自然辩证法思想，对于当代自然辩证法的研究具有重要的理论价值。

20 世纪 70 年代中期到苏东剧变：资本主义经济迅速发展与马克思主义研究的低谷期。20 世纪 70 年代中期到苏东剧变是日本的马克思主义研究的弱化期。资本主义经济迅速发展下马克思主义研究的弱化与在挑战中对马克思主义理论研究的坚持是此时日本的马克思主义研究的真实写照。这一时期资本主义和社会主义世界的巨大变化给马克思主义提出了新的挑战。在面对这些挑战的同时，日本的马克思主义研究者更加注意对马克思主义哲学基本理论的研究，并出现了一批有代表意义的成果。如岩佐茂的《唯物主义与科学精神》对马克思主义的前途做了肯定性的说明，提出了马克思主义的最大特点——科学性，使它具有强大的生命力。岩崎允胤的《人与社会的辩证法——社会科学认识论》则阐述了社会科学的基本范畴，并且对各学科的最新理论成果和现代社会科学的基本状况进行了考察，具有重大的理论和现实意义。芝田进午两卷本的《核时代》则提出了在核时代马克思主义哲学形态改革的重要性。但是因受到社会环境的影响，此时

---

[1]　张利军：《2007 年度日本马克思主义研究的关注焦点》，《理论视野》2008 年第 10 期。

的马克思主义研究在总体上比较低沉。

苏东剧变至今是经济全球化背景下马克思主义研究的开放期。苏东剧变后，日本国内经济直线下滑，失业人数剧增，社会矛盾加剧，马克思主义研究再度兴起。在经济全球化的大背景下，日本的马克思主义研究者视野进一步拓展，使这一时期日本的马克思主义研究更多地融入了世界性的因素。日本的马克思主义研究者积极地吸收其他学科的研究成果，借鉴国际经验，使马克思主义的研究成为了更加开放的研究，并且取得了新的进展。此时学者们的研究以传统研究领域为基础进而转向了社会主义、贫富差距、生态学等。山中隆次的《巴黎手稿——经济学、哲学、社会主义》就是这方面的典型代表。这一时期，马克思主义在日本国家和社会中发挥了越来越重要的作用。自20世纪90年代以来，马克思主义日益成为日本和平力量最强有力的依托。日本共产党第24次党代会上成为新领导核心的志位和夫在会议闭幕发言时强调：保护宪法的斗争是关乎世界和亚洲和平秩序的历史性斗争。日共将继续做一个真正的在野党，联合反对修宪的大多数国民继续战斗。在此方面，日本的马克思主义研究者们从学术层面给予了积极的回应，他们阐述了日本现行宪法的重要意义，坚决反对修改宪法。不破哲三于2007年出版的《宪法改革的全貌》就是这方面的代表。在书中，不破哲三指出，日本政界的"靖国派"是推动日本改宪的主要力量。不破哲三还认为，修改宪法会将日本纳入美国的军事战略，这违背和平与发展的世界潮流。

第二次世界大战后日本的马克思主义研究提出了许多有价值的理论观点，对我们推进马克思主义理论的建设具有一定的借鉴作用。

主要参考文献

［1］庄福龄：《毛泽东思想概论》，中国人民大学出版社2010年版。

［2］钱淦荣：《邓小平理论概论》，光明日报出版社2005年版。

［3］中共中央宣传部：《"三个代表"重要思想学习纲要》，中共党史出版社2003年版。

［4］中共中央宣传部：《科学发展观学习纲要》，学习出版社、人民出版社2013年版。

［5］张翔、朱宇：《中国梦：中国特色社会主义的新境界》，《红旗文稿》2014年1月。

［6］中国社会科学院马克思主义研究院当代世界社会主义研究室：《变革中的社会

主义四国——2010－2011年越南、古巴、老挝、朝鲜四国社会主义研究》，《当代世界与社会主义》2011年第5期。

[7]肖枫：《社会主义国家的不同选择与命运》，《当代世界与社会主义》2007年第3期。

[8]毛相麟：《古巴社会主义研究》，社会科学文献出版社2005年版。

[9]郭伟伟：《古巴社会主义改革开放十五年》，《上海党史与党建》2009年第1期。

[10]宋晓平：《从马蒂到卡斯特罗：古巴革命的实践与思想轨迹》，《拉丁美洲研究》2008年第3期。

[11]肖枫主编：《社会主义向何处去——冷战后世界社会主义运动大扫描》，当代世界出版社1999年版。

[12]张金霞、毕晓光：《卡斯特罗党的建设思想研究》，《马克思主义研究》2010年第6期。

[13]王金林：《美国马克思主义研究的新动向》，《学术月刊》2007年第11期。

[14]王金林：《美国马克思主义研究的新现象》，《学术月刊》2008年第9期。

[15]王金林：《美国马克思主义研究的新观点》，《学术月刊》2009年第11期。

[16]李佃来：《美国马克思主义的流派及其理论进展》（上、下），《学术月刊》第4、5期。

[17]山风摘译：《美国学者谈马克思主义在美国的现状与前景》，《国外理论动态》1996年5月10日。

[18]李春茹：《生态学马克思主义研究的进展》，《人民日报》2013年6月13日。

[19]王凤才：《德国马克思主义研究的新特点》，《学术月刊》2007年第11期。

[20]王凤才：《德国马克思主义研究的新热点》，《学术月刊》2008年第9期。

[21]王凤才：《德国马克思主义研究的关注点》，《学术月刊》2009年第11期。

[22]王行福：《英国马克思主义研究的新趋势》，《学术月刊》2007年第11期。

[23]王行福：《英国马克思主义研究的新探索》，《学术月刊》2008年第9期。

[24]王行福：《英国马克思主义研究的新热点》，《学术月刊》2009年第11期。

[25]蒲国良、章德彪：《法国共产党90年兴衰启示》，《人民论坛》2011年第6期。

[26]吴猛：《法国马克思主义研究的新成果》，《学术月刊》2007年第11期。

[27]吴猛：《法国马克思主义研究的新特色》，《学术月刊》2008年第9期。

[28]吴猛：《法国马克思主义研究的新特点》，《学术月刊》2009年第11期。

[29]李凯旋：《苏东剧变后意大利共产主义政党的发展》，《科学社会主义》2013年第2期。

[30]韩立新：《日本马克思主义研究的聚焦点》，《学术月刊》2009年第11期。

列宁关于社会主义的思想及当代意义

——学习《列宁专题文集·论社会主义》

苑秀丽　宋晓梅

新编《列宁专题文集·论社会主义》完整系统地反映了无产阶级革命导师列宁关于未来社会的发展阶段、基本特征、发展规律、历史任务等基本思想。通读全书，我们可以深切地领会到列宁关于社会主义思想的科学性，关于社会主义建设思想的深刻性和前瞻性。什么是社会主义、如何建设社会主义是一个重大问题。列宁的探索为我们今天正确认识和科学对待社会主义的理论与实践提供了重要的理论指南和历史启示。

一　列宁关于社会主义的基本思想

《列宁专题文集·论社会主义》收入列宁关于社会主义的相关著作 35 篇，相关重要论述 51 条，再现了列宁对社会主义革命与建设道路的理论思考。在这一卷中，列宁关于社会主义有一系列论述，基本思想主要包括以下几方面。

（一）关于未来社会的发展阶段

列宁将未来社会划分为三个阶段：从资本主义到共产主义的过渡、共产主义社会的第一阶段和共产主义社会的高级阶段。"历史上必然会有一个从资本主义向共产主义过渡的特殊时期或特殊阶段。"① 这个过渡时期不

---

① 《列宁专题文集·论社会主义》，人民出版社 2009 年版，第 26 页。

能不兼有这两种社会经济结构的特点，这是"已被打败但还未被消灭的资本主义和已经诞生但还非常幼弱的共产主义彼此斗争的时期"①。他在《国家与革命》一文中，系统阐发了马克思《哥达纲领批判》中提出的关于共产主义社会分为第一阶段和高级阶段的学说，论述了这两个阶段的基本特征，指明它们是共产主义在经济上成熟程度不同的两个阶段，并把马克思所说的"共产主义社会第一阶段"或低级阶段称为社会主义。列宁认为，社会主义将发展为共产主义，那么，"共产主义同社会主义的区别是什么，那么我们应当说，社会主义是直接从资本主义生长出来的社会，是新社会的初级形式。共产主义则是更高的社会形式，只有在社会主义完全巩固的时候才能得到发展"。②

（二）关于社会主义和共产主义的特征

列宁认为，"社会主义同共产主义在科学上的差别是很明显的"③，他从多个角度论述了这两个阶段的区别和基本特征。

社会主义是已经实现了生产资料公有的、共产主义的第一阶段，但还不是完全的共产主义，"社会主义的前提是在没有资本家的帮助的情况下进行工作，是在劳动者的有组织的先锋队即先进部分施行最严格的计算、监督和监察下进行社会劳动；同时还应该规定劳动量和劳动报酬"。"所谓共产主义，是指这样一种制度，在这种制度下，人们习惯于履行社会义务而不需要特殊的强制机构，不拿报酬地为公共利益工作成为普遍现象。"④共产主义的第一阶段，刚刚从资本主义社会中产生出来，它在各方面，在经济、道德和精神方面都还带着它脱胎出来的那个旧社会的痕迹。在这一阶段，由于资本主义的废除不能立即为共产主义的变革创造经济前提，所以，共产主义的第一阶段与高级阶段不同。最初只能消灭私人占有生产资料这一现象，却不能立即消灭另一不公平现象：按劳动而不是按需要分配消费品。"仅仅把生产资料转归全社会公有（通常所说的'社会主义'）还不能消除分配方面的缺点和'资产阶级权利'的不平等，只要产品'按劳动'分配，'资产阶级权利'就会继续通行。"因为，"权利绝不能超出

---

① 《列宁专题文集·论社会主义》，人民出版社 2009 年版，第 154 页。
② 《列宁选集》第 4 卷，人民出版社 1995 年版，第 91 页。
③ 《列宁专题文集·论社会主义》，人民出版社 2009 年版，第 38 页。
④ 《列宁选集》第 4 卷，人民出版社 1995 年版，第 91 页。

社会的经济结构以及由经济结构制约的社会的文化发展"。① "在共产主义第一阶段还不能做到公平和平等,因为富裕的程度还会不同,而不同就是不公平。但是人剥削人已经不可能了,因为已经不能把工厂、机器、土地等生产资料攫为私有了。"②

列宁提出共产主义高级阶段将实现各尽所能、按需分配。"我们开始社会主义改造的时候,应该给自己清楚地提出这些改造归根到底所要达到的目的,即建立共产主义社会。共产主义社会不仅仅限于剥夺工厂、土地和生产资料,不仅仅限于严格地计算和监督产品的生产和分配,并且要更进一步实行各尽所能、按需分配的原则。"③

共产主义是生产力高度发达的结果,"国家完全消亡的经济基础就是共产主义的高度发展,那时脑力劳动和体力劳动的对立已经消失,因而现代社会不平等的最重要的根源之一也就消失,而这个根源光靠把生产资料转为公有财产,光靠剥夺资本家,是决不能立刻消除的"。④ "当社会实现'各尽所能,按需分配'的原则时,也就是说,当人们已经十分习惯于遵守公共生活的基本规则,他们的劳动生产率已经极大地提高,以致他们能够自愿地尽其所能来劳动的时候,国家才会完全消亡。"⑤

(三) 关于共产主义的发展规律

列宁肯定了马克思共产主义学说的科学性,同时又有所发展。列宁在1915年8月的《论欧洲联邦口号》一文中,第一次提出了关于社会主义可能首先在少数甚至在单独一个资本主义国家内获得胜利的思想。在《无产阶级革命的军事纲领》中进一步阐发了这一思想。列宁认为,经济和政治发展的不平衡是资本主义的绝对规律,"资本主义的发展在各个国家是极不平衡的。而且在商品生产下也只能是这样。由此得出一个必然的结论:社会主义不能在所有国家内同时获得胜利。它将首先在一个或者几个国家内获得胜利,而其余的国家在一段时间内将仍然是资产阶级的或资产

---

① 《列宁专题文集·论社会主义》,人民出版社2009年版,第34页。
② 同上书,第33页。
③ 同上书,第64页。
④ 同上书,第36页。
⑤ 同上。

阶级以前的国家"。①

在《论我国革命》一文中，列宁有力地驳斥了孟什维克和第二国际机会主义分子关于俄国没有实行社会主义的客观经济前提、俄国的生产力和文化发展水平没有达到能够实行社会主义的程度的论断。他指出，世界历史发展的一般规律不仅丝毫不排斥个别发展阶段在发展的形式或顺序上表现出的特殊性，反而是以此为前提的。由于特殊的历史条件，俄国没有从理论所规定的那一端开始，国内政治变革和社会变革先于经济进步和文化进步，因而能够用不同的方法来创造发展文明的根本条件，即先用革命手段取得实现社会主义的政治前提，然后从工农政权和苏维埃制度的基础上创造建设社会主义所需要的生产力水平和文化水平。这种特殊性并没有改变世界历史发展的总路线。

（四）关于经济落后国家社会主义建设的根本任务

由于特殊的历史条件，无产阶级革命首先在俄国这样一个经济和文化落后的国家取得胜利。在这种情况下，掌握了政权的俄国无产阶级尤其需要坚决地尽快地转向经济建设，大力发展社会生产力，使社会主义具有自己的物质基础。"一个社会主义政党能够做到大体上完成夺取政权和镇压剥削者的事业，能够做到直接着手管理任务，这在世界历史上是第一次。我们应该不愧为完成社会主义革命的这个最困难的（也是最能收效的）任务的人。应该考虑到，要有成效地进行管理，除了善于说服，除了善于在内战中取得胜利，还必须善于实际地进行组织工作。这是一项最困难的任务，因为这是要用新的方式去建立千百万人生活的最深刻的经济的基础。这也是一项最能收效的任务，因为只有解决（大体上和基本上解决）这项任务以后，才可以说，俄国不仅成了苏维埃共和国，而且成了社会主义共和国。"② 列宁认为，社会主义建设是经济、政治和文化建设的统一。社会主义不仅要求具有新的经济制度和政治制度，而且要求具有高度发展的文化和科学。文化革命对整个社会主义建设来说都是极其重要的。

列宁在这方面有大量的论述，表现了他对待社会主义的科学态度。列宁科学地判断了十月革命胜利后苏维埃俄国所处的发展阶段："我们还没

---

① 《列宁专题文集·论社会主义》，人民出版社2009年版，第8页。
② 同上书，第83页。

有超出从资本主义向社会主义过渡的最初几个阶段，俄国的这一特点使这一过渡更加复杂，这些特点在大多数文明国家内是没有的。"① 列宁一再指出，苏维埃政权面临的首要任务是发展经济，从资本主义过渡到社会主义具有长期性。新的建设任务是一个比推翻资产阶级更困难的任务。"如果俄国布满了由电站和强大的技术设备组成的密网，那么，我们的共产主义经济建设就会成为未来的社会主义的欧洲和亚洲的榜样。"②

（五）经济落后国家建设社会主义的方式

列宁从俄国实际出发，探讨适合俄国具体情况的社会主义建设方式，创造性地发展了科学社会主义理论。列宁一再指出，大农业的国家和小农业的国家向社会主义过渡的方法，是不可能一样的。推翻地主和资本家并不是最困难的任务，但是在一个农民国家里，要消灭工农差别，对农业实行社会主义改造，却是一个无比困难和非常长久的任务。

在"战时共产主义"行不通后，列宁认识到在经济建设的一些根本问题上必须采取"改良主义的"、渐进主义的、审慎迂回的行动方式。列宁反复论证新经济政策的必要性，提出了一系列建设社会主义的新方法。新经济政策的提出体现出列宁对小农国家社会主义的建设方式、发展道路、商品货币关系、国家资本主义的认识发生了变化，是结合俄国现实对社会主义建设途径的大胆创新。列宁指出，只有把资产阶级所积累的全部经验和知识同广大劳动群众的主动性、毅力和工作结合起来，才能"架设起从资本主义旧社会通往社会主义新社会的桥梁"③。列宁一再指出，只有那些懂得不向资本主义学习就不能建立社会主义的人，才配称为共产主义者。因为社会主义并不是臆想出来的，而是要靠夺得政权的工人阶级先锋队掌握和运用现代资本主义所创造的一切有用的经验去建立的。

（六）共产主义是一个客观的历史进程

列宁认为，人类社会实现共产主义是一个客观的历史进程。"无论是谁都不仅没有许诺过，而且连想也没有想到过'实施'共产主义的高级阶

---

① 《列宁专题文集·论社会主义》，人民出版社 2009 年版，第 69 页。
② 同上书，第 184 页。
③ 同上书，第 129 页。

段，因为这根本无法'实施'"。① 列宁多次指出，马克思并没有陷入空想，他只是较详细地确定了现在所能确定的东西，"自然，在那些为彻底战胜资本主义正在采取最初步骤的人看来，'共产主义'的概念是很遥远的。"② 列宁认为马克思关于共产主义理论是科学的，那些没有下过一点功夫去研究马克思的极其深刻的内容的人，对于马克思的谴责是荒谬的。

列宁认为，共产主义是历史地从资本主义中发展出来的，是经济和政治发展的必不可免的结果，社会发展是一个"由量转化为质"的过程，"在社会主义完全取得胜利以后，从社会主义中必然会生长出共产主义来，生长出我们从星期六义务劳动中看到的那种不是书本上的而是活生生的现实当中的共产主义来"。③ 共产主义的高度发展必将以生产力的高度发达为基础，但是，"生产力将以什么样的速度向前发展，将以什么样的速度发展到打破分工、消灭脑力劳动和体力劳动的对立、把劳动变为'生活的第一需要'，这都是我们所不知道而且也不应该知道的"。④

二 关于列宁社会主义思想的若干问题

列宁关于社会主义和共产主义的思想，不仅对于丰富马克思主义具有重要的理论意义，而且对于深入理解社会主义道路的合理性和科学性，始终不渝地坚持中国特色社会主义，推进中国特色社会主义事业具有十分重要的意义。列宁为我们认识当前中国社会主义建设的现实进程中存在的问题及发展趋向提供了科学的指导。结合理论界的研究现状及存在争议的问题，我谈几点认识。

（一）新经济政策与列宁的社会主义观

在新经济政策有没有改变列宁社会主义观的问题上，理论界存在明显分歧。新经济政策是"对传统社会主义观念的重大突破"这一观点得到一些人的认同。这种观点认为列宁的社会主义观经历了两个发展阶段：一是"战时共产主义"时期，基本上沿袭马克思的社会主义观；二是新经济政

① 《列宁专题文集·论社会主义》，人民出版社 2009 年版，第 37—38 页。
② 《列宁选集》第 4 卷，人民出版社 1995 年版，第 91—92 页。
③ 同上书，第 93 页。
④ 《列宁专题文集·论社会主义》，人民出版社 2009 年版，第 36 页。

策时期，列宁突破了把公有制、计划经济、按劳分配看作社会主义的传统社会主义观，形成了发展商品市场关系、利用资本主义的新社会主义观。在这种观点看来，列宁晚年的社会主义观不再拘泥于马克思的某些论断，也改变了自己以前的看法，是对僵化的、传统的社会主义观念的突破。

我不同意这样的观点，我认为，列宁与马克思的社会主义观是一致的，新经济政策改变的只是建设社会主义的方式和途径，并没有改变列宁的社会主义观。社会主义观是对社会主义的本质认识。从本质上说明了社会主义这个事物，或者说从根本上区别了社会主义与其他社会形态的差别。如果社会主义的本质改变了，就不能称其为社会主义了。将列宁关于新经济政策的探索称为冲破了"传统社会主义观"的羁绊，走向了商品市场经济的"新社会主义观"是不正确的，"传统的社会主义观"这个提法带有贬义，甚至包含否定的意思，传达出浓厚的马克思主义过时论的味道。马克思恩格斯运用唯物史观揭示了资本主义发展的规律，阐明了社会主义代替资本主义的历史必然性，他们科学预测了未来社会，为无产阶级指出了奋斗目标。他们科学地断言，未来的共产主义社会将在生产力高度发达的基础上消灭剥削，消灭阶级，实行生产资料公有，实行计划经济，从按劳分配走向按需分配。马克思的社会主义观反映了社会主义的一般规律和基本原则，只要是搞社会主义，无论过去、现在和将来，都必须坚持这些根本原则，没有也不能有什么"传统的"和"新的"区分。

有人认为列宁的思想中存在自相矛盾，一方面说新经济政策是在改正已经犯过的错误，另一方面又认为这是在"向后转"，是"在退却"，是"改良主义的办法"。事实上，列宁的确不认为新经济政策是一个社会主义性质的措施，在某种程度上可以说新经济政策是不得已而为之的措施。列宁对新经济政策的退却性质，对新经济政策所带来的资本主义的发展，资产阶级势力的增强一直有清醒的认识。例如，1921 年 10 月 29 日，列宁在莫斯科省第七次党代表会议上关于新经济政策的报告中指出，"新经济政策所造成的情况，如小型商业企业的发展、国营企业的出租等，都意味着资本主义关系的发展，看不到这一点，那就是完全丧失了清醒的头脑"。①新经济政策是暂时利用资本主义来恢复和发展经济。列宁承认实行新经济政策是一种退却，但它并不放弃社会主义的目标，也不改变工人国家的实

---

① 《列宁选集》第 4 卷，人民出版社 1995 年版，第 607 页。

质，只是根本改变了社会主义建设的方法和形式，由猛烈的正面冲击变为缓进的迂回包围，而社会主义最终将战胜资本主义。

要完整准确地把握列宁的社会主义观，要看到社会主义理想的实现是一个长期过程，期间必然经历不同的发展阶段，现实社会主义正是在这样的发展过程中迈向理想社会主义。不同的阶段必然有不同的特征和表现，不能从社会主义发展过程的角度，用对现实社会主义的认识，混淆、取代甚至否定马克思的社会主义观。我认为，一些论者将新经济政策的实施说成列宁的社会主义观发生根本改变与他们用对现实社会主义的理解来剪裁列宁的社会主义观有很大关系。比如，由于现实社会主义需要商品经济，就把列宁发展商品货币关系说成是改变了马克思的计划经济思想，从而认为列宁的社会主义观发生了改变。这种认识是错误的，妨碍了对马克思和列宁的社会主义观的准确理解，导致人们越来越搞不清什么是社会主义了。

（二）关于列宁对实践的认识

"现在一切都在于实践，现在已经到了这样一个历史关头：理论在变为实践，理论由实践赋予活力，由实践来修正，由实践来检验。"[1]

"对俄国来说，根据书本争论社会主义纲领的时代也已经过去了，我深信已经一去不复返了。今天只能根据经验来谈论社会主义。"[2]

"目前我们踏上了实干的道路，我们必须走向社会主义，但不是把它当做用庄严的色彩画成的圣像。我们必须采取正确的方针，必须使一切都经过检验，让广大群众，全体居民都来检验我们的道路，并且说：'是的，这比旧制度好。这就是我们给自己提出的任务。'"[3]

列宁的这几段话受到理论界的重点关注。很多人肯定了列宁结合苏维埃俄国的现实进行社会主义探索的开创性意义，在实践中发展马克思主义的伟大意义。但也有人认为，列宁对实践的强调，表明马克思的社会主义理论解释不了现实的社会主义，应当从实践出发，不应当从抽象原则出发去看待社会主义问题，否则就会使社会主义又变成空想。在这种观点看

---

① 《列宁专题文集·论社会主义》，人民出版社 2009 年版，第 59—60 页。
② 《列宁全集》第 34 卷，人民出版社 1985 年版，第 466 页。
③ 《列宁全集》第 43 卷，人民出版社 1987 年版，第 300—301 页。

来，坚持马克思科学社会主义就是从抽象原则出发。列宁对实践的重视表明，当马列本本与当代社会主义现实发生差异或者某些结论有所碰撞时，我们必须尊重实践，勇于突破传统社会主义观念的束缚。

　　这就提出了两个问题：一是如何认识马克思的科学社会主义理论；二是如何认识坚持马克思主义与发展马克思主义的关系。强调应当从实践出发，不应当从马列本本出发去看待社会主义的说法貌似有理，但言下之意却是，坚持马克思的社会主义观就是从抽象原则出发，只能从社会主义建设实际出发来谈论社会主义，否则就会使社会主义变成空想。这种观点看起来是认为只有实践才能出真知，但实质上导致了对马克思科学社会主义理论的彻底否定，存在着以发展为名篡改甚至否定马克思主义的问题。

　　列宁从未将马克思的科学社会主义理论视为"本本"，视为束缚，从未将马克思的理论与现实的实践对立。列宁始终以对共产主义无比坚定的信念和热诚，坚持实践中的探索，及时总结实践中的经验教训，不断升华对社会主义的认识。同时，列宁认为，不能苛求马克思或者马克思主义者知道走向社会主义的道路上的一切具体情况。知道这条道路的方向，知道引导走这条道路的是什么样的阶级力量，就足够了，至于在实践中具体如何走，那只能在千百万人开始行动以后由千百万人的经验来证明。他说："在到达完全的共产主义以前，任何形式都不是最终的。我们不敢说我们准确地知道道路怎样走。但是我们必然会确定不移地走向共产主义。"[1]

　　列宁认为，社会主义是一种崭新的社会制度，而一种新制度从产生、发展到完成其历史任务通常要经历数百年的时间。在马克思恩格斯那里还是抽象的东西，只有经过一系列建立这个或那个社会主义国家的各种各样的、不尽完善的具体尝试才会成为现实。社会主义在实践中必然会碰到许多新问题，马克思主义理论不应该是凝固不变的，而应随着实践的发展而发展，但是，它的发展是在自身基础上的自我丰富，自我更新，自我发展，是一个一脉相承的发展过程。如果将马克思的科学社会主义看成是过时的、落后的，应当突破、抛弃，那样的发展将注定是对马克思主义的背离。

（三）对"我们对社会主义的整个看法根本改变了"的理解

　　"我们对社会主义的整个看法根本改变了"[2] 这句话出自列宁晚年写作

①　《列宁全集》第35卷，人民出版社1985年版，第217页。
②　《列宁专题文集·论社会主义》，人民出版社2009年版，第354页。

的《论合作社》一文，"整个看法"和"根本改变"的提法使这句话受到理论界的重点关注，那么应当如何理解这句话呢？理论界存在不同见解。

一种有代表性的观点是认为这句话反映了列宁对社会主义与商品货币、市场关系的认识的变化，列宁认识到了社会主义存在商品货币关系，并且把合作制及其赖以存在的商品经济看作是与社会主义完全一致的，这是一个对社会主义看法的"根本改变"。我不赞同这样的理解，一些研究者只引用了这句话，而对接下来的话置之不理，他接下来说："这种根本的改变表现在：从前我们是把重心放在而且也应该放在政治斗争、革命、夺取政权等等方面，而现在重心改变了，转到和平的'文化'组织工作上去了。如果不是因为国际关系，不是因为必须为我们在国际范围内的阵地进行斗争，我真想说，我们的重心转移到文化主义上去了。如果把国际关系撇开不谈，只就国内经济关系来说，那么我们现在的工作重心的确在于文化主义。"①

我认为，列宁对社会主义的整个看法根本改变了，有两层含义：

一是实现了建设方式的改变。这句话体现了列宁关于在俄国实现向社会主义过渡的形式、方法和手段的认识有了重大的发展。列宁认为，在工人阶级掌握国家政权和生产资料的前提下，苏维埃政权完全有必要也完全有可能通过合作社来建设社会主义。列宁把利用商品货币和市场关系看做是资本主义性质的措施。他意识到商品货币和市场关系在苏俄社会主义建设中的积极作用，自由贸易尽管产生资本主义关系，但可以利用它来为社会主义服务，这对于无产阶级的国家政权来说并不可怕。对于用这种办法是否可能实现社会主义，当时有不少人是疑虑重重的。列宁作了完全肯定的回答，以社会主义为目标的无产阶级既然不仅掌握着国家政权，而且掌握了经济命脉，这就必然对其他经济成分的发展进程和方向起着支配的作用。

二是实现了从革命到建设的转变。十月革命胜利初期，建立社会主义经济基础的时候，苏维埃政权曾经用"赤卫军进攻资本"的办法，这是完全必要的，否则无产阶级就无法巩固自己的统治。到了社会主义建设时期，这时无产阶级最根本的利益已经在于迅速发展生产力。因此，必须实现从革命到建设的转变。列宁认为社会主义是建立在高于资本主义生产技

---

① 《列宁专题文集·论社会主义》，人民出版社 2009 年版，第 354 页。

术之上的一种新的社会形态，由于特殊的历史条件，无产阶级革命首先在俄国这样一个经济和文化落后的国家取得了胜利。在这种情况下，掌握了政权的俄国无产阶级尤其需要坚决地尽快地转向经济建设，大力发展生产力，使社会主义具有自己的物质基础。列宁强调了文化革命的重要性，只有实现了文化革命，苏维埃国家才能成为完全的社会主义国家。同时，列宁深知完成文化革命的艰难，"这个文化革命，无论在纯粹文化方面（因为我们是文盲）或物质方面（因为要成为有文化的人，就要有相当发达的物质生产资料的生产，要有相当的物质基础），对于我们说来，都是异常困难的。"①

这句话之所受到重点关注，其背景是中国特色社会主义理论的发展。一些人认为在列宁那里已经实现了理论的突破。事实上，邓小平讲的"社会主义也可以搞市场经济"、我们对社会主义"还没有完全搞清楚"等，也是从现实的经济文化相对落后国家建设社会主义的形式、方法和手段的角度讲的。"计划多一点还是市场多一点，不是社会主义与资本主义的本质区别。计划经济不等于社会主义，资本主义也有计划；市场经济不等于资本主义，社会主义也有市场。计划和市场都是经济手段。"② 列宁当时并没有认识到商品经济、市场经济既不姓"社"也不姓"资"，而是始终把利用市场商品货币关系看做是资本主义性质的措施，在这方面还没有达到"对社会主义整个看法的根本改变"。列宁只是认识到在苏维埃俄国这样的经济落后国家建设社会主义必须要发展商品货币关系，认识到建设社会主义必须利用资本主义，而在西欧那样的经济发达国家取得社会主义革命胜利后并不需要这样的方式。

列宁认为，在苏维埃俄国的现实情况下，合作社是一个可靠的方式，"我们发现了私人利益即私人买卖的利益与国家对这种利益的检查监督相结合的合适程度，发现了私人利益服从共同利益的合适程度，而这是过去许许多多社会主义者碰到的绊脚石"。③ 对于苏维埃俄国，合作社的发展具有重大的意义，这是一个使农民感到简便易行和容易接受的方法过渡到新制度的方式。虽然合作社的发展，"这还不是建成社会主义社会，但这已

---

① 《列宁专题文集·论社会主义》，人民出版社 2009 年版，第 355 页。

② 《邓小平文选》第 3 卷，人民出版社 1993 年版，第 373 页。

③ 《列宁专题文集·论社会主义》，人民出版社 2009 年版，第 349 页。

是建成社会主义社会所必需而且足够的一切。"①

三 列宁关于社会主义思想的当代意义及启示

十月革命的胜利是坚持马克思主义旗帜的结果。革命胜利后，列宁及布尔什维克党继续坚持以马克思主义为理论指南。列宁用短暂的七年历程，为苏俄找到了一条符合国情的社会主义建设道路，也用内涵丰富和意义深远的理论成果丰富了科学社会主义，显示了马克思主义实事求是的科学精神和与时俱进的强大生命力。列宁关于社会主义的论述，仍然为我们今天推进社会主义建设提供着理论指南和实践启示。

（一）学习列宁正确对待马克思主义经典著作的科学态度

马克思主义经典著作是科学理解和对待马克思主义的基础。一些人轻视马克思主义经典著作，认为一谈经典著作就必定会导致本本主义、教条主义，导致学院化、形式主义化，因此，只强调理论联系实际就足够了。这种对经典著作的忽视，必然会导致对马克思主义基本理论理解的偏颇，导致实践活动中的偏差，从而影响社会主义建设的进程。

列宁在这方面，为我们树立了一个科学对待经典著作的典范。列宁建议，要多花些时间把"马克思和恩格斯的主要著作至少读几本"，对于马克思的著作，"起初也许有人又会因为难懂而被吓住，所以要再次提醒你们不要因此懊丧，第一次阅读时不明白的地方，下次再读的时候，或者以后从另一方面来研究这个问题的时候，就会明白的"。他强调，"想认真考察和独立领会它的人，都必须再三研究，反复探讨，从各方面思考，才能获得明白透彻的了解"②。这些话，既指出了研读马克思主义经典著作的重要性，也指出了研读马克思主义经典著作的方法。

列宁指出，学习马克思主义经典著作，不仅要精通它，还要能应用它，要用来解决实际问题。在当前中国，要有效地抵制和反对错误思潮对马克思主义理论的歪曲、肢解，就必须研读原著，当前中国的"意识形态

---

① 《列宁专题文集·论社会主义》，人民出版社 2009 年版，第 349 页。
② 《列宁专题文集·论辩证唯物主义和历史唯物主义》，人民出版社 2009 年版，第 281—282 页。

领域并不平静，思想理论领域呈现出十分活跃、十分复杂的状态。一些错误思潮往往采取折中主义的、混合主义的手法，提出一些模棱两可、似是而非的观点，歪曲、肢解马克思主义的基本原理，以混淆视听。面对多种思潮的交流、交融和交锋，只有研读原著，才能正本清源，与各种错误观点划清思想界限"。[①]

我们应当学习列宁对待马克思著作的科学态度，列宁始终坚持完整理解马克思，准确把握马克思的精神实质。我们应当重视学习研读列宁的著作，只有深入研读，才能全面理解列宁的社会主义思想的丰富内涵及其发展演进的历程，如果只根据现实的需要，主观地选取有利于自己的话语，只会导致理解上的简单化和片面化，导致对流行观念的片面迎合，不可能完整而准确地把握列宁思想的实质和全貌。

（二）学习列宁对于科学社会主义的坚定立场

列宁肯定了科学社会主义的科学性，"马克思丝毫不想制造乌托邦，不想凭空猜测无法知道的事情。马克思提出共产主义的问题，正像一个自然科学家已经知道某一生物变种是怎样产生以及朝着哪个方向演变才提出该生物变种的发展一样"[②]。与那些只记住了马克思主义的某些具体结论而忘记了马克思主义精髓的人相反，列宁坚持的正是马克思主义最根本的东西——唯物史观和辩证法。在列宁的头脑里存在着两条思路的交织：一方面，尊重现实，努力探索一条适合俄国国情的社会主义建设道路；另一方面，作为一名忠诚的马克思主义者，马克思恩格斯对未来社会的科学预测是他努力实现的理想。

马克思关于未来社会的科学预测，是列宁领导苏维埃俄国进行社会主义革命和建设的理论指南。列宁始终以马克思关于未来社会的科学预测为目标，并期望早日实现这一目标。列宁的探索是关于经济文化比较落后的国家如何建设、巩固和发展社会主义的探索，他用新的思想、观点，继承和发展了马克思主义，也就是说，这种发展是以坚持马克思主义为前提的，是在马克思主义的基础上一脉相承的发展，而不是割断历史、另起炉

---

① 梅荣政：《抓好马克思列宁主义、毛泽东思想经典著作的研读和教育——马克思主义理论学科建设的一个根本性问题》，《贵州师范大学学报》2011 年第 1 期。

② 《列宁专题文集·论社会主义》，人民出版社 2009 年版，第 25 页。

灶的发展。有人认为社会主义的标准是动态的，对于一些与马克思主义经典作家在社会主义认识上不一致的地方，就统统称为"发展"。科学社会主义当然需要发展，但是，"真正的发展应该是在坚持的基础上发展，如果连坚持都谈不上又怎么能够称得上发展呢？"①

（三）继承和发展列宁关于社会主义的基本思想

列宁关于社会主义的基本思想经受住了历史和革命实践的考验，是正确的，是符合马克思主义的基本理论的，推动了马克思主义的运用和发展，推进了社会主义伟大事业的实现，是应该继续坚持的，是我们今天回答"什么是社会主义、怎样建设社会主义"的重要依据和实践财富。

苏维埃俄国的现实使列宁懂得：社会主义不是仅凭革命热情，依靠坚决的不妥协的斗争就可以实现的。社会主义建设必须立足于现实国情。列宁积极探索社会主义建设的方式，从"战时共产主义"到新经济政策，充分显示了一个马克思主义者的坚定和清醒。"战时共产主义"政策的危机使列宁认识到经济文化较为落后的俄国不能立即实现马克思对未来社会的设想。现实证明，直接过渡到纯社会主义的经济形式和纯社会主义的分配，不是苏俄力所能及的事情。在社会生产力没有高度发展，多种经济结构存在的条件下，勉强追求理想社会主义是危险的，"这必将意味着苏维埃政权和无产阶级专政的垮台"②。新经济政策的提出体现出列宁对小农国家社会主义的建设方式、发展道路、商品货币关系、国家资本主义的认识发生了变化，是结合俄国现实而对社会主义建设途径的大胆创新。在列宁看来，新经济政策就是过渡性的政策，认真地执行这些政策，必定会促进生产力的发展，"不管这个任务是多么困难，不管它和我们从前的任务比起来是多么生疏，不管它会给我们带来多少困难，只要我们大家共同努力，不是在明天，而是在几年之中，无论如何会解决这个任务，这样，新经济政策的俄国将变成社会主义的俄国"③。列宁的这些思想是适合俄国国情的建设社会主义的基本思路，对其他经济文化落后国家建设社会主义也具有重大的指导意义。

---

① 石振平：《为马克思的社会主义观辩护：论马克思社会主义观的科学性及当代价值》，《马克思主义研究》2010 年第 9 期。

② 《列宁专题文集·论社会主义》，人民出版社 2009 年版，第 199 页。

③ 《列宁全集》第 43 卷，人民出版社 1987 年版，第 302 页。

对列宁关于社会主义的论述不能断章取义。列宁从来没有抛弃马克思来进行社会主义的理论发展和实践探索。当前，伴随中国特色社会主义的改革进程，对科学社会主义的种种歪曲也是不断出现，我们的首要任务就是恢复科学社会主义的真面目，正确理解马克思的社会主义思想，理解列宁的社会主义思想，为此，必须强调学习原著的必要性，因为这样才能正确地坚持与发展马克思主义，"《马克思恩格斯文集》和《列宁专题文集》的出版就是恰逢其时"①。

---

① 龚云：《列宁的马克思主义思想及其当代意义》，《马克思主义研究》2010 年第 12 期。

从国家和法到市民社会

——马克思创立唯物史观的第一次思想飞跃

彭五堂

马克思主义形成的主要标志是唯物史观的创立。马克思在创立唯物史观的过程中经历了两次重要的思想转变。第一次转变发生在 1842—1843 年，马克思通过批判黑格尔的唯心主义国家观，完成了向唯物主义国家观的转变，这次转变使马克思把研究重点由国家和立法领域转向市民社会领域，为唯物史观理论的创立制造了条件；第二次转变发生在 1844—1846 年，马克思移居巴黎和流亡布鲁塞尔期间，通过研究政治经济学，马克思发现了生产力对社会生产关系和政治法律制度及意识形态的最终决定作用，由此创立了唯物史观，从而为共产主义学说构建了全新的理论基础，并完成了向共产主义者的最终转变。

马克思第一次思想转变的触发点，是在围绕《林木盗窃法》展开的辩论过程中。他发现，私人利益对国家政治和立法活动具有重大影响，财产占有者的利益左右了法律对财产权利的界定和分割。马克思首次发现财产（所有制）在社会生活中具有极端重要性，由此开始对黑格尔的国家观产生怀疑，并通过对黑格尔国家观的分析批判，最终颠覆了黑格尔的唯心主义国家观。马克思从私有财产中发现了国家和法的本质，初步形成自己的所有制思想，为了彻底搞清所有制的根源和本质，马克思转而研究政治经济学。他发现了生产力对所有制的最终决定作用，从而创立了唯物史观。由此看来，《莱茵报》时期是马克思全部思想转变的起点，马克思在《〈政治经济学批判〉序言》中也提到这一点。然而到目前为止，学者们对马克思《莱茵报》时期的思想转变过程并没有给予足够的重视。本文通

过对马克思第一次思想转变过程的梳理，试图揭示唯物史观形成的基本
逻辑。

一 马克思的思想起点：青年黑格尔主义

马克思的思想起点是青年黑格尔主义。1836 年，马克思从波恩大学转
学到柏林大学继续学习法律，但他的兴趣转向了黑格尔哲学，并参加了青
年黑格尔派的组织——博士俱乐部，成为青年黑格尔派的中坚分子。青年
黑格尔派是黑格尔学派中的激进派。一方面，他们继承了黑格尔的辩证法
思想，把世界看作是一个不断趋于理性和自由的辩证发展过程；另一方
面，在国家观上，尽管他们和黑格尔一样把国家看作是社会生活的最高组
织形式，认为国家制约着市民社会活动和家庭生活，因而把国家政治制度
看作社会的核心，但他们反对黑格尔在君主制问题的保守和妥协态度，要
求实行政治改革，宣扬议会民主和言论出版自由，反对教会对国家政治事
务的干预，主张通过政治变革来推动社会进步。

和其他青年黑格尔分子一样，早期的马克思也把注意力集中在国家政
治问题上。在马克思写作的第一篇政论文章——《评普鲁士最近的书报检
查令》中，他对普鲁士政府的书报检查制度进行了猛烈的抨击，认为它违
背了国家和法律的理性原则，侵犯了人们的自由权利，并要求彻底废除书
报检查制度。在《第六届莱茵省议会的辩论（第一篇论文）——关于出版
自由和公布等级会议记录的辩论》中，马克思全力为出版自由辩护："因
为自由是全部精神存在的类的本质，因而也就是出版的类的本质。"① 对所
有制问题，马克思并没有给予太多关注。尽管当时的一些共产主义思潮已
经提出了废除私有制的主张，青年黑格尔派中的一些人，如爱德华·梅因
和莫泽斯·赫斯也在宣传共产主义思想，但马克思并没有接受它。虽然他
赞赏共产主义者的批判精神，但他否认共产主义的现实可行性。针对奥格
斯堡《总汇报》对《莱茵报》宣传共产主义思想的指责，马克思反驳说：
"'莱茵报'甚至在理论上都不承认现有形式的共产主义思想的现实性，因
此，就更不会期望在实际上去实现它，甚至都不认为这种实现是可能的事

---

① 《马克思恩格斯全集》第 1 卷，人民出版社 1956 年版，第 67 页。

情。'莱茵报'彻底批判了这种思想。"①

二 马克思思想转变的触发点：马克思 发现立法角逐的实质是利益关系

引起马克思对财产或所有制这样的物质利益问题关注的，是他在《莱茵报》担任主编期间所遇到的一系列事件。其中第一个事件是关于《林木盗窃法》的议会辩论。在 1841 年召开的第六届莱茵省议会会议上，贵族等级的代表提交了一个新的《林木盗窃法》，要求凡是擅自在贵族地主的森林中采摘野果或拾拣枯枝的行为一律以盗窃林木罪论处，触犯者不但要承担刑事责任，而且要赔偿林木所有者的经济损失。1842 年秋，有消息说该法律即将颁布，这引起了民众的强烈关注。马克思为此写下一篇很长的评论，分 5 期登载于 1842 年 10—11 月《莱茵报》的附页上。这就是《第六届莱茵省议会的辩论（第三篇论文）——关于林木盗窃法的辩论》。

在这篇文章中，马克思首先利用自己的法律知识论证了贫民权利的正当性：第一，贫民在贵族地主占有的森林拾拣枯枝是中世纪以来形成的一项习惯权利，它源于传统的日耳曼习惯法。但是在德国近代化过程中，罗马法取代了日耳曼习惯法，从而用绝对的私有权取代了传统的习惯权利。在这一过程中，林木所有者的权利得到了强化和扩张，而贫民的习惯权利却被取消了。马克思认为："这些立法对于那些既有权利而又受习惯保护的人是处理得当的，但是对于那些没有权利而只受习惯保护的人却处理不当。"② 他指出，贫民拾拣枯枝的行为只是主张自己的习惯权利，从历史上看，这是本来就属于贫民的权利。第二，拾拣枯枝是贫民作为非占有者的应得权利。马克思认为，即使承认林木所有者的林木占有权是一种私权，"这里也有两种私权：占有者的私权和非占有者的私权"。③ 马克思否认林木占有者的所有权具有绝对性和完全排他性。林木作为一种自然资源，体现在其身上的权利是二元的、混合的。贵族地主作为林木所有者，自然拥有体现为所有权的各种权利，特别是物本身的权利。但在所有权的边界地

---

① 《马克思恩格斯全集》第 1 卷，人民出版社 1956 年版，第 133 页。
② 同上书，第 144 页。
③ 同上书，第 146 页。

带，或涉及派生物的权利时，这种所有权往往是模糊的，不具有排他性，非占有者也可以行使自己的某些权利。马克思认为，枯枝是树木的派生物，它的所有权并不一定属于林木占有者，贫民在贵族地主的林地中拾拣枯枝正是贫民作为非占有者的权利。"……有些所有权的对象按其本质来说永远也不具有那种早被确认的私有财产的性质。这就是那些由于它们的自发性和偶然存在而属于先占权范围的对象。"① 马克思认为，枯枝相对林木而言，具有自发性和偶存性，从所有权的角度看，它已经脱离了林木所有者，成为无主物，它的所有权属于最先占有它的那个人，正是这种先占权，成为贫民作为非占有者的权利的基础。第三，拾拣枯枝是贫民的天然权利。马克思进一步从自然法的角度，论证了拾拣枯枝是大自然赋予贫民的一项天然权利：正如人类社会存在着贫富对立的现象一样，自然界本身也提供了贫富对立的例子：一方面是脱离了有机生命而被折断了的枯树枝，另一方面是根深叶茂的枝干，这是对贫富的自然描绘。"人间的贫穷有同病相怜之感，它从这种感觉中导出自己的所有权；它认为，如果自然界的有机财富是早已肯定的所有者的财物，那末自然界的贫穷则是贫民的不定财物。"② 马克思认为，富人不应该享有这种自然权利。"正如富人不应该要求大街上的施舍物一样，他们也不应该要求自然界的这种施舍物。贫民在自己的活动中发现了自己的权利。人类社会的自然阶级在拾集的活动中接触到自然界自然力的产物，并把它们加以处理。那些野生果实的情况也是这样，它们只不过是财产的十分偶然的附属品，这种附属品是这样的微不足道，因此它不可能成为真正所有者的活动对象；拾集收割后落在地里的麦穗的权利和诸如此类的习惯权利也是这样。"③

然而，法理上的正当性并没有使贫民保住他们的应有权利。莱茵省议会以地方立法者的身份剥夺了贫民的习惯权利。《林木盗窃法》不仅规定对贫民私自到贵族地主占有的森林拾拣枯枝的行为以盗窃罪论处，要求贫民赔偿贵族地主的经济损失，并且规定其价值由前来告发的林木看守人根据当地现行价格确定，此外还要加上 4 倍、6 倍甚至是 8 倍的罚款以及损失的特别补偿。为了保证林木看守人为林木占有者的利益负责，贵族地主

---

① 《马克思恩格斯全集》第 1 卷，人民出版社 1956 年版，第 146 页。
② 同上书，第 146—147 页。
③ 同上书，第 147 页。

代表还要求废除林木看守人终身雇佣的规定，他们认为："终身任命的乡镇林木看守人没有而且也不可能像王室官吏那样受到严格的监督。对忠实地完成职责的一切鼓励都因终身任命而失去作用。"①《林木盗窃法》还要求"任何人都应该说明他的木材的来处"②；要求莱茵省的合法林木占有者有权将判处劳役者交给本地政权机关，以便用这些劳役者的工作顶替林木占有者对乡镇所应尽的修缮公共道路的义务；该法令甚至还规定凡购买非专卖扫帚者，将被判处监禁四个星期至两年，以至于一位议会代表认为"本条使爱北斐特、连涅浦和佐林根三个地区的居民都有坐牢的危险"。③从上面的内容可以看出，《林木盗窃法》完全站在林木占有者的立场上，扩大贵族地主的利益，甚至把国家立法和司法机关置于贵族地主的控制之下，成为代表和维护有产者利益的工具，而贫民的权利则完全被剥夺，利益被牺牲。马克思愤怒地抨击道："这里，一切都是倒行逆施，完全同理性和法相抵触的手段被用来对付被告；因为极端重视有限的私有制的利益必然就会完全忽视被告的利益。"④

马克思从中发现，现实中的国家与他一直信奉的黑格尔国家学说存在严重冲突。黑格尔认为，国家通过扬弃市民社会私人利益的特殊性而实现了社会的普遍利益，因而国家是伦理精神的体现，是独立自存的、永恒的、绝对合理的东西。"对私权和私人福利，即对家庭和市民社会这两个领域来说，国家一方面是外在必然性和它们的最高权力，……另一方面，国家又是它们的内在目的。"⑤ 也就是说，国家决定市民社会。然而现实却表明，国家丝毫没有体现普遍利益，也没有表现出理性精神。事实上，它只是贵族和地主实现和维护自己私利的工具，国家已经成为贵族地主的私人财产。在国家和市民社会的关系上，实际情况似乎也不像是黑格尔所说的那样，是国家决定市民社会，而是市民社会的私人利益，特别是有产者的私人利益决定着国家和法，国家沦为私人利益的工具。当然，这里的私人利益仅仅指有产者的私人利益，贫民的利益是不包括在内的。

面对理论与现实存在明显冲突，马克思把私人利益对立法的干预看作

① 转引自《马克思恩格斯全集》第 1 卷，人民出版社 1956 年版，第 155 页。
② 同上书，第 158 页。
③ 同上书，第 164 页。
④ 同上书，第 155 页。
⑤ 黑格尔：《法哲学原理》，范扬、张企泰译，商务印书馆 1961 年版，第 261 页。

是不合理的现象。他写道："私人利益的空虚的灵魂从未承受国家观念的照耀和熏染，它的这种欲求对于国家来说是一个严重和切实的考验。如果国家哪怕在一个方面降低到这种水平，即按私有制的性质而不按自己本身的性质来行动，那末就应该得出结论说：国家应该适应私有制的狭隘范围来选择自己的手段。"① 马克思把私人利益斥之为"下流的唯物主义"。② 他呼吁理性和公正的立法。这表明，在国家和市民社会的关系，或者说立法与现实生活的关系问题上，此时的马克思还没有摆脱黑格尔唯心主义国家观的束缚，他仍相信国家立法应该是理性和公正的，是代表全体社会成员的普遍利益的。但是严酷的现实使马克思第一次注意到财产（所有制）问题在社会生活中的极端重要性，他看到财产作为私人利益的集中体现在国家立法中的巨大影响。这使他强烈地感受到黑格尔理论在阐释现实问题时面临的困境，开始对黑格尔的国家学说产生怀疑，也对以柏林"自由人"为代表的青年黑格尔派自命不凡地空谈宗教和政治批判的做法产生了强烈反感。这一切促使马克思逐步离开黑格尔主义，从抽象的理性思辨转向对社会现实问题的严肃思考，从对政治法律问题的关注转向对现实经济问题的关注，并力图揭示隐藏在权利背后的社会关系。这成为马克思第一次思想转变的起点。恩格斯在逝世前不久回忆道："……我曾经不止一次地听到马克思说，正是他对林木盗窃法和摩塞尔河地区农民处境的研究，推动他由纯政治转向研究经济关系，并从而走向社会主义。"③

三　马克思思想的初步转变：从现实来理解法律

随着马克思对社会现实问题的不断介入，他的思想开始发生转变。这一转变首先表现《市政改革和〈科伦日报〉》一文中。该文是马克思紧接着《关于林木盗窃法的辩论》写的一组论战性文章。在《莱茵报》和《科伦日报》围绕莱茵省是否应该实行城乡权利分开的改革的辩论中，马克思批驳了《科伦日报》试图维护普鲁士等级制度和贵族的特权、主张城乡权利分开的谬论，要求建立城乡权利平等的市政机构。在看待法律和现

① 《马克思恩格斯全集》第 1 卷，人民出版社 1956 年版，第 155 页。
② 同上书，第 180 页。
③ 《马克思恩格斯全集》第 39 卷，人民出版社 1974 年版，第 446 页。

实生活的关系问题上，马克思已经与上一篇文章有了本质的不同，他的观点已经超越了黑格尔。马克思明确主张现实生活决定着立法的具体内容，而不是相反。他写道："法律只能是现实在观念和意识上的反映，只能是实际生命力在理论上的自我独立的表现。在莱茵省城市和乡村事实上并没有分开。由此可见，法律除非宣布它自己无效，否则，它便不能颁布这种分开的法令。"① 与《关于林木盗窃法的辩论》相比，马克思的观点已经发生了明显变化。在《关于林木盗窃法的辩论》中，马克思还认为社会不同阶级之间利益关系是由国家制度和法律来规定和划分的，因而把贵族地主阶级通过修改立法把贫民的利益据为己有的行为看做是对理性和正义原则的粗暴践踏，认为它违背了法的本质，并为此而感到愤怒。而在这篇文章中，马克思不再认为国家立法处于支配地位，以至于能够决定或者改变市民社会的现实生活。他认为法律必须以现实生活为前提和基础，法律只能是现实关系在观念上的反映，因而它必然受到现实的制约。没有现实基础的法律只不过是一纸空文。

在接下来的一篇评论普鲁士等级委员会的文章中，马克思进一步发挥了上述观点，阐述了等级制度形成的根源。马克思认为，等级制度的根源不能从国家的必然性中去寻找，不能把等级制度看作是国家的需要，而应把它看作同国家相对立的特殊利益的需要，决定社会等级的是社会不同阶层的特殊利益，而不是所谓代表普遍利益的国家。他指出："不是国家的有机理性，而是私人利益的赤裸裸的要求建立了等级制度。"② 马克思已经认识到现实的政治制度只能是现实利益关系的反映，对政治法律制度的分析必须挖掘其背后的利益关系。

在随后写作的《摩塞尔记者的辩护》中，马克思尝试着应用他在上述文章中得出的原则来分析具体问题。他指出，摩塞尔河沿岸地区对自由报刊的需要，是这里的葡萄酒酿造者的贫困状况的特殊性质必然产生的。他对这种必然性作了具体分析，证明葡萄酒酿造者要求自由报刊如实反映他们的贫困状况和呼声，是为了他们的私人利益提出的合理要求；而地方行政机构竭力否认葡萄酒酿造者的贫困状况，则是由官僚机构的特殊利益决定的。马克思对此作了深刻的反思和总结："在研究国家生活现象时，很

① 《马克思恩格斯全集》第40卷，人民出版社1982年版，第308页。
② 同上书，第341—342页。

容易走入歧途，即忽视各种关系的客观本性，而用当事人的意志来解释一切。但是存在着这样一些关系，这些关系决定私人和个别政权代表者的行动，而且就像呼吸一样地不以他们为转移。只要我们一开始就站在这种客观立场上，我们就不会忽此忽彼地去寻找善意或恶意，而会在初看起来似乎只有人在活动的地方看到客观关系的作用。"①

这表明，在国家和市民社会的关系问题上，马克思已经超越了黑格尔主义的国家观。他把关注的重点转到了市民社会层面，开始从物质利益关系出发来理解国家和法律。这为他系统地批判黑格尔主义国家观，正确揭示所有制的本质及其与国家法律制度的关系奠定了基础。

四　马克思思想的第一次飞跃：用市民社会解释国家和法

马克思对普鲁士议会立法的严厉批评和对社会问题的揭露终于激怒了当局，1843 年 1 月，马克思被迫辞去《莱茵报》主编的职务。重新回到书房的马克思开始对黑格尔的国家学说进行系统的批判，在此基础上重新解释国家与市民社会的关系。《莱茵报》的工作经历让他首次接触到社会现实，他认识到普鲁士国家机构的实际运作与黑格尔的"理性国家"学说存在着尖锐的矛盾，而《莱茵报》所遭受的来自官方的种种蛮横的限制和打压更使马克思对普鲁士专制制度彻底失望，他开始了由一个现存制度的批评者向革命者的转变，这一转变的第一步，就是彻底揭露和批判黑格尔国家学说的矛盾和谬误，重新考察国家和法与市民社会的关系，从理论上否定立宪君主制的合理性，为革命扫清理论障碍。而为这一批判提供方法的，是费尔巴哈刚刚完成的《关于哲学改造的临时性纲要》。费尔巴哈提出："一般思辨哲学的改革宗教的批判方法，与宗教哲学曾经应用过的方法没有什么不同。我们只要将宾词当作主词，将主体当作客体和原则，就是说，只要将思辨哲学颠倒过来，就能得到毫无掩饰的、纯粹的、显明的真理。"② 费尔巴哈的这一主张极大地启发了马克思，现实不正好证明黑格尔对国家和市民社会关系的理解是颠倒了的吗？

为了从过去的历史事实中寻找国家与市民社会的真实关系，马克思在

---

① 《马克思恩格斯全集》第 1 卷，人民出版社 1956 年版，第 216 页。
② 《费尔巴哈哲学著作选集》上卷，荣震华等译，商务印书馆 1984 年版，第 102 页。

此期间阅读了一系列历史和哲学著作以及当时德国保守派编辑的《历史—政治杂志》上的许多文章，并做了大量摘录，还作了少量评论性注释。这些摘录围绕的一个中心问题是所有制问题，因为《莱茵报》的工作经历告诉他，所有制问题是决定国家和市民社会关系的关键，只有深刻理解了所有制的实质，才能真正把握国家和市民社会的关系。这些摘录具体包括三个方面：

第一，所有制的起源、演变和形式。例如，马克思从 J. M. 拉彭贝尔格的《英国史》中摘录了如下内容：被占领地的公有制，但经常变成国王及其扈从的私人财产。从恩·亚·施米特的《法国史》中摘录了以下内容：公有财产，即马尔克的财产变成私有财产。私有财产的不同形式：自有的、恩赐的、有付息义务的产业。首先是全民制，然后是采邑制。国王作为最高的领地主是帝国的元首。土地和官职，自11世纪以来还授予不同于采邑的其他形式的财产。王室的领地是最主要的领地。领地的所有者组成统治阶层。① 通过研究，马克思发现，现代私有制的体系不是从来就有的，而是在原始公有制基础上社会长期演变发展的产物。

第二，围绕所有制问题展开的政治斗争。马克思在对卡尔·弗里德里希·恩斯特·路德维希的《最近五十年的历史》的摘录中，对内容作了这样的概括：在国民大会中权势的代表，财产的巴托罗牟之夜，在私有财产问题上国民大会与自身的矛盾。马克思在第一共和国纸币兑现这一条下面还做了如下批注："其中包括重大矛盾，一方面宣布私有财产不受侵犯，另方面又牺牲私有财产。"② 在对列奥波特·兰克的《宗教改革时期的德国史》的摘录中包括如下内容：在农民战争时期关于财产与等级平等的学说。③ 马克思发现，政治斗争的实质是经济利益的争夺，其核心是所有制。

第三，所有制和国家制度的关系问题。如在对格·亨利希的《法国史》做的摘录中逐字逐句地摘引了如下论述：在查理·德·格统治下的军事制度和财产关系；在查理·德·卡伦统治下官职与领地的世袭制。马克思摘录了 J. Ch. 贝勒尔的《斯泰尔夫人遗著〈法国革命大事纪实〉考证》

① 北京图书馆马列著作研究室编：《马恩列斯研究资料汇编》（1981），书目文献出版社1983年版，第12页。

② 同上书，第9页。

③ 同上书，第15页。

中如下一段话:"贵族在法国封建制度中的统治,国王只是作为头号地主捍卫着他的政治权力。封建制度是基础牢固的等级制。在这里财产统治着人,在现代社会里人控制着财产。"① 马克思通过研究发现,国家是财产占有者利益的代表,国王是最大的财产占有者。

通过研究历史,马克思确信黑格尔的国家观颠倒了国家和市民社会的因果关系,是一种保守的、反动的国家观。在研究《历史—政治杂志》上关于法国革命的一系列文章后,马克思写下了一段注释。他联系法国革命的历史,批判了黑格尔的国家观。他写道:"在路易十八统治下,立宪制度是国王的恩赐(国王强令颁发的宪章),在路德维希·腓力普统治下,国王是立宪制度的恩赐(强令实行的王政)。我们完全可以指出:下一次革命总是主体变成谓语,谓语变成主体,决定者与被决定者互易其位。这不仅仅是涉及到革命方面。国王制定法律(旧的君主政体),法律造就国王(新的君主政体)。立宪政体也是这样,反动政体还是这样。长子继承权是国家的法律。国家要求长子继承法。因而黑格尔把国家观念的因素弄成主语,并把旧的国家的存在弄成谓语,而在历史的现实中情况则与此相反,国家观念永远是国家存在的谓语;他通过这种做法只是讲明了时代的普遍性质,即时代的政治的神学。"②

马克思批判黑格尔国家观的主要成果是一部未完成的手稿——《黑格尔法哲学批判》。在马克思思想发展过程中,这是一部里程碑式的著作,它标志着马克思同黑格尔主义国家观的彻底决裂,它又是马克思新世界观形成的起点。

《黑格尔法哲学批判》彻底批判黑格尔在国家和市民社会关系问题上的唯心主义观点。马克思指出,在黑格尔的国家学说中:"理念变成了独立的主体,而家庭和市民社会对国家的现实关系变成了理念所具有的想象的内部活动。实际上,家庭和市民社会是国家的前提,它们才是真正的活动者;而思辨的思维却把这一切头足倒置。"③ 马克思从家庭和市民社会出发来解释国家和法,彻底颠覆了黑格尔唯心主义的国家观,并初步形成了自己的唯物主义的社会观和历史观,这为他正确揭示私有制的本质打下了

---

① 北京图书馆马列著作研究室编:《马恩列斯研究资料汇编》(1981),书目文献出版社1983年版,第9页。

② 同上书,第15—16页。

③ 《马克思恩格斯全集》第1卷,人民出版社1956年版,第250—251页。

方法论基础。

在批判黑格尔对长子继承制的唯心主义解释的过程中，马克思深入分析了所有制的本质以及所有制与政治国家的关系。黑格尔认为，长子继承制的合理性是由它在政治国家中的作用决定的："因为拥有独立财产的人不会受外界环境的限制，这样，他就能毫无阻碍地出来为国家做事。"① 这与他所主张的国家决定市民社会的观点是一致的。马克思批判了这种观点，他指出，长子继承制是私有财产的极端形式，是私人利益的极端表现。它颠倒了人与财产的关系。在长子继承制中，财产成了主体，人反而成了客体，成为财产的附属物。这一颠倒进一步造成私有财产与政治国家关系的颠倒。从现象上看，长子继承制是由国家决定的，实际上正是长子继承制决定了现有的政治国家。他写道："实际上长子继承制是土地占有制本身的结果，是已经硬化了的私有财产，是最独立和最发达的私有财产（quand même〔无论什么样的〕）。而黑格尔当做目的、当做决定因素、当做长子继承制的 prima causa〔始因〕来描述的东西，反而是长子继承制的结果和后果，是抽象的私有财产对政治国家的支配权，但是黑格尔又把长子继承制描写成政治国家对私有财产的支配权。他倒因为果，倒果为因，把决定性的因素变为被决定的因素，把被决定的因素变为决定性的因素。"② 尽管马克思这里所讲的私有财产具体指土地的贵族地主占有制，是私有制的一种特殊形式，但这并不妨碍对其作一般性的解读，即在所有制与国家制度关系问题上，与黑格尔相反，马克思认为是所有制决定国家制度。这一观点的产生在马克思主义形成史上具有极其重要的地位，它是经济基础决定上层建筑这一历史唯物主义基本原理的初步表述。这表明，马克思已经开始形成自己独立的所有制理论。

在对政治国家与所有制关系的科学解读的基础上，马克思进一步探讨了政治国家的本质。他写道："但是究竟什么是政治结构、政治目的的内容，什么是这一目的的目的呢？这一目的的实体是什么呢？就是长子继承制，是最高阶段的私有财产，是独立自主的私有财产。"③ "长子继承制是私有财产的政治意义，是政治意义即普遍意义下的私有财产。这样一来，

---

① 转引自《马克思恩格斯全集》第 1 卷，人民出版社 1956 年版，第 366 页。
② 《马克思恩格斯全集》第 1 卷，人民出版社 1956 年版，第 369 页。
③ 同上。

国家制度在这里就成了私有财产的国家制度。"① 虽然马克思这里所说的国家指的是当时的普鲁士封建君主制，但这表明马克思已经意识到国家本质上是所有制的政治形式，是经济上占统治地位阶级的利益在政治上的反映。这一认识已经远远超越了黑格尔的"理性国家"的观点，是马克思国家理论的重大突破。

接下来，马克思对其理论突破的关键范畴——所有制进行了深入剖析。马克思认识到私有制背后隐藏的是无产者对有产者的依赖关系。他形象地写道："和独立的私有财产这种荒诞无稽的东西相比，职业的没有保障是凄惨的，追逐利润是悲壮的（戏剧性的），财产的可变性是真正不幸的（悲剧性的），对国家财产的依赖是合乎伦理的。一句话，在所有这些特质中我们透过私有财产听到了人心的跳动，这就是人对人的依赖。"② 马克思终于揭穿了所有制的本质：所有制实质上是人与人的利益关系，就私有制而言，这种利益关系表现为有产者对无产者的支配关系。

不仅如此，马克思还进一步探究了所有制的表现形式。他得出如下结论："私有财产的真正基础，即占有，是一个事实，是不可解释的事实，而不是权利。只是由于社会赋予实际占有以法律的规定，实际占有才具有合法占有的性质，才具有私有财产的性质。"③ 这表明，马克思实际上已经对法律形式的所有权与作为经济关系的所有制作了区分，所有制是所有权的本质和源泉，所有权只是所有制的法律形式。这一观点澄清了市民社会和国家关系的本质：市民社会实质上是利益关系的联结体，其核心是所有制，国家是市民社会利益关系的政治表现，它以法律形式把所有制加以肯定和固化。至此，马克思准确地把握住了私有制的本质，初步形成了自己的所有制思想。

尽管马克思还无力解释作为"事实"的私有制是如何形成的，但他已经认识到，必须到市民社会中去寻找所有制的根源。为此，马克思转而研究政治经济学，这为他最终创立历史唯物主义找到了正确的方向。马克思后来回忆道："为了解决使我苦恼的疑问，我写的第一部著作是对黑格尔法哲学的批判性的分析，……我的研究得出这样一个结果：法的关系正像

---

① 《马克思恩格斯全集》第 1 卷，人民出版社 1956 年版，第 380 页。
② 同上书，第 372 页。
③ 同上书，第 382 页。

国家的形式一样，既不能从它们本身来理解，也不能从所谓人类精神的一般发展来理解，相反，它们根源于物质的生活关系，这种物质的生活关系的总和，黑格尔按照 18 世纪的英国人和法国人的先例，概括为'市民社会'，而对市民社会的解剖应该到政治经济学中去寻求。"①

---

① 《马克思恩格斯选集》第二版，第 2 卷，人民出版社 1995 年版，第 32 页。

马克思主义整体性研究纵览

张建云

马克思主义整体性研究是近年来理论界关注的热点课题。2005 年以来，学者们从不同角度就马克思主义整体性研究的提出、内涵、本质、研究路径及相关问题进行了深入探讨，取得了重要成果。本文拟对此作个全面综述，以供参考。

一　近年来马克思主义整体性研究概况

（一）马克思主义整体性研究的必要性和意义

理论界对马克思主义整体性研究的必要性及其意义进行了广泛探讨。包括如下观点。

1. 是克服分科研究缺欠，完整认识和掌握马克思主义理论的需要

受传统"三分法"影响，以往马克思主义理论的教学和研究分散在哲学、政治经济学和科学社会主义等部分中。分科研究有优长，但是，容易造成对马克思主义理解的碎片化，造成只见部分不见整体，只见树木不见森林，所带来的弊端和负面影响是巨大的。学界深刻反思了以往分科研究的局限。正如有学者指出：不同学科会按本学科要求解读马克思主义，造成马克思主义许多原理不一致的现象，以致马克思主义的科学性遭到质疑。[①] 有学者指出：马克思主义理论分门别类研究不能真实反映马克思主义的历史地位和深远影响，不能解释马克思主义生命力何以经

---

① 秦宣：《从整体上推进马克思主义研究和学科建设》，《理论视野》2010 年第 3 期。

久不衰。① 总之，分学科教学和研究影响了人们对马克思主义本质内涵和根本精神的认识和理解，加强马克思主义整体性研究势在必行。

2. 是消除对马克思主义的割裂和肢解、彻底批判反马克思主义思潮的需要

断章取义是反马克思主义者割裂和肢解马克思主义的手法之一。反马克思主义有一个共同点，那就是有意割裂马克思主义整体与部分、部分相互之间的关系，使人们不能正确认识和对待马克思主义。正如有学者指出："当代西方马克思主义学说把马克思主义仅仅归结为哲学，归结为人本主义和异化理论；教条主义者不问时间、地点和条件，固守马克思主义的某些结论，奉为包医百病的灵丹妙药。这样，就遮掩或扭曲了马克思主义理论体系的本来面目。"② 制造对立是反马克思主义割裂和肢解马克思主义的手法之二。所谓制造对立即制造马克思主义理论内部观点对立。如有学者指出：反马克思主义者通过割裂马克思主义的各个发展阶段，制造所谓的"青年马克思"与"成熟马克思"、马克思和恩格斯、列宁与马克思恩格斯等的对立，让他们互相否定，以达到反对马克思主义的目的。③ 有学者指出：所有制造对立者所采用的方法都是割裂马克思主义在内容和体系上的完整性和整体性。④ 人为分割是割裂和肢解马克思主义的手法之三。马克思主义理论博大精深，源远流长，是一脉相承的整体，任何割裂马克思主义发展史的思想和观点都是错误的。反马克思主义通过割裂马克思主义发展史，把统一的马克思主义理论分为若干形态或部分，如"革命的理论"和"建设的理论"。反马克思主义者把马克思主义整体分解为互不联系、彼此孤立的各个部分，不仅使这些部分失去了马克思主义的意义，而且使马克思主义原理相互矛盾，面目全非，造成极大的认识混乱，以致有人认为马克思主义是自相矛盾的，不可信的。加强马克思主义整体性研究，有利于人们把握贯穿在马克思主义各理论组成部分、各历史时期的根本精神，理解马克思主义一脉相承的"脉"，从而有力地反击各种反马克思主义。

---

① 肖巍：《创新马克思主义整体性研究的视角和方法》，《思想理论教育导刊》2008 年第 2 期。

② 丁军、王承就：《以整体性方法论实现马克思主义的创新》，《理论与现代化》2008 年第 5 期。

③ 赵家祥：《关于划清马克思主义同反马克思主义界限的几个问题》，《新视野》1997 年第 1 期。

④ 房广顺：《马克思主义整体性问题回顾与瞻望》，《辽宁大学学报》2012 年第 3 期。

3. 是马克思主义理论学科建设的现实需要

为加强马克思主义理论研究和宣传教育，中央中于 2005 年 12 月正式设立了马克思主义理论一级学科，下设六个二级学科。学科设置充分体现了马克思主义理论研究和建设实践的完整性和统一性。加强马克思主义整体性研究可以为学科建设提供理论支撑。正如有学者指出，"整体性"提供了进行马克思主义基本原理学科体系构建和马克思主义基本原理研究的方法和原则。[①]

4. 是社会主义建设实践的客观要求

马克思主义整体性研究的提出是日益丰富的社会主义建设实践的迫切要求。有学者指出：中国的社会主义现代化建设本身就是一项总体性的系统工程，需要从整体上来建设。[②] 有学者指出：现实生活提出的一系列重大问题，都是社会发展中综合性、整体性的问题。为更好地研究和解决这些问题，就必须加强马克思主义理论整体性研究。[③] 有学者指出：强调马克思主义理论的整体性并不是为了抽象地抬高马克思主义能够说明一切的地位，而是为了要确认：把握马克思主义理论的整体性，归根结底是为了把握改造现实世界的系统性。[④]总之，任何现实的社会现象、事件、问题等都是政治、经济和思想文化综合作用的结果，仅仅从某个方面去认识，就很难把握事物的真相，无疑，肢解化、碎片化研究降低了马克思主义原理的现实解释力。加强马克思主义整体性研究，既是回归马克思主义本来面貌的要求，也是时代发展的客观要求，是大势所趋，势在必然。

（二）关于马克思主义整体性的内涵

马克思主义整体性是一个内涵丰富的概念，当前学界关于这个问题的讨论可谓仁者见仁、智者见智。综合起来，大致如下：

1. 马克思主义理论内容整体性

马克思主义理论内容的整体性是马克思主义整体性的核心，学者们从

---

① 吴宏政、王玉柱：《论马克思主义基本原理的整体性》，《思想理论教育导刊》2008 年第 12 期。

② 郑海呐、王同起：《马克思主义整体性研究的多维度阐释》，《求索》2008 年第 5 期。

③ 顾钰民：《关于马克思主义整体性研究的思考》，《思想理论教育导刊》2008 年第 2 期。

④ 叶险明：《对"整体性"的批判性反思——关于马克思主义理论的整体性研究的一个方法论问题》，《哲学研究》2011 年第 9 期。

不同视角对这个问题进行了概括。

从逻辑主线或总体性范畴角度进行概括。如有学者指出：逻辑整体性是马克思主义理论整体性的核心与基础。马克思主义理论的外部逻辑蕴含着交错和互补的思想演变逻辑、批判推进的逻辑和实践展开的逻辑；内部逻辑是由诸多理论范畴勾连衔接整合而出的动态系统；同时，内外部逻辑之间亦具有叠加、交错和互补的关系。[1] 有学者强调：对马克思主义整体性逻辑内涵的把握，关涉现当代马克思主义理论建构的成败。深入理解马克思主义整体性的逻辑内涵，需要着重从历史理论内涵、科学实践目的以及终极关怀形式等进行分层次多角度的立体解读。[2] 马克思主义理论整体性必然体现为逻辑主线、总体性范畴等的整体性，这是学界的普遍共识。但是关于这个逻辑主线、总体性范畴到底是什么，应该如何理解，不同学者观点不同。本文在下文专门介绍。

从世界观、方法论角度概括。有学者强调，世界观与方法论所体现出的马克思主义的整体性逻辑布展为哲学即辩证的、历史的唯物主义世界观与方法论，是通过物质实践改造世界的根本原则和方法。[3] 有学者指出：世界观、方法论本质上是统一的。从马克思主义基本原理三个层次由抽象到具体的发展，以及它们之间的相互联系性来看，世界观、方法论的统一展现了马克思主义基本原理的理论整体；从客观世界、人、人类社会发展的逻辑关系和唯物史观、剩余价值学说、共产主义理论的逻辑关系来看，世界观、方法论的统一表现了马克思主义基本原理的逻辑整体；从马克思主义基本原理的形成和发展过程来看，世界观、方法论的统一体现了马克思主义基本原理的历史整体；从"三个统一"的运用来看，世界观、方法论的统一凸显了马克思主义基本原理的方法整体。[4]

从马克思主义内在结构角度进行概括。从马克思主义理论内在结构入手进行分析，有学者指出马克思主义理论应该包括马克思主义哲学、经济学、政治学、文化学、社会学、生态学和人学"七维结构"，它们是相互

---

① 郑丽娟：《马克思主义理论整体性的逻辑路向与运演》，《内蒙古社会科学》2012 年第 4 期。

② 王玲：《试论马克思主义整体性的逻辑内涵》，《学术交流》2010 年第 11 期。

③ 袁凌新：《马克思主义整体性的逻辑布展》，《中共福建省委党校学报》2012 年第 8 期。

④ 张雷声：《从世界观、方法论相统一角度研究马克思主义基本原理整体性》，《马克思主义研究》2012 年第 4 期。

联系、相互交叉的理论体系。① 有学者从层次结构角度分析，把马克思主义理论分为三个层次，即核心层次的理论，核心层次理论与人类社会发展普遍实践结合层次的理论，上述两个层次理论与人类社会发展不同阶段实践结合层次的理论。"以此为基础，我们就能透过马克思主义理论的层次性，发现马克思主义理论整体性是在理论与理论、理论与实践的内在逻辑联系中反映出来的。"②

从三个组成部分之间的内在联系中概括。这是一个传统的，也是当前占主导地位的概括方法，强调马克思主义的整体性主要体现在马克思主义哲学、经济学和社会主义学说三者之间相互支撑、相互渗透、不可分割的内在联系上，如有学者指出，分属于马克思主义哲学、经济学和社会主义理论的马克思主义基本原理具有学科特点，但它们又从属于马克思主义整体，彼此相互支撑，相互渗透，不可分离，统称为马克思主义基本原理。③有学者认为，马克思主义理论的整体性就在于三个组成部分具有严密的逻辑联系。三大组成部分的内容是马克思主义理论整体性研究、构建马克思主义理论学科整体的主体内容。④ 还有学者主张从哲学与政治经济学内在逻辑角度把握，认为马克思的哲学革命与经济学革命的内在逻辑联系，是关于马克思学说整体性研究的一个关键性问题。⑤

从真理与价值、科学性与革命性统一角度概括。比较有代表性的观点是从理论特征、社会理想、理论品质和政治立场四个方面概括。例如胡锦涛在 2003 年 7 月 1 日 "三个代表"重要思想理论研讨会上的讲话中，就是从上述四个方面对马克思主义进行综合概括的。有学者指出：从理论特征、社会理想、理论品质和政治立场对马克思主义作出科学的概括，是从整体上理解和把握马克思主义的重要指导思想。⑥ 此外，还有学者指出，马克思主义的整体性体现为科学性与阶级性的统一、理论性与实践性的统

① 林坚：《马克思主义理论的学科结构新探》，《探索与争鸣》2009 年第 5 期。

② 张雷声：《从整体性角度把握马克思主义》，《甘肃社会科学》2010 年第 6 期。

③ 陈先达：《论马克思主义基本原理及其当代价值》，《马克思主义研究》2009 年第 3 期。

④ "整体把握马克思主义科学体系研究"课题组：《关于整体把握马克思主义科学体系的几个问题》，《思想理论教育导刊》2009 年第 11 期。

⑤ 叶险明：《马克思哲学革命与经济学革命的内在逻辑及其启示》，《中国社会科学》2010 年第 3 期。

⑥ 逄锦聚、李毅：《对什么是马克思主义的科学阐释——马克思主义整体性解读》，《思想理论教育导刊》2008 年第 1 期。

一。科学性体现着遵循社会历史发展规律的历史尺度，阶级性体现着追求无产阶级解放和人的自由全面发展的价值尺度，马克思主义就是历史尺度和价值尺度的有机统一，这种统一是马克思主义理论的整体性的内在要求。①

2. 马克思主义方法整体性

马克思主义整体性问题同时也是一个方法论问题。有学者指出，提出马克思主义整体性问题，主要之点在于整体性作为一种辩证的方法在关于马克思主义的认识和实践中的运用，这既是一个怎样正确地认识和对待马克思主义的问题，也是一个把马克思主义看作为一个有机整体，又以整体性的方法、态度对待马克思主义的问题。② 有学者指出：整体性是唯物辩证法运用的具体方法，在马克思主义理论研究中，唯物辩证法首先具体化为系统方法的运用。③

3. 历史或发展的整体性

作为一脉相承的理论体系，马克思主义发展史、马克思主义发展阶段是一个统一的整体。有学者指出，从历史的或发展的角度看，马克思主义整体性的含义表现在：（1）马克思、恩格斯原创的马克思主义与其后发展的各个阶段或具体形态各都具有整体性；（2）马克思、恩格斯原创的马克思主义与其后发展的各个阶段或具体形态构成了更大范围的理论整体。④有学者指出，马克思主义形成以后，其理论处在不断完善、发展的过程中。虽然在不同阶段针对不同的问题有不同的侧重，但其前后的发展过程是朝着"整体性"的目标前进的：它体现为不同发展阶段的统一，体现为由不完整走向完整，也可称为"连续性成长"⑤。有学者通过考察马克思、恩格斯学术路径的历史发生学，指出任何以"纯粹学理"的名义把其中的一个部分独立出来的做法，都有碍于对其思想的准确把握。⑥ 此外，很多学者都强调了中国化马克思主义是马克思主义发展史的有机组成部分，是一脉相承的马克思主义。如有学者指出，所谓一脉相承性是指马克思列宁

---

① 韩庆祥、邱耕田、王虎学：《论马克思主义的整体性》，《哲学研究》2012 年第 8 期。
② 梁树发：《马克思主义整体性与基本原理体系的建构》，《教学与研究》2007 年第 11 期。
③ 张雷声：《马克思主义理论整体性的研究视角》，《思想理论教育导刊》2010 年第 5 期。
④ 隽鸿飞：《马克思主义理论整体性研究及其问题》，《马克思主义与现实》2008 年第 6 期。
⑤ 韩庆祥、邱耕田、王虎学：《论马克思主义的整体性》，《哲学研究》2012 年第 8 期。
⑥ 何怀远：《马克思主义理论整体性的历史发生学解读》，《南京社会科学》2006 年第 6 期。

主义、毛泽东思想、中国特色社会主义理论体系之间具有内在的、本质上的一致性，包括它们都具有共同尊奉的文本，共同的世界观和方法论，共同的价值理念，共同的信仰追求。①

4. 层次整体性

亦即从多层次、多角度综合把握马克思主义整体性研究。如有学者指出：马克思主义整体性有三个层次：理论整体性、学科整体性及思想政治理论课的整体性。②有学者指出：马克思主义的整体性研究体现为"三个内在统一"，即三个基本层次的内在统一，三个组成部分的内在统一，六个二级学科的内在统一。③

5. 学科整体性

马克思主义理论一级学科及其所属的二级学科充分体现了整体性原则，很多学者对六个二级学科的内在逻辑关系进行了深入分析，表明"整体性"是马克思主义理论学科的突出特征。如有学者指出，马克思主义理论一级学科及下设的六个二级学科是一个既有区别又有联系的整体，马克思主义基本原理学科具有基础性地位，马克思主义发展史学科是历史性的展开，马克思主义中国化学科是马克思主义学说在中国的传播、发展和创造性的应用；国外马克思主义学科是马克思主义在世界其他国家和地区的发展与应用；思想政治教育学科是马克思主义理论学科的出发点和在实际工作中的具体应用，④ 等等。

（三）关于如何加强马克思主义整体性研究

关于如何加强马克思主义整体性研究问题，与如何认识和理解马克思主义整体性问题是密切相连的，很多学者都将这两个问题合在一起分析、讨论。当然，这两个问题还是有区别的。我们将比较有代表的观点归纳如下。

1. 从马克思主义理论自身整体性角度

具体来说，又包括如下视角：

---

① 袁银传：《整体性与马克思主义基本原理的科学体系》，《思想理论教育导刊》2011 年第 8 期。

② 张雷声：《马克思主义整体性的三个层次》，《思想理论教育导刊》2008 年第 2 期。

③ 肖映胜：《"三个内在统一"：马克思主义整体性研究的集中体现》，《吉首大学学报》2009 年第 5 期。

④ 张云阁：《马克思主义整体性的三维逻辑》，《新东方》2010 年第 2 期。

一是将理论内容与其发展相结合。如有学者指出，马克思主义整体性研究形式包括共时性结构的整体研究和历时性发展的整体研究。必须将结构的整体和发展的整体统一起来，从源头出发，才能真正阐明马克思主义理论自身的整体性。①

二是从马克思主义各个组成部分的内在联系角度把握。如有学者从哲学与经济相互关系分析，认为：哲学的"问题"本性内在要求从经济问题中寻求实现，而经济问题只有提升到哲学高度才能揭示其本质并找到根本性的解决路径。②

三是从层次结构来把握。有学者认为，在马克思主义背后存在着一个隐性的层次结构，即根本方法、基本原理和具体论断。根本方法是灵魂，基本原理是骨骼，具体论断是马克思主义研究具体问题得出的观点、结论。③

四是从坚持马克思主义基本原理角度把握。有学者强调，马克思主义整体性问题的实质在于是否坚持马克思主义基本原理。马克思主义基本原理具有普遍真理性，在总体上规定着马克思主义的性质。没有马克思主义基本原理，就没有马克思主义，也就没有马克思主义整体性。④ 有学者指出，坚持马克思主义首先就是坚持马克思主义基本原理，这也是整体性的基本要求。⑤

2. 从方法角度

关于从方法论上如何加强马克思主义整体性研究，有学者认为，马克思主义理论研究方法的整体性是指以一种整体性的研究方法，实现对马克思主义理论整体性的把握。⑥ 有学者强调：整体性研究是指对问题研究得出的理论、观点、结论，不是指一种独立的研究方法。是否对马克思主义理论进行了整体性研究，根本的不在于是否运用了整体性研究方法，而在于是否得出了马克思主义的观点和结论。⑦

---

① 隽鸿飞：《马克思主义理论整体性研究及其问题》，《马克思主义与现实》2008 年第 6 期。
② 韩庆祥：《经济学中的哲学与哲学中的经济学》，《社会科学战线》2011 年第 7 期。
③ 王彦深、吴鹏：《关注马克思主义的层次结构》，《河北学刊》2005 年第 2 期。
④ 梁树发：《马克思主义整体性问题的实质》，《教学与研究》2005 年第 8 期。
⑤ 寇清杰：《整体视角下的马克思主义基本原理》，《南开学报》2008 年第 4 期。
⑥ 隽鸿飞：《马克思主义理论整体性研究及其问题》，《马克思主义与现实》2008 年第 6 期。
⑦ 顾钰民：《关于马克思主义理论整体性研究的思考》，《思想理论教育导刊》2011 年第 6 期。

3. 立足现实实践，从动态和过程角度

马克思主义理论不是抽象学说，而是立足于现实实践，解释和解决现实问题的理论，因此需要从马克思主义动态生成角度研究马克思主义整体性。如有学者认为马克思主义的整体性根源于实践整体性，实践整体性是马克思主义整体性的基础，对马克思主义的认识和理解要以实践性为落脚点和出发点。① 有学者认为，对马克思理论整体性的把握，不是一个或几个人的事情，也不是一代人的事情，而是几代人甚至是一个无止境的过程。在这个过程中，只要立足现实，汲取实践精神，就能不断地在把握马克思主义理论整体性过程中，丰富和发展马克思主义理论。②

4. 从发展史角度

马克思主义是一个发展的理论，是一个连续的、历史的整体，很多学者都强调，从马克思主义发展史角度加强整体性研究。有学者指出，以其发展史为基本纲领，从其构建的过程，发展的不同阶段等探讨马克思主义整体性，既包括对马克思主义理论结构整体的研究，也包括对马克思主义理论发展整体的研究。③ 有学者认为，从发展史角度研究马克思主义整体性，应着重把握：（1）马克思恩格斯思想与其后的马克思主义既一脉相承又与时俱进的特征。（2）把马克思主义放在其产生以来160多年时代变迁的历史长河中考察，把握其发展的规律。（3）把发展的马克思主义放在其与各国具体实践结合的进程中，把握其与各国实际相结合的规律。④

5. 从文本角度

通过经典作家的著作文本来解读和说明马克思主义整体性，是马克思主义整体性研究的重要内容。有学者认为，《共产党宣言》实际上是马克思主义的理论宏伟大厦的缩影，《资本论》堪称马克思主义的"百科全书"。⑤ 有学者认为，《巴黎手稿》和异化劳动理论是马克思主义理论整体

① 吴苑华：《如何"整体地"理解"马克思主义"？——针对〈马克思主义基本原理概论〉的思考》，《理论探讨》2009 年第 6 期。

② 叶险明：《对"整体性"的批判性反思——关于马克思主义理论的整体性研究的一个方法论问题》，《哲学研究》2011 年第 9 期。

③ 杨倩：《基于发展史视域中马克思主义整体性的问题探讨》，《理论与实践》2012 年第 5 期。

④ 高娜：《发展史视域中的马克思主义整体性研究》，《思想理论教育导刊》2011 年第 7 期。

⑤ 唐昆雄：《在教学中科学把握和全面贯彻马克思主义的整体性特质——"马克思主义基本原理概论"课程教学的思考》，《思想理论教育导刊》2011 年第 9 期。

性的创生大纲，是马克思主义的真正诞生地和秘密，是系统构建马克思主义理论体系的逻辑大纲，是马克思主义全部丰富内容的理论起点和立论基础。①

6. 从理论与实践相统一角度

理论和实践相统一，是科学地把握马克思主义整体性的重要内容。有学者指出：马克思主义哲学、政治经济学和科学社会主义的有机统一是在马克思主义理论和无产阶级实践的具体的历史的统一的基础上实现的，只有从理论和实践的具体的历史的统一中，才能真正建构起这种整体性。② 有学者认为在理论与实践的统一中整体把握马克思主义，必须实现问题逻辑与实践逻辑的内在融通，真正找到实现马克思主义理论创新和发展的根本路径，在实践基础上打通马克思主义理论。③ 有学者指出，理论和实践的关系问题是理解马克思主义整体性的最佳视角。④

7. 从学科角度

马克思主义理论学科的设立对加强马克思主义整体性研究具有十分重要的意义，它为整体性研究搭建了学术平台，提供了学科支撑，是加强整体性研究的重要把手和载体。这是学界的普遍共识。如有学者指出：通过对马克思主义理论各二级学科之间的相互关系的研究，揭示出马克思主义理论的整体性。⑤ 有学者强调，在认识到二级学科之间密切联系的同时，更要认识其区别，要有"边界"划分。明确学科内涵与外延的关系，才能够更完整地把握马克思主义整体性。⑥

8. 从教学和宣传角度

马克思主义是完整的理论体系，在教学和宣传中，贯彻马克思主义整体性原则，是推进马克思主义整体性研究的现实途径。有学者指出，在

---

① 王文奎：《马克思主义理论整体性的创生大纲———论〈巴黎手稿〉和异化劳动理论的性质与地位》，《伦理学研究》2012 年第 2 期。

② 张云飞：《理论和实践的统一：马克思主义整体性的内在机理和科学要求》，《思想理论教育导刊》2008 年第 5 期。

③ 朱荣英：《论在理论与实践的统一中整体把握马克思主义》，《井冈山大学学报》2010 年第 5 期。

④ 肖月：《论马克思主义的整体性研究所不容忽视的"一"、"两"、"三"》，《青海社会科学》2010 年第 5 期。

⑤ 隽鸿飞：《马克思主义理论整体性研究及其问题》，《马克思主义与现实》2008 年第 6 期。

⑥ 李毅：《马克思主义理论的整体性与学科建设》，《教学与研究》2007 年第 3 期。

"马克思主义基本原理概论"课的教学中，凸显马克思主义的整体性是完成教学任务、实现教学目的的必然要求。要从整体性的高度理解"原理"课的定位和基本任务，要给学生以马克思主义的完整概念，要从整体性的视角设计、讲授马克思主义基本原理的内容。同时，要重视从世界观和方法论的高度帮助学生从整体上把握马克思主义。① 有学者指出，通过教学向学生展现一个整体的马克思主义，而不是一个"单向度"的马克思主义，这是新课改的一个重要目的。要实现这一教学目的，要用以下三条主线来统领课堂教学：一是马克思主义的世界观和方法论，二是人类社会发展规律性，三是人类自由而全面发展。②

二 三个重要相关论题

在马克思主义整体性研究的讨论中，关于什么是马克思主义、什么是马克思主义基本原理等问题是关系到如何正确理解马克思主义整体性的根本问题，也是学者讨论比较集中的问题。这些问题往往与马克思主义整体性问题的讨论交织在一起，本文将其摘录出来，以供参考。

（一）什么是马克思主义——理解马克思主义整体性的视角、逻辑主线或基本范畴

关于马克思主义的定义与理解马克思主义理论的逻辑主张或总体性范畴是内在相连的，本文将其分开介绍，仅是为提供一个更清楚的介绍。

1. 什么是马克思主义

"什么是马克思主义"，这是一个有关马克思主义本质及其属性等马克思主义观的根本问题。对这个问题认识越深入，对马克思主义整体性的把握才会越科学。讨论马克思主义整体性，必然涉及对"什么是马克思主义"的理解，由此，"什么是马克思主义"的定义成为马克思主义整体性研究中的一个重要问题，它不同于对马克思主义整体性内涵的解释和说明，需要有更高层次的抽象和概括。对于这个问题：有学者定义为"马克

---

① 唐昆雄：《在教学中科学把握和全面贯彻马克思主义的整体性特质——"马克思主义基本原理概论"课程教学的思考》，《思想理论教育导刊》2011 年第 9 期。

② 张云阁：《马克思主义整体性的三维逻辑》，《新东方》2010 年第 2 期。

思主义是马克思恩格斯创立的关于无产阶级和全人类解放的科学"，或者简化为"人的解放学"。① 有学者定义为"马克思主义是不断发展的关于人类社会发展一般规律的科学，是无产阶级实现自身解放和全人类解放的思想武器"。② 比较全面的定义，如高教出版社的《马克思主义基本原理概论》用了一千字说明什么是马克思主义，强调从不同角度可以对什么是马克思主义作出不同的回答。③

2. 理解马克思主义的视角、逻辑主线或总体性范畴

如何科学地把握马克思主义理论整体性，很多学者都谈到了逻辑主线、基本范畴或总体性范畴。什么是逻辑主线、基本范畴或总体性范畴？正如有学者归纳：总体性范畴指贯通于一个思想理论或一个学科的主要内容之中，对整个内容体系起着方法论建构作用和目标导向作用，从而使整个思想理论成为一个逻辑系统的范畴。逻辑主线是指融会并引领于思想理论体系各主要组成部分之中的基本范畴、核心观点和基本方法。二者紧密相关，两个论域经常可以重合。④ 马克思主义的逻辑主线、中心线索或总体性范畴是什么？当前研究包括如下观点：

人的解放和自由全面发展。如有学者认为，探究人的解放和自由全面发展是马克思主义内在逻辑主线，以此构建整体性意义上的马克思主义理论体系能够反映马克思主义的整体性。⑤

无产阶级和人类解放。如有学者提出，马克思主义的主题是无产阶级和全人类的解放，包括三个方面基本范畴，一是关于无产阶级和人类解放"立论基础"（包括世界的物质性和统一性，实践等）；二是关于无产阶级和人类解放历史必然性"具体证明"（包括生产力和生产关系、经济基础和上层建筑等）；三是关于无产阶级和人类解放"条件和目的"的基本范

① 高放：《什么是马克思主义和科学社会主义在马克思主义中的地位》，《江西社会科学》1990 年第 6 期。

② 梁树发：《马克思主义整体性与马克思主义定义问题》，《党政干部学刊》2005 年第 3 期。

③ 本书编写组：《马克思主义基本原理概论》，高等教育出版社 2008 年版，第 2 页。

④ 吴育林：《把握马克思主义基本原理体系整体性的关键》，《思想理论教育导刊》2011 年第 6 期。

⑤ 牛先锋：《马克思主义整体性的逻辑生成和逻辑体系》，《中共中央党校学报》2011 年第 6 期。

畴（包括无产阶级政党、无产阶级革命等）。①

实践。以实践范畴作为理解马克思主义理论的逻辑主线或总体性范畴，是很多学者主张的观点。如有学者提出，实践是马克思主义的总体性范畴，也是马克思主义的逻辑基点。要以实践范畴为核心，通过一定的中介贯穿到马克思主义的各个组成部分，从而使其成为一个有机整体。② 有学者认为，马克思主义是共产主义运动的理论表现形态，是建立在实践运动基础上的一种社会科学学说，这种实践所具有的具体的、整体的性质，规定了这种学说的整体的性质。③ 有学者指出，要正确理解马克思主义理论整体性，就必须批判实证主义之类的抽象的理论哲学立场，而深入领会马克思开创的现代实践哲学精神。④

（二）什么是马克思主义基本原理——理解马克思主义基本原理的视角、逻辑主线或基本范畴

什么是马克思主义基本原理？这个问题对回答"什么是马克思主义"至关重要，成为理论界普遍关注的重大课题。关于马克思主义与马克思主义基本原理的关系，一般认为，马克思主义基本原理是马克思主义理论的基础和核心，是否坚持马克思主义最终归结为是否坚持马克思主义基本原理。关于什么是马克思主义基本原理，理解马克思主义基本原理的逻辑主线或总体性范畴与什么是马克思主义及理解马克思主义的逻辑主线或总体性范畴也是密切相连的，讨论也往往交织在一起。

1. 关于如何概括马克思主义基本原理内容

理论界没有形成一致意见，包括以下几种主张。

一是从核心层次角度概括。有很多学者认为，马克思主义基本原理分为核心层次、第二层次或次核心层次等，但是不同学者对核心层次的内容理解并不相同。有些学者认为核心层次是世界观和方法论，马克思主义基本原理就是辩证唯物主义和历史唯物主义，唯物辩证法和历史辩证法等。

① "整体把握马克思主义科学体系研究"课题组：《关于整体把握马克思主义科学体系的几个问题》，《思想理论教育导刊》2009 年第 11 期。

② 张国顺：《生产社会性与马克思主义经济学范畴体系的逻辑建构——马克思主义整体性逻辑的一个镜像》，《云南社会科学》2009 年第 1 期。

③ 王贵明：《论马克思主义的整体性》，《探索》1999 年第 4 期。

④ 王南湜：《从实践意图看马克思主义理论的整体性》，《南开学报》2008 年第 4 期。

有些学者认为核心层次是马克思主义基本立场、基本观点和基本方法，即人民立场，辩证唯物论、能动反映论等观点及实事求是、群众路线等方法。有学者认为，马克思主义始终不变的根本原则有两条，"实事求是"，"一切为人民"。① 有学者认为，第一个层次为马克思主义基本原理，主要是指它的世界观和方法论。② 有学者强调，要从马克思主义层次性来看马克思主义基本原理。第一层次主要是指它的世界观和方法论。第二层次是经典作家提出的重要观点和重要结论。第三层次为马克思主义个别观点和个别结论。③

二是从总体、综合角度概括。有很多学者主张从三个组成部分有机统一的角度来把握，如高教出版社《马克思主义基本原理概论》。也有些学者主张从理论与实践、理想与价值统一的角度来把握，如有学者指出，马克思主义基本原理，在知识论的维度上表现为唯物史观，在价值论维度上则是共产主义，二者统一于"革命的实践"。④

三是从文本角度概括。即从马克思、恩格斯、列宁等经典作家的大量论述中来看他们所强调的马克思主义基本原理。如有学者总结：马克思恩格斯始终强调的原理包括：一定历史时代主要的经济生产方式和交换方式以及必然由此产生的社会结构，是该时代政治和精神的历史所赖以确立的基础等等，共有 7 条。⑤

四是从性质与功能等角度概括。如有学者将马克思主义基本原理概括为关于客观物质世界相互联系、相互作用和运动发展的原理等，共有 14 条⑥。

2. 如何理解马克思主义基本原理的逻辑主线或总体性范畴

任何一门科学的理论都必然是一个完整的思想体系，其组成部分、具体观点之间内在相连、彼此呼应、首尾连贯、合乎逻辑、浑然一体。马克思主义理论既是如此，马克思说：我的著作是一个艺术的整体。马克思主义理论是一个完整的理论体系，是一个"一以贯之"的整体，那么这个

① 李德顺：《关于马克思主义的基本原理和根本原则——从一个平常问题引发的思考》，《马克思主义与现实》2005 年第 5 期。

② 刘林元：《关于什么是马克思主义基本原理的一种认识》，《学习论坛》2009 年第 7 期。

③ 寇清杰：《整体视角下的马克思主义基本原理》，《南开学报》2008 年第 4 期。

④ 杨筱刚：《马克思主义："硬核"及其剥取》，人民出版社 2006 年版，第 435—496 页。

⑤ 梅荣政：《什么是马克思主义基本原理——五个马克思主义文本有关论述的研究》，《马克思主义研究》2009 年第 4 期。

⑥ 靳辉明：《深入研究马克思主义基本原理的几点思考》，《高校理论战线》2009 年第 6 期。

"一以贯之"的"一"是什么呢？从当前理论界研究现状看，学者们普遍主张从马克思主义基本原理总体性范畴或其内在的逻辑主线、中心线索的角度来构建。主要包括如下主张。

一是实践。有学者认为，实践范畴是马克思主义的总体性范畴，也是马克思主义理论的逻辑基点，由此，劳动范畴是实践范畴内在规定由马克思主义哲学领域向马克思主义政治经济学领域展开的逻辑中介，无产阶级革命范畴则是实践范畴内在规定由马克思主义政治经济学领域向科学社会主义领域展开的逻辑中介。①

二是无产阶级和人类解放。有学者认为，马克思主义三个组成部分相得益彰地连接着马克思主义基本原理的逻辑整体性，贯通于其中的中心思想线索是无产阶级和人类解放。马克思主义哲学说明了无产阶级和人类解放的可能性和必然性，政治经济学解析了无产阶级和人类解放的现实性和条件性，科学社会主义瞻望了无产阶级和人类解放的可行性和目标性。②"马克思主义基本原理所要回答的'基本问题'是什么？当然是无产阶级和人类的解放。"③

三是立场、观点和方法。如有学者认为，马克思主义学说与生俱有自身的三个内在维度，即其人本立场、实践观点和辩证方法。④

四是真理观与价值观统一。如有学者认为，最基本的原理即马克思主义的理论内核，主要包括价值取向上的内容，如追求人的解放和发展，以及科学认识上的内容，如实事求是原则、实践批判精神、唯物史观的基本原理等。⑤

（三）中国化马克思主义整体性研究

中国化马克思主义是马克思主义发展史上的一个极为重要的阶段和形

---

① 郭小香：《基于实践范畴的马克思主义整体性解读》，《理论探索》2011 年第 2 期。
② 吴育林：《从无产阶级和人类解放理解马克思主义基本原理的整体性和系统性》，《思想理论教育导刊》2012 年第 6 期。
③ 吴宏政、王玉柱：《论马克思主义基本原理的整体性》，《思想理论教育导刊》2008 年第 12 期。
④ 李昆明、许恒兵：《马克思主义学说的内在维度和基本原理科学体系的建构》，《南京政治学院学报》2011 年第 3 期。
⑤ 陈新夏：《马克思主义基本原理体系建设的几点思考》，《思想理论教育导刊》2011 年第 6 期。

态，中国化马克思主义自身也是一个整体，需要加强中国化马克思主义整体性研究。当前学界关于这个问题的讨论也很集中，本文将其单独列出，以供深入研究参考。

1. 中国化马克思主义是一个统一整体

中国化马克思主义是马克思主义中国化的理论成果，包括毛泽东思想、邓小平理论、"三个代表"重要思想、科学发展观等重要内容，它们是一个完整的理论体系，是一个内在的、逻辑的和历史的辩证统一体。

有学者指出，中国化马克思主义内容涵盖了中国革命、建设和改革不同时期的经济、政治、文化、社会建设，以及党的建设、科技教育、国防外交、民族宗教等领域，是一个完整的理论体系①。有学者认为，当代中国马克思主义在整体上不外乎三个层次：最深层是作为中国特色社会主义实践规律被认识的"规律体系"；中间层是作为揭示中国特色社会主义实践规律的方法被运用的"思想体系"；最表层是作为系统表达中国特色社会主义的思想方法所形成的"理论体系"②。有学者认为，中国化马克思主义具有内在的、逻辑的和历史的严整性，它以"建立和巩固社会主义，实现民族复兴"为主题，在理论逻辑和历史形成方面体现了中国化马克思主义的整体性特征以及理论间的一脉相承又与时俱进的关系。③ 有学者认为，中国化马克思主义是"一个理论和实践统一的整体，从理论上看，统一于马克思主义的基本原理、理论旨趣和根本方法。从实践上看，统一于中国革命、建设和改革的实践、中华民族的解放、复兴和中国人民的解放和发展的事业中。④

2. 中国化马克思主义整体性研究路径

如何加强中国化马克思主义整体性研究，学界进行了多方探讨。关于中国化马克思主义整体性研究的路径选择，有学者认为，要把纵向的历史的研究与横向的内在逻辑的研究相结合，要把文本研究与实践研究相结合，要与对马克思主义研究、党的几代领导集体著作的研究和党的文献研

---

① 肖贵清：《中国化马克思主义整体性研究的基本思路》，《河北师范大学学报》2008 年第 5 期。

② 曹富雄：《当代中国马克思主义整体性的哲学透视——从内容相通的"规律、思想、理论"到方法各异的"辩证法、认识论、逻辑学"》，《兰州交通大学学报》2011 年第 5 期。

③ 常宝红、赵文：《中国化马克思主义整体性研究》，《探索》2006 年第 3 期。

④ 杨谦等：《中国化马克思主义理论和实践的整体性特征》，《南开学报》2008 年第 4 期。

究相结合。①。有学者认为，相对于马克思主义整体性研究而言，中国化马克思主义的整体性研究应着重从历史与逻辑相统一的角度，联系中国革命、建设、改革的具体实际，对中国化马克思主义进行多维研究。②

很多学者强调，要整体推进马克思主义中国化、时代化和大众化。有学者认为，马克思主义中国化、时代化、大众化是一个须臾不可分割的统一整体，其整体性逻辑可以从历史逻辑与理论自身的内在逻辑两方面来考察。③ 还有学者提出，推进马克思主义中国化、时代化、大众化整体性研究，是当代中国实现马克思主义发展的具体体现。中国化以中国实践为基础发展马克思主义，使马克思主义具有鲜明的中国特色；时代化以世界变化为依据发展马克思主义，使马克思主义具有宽广的世界意义；大众化以当代中国马克思主义为核心内容宣传马克思主义，使理论转化为建设中国特色社会主义的巨大力量。中国化、时代化和大众化相互促进、有机统一，体现了马克思主义理论发展和建设的内在规律。"从方法论角度说，把'三化'作为有机统一的整体是马克思主义理论发展和建设研究的基本方法。"④

三　简要评论

马克思主义整体性研究是近年来马克思主义研究的热点和核心问题。整体性研究的重要意义在于：它是完整、准确地理解和把握马克思主义基本原理和马克思主义基本原则、根本精神的途径。

一般来说，人们通常是从超越"三分法"来理解马克思主义整体性研究的。确实，马克思主义整体性是一个内涵丰富的范畴，不是所有学者都主张把马克思主义整体性内涵仅看成是三个组成部分的内在联系，对于除此之外的内涵，很多学者已经从不同视角、不同层面进行了阐释，这里不

---

① 肖贵清：《中国化马克思主义整体性研究的基本思路》，《河北师范大学学报》2008 年第 5 期。

② 刘爱武：《中国化马克思主义整体性研究与马克思主义整体性研究的区别及其联系》，《河北师范大学学报》2008 年第 5 期。

③ 陈曙光：《马克思主义中国化时代化大众化的整体性逻辑》，《湖北社会科学》2011 年第 10 期。

④ 顾钰民：《马克思主义中国化、时代化、大众化整体性研究的思考》，《上海师范大学学报》2011 年第 6 期。

再多述。但是，从马克思主义整体性问题的兴起原因来看，马克思主义整体性研究确实是直接源自人们对马克思主义"三分法"模式存在的缺陷的深刻反思。学术界普遍认为，传统的"三分法"不能全面系统地涵盖马克思主义理论的整体，割裂了作为整体的马克思主义基本原理，不符合马克思恩格斯等经典作家的理论创建的本意，整体性研究是科学认识和发展马克思主义的内在要求。因此，尽管人们对马克思主义整体性的具体内涵理解不同，但人们一般认为，加强马克思主义整体性研究就是要超越以往"三分法"为我们设置的学科界限，更多地从揭示三个组成部分内在联系的角度研究马克思主义。因此，从总体上来说，马克思主义整体性研究表现为超越"三分法"的努力。从近些年的研究实践看，学者们从马克思主义理论内容整体性、方法整体性、历史或发展的整体性、层次整体性、学科整体性等角度，进行了分别研究，取得了重要成绩。但是，这些看似"五花八门"的研究总是给人"停留在表面，难以深入"的感觉，以致很多学者认为，当前的整体性研究没有真正完全解决马克思主义理论尤其是它的基本原理的整体性问题，正如有学者所说，当前，就总体而言，马克思主义理论整体性研究所取得的成果并不理想，并没有出现得到大家基本认可的实实在在的真正体现整体性的研究成果。现在大家所研究的问题，是如何进行整体性研究，而不是拿出体现整体性研究的理论成果。

超越当前马克思主义整体性研究的胶着状态，切实推进整体性研究，取得实质性进展，是当前马克思主义整体性研究的当务之急。我们认为，当前任务就是在已有研究的基础上，从全面、综合、创新的角度来深化整体性研究。具体来说，可以从以下几个方面研究：分科性研究，即从哲学、政治学、经济学、文化、社会学、人类学等方面研究；层次性研究，从一般原理、具体论断、思维方法等方面研究；发展性研究，按照经典作家和学者等线索来研究；统一性研究，按照马克思主义立场、观点和方法辩证统一角度研究；分类性研究，主要是从哪些是必须长期坚持的基本原理，哪些是需要发展的理论判断，哪些是必须破除的教条式理解，哪些是必须澄清的错误观点四个方面研究；破立性研究，从批判性和建设性两个方面研究；国别性研究，包括中国、越南、古巴、朝鲜、老挝等社会主义国家及发达资本主义国家的共产党的理论等的研究；"三化"研究，从马克思主义中国化、时代化、大众化方面研究，等等。由此，还马克思主义一个真正的整体性的面貌，从而深入推进马克思主义研究。

这是一个庞大而系统的工程，要实现这个目标还需要从以下两个方面多加努力。

第一，需要努力把哲学思维渗透马克思主义整体性研究中。

马克思主义哲学研究是马克思主义基本原理研究的基础和核心部分。习近平在中央党校 2011 年学员开学典礼上，曾特别强调要着重学习马克思主义哲学，他指出，哲学是人类的智慧之学，哲学是基础。掌握马克思主义哲学，是掌握马克思主义完整科学体系的重要前提。只有在辩证唯物主义和历史唯物主义思想方法的指导下，我们才能正确判断形势、坚定理想信念、科学分析机遇和挑战、全面看待前进道路上的主流和支流，才能增强工作中的科学性和全面性，不断开创各项工作的新局面。哲学是理论基础，只有在哲学研究上狠下功夫，才能吃透马克思主义基本原理及其根本精神，从而才能正确判断形势，保持头脑清醒，创造出卓然超群的高水平成果。

从当前理论界现状看，马克思主义哲学思维并没有真正渗透马克思主义整体性研究之中，人们一般认为，哲学是研究形而上学的，对于现实问题的解释和解决不切实际，而整体性研究是从整体上研究马克思主义的，主要是把马克思主义哲学、政治经济学和科学社会主义辩证统一起来。实际上并非如此。如果没有马克思主义哲学研究的深度和穿透力，要把马克思主义哲学、政治经济学和科学社会主义辩证统一起来，是难以想象的，最终会因缺少实质性内容而难有令人满意的成果。同样，马克思主义哲学研究如果缺少马克思主义整体性的视野和空间，也容易越研究，路越狭，最终真正地进入抽象空洞的玄学境地。

第二，努力在直面现实问题的研究中展现马克思主义整体性。

马克思主义整体性研究不是一个单纯的理论问题，当前社会主义经济建设、政治建设、文化建设、社会建设、生态文明建设等全面、协调、可持续发展对理论研究的要求，是马克思主义整体性研究提出的最深远的现实时代背景，也是整体性研究深入开展的生长点和源泉。从当前马克思主义整体性研究的现状看，现在研究偏重在理论层面，学术研究和现实问题的解决难以有效衔接。一方面是从理论到理论，在理论范围内转圈子，马克思主义整体性研究的实践价值并没有真正显现；另一方面是运用马克思主义理论解读现实问题，提出重大政策主张的能力不足，很多人局限于马克思主义经典作家的论述，缺乏在对马克思主义根本原则和根本精神的深刻把握基础上的创新思维。这个困境的症结就在于，不能正确区分马克思主义基本原理中不变的根本原则与可变的具体结论之间的界线。马克思主义基本原理理论体系、马克思主义的根本原则是马克思主义的最核心部分，它不是一个或几个具体原理，而一个原理体系，是涵盖马克思主义辩证唯物主义世界观、价值观、实践论及其内在联系的辩证统一体，它的核心内容是不变的，但是会随着时代发展而像滚雪球一样不断充实、不断丰富。马克思主义基本原理研究需要深刻揭示这一原理体系的内在关系，把握基本原理的核心思想和根本精神，在此基础上，运用这一根本思想去解释和解决各个时代人类实践出现的新情况新问题，得出具体结论，再用以指导具体实践。因此，用以指导社会的经济、政治等发展中出现的具体问题的具体理论，是随着时代的发展和实践的需要而不断创新的。

马克思主义整体性研究要在深刻把握国内外局势的基础上，深入实践发展前沿，感悟时代发展先声，用马克思主义基本原理解释和解决社会主义建设中出现的问题，并在这一过程中使理论本身得到丰富和升华，这是马克思主义理论发展的最高境界。

（原载《天中学刊》2014 年第 1 期）

第二部分

马克思主义整体性研究荟萃

研究和把握马克思主义整体性

逄锦聚

加强对马克思主义整体性的研究和理解，是总结历史和实践经验得出的结论，是继承和发展马克思主义的要求，是当代中国坚持指导思想上的与时俱进，坚持正确的改革方向，推进社会主义现代化建设的新要求。

一 为什么要加强对马克思主义整体性的研究和把握

邓小平在"文化大革命"结束后刚恢复工作的时候，针对当时有人片面地、扭曲地、教条地对待毛泽东思想的做法，振聋发聩地提出，要对毛泽东思想有一个完整的准确的认识，要善于学习、掌握和运用毛泽东思想的体系来指导我们的各项工作。邓小平对待毛泽东思想的态度，也同样适用于对待马克思主义。实际上，无论从国际共产主义运动史还是中国共产党的历史看，既有坚持以完整准确的马克思主义指导取得革命成功的经验，也有因为对马克思主义理解片面和不准确，而发生"左"的或右的错误，导致革命挫折，事业受损，甚至人头落地的惨痛教训。所以，要加强对马克思主义整体性的研究和把握，首先是总结历史经验得出的重要启示。

如果说这种启示是总结无产阶级内部历史得出的结论，那么总结无产阶级外部的历史也会得出同样的结论。马克思主义诞生后，一方面受到无产阶级和广大劳动大众的欢迎和拥护，另一方面几乎同时也受到资产阶级和其他敌对者的歪曲、反对和否定，直到今天，这种声音在世界范围内还没有停息。而马克思主义反对者惯用的手法就是断章取义、片面地曲解马克思主义。所以，要捍卫、继承和发展马克思主义，最重要的就是要从整体上全面准确完整地理解和把握马克思主义。

加强对马克思主义整体性的研究和把握，也是全面、准确、完整地理解和把握马克思主义基本原理，并以此指导我国改革开放和现代化建设的需要。指导我们事业的理论基础是马克思主义。过去依靠马克思主义的指导，我们取得新民主主义革命和社会主义革命、社会主义建设的胜利，今天要取得改革开放和社会主义现代化建设伟大事业的成功，仍然要坚持以马克思主义为指导。坚持以马克思主义为指导是要以马克思主义基本原理为指导，而不是以马克思经典作家的个别结论为指导，更不是以后人不准确不全面理解的马克思主义为指导。这就要求对马克思主义必须从整体上进行理解，全面准确把握马克思主义的立场、方法和理论体系。只有从整体上理解和全面把握马克思主义，才能够分清哪些是马克思主义的基本原理，哪些是马克思主义经典作家针对特殊情况做出的个别结论，哪些是根据变化了的情况需要发展的马克思主义理论，哪些是后人附加到马克思主义的错误观点。

加强对马克思主义整体性的研究和把握，必须加强对当代中国化马克思主义整体性的研究和理解。在我国的历史上，以毛泽东同志为核心的党的第一代中央领导集体，将马克思主义基本原理同中国革命实践相结合，产生了马克思主义中国化的第一个伟大成果——毛泽东思想。在毛泽东思想的指引下，全党全国各族人民建立了新中国和社会主义制度，取得了社会主义革命和建设的伟大成就。以邓小平同志为核心的党的第二代中央领导集体和以江泽民同志为核心的党的第三代中央领导集体将马克思主义基本原理同中国建设的实践相结合，指引全党全国各族人民在改革开放的伟大征程上阔步前进，创立了邓小平理论和"三个代表"重要思想。党的十六大以来，以胡锦涛为总书记的党中央带领全国人民以邓小平理论和"三个代表"重要思想为指导，顺应国内外形势的发展变化，抓住重要战略机遇期，发扬求真务实、开拓进取的精神，坚持理论创新和实践创新，着力推动科学发展、促进社会和谐，完善社会主义市场经济体制，在全面建设小康社会实践中坚定不移地把改革开放伟大事业继续推向前进。

总之，在改革开放的历史进程中，我们党把坚持马克思主义基本原理同推进马克思主义中国化结合起来，创立了马克思主义中国化的又一伟大成果——中国特色社会主义理论体系。中国特色社会主义理论体系，就是包括邓小平理论、"三个代表"重要思想以及科学发展观等重大战略思想在内的科学理论体系。这个理论体系，坚持和发展了马克思列宁主义、毛泽东思想，凝结了几代中国共产党人的智慧和心血，是马克思主义中国化的最新成果，是党最可宝贵的政治和精神财富，是全国各族人民团结奋斗的共同思想基础。中国特色社会主义理论体系是不断发展的开放的理论体系。"《共产党宣言》发表以来近一百六十年的实践证明，马克思主义只有与本国国情相结合、与时代发展同进步、与人民群众共命运，才能焕发出强大的生命力、创造力、感召力。在当代中国，坚持中国特色社会主义理论体系，就是真正坚持马克思主义。"① 而只有加强对当代中国化马克思主义的整体性进行研究和把握，才能更好地全面准确地理解、把握、坚持和发展中国特色社会主义理论体系。

综上所述，加强对马克思主义整体性的研究和理解，是总结历史和实践经验得出的结论，是继承和发展马克思主义的要求，是当代中国坚持指导思想上的与时俱进，坚持正确的改革方向，推进社会主义现代化建设的新要求。

二　研究和把握马克思主义整体性的几个角度

研究和把握马克思主义整体性，至少有以下几个角度。

（一）从马克思主义的形成过程研究和把握其整体性

马克思主义经典作家的全部理论活动都是为了人类解放这一目标而进行的，其根本宗旨是实现人类解放。马克思主义的这一理论目标决定了它必然是一种以理论与实践相统一为基本原则的理论。由理论与实践相统一这一基本原则所决定，马克思主义从一产生就具有整体性的品格。人类解放实践是一个涉及经济、政治、文化、社会等各个方面的总体性实践活动，它不可能分门别类地、彼此孤立地进行，这决定了马克思主义理论只有从整体上完整地被理解和把握，才能有效地服务于实践的目标。

从马克思主义形成过程中马克思主义创始人理论活动的全部过程看，马克思主义具有鲜明的整体性。马克思、恩格斯从年轻时代就立志选择最

---

① 胡锦涛：《高举中国特色社会主义伟大旗帜　为夺取全面建设小康社会新胜利而奋斗》，人民出版社 2007 年版，第 12 页。

能为人类而工作的职业，大量地接触穷苦的工人群众。马克思1841年后在《莱茵报》上发表的多篇论文，恩格斯写作的《英国工人阶级状况》，都表达了对贫苦群众的深切同情和对资本主义社会的憎恶。其后，马克思、恩格斯积极参加推翻资本主义制度的阶级斗争，投身于创立无产阶级政党、组织无产阶级队伍的活动，同工人运动中的各种机会主义思潮进行不懈地斗争。他们毕生的使命都和发展、壮大无产阶级革命事业密切地联系在一起。从19世纪40年代后半期马克思、恩格斯创建"共产主义者同盟"开始，一直到90年代前半期恩格斯晚年领导"第二国际"的活动，关注欧美无产阶级革命斗争和政党的发展为止，在半个世纪的历程中，马克思、恩格斯始终处在国际共产主义运动斗争的前沿，积极参与并领导了无产阶级反对资产阶级和资本主义制度的斗争。马克思、恩格斯的生平事业和无产阶级革命斗争所具有的这种紧密联系，是他们创立马克思主义的重要条件。而在此基础上形成的马克思主义，从一开始就成为无产阶级反对资产阶级的强有力的思想武器。这个思想武器，不是支离破碎的，而是一个以科学的世界观和方法论一以贯之的严整的体系。

（二）从马克思主义各个组成部分的内在联系和马克思主义基本著作的内容研究和把握其整体性

马克思主义是涉及众多学科门类的知识海洋，它的内容涵盖了政治、经济、文化、军事、历史、社会生活、人类发展等诸多领域和各个方面，是极其丰富的。从不同的角度，可以对马克思主义做出不同的定义。从它的创造者、继承者的认识成果讲，马克思主义是由马克思、恩格斯创立的，而由各个时代、各个民族的马克思主义者不断丰富和发展的观点和学说的体系。从它的阶级属性讲，马克思主义是关于无产阶级和人类解放的科学，是关于无产阶级斗争的性质、目的和解放条件的学说。但不管从什么角度理解马克思主义，都必须看到，马克思主义是彻底而严整的科学理论体系。马克思主义包含的所有内容虽然各自的侧重点不同，但都是马克思主义科学世界观和方法论的体现，都是贯穿人类社会发展普遍规律的学说，都是关于社会主义必然代替资本主义的学说。

从马克思主义经典著作的主要内容看，马克思主义整体性更为明显。一般认为，《共产党宣言》是马克思主义形成的标志，而《共产党宣言》实际上是马克思主义的理论宏伟大厦的缩影，其理论内容几乎涵盖了马克思主义的各个重要方面。其他著作也大都是这样，《1844 年经济学哲学手稿》中关于哲学问题的思辨与关于政治经济学、人类解放理论等现实问题的交织；《神圣家族》、《德意志意识形态》、《哲学的贫困》等著作中哲学问题、经济学问题、历史问题、社会问题的汇聚；《路易·波拿巴的雾月十八日》、《法兰西内战》等关于现实问题的著作中所蕴含的深刻的哲学观念与政治经济学前提；而《反杜林论》，恩格斯虽然对"哲学"、"政治经济学"、"社会主义"三个部分进行了分别论述，但从全文看，恰恰是这些看似独立的部分，构成了一个内容紧密相连、逻辑严谨的理论整体。即使像《资本论》这一部被长期看做是经济学的马克思主义经典著作，不仅包含有马克思主义的经济学基本原理，也包含了马克思主义的辩证唯物主义和历史唯物主义世界观方法论、科学社会主义的基本原理，堪称马克思主义的百科全书。所以，从马克思主义经典著作的全部内容看，马克思主义是严谨而完整的理论体系，从整体上理解和把握马克思主义是符合马克思主义本来面貌的。

（三）从马克思主义的革命性与科学性相统一的角度研究和把握其整体性

从科学性与革命性相统一的角度理解和把握，马克思主义是包含四个最根本最核心内容的体系。

第一，科学的世界观和方法论。辩证唯物主义和历史唯物主义是马克思主义最根本的世界观和方法论，也是马克思主义理论科学体系的哲学基础。第二，鲜明的政治立场。马克思主义政党的一切理论和奋斗都应致力于实现以劳动人民为主体的最广大人民的根本利益，这是马克思主义最鲜明的政治立场。第三，重要的理论品质。坚持一切从实际出发，理论联系实际，实事求是，在实践中检验真理和发展真理，是马克思主义最重要的理论品质。第四，崇高的社会理想。实现物质财富极大丰富、人民精神境界极大提高、每个人自由而全面发展的共产主义社会，是马克思主义最崇高的社会理想。

以上四个方面，包括了马克思主义的最基本内容，体现了马克思主义的基本立场、基本观点和基本方法，是从总体上把握的马克思主义。今天，我们坚持和发展马克思主义，就是要从总体上坚持、继承其基本立场、基本方法和基本观点，把握和顺应人类社会发展的规律，树立为实现物质财富极大丰富、人民精神境界极大提高、每个人自由而全面发展的共产主义社会而奋斗的最崇高的社会理想。

（四）从马克思主义的创新性和实践性研究和把握其整体性

马克思主义是开放的发展的学说，创新性是马克思主义的重要特征。从广义上说，马克思主义不仅指马克思、恩格斯创立的基本理论、基本观点和学说的体系，也包括后人对它的发展，即发展了的马克思主义。作为中国共产党和社会主义事业指导思想的马克思主义，既包括由马克思、恩格斯创立的马克思主义的基本理论、基本观点、基本方法，也包括经列宁继承和发展，推进到新的阶段，并由毛泽东、邓小平、江泽民、胡锦涛等为主要代表的中国共产党人将其与中国具体实际相结合，进一步丰富和发展了的马克思主义，即中国化的马克思主义。中国化的马克思主义与马克思列宁主义一脉相承，又将马克思主义的基本原理与中国实践紧密结合，创造性地发展了马克思主义。

马克思主义理论的整体性是由马克思主义理论的实践性所决定的。马克思和恩格斯所处的时代正值欧洲国家的社会转型时期，他们的全部理论努力就在于认识和把握这个转型过程，特别是剖析现代资本主义生产方式乃至整个资本主义社会经济、政治和文化结构，揭示其内在矛盾、客观规律和动态趋势，由此探索无产阶级解放和人类解放的动力、途径和方法，并为这一运动提供指导思想和政策策略。任何问题必然综合地、有机地包含着多方面的相互影响的内容和规定性。如果我们从马克思所说的"改变世界"的角度来理解马克思主义理论，马克思主义理论必然是整体的，因为它所面对的实践问题是具体的、整体的。

三 需要说明的两个问题

研究和把握马克思主义整体性，有两个问题需要特别予以说明。

（一）关于马克思主义三个组成部分

恩格斯为了批判德国小资产阶级思想家杜林，捍卫科学社会主义学说，使刚刚统一起来的德国党沿着正确道路前进，于 1876 年 5 月底至 1878 年 7 月写下了一系列文章。这些文章在《前进报》上陆续发表，并于 1878 年 7 月印成单行本，这就是著名的理论巨著——《反杜林论》。在《反杜林论》中，恩格斯针对杜林的反马克思主义观点，系统地论述了马克思主义哲学、政治经济学、科学社会主义，对于保卫马克思主义世界观，维护科学社会主义纲领，推动德国工人运动和整个共产主义运动的发展，起到了十分重要的作用。继恩格斯之后，列宁在 1913 年为纪念马克思逝世 30 周年，写了《马克思主义的三个来源和三个组成部分》，该文简明地叙述了马克思继承并进一步发展了 19 世纪初期那些哲学家、经济学家和历史学家的优秀成果，创立了马克思主义，对马克思主义的伟大指导意义给予了充分的肯定。恩格斯和列宁的这两篇经典著作，后来被人们作为马克思主义分为三个组成部分的主要依据，更有甚者，有人据此认为对马克思主义只分三个组成部分把握就可以了，而不必在整体把握上下功夫。这种看法对我国理论界产生了不利影响，以致在我国长期的学科建设和理论研究中没有整体的马克思主义学科设置，在一定程度上忽视了对马克思主义整体性的研究。

实际上，马克思主义经典作家从来都认为马克思主义是完整的理论体系，反对把马克思主义的各个组成部分割裂开来。即使在《反杜林论》和《马克思主义的三个来源和三个组成部分》中也是如此。在《反杜林论》中，恩格斯在系统阐述马克思主义哲学、政治经济学、科学社会主义的同时，也深刻阐述了它们之间的内在联系，认为马克思主义哲学、政治经济学是科学社会主义的理论基础，科学社会主义是前两者的落脚点和归宿。在《马克思主义的三个来源和三个组成部分》中，列宁从一开始就指出：马克思主义学说具有无限力量，就是因为它正确，它完备而严密，它给人们提供了绝不同任何迷信、任何反动势力、任何为资产阶级压迫所作的辩护相妥协的完整的世界观。马克思主义学说是人类在 19 世纪所创造的优秀成果——德国的哲学、英国的政治经济学和法国的社会主义的当然继承者。所以，从《反杜林论》和《马克思主义的三个来源和三个组成部分》中，不能得出马克思主义只分为三个组成部分就可以了，而不必从整体上进行把握的结论。显然，这样的结论是后人对马克思主义的一种错误的，至少是不准确的理解。

当然，需要说明的是，本文强调要加强对马克思主义整体性的研究和把握，并不是要否定或排斥对马克思主义丰富内容进行分门别类的研究；相反，认为加强对马克思主义整体性的研究、把握与对马克思主义丰富内容进行分门别类的研究是相辅相成的，可以相得益彰。分门别类研究越深入，越有利于对马克思主义理论整体性的研究和把握，对马克思主义整体性的研究和把握越准确，越有利于对马克思主义分类研究的深入和全面。过去，我们对马克思主义哲学、政治经济学、科学社会主义等分门别类地进行研究，取得了重大进展，对继承和发展马克思主义起到了极大的促进作用，今后在加强研究马克思主义整体性的同时，这种分门别类的研究还要继续，但显然不能拘泥于此，马克思主义是内容丰富的宏伟理论大厦，我们还要进一步在更多的领域、更多的学科开展对马克思主义的研究。这样，既有分门别类的研究，又有对马克思主义整体性的研究，对马克思主义的研究一定会更加深入，马克思主义一定会绽放出更加灿烂的真理光芒。

（二）关于借鉴国外马克思主义的研究成果

马克思主义是世界的马克思主义，是全人类的宝贵财富。世界许多国家的政党和有识之士都在研究和应用马克思主义。作为中国学者研究和把握马克思主义的整体性，应该认真借鉴国外对马克思主义的研究成果。

国外马克思主义思潮林立、学说观点庞杂，但它们有一个共同点，即它们中的绝大多数，都没有把马克思主义划分为三个组成部分，而是自觉不自觉地把马克思主义理论作为一个整体来加以研究、理解和发挥。之所以如此，就在于它们都把认识和把握现代社会的具体的现实问题作为研究的着眼点。因此，尽管国外马克思主义学说观点庞杂，充满了差异和对立，甚至包含着对马克思主义理论的误解和曲解，但它们从现实问题出发理解和运用马克思主义理论的方法，却可以给我们以有益的启示。

（原载《马克思主义研究》2008 年第 6 期）

关于马克思主义整体性研究的思考

顾钰民

　　注重马克思主义整体性研究，是马克思主义理论一级学科建立以后，学术界关注的一个热点问题。但对于马克思主义整体性研究内涵的认识，学者的看法并不一致。究竟什么是马克思主义整体性研究？马克思主义整体性研究的载体和切入点是什么？马克思主义整体性研究要解决什么问题？这些都是加强马克思主义整体性研究必须要明确的基本问题。我认为，解决这些问题，需要明确以下三种关系。

一　整体性研究与分科性研究的关系

　　关于这一关系的基本观点是：整体性研究并不排斥分科性研究，整体性研究是建立在分科性基础上的。在强调对马克思主义进行整体性研究的时候，理论界有这样一种看法，认为过去对马克思主义的研究只是注重分科性研究，而没有从整体上研究马克思主义。我认为这种看法并不合理，主要有以下两个理由：

　　一是过去没有特别强调整体性研究，并不等于没有进行整体性研究。按照理论界的共识，马克思主义理论的内容由马克思主义哲学、马克思主义政治经济学、科学社会主义这三部分构成。在我国的学科划分中，这三部分内容是分别属于哲学、经济学、法学三个不同的学科门类，马克思主义理论在学科划分中没有作为一个独立的一级学科存在。这种状况在客观上造成了对马克思主义理论的研究是按照学科划分，分别在不同的学科中进行研究，没有从学科划分的角度把马克思主义理论作为一个整体来研究。可以说，这是过去没有特别强调马克思主义整体性研究在学科划分上的原因。

但是，在学科划分中没有把马克思主义理论作为一个整体来研究，并不等于在对马克思主义理论的研究中没有进行整体性研究。所谓整体性研究，其实质是运用马克思主义的世界观、方法论去分析和研究经济社会发展中的各种现象，并得出科学的结论。如果这样来把握整体性研究的话，那么，以往的研究也在不同程度上自觉不自觉地体现了对马克思主义理论的整体性研究。例如，运用马克思主义唯物史观和辩证法分析资本主义经济运动而形成的科学理论，并根据这一理论分析得出的科学社会主义结论，就是体现了对马克思主义理论的整体性研究。因为这里涉及的不仅仅只是马克思主义理论的某一个部分，而是马克思主义理论的整体，这当然可以看作是对马克思主义理论的整体性研究。从这一意义上说，有没有对马克思主义理论进行整体性研究，并不能完全从学科划分来看，不能因为在学科划分中没有把马克思主义理论作为一个独立的学科，就得出没有进行整体性研究的结论。

二是整体性研究与分科性研究不是两种互不相关的研究。严格地说，很难把整体性研究与分科性研究分为两种不同的研究。尽管分科性研究的内容明确地定位于马克思主义理论的某一个方面，而整体性研究的内容定位是马克思主义理论的整体，但它们研究的对象都是马克思主义理论，所不同的只是研究的角度和涉及的具体内容。事实上，是否对马克思主义理论进行整体性研究，主要应该看研究的视角、研究的内容和研究的方法以及综合运用。把马克思主义哲学、政治经济学和科学社会主义的理论融合在一起，注重运用马克思主义的基本立场、观点和方法，对问题进行综合的分析和研究，就是对马克思主义理论的整体性研究。当然，对马克思主义理论进行整体性研究，只是研究马克思主义理论的一个方面，并不是全部。按学科划分对马克思主义理论进行分门别类的研究，也是马克思主义理论研究的重要内容。马克思主义理论涉及多个学科领域，从学科的角度来研究马克思主义理论的各个内容，深入把握其理论内涵，使马克思主义理论在不同的学科中确立其学科地位，这也是对马克思主义理论研究的重要方面。因此，整体性研究与分科性研究都是马克思主义理论研究本身，区别的只是研究视角的不同。完整、准确、全面地把握马克思主义理论内涵，既要有整体性研究，也要有分科性研究，二者缺一不可。分科性研究是整体性研究的基础，没有对马克思主义哲学、政治经济学、科学社会主义理论的深入研究，就谈不上把这些理论综合在一起的整体性研究。同样，没有整体性研究，分科性研究只能停留在某一个局部，就不能使马克思主义理论作为一个具有内在一致性的整体出现。分科性研究体现在整体性研究之中，整体性研究寓于分科性研究之中，二者并不能截然分开。从根本上说，整体性研究与分科性研究统一于马克思主义理论研究。

二 整体性研究与各二级学科研究的关系

设置马克思主义理论一级学科，以及五个二级学科（马克思主义基本原理、马克思主义发展史、马克思主义中国化研究、国外马克思主义研究、思想政治教育）所体现的一个基本思想，就是不按照马克思主义理论的各构成部分来建立二级学科，而是从整体性研究角度来设置二级学科，五个二级学科都是从不同的方面来展开对马克思主义理论的整体性研究，这就在学科设置上突出了马克思主义理论的整体性研究。从这一意义说，加强对五个二级学科的理论研究和建设，实际上也就体现了对马克思主义理论整体性研究的强化。

因此，加强对马克思主义理论的整体性研究，是与马克思主义理论学科的建设联系在一起的，整体性研究不是一句空话，它要有一定的载体，五个二级学科就是马克思主义理论整体性研究的载体。这五个二级学科从不同的方面和角度涵盖了整体性研究的主要内容和方向。

"马克思主义基本原理"这个二级学科从马克思主义理论涉及的主要内容上体现了整体性研究的要求。马克思主义基本原理涉及哲学、经济学、科学社会主义等各个学科，是各学科基本理论的综合，是一个整体。因此，对马克思主义基本原理也必须从整体上去把握，仅仅只是从某一个学科研究马克思主义的基本原理，并不能体现它的整体。如果说以往对马克思主义基本原理的研究，更多的是强调对某一个学科的研究深度，那么，在注重整体性研究的条件下，不仅要求有对某一个学科的研究深度，而且还要求有对多学科研究的广度，要把研究的重心转向综合和整体。这是马克思主义基本原理学科研究和建设的内在需要，也是加强马克思主义基本原理整体性研究的具体体现。

"马克思主义发展史"这个二级学科从理论发展史的角度体现了整体

性研究的要求。在很长的一段时间里，我们比较注重对马克思主义基本原理的研究，而对马克思主义发展史的研究重视不够，以致现在这一学科的发展，无论是理论建设，还是队伍建设都明显地落后于其他的二级学科。加强对发展史的研究，是马克思主义整体性研究本身的需要。这是因为：其一，马克思主义理论的发展本身就是一个整体的发展，对发展史的研究，揭示的就是马克思主义理论整体发展的历史，因而发展史涉及的内容是整体性的。其二，发展史研究是整体性研究的构成内容之一，可以说，没有对发展史的研究，对整体性的研究也是不完善的，整体性研究本身就应该包含了它的理论发展过程和历史。因此，加强整体性研究，必须要重视对马克思主义发展史学科的研究和建设。

"马克思主义中国化研究"这个二级学科从马克思主义基本原理与中国实际相结合取得的理论成果这一角度体现了整体性研究的要求。马克思主义是一个整体，马克思主义的发展也是一个整体，而马克思主义的发展是体现在与各国实际相结合的实践过程之中的。在当代，马克思主义的基本原理与中国具体国情和革命、建设、改革的实践相结合所取得的理论成果，即中国化的马克思主义，是马克思主义与时俱进发展的重要体现。这一发展涵盖了马克思主义理论涉及的各个方面，因而是整体的发展。强化对马克思主义中国化过程的研究，突出中国化马克思主义理论成果的研究，是当前加强对马克思主义理论整体性研究的一个基本着力点。

"国外马克思主义研究"这个二级学科从世界范围对马克思主义理论研究所取得的成果这一角度体现了整体性研究的要求。马克思主义的发展是一个世界性的现象，因而世界各国马克思主义者和非马克思主义者都在对马克思主义理论进行研究。注重整体性研究，是国外学者对马克思主义研究的一个特点。我们强调对马克思主义的整体性研究，应该了解和把握国外对马克思主义研究的状况，并从中得到有益的借鉴和启示。从这一意义上说，加强国外马克思主义研究这个二级学科的建设，深入研究国外对马克思主义研究所取得的理论成果，对于我们进一步推进马克思主义理论的整体性研究，具有重要的现实意义，也是我们以更宽广的视野来进行马克思主义理论整体性研究的体现之一。

"思想政治教育"这个二级学科从思想政治教育内容、特点和规律的角度体现了整体性研究的要求。进行思想政治教育的要旨是运用马克思主义的立场、观点和方法，通过系统的教育，培养人们形成正确的世界观、人生观和价值观。要达到这一目标，必须实现马克思主义立场、观点和方法的高度统一，即对马克思主义理论的整体性把握。从理论研究与理论教育的关系来看，理论研究的整体性是理论教育整体性的基础，加强对马克思主义理论的整体性研究，不仅体现在从整体上把握马克思主义理论，同时也反映在运用整体性研究的成果有效地进行思想政治教育，这是马克思主义理论的整体性在理论研究与教育实践上的统一。加强思想政治教育这个二级学科的研究和建设，对于马克思主义整体性研究，不仅具有理论意义，而且具有教育实践意义。

总之，当前加强马克思主义整体性研究，应该重点落实于对马克思主义理论一级学科下的各二级学科的研究和建设，离开了各二级学科的建设，整体性研究就会成为失去学科依托的空中楼阁。

三　整体性研究与问题研究的关系

从理论研究与实践发展的关系来看，现在提出加强整体性研究是和我们对经济社会发展目标，以及实践中问题的认识直接相联系的。随着社会的不断进步和发展，我们对经济社会发展所具有的规律性的认识也日益深化。社会的发展是全面的发展、整体的发展，在社会发展过程中所要解决的问题也越来越具有综合性和整体性，因而对问题也需要进行综合性和整体性研究。正是实践中所要解决的问题具有综合性和整体性，对马克思主义理论也必须进行整体性研究。因此，加强理论的整体性研究是对问题进行整体性研究的客观要求。

在建设中国特色社会主义的伟大实践中，我们对发展规律的认识越来越深刻，对发展内涵的认识越来越全面，发展不仅仅只是经济的发展，而且还包括政治、文化、社会的发展，只有实现社会的整体发展，才是社会的全面进步。认识的深化，导致了发展观念的转变。以人为本、全面协调可持续发展的科学发展观的提出，深刻反映了我们对发展问题的新认识，同时也对研究发展问题提出了新要求。在全面推进中国特色社会主义发展的进程中，我们提出的构建社会主义和谐社会、加强党的执政能力建设、建设社会主义新农村等一系列重大问题，都是社会发展中综合性、整体性的问题。为更好地研究和解决好这些问题，必须加强马克思主义理论的整体性研究。

所以，整体性研究不仅仅是一个理论研究问题，而且也是一个实践发展问题。加强马克思主义整体性研究，就必须与对实践中的问题研究结合起来。要有效地实现这一结合，形成二者的相互促进，应该把握好以下两点：

一是以对问题的研究来推动理论的整体性研究。理论的创新和发展离不开实践，实践中出现的和需要解决的各种问题，是理论发展的实践基础和创新源泉。解决了实践中的综合性、整体性问题，既推动了马克思主义理论的整体性研究，也体现了马克思主义理论的创新。要实现马克思主义理论的创新，必须高度关注中国特色社会主义发展过程中的各种现实问题，以对问题的研究为切入点，推动理论的整体性研究和实现理论的创新。对问题的研究越具有综合性和整体性，对理论的整体性研究就会产生更大的促进作用。

二是以理论的整体性研究来拓展对问题的研究。马克思主义是揭示人类社会发展规律、实现人类社会美好理想的科学理论。加强马克思主义理论的整体性研究，能够更深刻地认识马克思主义的理论内涵，把握其精神实质，在实现马克思主义立场、观点和方法高度统一的基础上，把马克思主义的基本原理运用于中国改革开放和现代化建设中的问题分析。这将使我们站在更高的起点上、以更宽阔的视野来拓展对问题的研究，从而更好地适应实践发展的需要。中国特色社会主义发展的实践证明，解决实践中出现的新问题和实现我们的发展目标，不能拘泥于马克思主义的某一个别结论，也不能局限于马克思主义理论的某一个方面，必须通过加强整体性研究来把握其理论本质。对马克思主义理论的整体性研究越深入，对实践中问题的研究就越有深度，越有宽广的视野。

注重马克思主义整体性研究，既是加强马克思主义学科建设的客观要求，又是理论研究本身的发展趋向，同时也是中国改革开放和现代化建设实践发展的需要。适应这些要求，切实加强马克思主义整体性研究，使马克思主义理论学科建设和对马克思主义理论研究的水平跃上一个新台阶。

（原载《思想理论教育导刊》2008 年第 2 期）

关于整体把握马克思主义科学体系的几个问题

王展飞等

2005 年中央实施马克思主义理论研究和建设工程，把马克思主义确定为一级学科。近几年来，关于马克思主义的整体性，马克思主义的科学体系等问题的研究成为理论界关注的热点。许多专家学者在原来理论积累的基础上，阐发了不少有价值的见解。同时，对一些问题的认识还存在着分歧。这些见解和认识上的分歧，对我们进行"整体把握马克思主义科学体系研究"具有重要的借鉴意义。本文仅就有关的几个问题，谈一点认识，以期得到同行们的指教。

一 马克思主义三个组成部分的观点能否成立

众所周知，明确作出这一界定的是列宁于 1913 年写的《马克思主义的三个来源和三个组成部分》。马克思恩格斯等人以及后来的考茨基、拉法格、普列汉诺夫都没有明确地把马克思主义归纳为三个组成部分。我国理论界对这一提法有诸多不同的见解，代表性的观点大致有三类。

一是肯定马克思主义包括马克思主义哲学、政治经济学、科学社会主义，把握马克思主义的整体性就要研究这三个主体部分的内在联系，阐明它们是有机统一的整体，是一块"整钢"。如有学者认为马克思主义基本原理的最大特点和优点就在于，从整体上把握马克思主义，从马克思主义三个组成部分的有机结合上去把握马克思主义的科学体系。……马克思主义是一个整体，是一个完整的科学体系，用列宁的话说，是由三个组成部分构成的一块"整钢"。在马克思主义经典著作中，有许多著作就是把马克思主义作为整体来阐明的，比如《德意志意识形态》、《共产党宣言》等，就是《资本论》也贯穿着哲学科学社会主义思想。所以，列宁称《资本论》是大写的逻辑。从整体上研究和讲解马克思主义，不仅是发展马克思主义的现实的需要，也是马克思主义的本意。①

二是否定马克思主义三个组成部分的观点，如有的学者认为，把马克思主义分为马克思主义哲学、政治经济学、科学社会主义，是对马克思恩格斯文本思想的误解，不符合马克思主义的理论内容，游离了马克思主义的原生形态，也不利于在实践中运用和发展马克思主义。他们认为，马克思主义就是科学社会主义，但不同于"三个组成部分说"的科学社会主义部分，而是关于社会主义革命和社会主义建设的思想体系。过去以《反杜林论》为依据，说马克思恩格斯创立了"三个组成部分"的体系是极大的误解。马克思的两大科学发现是马克思主义对人类思想宝库的主要贡献和马克思恩格斯思想的主要内容。这两大发现就其实质而言是关于社会主义的学说，因此，无论是唯物史观还是剩余价值学说，都属于科学社会主义体系的内容。过去由于把马克思主义哲学、政治经济学和科学社会主义都看成独立的学科使其得到了片面的发展，把本来具有有机联系的马克思主义体系弄得支离破碎，残缺不全，极大地损害了马克思主义的完整性和科学性。②

三是承认马克思主义包含马克思主义哲学、政治经济学、科学社会主义三个组成部分，但认为以往分学科的研究和解释框架，使马克思主义的整体性被马克思主义各学科的体系化所消解。

在这里，我们不想对以上观点作具体的评析，仅对列宁的《马克思主义的三个来源和三个组成部分》谈一点认识。

列宁的《马克思主义的三个来源和三个组成部分》是一篇精致而短小的文章，全文只有3000多字，不可能详尽阐明马克思主义的基本内容和科学体系，但却简明扼要地阐明了马克思主义的主要理论贡献和基本思想，体现出马克思主义的整体性。

---

① 靳辉明：《关于开设"马克思主义基本原理"课的几点思考》，《思想理论教育导刊》2005年第8期。

② 郭大俊：《"马克思主义三个组成部分说"献疑》，《江汉论坛》2001年第2期。

列宁的文章分为四个部分。在前言部分，列宁首先指出，马克思主义"绝不是离开世界文明发展大道而产生的一种故步自封、僵化不变的学说。恰恰相反，马克思的全部天才正是在于他回答了人类先进思想已经提出的种种问题。他的学说的产生正是哲学、政治经济学和社会主义的极伟大的代表人物的学说的直接继续"。①这说明了马克思主义产生的理论渊源及时代性和开放性。紧接着，列宁明确地指出："马克思学说具有无限力量，就是因为它正确。它完备而严密，它给人们提供了不同任何迷信、任何反动势力、任何为资产阶级压迫所作的辩护相妥协的完整的世界观"。②这是一个提纲挈领的十分重要的观点，是认识马克思主义整体性，理解马克思主义科学体系的立足点和出发点。它阐明了马克思主义的本质，揭示了马克思主义的科学性和批判精神，马克思主义就是由于有了这个世界观作为理论基础，从而形成严整的科学体系的。

文章的第一部分写了马克思主义的第一个伟大发现，这就是唯物史观的创立。列宁指出，马克思主义的哲学就是唯物主义，马克思恩格斯十分坚决地捍卫了唯物主义，但是，马克思并没有停止在 18 世纪的唯物主义，而是把哲学向前推进了。马克思把唯物主义"对自然界的认识推广到对人类社会的认识。马克思的历史唯物主义是科学思想中的最大成果。过去在历史观和政治观方面占支配地位的那种混乱和随意性，被一种极其完整严密的科学理论所代替，这种科学理论说明，由于生产力的发展，如何从一种社会生活结构中发展出另一种更高级的结构，例如从农奴制中生长出资本主义"。③ 这些观点，精辟地阐明了唯物史观的基本思想和创立的重大意义，指出了人类社会的发展是有其客观规律的，生产力的发展是社会发展的决定力量。学习和研究马克思主义就要认识和把握社会发展的规律性，正确理解社会的过去和现在，把握社会发展的趋势。所以，列宁进一步指出，马克思的哲学把伟大的认识工具给了人类，特别是给了工人阶级。

文章的第二部分是讲马克思的第二个伟大发现，列宁指出："马克思认为经济制度是政治上层建筑借以树立起来的基础，所以他特别注意研究这个经济制度。马克思的主要著作《资本论》就是专门研究现代社会即资

① 《列宁选集》第 2 卷，人民出版社 1995 年版，第 309 页。
② 同上书，第 309 页。
③ 同上书，第 311 页。

本主义社会的经济制度的。"① 列宁还指出："凡是资产阶级经济学家看到物与物之间的关系（商品交换商品）的地方，马克思都揭示了人与人之间的关系"。② 这些观点表明，马克思不仅创立了历史唯物主义，而且运用这一伟大的认识工具分析人类社会特别是分析资本主义社会的经济制度，揭示了资本主义的本质，创立了剩余价值学说。列宁认为："剩余价值学说是马克思经济理论的基石。"③ "一切资本主义国家（无论老的或新的）的经验，使工人中一年比一年多的人清楚地看到了马克思这一学说的正确性。"④其必然的结论就是："资本主义在全世界获得了胜利，但是这一胜利不过是劳动对资本胜利的前阶。"⑤列宁的这些论述，是符合《共产党宣言》、《资本论》的基本思想的。

文章的第三部分，列宁讲了马克思的阶级斗争学说，讲了扫除旧制度和创立新制度的依靠力量，讲了空想社会主义为什么不能指出真正的出路，并且指出："只有马克思的哲学唯物主义，才给无产阶级指明了如何摆脱一切被压迫阶级至今深受其害的精神奴役的出路。只有马克思的经济理论，才阐明了无产阶级在整个资本主义制度中的真正地位"。⑥ 这两个"只有"点明了列宁这篇文章的主题，阐述了马克思两个伟大发现的重要意义以及马克思主义理论体系中最基本的原理。列宁认为，无产阶级的历史使命就是要在斗争中锻炼自己的力量，同一切被压迫阶级团结起来，打碎旧世界，建设新世界，为实现全人类的解放而奋斗。只有实现全人类的解放，无产阶级才能最后解放自己。

从全文的理论逻辑和理论内容看，是具有深刻的内在联系的，并非独立地阐明马克思主义的三个组成部分，更没有把三个组成部分分割开来，而是以新世界观为统领，以"两个伟大发现"为理论基础，通过分析人类社会特别是资本主义社会的本质和发展规律，指明了无产阶级的历史使命，体现了马克思主义是严整的科学体系，是一块"整钢"。

我们把列宁的观点同恩格斯的观点对照起来看，不难窥见其相似之

① 《列宁选集》第 2 卷，人民出版社 1995 年版，第 311 页。
② 同上书，第 312 页。
③ 同上。
④ 同上书，第 313 页。
⑤ 同上。
⑥ 同上书，第 314 页。

处。恩格斯指出，马克思发现了人类历史的发展规律，发现了现代资本主义生产方式和它所产生的资产阶级社会的特殊的运动规律。这两个伟大的发现——唯物主义历史观和通过剩余价值揭开资本主义生产的秘密，都应当归功于马克思。由于这些发现，社会主义变成了科学。

由此可见，把马克思主义三个组成部分看做是各自独立的，不是列宁的文章，而是后来的研究中出现的情况，是某些研究者的误解。列宁关于马克思主义包含三个组成部分的观点是能够成立的，关键在于认识它们是有机统一的整体。我们赞同有的学者所说的，把博大精深的马克思主义理论概括为三大组成部分，这是列宁长期研究马克思主义的独到体会。列宁独特的见解，有助于人们掌握马克思主义理论的重点，有助于人们分门别类深入研究马克思主义的主要内容。但是，不能把这种划分绝对化、凝固化，而忽视马克思主义的整体研究。

关于如何看待理论界以往对马克思主义哲学、政治经济学、科学社会主义的分科研究，我们不同意所谓的"消解"论，即"消解"了马克思主义的科学体系。因为，马克思主义的科学体系是客观存在的，是由其基本原理的整体性构成的。从三个方面分门别类的研究不可能"消解"其科学体系，就是那种企图肢解马克思主义科学体系的做法也是无济于事的。正如有的学者所说，这种分门别类的研究，是非常必要的，有利于这些领域的基本知识和规律深入理解和把握，有利于马克思主义的分支学科的建设，这种分门别类的研究今后还会继续下去。但是，问题在于，不能只有分解而没有综合，只有部分没有整体。①

二 "马克思主义是世界观方法论体系"的论断是否准确

我国理论界在研究马克思主义科学体系时，有学者提出，马克思主义是世界观方法论体系，其主要理由有：一是马克思恩格斯多次说过，他们创立的学说是一种"世界观"，或"新世界观"。二是这一新世界观如一条红线贯穿马克思主义理论的全部内容中。对此观点，有的学者提出了不

---

① 靳辉明：《关于开设"马克思主义基本原理"课的几点思考》，《思想理论教育导刊》2005 年第 8 期。

同看法。①

　　我们认为这个问题的提出对于研究马克思主义科学体系，把握马克思主义的整体性是有意义的。恩格斯确曾不止一次地讲过马克思主义世界观问题。1859 年马克思发表了《政治经济学批判》这部著作，恩格斯当年写了评论，他说："我们党有个很大的优点，就是有一个新的科学的世界观作为理论基础，研究这个世界观已经够忙了。"②1885 年恩格斯在《反杜林论》第 2 版序言中又写道："马克思和我所主张的辩证方法和共产主义世界观的比较连贯的阐述，而这一阐述包括了相当多的领域。"③他指出："我们的这一世界观，首先在马克思的《哲学的贫困》和《共产党宣言》中问世，经过足足 20 年的潜伏期，到《资本论》出版以后，就越来越迅速地为日益广泛的各界人士所接受。"④恩格斯的这些思想充分说明新的科学世界观在马克思主义科学体系中的重要地位和作用，它如一条红线贯穿于马克思主义的全部内容中。前两年中宣部和教育部在组织编写马克思主义理论研究和建设工程重点教材《马克思主义基本原理概论》的时候，就曾提出三句话的要求，即"重点学习科学世界观和方法论，从整体上把握马克思主义，引导学生了解人类社会的发展规律"。为什么要重点学习科学世界观和方法论，因为它是马克思主义的理论基础，只有把握住这个重点，才能深刻理解马克思主义的基本原理。该教材较好地体现了这一要求。教材的七章中，前三章集中讲马克思主义的世界观和方法论，后四章是这一世界观和方法论的进一步展开和应用，用以分析资本主义和社会主义的本质及其发展趋势，从而凸显了马克思主义的整体性。但是，把马克思主义理论体系归结为世界观方法论体系似乎不够确切。从马克思主义科学体系的内容看还包含了相当广的领域。有关于人类社会发展一般规律的揭示，有对资本主义社会发展趋势的分析，还有关于经济、政治、文化、科技等领域的理论，从而形成了一系列马克思主义的基本原理，正是这些相互联系的基本原理构成了马克思主义科学体系。这些基本原理虽然是在科学世界观指导下得出的，但不等于世界观本身。不仅世界观领域有基本原理，其他相关领域也有基本原理，两者既相联系又相区别。所以，把马

---

① 参见谭希培等编著《马克思主义理论前沿问题研究》，中南大学出版社 2009 年版。
② 《马克思恩格斯选集》第 2 卷，人民出版社 1995 年版，第 118 页。
③ 同上书，第 4 页。
④ 同上书，第 347 页。

克思主义归结为世界观方法论体系，虽然抓住了马克思主义的根本，但对马克思主义科学体系的内容的理解是不全面的、不完整的。我们认为，还是如恩格斯所言，把新世界观作为"理论基础"较为恰当。研究和把握马克思主义科学体系，既要认真理解新世界观在马克思主义形成和发展中的基础性作用，又要认真理解马克思恩格斯是如何运用新世界观分析问题而形成一系列基本原理的。

三　如何确定马克思主义科学体系的基本范畴

范畴是理论之网上的网结，若干相关范畴的连接，形成严整的理论之网，没有范畴作基础就不能建立一种理论。马克思主义理论体系的建立也是从一系列基本范畴开始的。如物质、实践、辩证法、认识论、社会生产方式、社会形态以及阶级和阶级斗争等，马克思恩格斯通过对这些范畴的内容和相互关系的分析，揭示了人类社会存在的基础及其发展规律。商品、货币、资本、剩余价值等，也是马克思主义的基本范畴，对这些范畴及其相互关系的分析，马克思揭示了资本主义的秘密，创立了剩余价值学说。所以，把握马克思主义的科学体系，不能不研究马克思主义的基本范畴。然而，问题就在这里产生了。马克思主义理论体系中有许许多多范畴，究竟哪些是基本范畴，它们之间的关系是怎样的。有学者认为，所谓马克思主义的基本范畴，不应是马克思主义某一理论领域的基本范畴，而应是整体覆盖和适应马克思主义基本理论的范畴，不是马克思主义理论中原有范畴的梳理和展示，而是在原有范畴基础上的提升和转换。对此，我们百思不得其解。如何提升，如何转换，实在找不到一条可行的出路。我们也试图提出不超过 10 对的范畴，作为马克思主义的基本范畴，覆盖面和适应面是大了，但总有以偏赅全的感觉。还有一个问题，基本范畴可不可以分领域分层次。如果按照前述学者的意见，要覆盖和适应整个马克思主义，那就不能分层次分领域了，那就只有世界观领域的范畴才是基本范畴了。这似乎也是不妥当的。经过反复研究，我们认为，第一，马克思主义科学体系的基本范畴，只能从马克思主义创始人及其后继者对马克思主义的发展的内容中去确认，而不能离开已有的范畴去重新设立，如果它本身就是基本范畴，也不必要去提升和转化。第二，马克思主义科学体系的基本范畴是可以分层次分领域的。任何一个系统都具有层次性，理论体系本身也是一个系统。像马克思主义这样内容十分丰富的理论，它的范畴、原理必然涉及不同领域，必然具有不同层次。问题在于如何从众多的范畴中去理解和把握其基本范畴，并揭示它们之间的逻辑联系。第三，某个理论的基本范畴应该是围绕这一理论的主题的展开而形成的基础性范畴，并从这些范畴的相互联系中展示出一系列基本原理。为此，我们选取了这样一个角度，就是围绕马克思主义的主题——无产阶级和全人类的解放来确定马克思主义的基本范畴，阐明它们的内涵及相互联系。其中包括三个方面的内容。

一是关于无产阶级和人类解放"立论基础"的基本范畴。这一部分大致包括：世界的物质性和统一性，实践是人的存在方式，世界的普遍联系和永恒发展及矛盾的同一性和斗争性，主观能动性与客观规律性，认识和实践的主体和客体及其相互关系，客观真理、绝对真理和相对真理、真理与价值，社会本质、社会结构和社会基本矛盾、阶级与阶级斗争，人民群众是历史的主体和历史的创造者等范畴。

二是关于无产阶级和人类解放历史必然性"具体证明"的基本范畴。这一部分大致包括：生产力和生产关系、经济基础和上层建筑，所有制和所有权，商品生产和价值规律，劳动价值论和劳动价值论体系，资本和剩余价值，资本原始积累和资本主义生产方式，资本主义经济特征和生产目的，世界贸易和世界市场，资本主义经济基础和资本主义上层建筑等范畴。

三是关于无产阶级和人类解放"条件和目的"的基本范畴。这一部分大致包括：无产阶级政党，无产阶级革命，无产阶级专政，社会主义民主，社会主义基本特征，社会主义改革，共产主义基本特征等范畴。

这样的划分和选择，虽然范畴较多，但它是同马克思主义的主题紧密相关的，也是理解马克思主义基本原理和科学体系所必需的，具有连贯性和体系性。这样的选择和划分是否恰当，是否科学，期望理论界的同仁批评指正。

四 怎样认识马克思主义的基本原理

马克思主义基本原理是马克思主义科学体系内在组成部分。这里关联到几个问题。

第一，什么是马克思主义。

对此也有多种见解。我们认为，马克思主义理论研究和建设工程重点教材《马克思主义基本原理概论》对这个问题作了比较明确的回答，既从不同角度给予马克思主义以界定，又从整体上回答了什么是马克思主义。该书绪论的标题——马克思主义是关于无产阶级和人类解放的科学，就是对什么是马克思主义的整体性概括，它表明了马克思主义的研究对象、主题和核心内容。20 世纪 80 年代编撰的《中国大百科全书·外国历史卷》中"马克思主义"词条，曾经以 36 字给马克思主义下了一个定义："国际无产阶级领袖和导师卡·马克思和弗·恩格斯创立的无产阶级和全人类解放的科学。"1990 年《中国大百科全书·外国历史卷》出版时，这一词条被删减为："国际无产阶级领袖和导师 K. 马克思和 F. 恩格斯创立的思想体系。"我们赞同《马克思主义基本原理概论》和上述的提法。我们课题组对于马克思主义科学体系的研究也是围绕这一主题展开的。

第二，什么是马克思主义基本原理。

对于这个问题，《思想理论教育导刊》曾发表过一些学者的文章，认识也不尽相同。这里不作评析。我们是从以下几个方面来认识这个问题的。

（1）马克思主义基本原理应当是马克思恩格斯在创立马克思主义过程中提出的具有创新性的原理。前人没有提出过，也不可能提出。因为马克思主义是时代的产物，是马克思恩格斯的革命实践与理论创造相结合的产物。

（2）马克思主义基本原理是马克思主义立场观点方法最基本、最直接、最集中的体现。总体上说，马克思主义基本原理是对世界本质及其发展过程普遍规律和对自然、社会、思维三大领域各自普遍规律的反映。特定条件下的个别论断和观点不属于马克思主义基本原理。

（3）马克思主义基本原理在其自身发生作用的范围内具有稳定性、持久性、真理性，并随着时代的变化、实践的推移、科技的进步，不断丰富其内容。无产阶级政党在社会主义运动中把马克思主义基本原理同本国的具体实践相结合，进行理论创新和实践创新，不断丰富和发展了马克思主义基本原理。特别是无产阶级革命取得胜利的国家，在什么是社会主义，如何建设社会主义和发展社会主义，以及怎样建设马克思主义政党等方面，对丰富马克思主义基本原理作出了重要贡献。

（4）马克思主义基本原理是经过实践检验的科学真理。一百多年来世界社会主义运动的历史证明，马克思主义基本原理具有普遍的指导意义。

总之，可以认为"马克思主义基本原理"就是"马克思主义普遍真理"。

第三，如何认识马克思主义基本原理的主要内容。

我们是把规律和原理结合起来思考的。因为事物发展的规律虽然是客观的，但是同人类社会发展相关联的规律，必须通过人的自觉活动，包括认识和实践活动，才能得以实现。所以规律和原理具有内在的统一性。与规律紧密相连的原理必然是重要的、基本的原理。马克思主义阐明和论述了三个不同层面的规律：一是关于世界本质和自然、社会思维发展的普遍规律；二是关于资本主义发展和资本主义转变为社会主义的客观规律；三是关于社会主义发展和社会主义过渡到共产主义的客观规律。这三个方面都包含着一系列马克思主义的基本原理。至于每个方面究竟包含了哪些基本原理，这里就不赘述了。

第四，马克思主义基本原理在马克思主义科学体系中的地位。

这个问题，我国理论界的认识是比较一致的。有的学者从马克思主义理论一级学科和二级学科的关系说明其重要地位，有的学者从马克思主义的整体性论述其重要地位，有的学者从马克思主义基本原理的科学内涵和世界观方法论意义论述其重要地位，有的学者从马克思主义发展史论述其重要地位，都认为马克思主义基本原理是马克思主义科学体系的核心内容，离开了马克思主义基本原理，就谈不上坚持和发展马克思主义。我们赞成这样的观点。（执笔人：昆明理工大学王展飞教授。）

（原载《思想理论教育导刊》2009 年第 11 期）

从整体上推进马克思主义研究和学科建设

秦　宣

马克思主义理论研究和学科建设，必须坚持以科学发展观为指导。从建设内容上，要注意把握马克思主义理论、马克思主义理论学科的整体性；从建设主体上，要协调处理好各种建设力量的关系，调动建设主体的积极性，形成整体性的研究与建设力量；从建设平台上，要注意协调理论研究、课程教学、社会实践、网络媒体之间的关系，着力搭建整体建设的平台；从管理机制上，要协调处理好各管理部门的关系，形成齐抓共管的建设格局。

从整体上研究马克思主义，从整体上加强马克思主义理论学科建设，是当前马克思主义理论研究和学科建设中比较时髦的话题。但到底如何从整体上推进马克思主义理论研究和学科建设，却很少有人谈及。我们认为，在当前，要推进马克思主义中国化、时代化、大众化，要加强马克思主义理论学科建设，必须深入贯彻落实科学发展观，在整体性建设上下功夫；必须坚持以人为本，调动各方面力量的积极性、主动性、创造性，形成理论创新和学科建设的合力；必须坚持全面协调可持续，整体推进，逐步形成全面协调可持续的发展格局。

一　从建设内容上，要注意把握马克思主义理论、马克思主义理论学科的整体性

就马克思主义理论研究和学科建设而言，当前，有三种倾向很值得注意：

其一，马克思主义被肢解。在马克思主义理论研究过程中，由于马克思主义的基本内容被分解在马克思主义哲学、政治经济学、科学社会主义、马克思主义民族理论、马克思主义法学等不同的学科之中，因而在某种程度上存在着用学科肢解马克思主义的倾向。由于马克思主义被分解到不同学科，不同学科往往又按其自身特点对马克思主义的内容进行剪裁，对马克思主义的某些原理按本学科要求进行解读。结果出现了这样一种结果：马克思主义的许多原理是不一致的，如推动人类社会发展的动力到底是什么？马克思主义经济学告诉我们，人类社会的基本矛盾（生产力和生产关系的矛盾）推动社会向前发展；科学社会主义告诉我们，阶级斗争是推动阶级社会发展的动力；马克思主义哲学告诉我们，人民群众是推动社会发展的真正动力。这样，同一个问题，有三种不同的答案。结果，马克思主义的科学性遭到质疑。这是马克思主义遭遇整体性危机的一个重要原因。

其二，马克思主义被割裂。马克思主义在其发展过程中，出现了马克思恩格斯的经典马克思主义、马克思主义俄罗斯化的列宁主义，马克思主义越南化的胡志明思想，马克思主义古巴化的卡斯特罗主义，在中国，还有马克思主义中国化的毛泽东思想、邓小平理论、"三个代表"重要思想和科学发展观等重大战略思想。在西方，还有马克思主义之后的各种马克思主义流派。不同形态、不同流派的马克思主义存在着一定的差异，因此，对马克思主义的理解产生了较大差异。于是在马克思主义研究中，出现了以下几种情况：有人将青年马克思与晚年马克思（成熟马克思）对立起来，将"人本主义（人道主义）"的马克思与"唯物主义"的马克思对立起来[①]；有人将马克思与恩格斯对立起来，如美国学者诺曼·莱文认为，马克思和恩格斯的宇宙观是矛盾的，马克思的宇宙观是以人为中心的，恩格斯的宇宙观是以物质为中心的。马克思恩格斯的历史观也是矛盾的。马克思的历史观是以人为中心的，他认为历史过程是多线发展的，而恩格斯则是典型的经济决定论者，他认为自然界或经济力量才是历史的主体[②]。

---

① 有关材料详见庞世伟《论"完整的人"：马克思人学生成论研究》，中央编译出版社2009年版。

② 参见杜章智《马克思与恩格斯的比较——莱文的〈可悲的骗局：马克思反对恩格斯〉一书的主要观点摘编》，中共中央马克思恩格斯列宁斯大林著作编译局：《马列著作编译资料》第14辑，人民出版社1981年版。

有人将马克思主义和列宁主义割裂开来，对立起来，声称列宁"修正"了马克思恩格斯的学说，而毛泽东又主要是学习列宁、斯大林的思想；还有人将经典马克思主义与中国化马克思主义（中国特色社会主义理论体系）对立起来，如前者讲消灭私有制，后者讲多种所有制共同发展；前者讲按劳分配，后者讲按劳分配与按要素分配结合；前者讲消灭商品货币、计划经济，后者讲市场经济；即使在中国化的马克思主义中，也有人将毛泽东思想与中国特色社会主义理论体系对立起来，如在国际问题上，毛泽东讲"战争与革命"，中国特色社会主义理论体系讲"和平与发展"，在国内问题上，毛泽东讲"以阶级斗争为纲"，中国特色社会主义理论体系讲"以经济建设为中心"；如此等等。这样一来，马克思主义就出现了被割裂的倾向，马克思主义发展的历史逻辑、理论逻辑出现了断裂。这些对立论，导致的直接结果是，马克思主义是自相矛盾的，因而是不可信的。这也是我们进行马克思主义理论教育实效性不强的重要原因。

其三，在马克思主义理论一级学科建立之后，大家初步形成一个共识，即马克思主义理论学科是从整体上研究马克思主义的学科。这是一件好事，容易弥补以往单一学科从某一方面对马克思主义进行研究的不足，但由此也带来了另外三个问题：一是好像只有马克思主义理论学科才对马克思主义进行整体研究，其他学科可以忽视马克思主义学科的整体性。这样，以往单一研究存在的问题仍然不可能很好地解决；二是好像只有马克思主义理论学科是研究马克思主义的，其他学科不研究马克思主义，这有可能导致原有的马克思主义理论学科出现"去马克思主义化"的倾向；三是好像马克思主义理论学科只要从整体上研究马克思主义就行了，马克思主义的各个组成部分就不需要研究了，这种脱离部分只重整体的做法同样不利于马克思主义理论研究。

针对上述存在的问题，我们认为，推进马克思主义理论研究和学科建设，首先从建设内容上，就应注意把握马克思主义理论、马克思主义理论学科的整体性。

就马克思主义理论研究而言，当前特别需要加强整体性研究。因为：其一，马克思主义本身是一个整体。马克思主义诞生的标志《共产党宣言》就是作为整体的马克思主义的一个代表作，因为人们无法说出它究竟是一部哲学著作、经济学著作还是社会主义著作。将马克思主义划分为不同的学科进行研究不但与马克思主义的本意不相符，而且与时代潮流相背。其二，在全球化时代，世界越来越呈整体化的趋势，当今时代，我们面对的现实是全面的、综合性的、相互联系的，马克思主义要正确地解决现实问题，其理论也必然是整体的、综合性的。全球化带来的现实问题迫使我们求助于从整体上跨学科研究问题的马克思主义理论，而马克思主义要在当今世界上继续发挥其作用，就必须恢复其整体性的本意。仅就此次国际金融危机而言，虽然其深层次的原因需要依据经济学理论进行分析，但摆脱危机的出路——"信心"问题，却是一个哲学命题。这说明，摆脱金融危机，需要多学科的探索。因此，对于马克思主义，我们既要从哲学、政治经济学、科学社会主义等方面进行分门别类的深入研究，更应该进行整体性研究，完整地把握马克思主义的科学体系。所以，我们建议，在马克思主义理论研究过程中，一要处理马克思主义理论之下各个组成部分的关系，把马克思主义当作一个整体进行研究，不能肢解马克思主义；二要处理马克思主义发展过程中不同理论形态的关系，把它们看成是一个统一的与时俱进的理论体系，不能割裂马克思主义。

就"马克思主义理论"学科建设而言，更应突出其整体性，因为这个学科就是一门从整体上研究马克思主义基本原理和科学体系的学科。因此，从整体上推进马克思主义理论学科建设，一是要正确处理马克思主义理论学科与其他相关学科的关系，要通过努力，逐步形成以马克思主义理论一级学科、二级学科为骨干，以哲学、政治经济学、科学社会主义等分领域研究为支撑的马克思主义理论学科体系；二是要正确处理马克思主义理论学科之下六个二级学科的关系，形成学科建设合力，整体推进马克思主义理论学科建设；三是要正确处理马克思主义理论研究和马克思主义理论学科建设的关系，把这两个方面建设紧密联系起来，力争使各个方面的建设均取得实效。

必须注意的是：马克思主义理论研究需要注重整体性，但不能忽视各个部分的研究，没有各个部分的深入研究，不可能有整体性研究的深入；马克思主义理论学科建设需要注重其整体性，但也不能忽视各个二级学科的建设，只有各个二级学科建设好，才能使马克思主义理论学科建设水平得到整体提升。

二 从建设主体上，要协调处理好各种建设
力量的关系，调动建设主体的积极性，
形成整体性的研究与建设力量

马克思主义理论研究和学科建设绝不只是马克思主义理论学科一个学科承担的建设任务，全国所有从事哲学社会科学的教师都承担着马克思主义理论研究或用马克思主义指导学术研究的任务。但不管怎样，马克思主义理论学科及其相关学科建设队伍是科学研究、学科建设和人才培养的主体力量。因此，在马克思主义理论研究和学科建设过程中，一要注意调动直接从事马克思主义理论学科建设的主体力量的积极性，形成学科建设的合力；二要注意调动从事马克思主义理论相关学科建设主体的积极性，形成马克思主义研究的合力；三要注意协调各种建设主体的力量，逐步形成马克思主义理论研究的创新团队、马克思主义理论学科的建设团队，并使之形成合力，从而产生更多数量、更高质量的研究成果，培养更多高素质的人才，整体推进马克思主义理论研究和学科建设。

此外，我们还想提出，应该加强中国马克思主义学者与国外马克思主义学者的合作，共同推进马克思主义理论的研究。

20 世纪 90 年代中期，国外学者对马克思主义的研究并没有停止。按照美国学者伯特·奥尔曼（Bertell Ollman）教授的研究，国外还存在着分析学派的马克思主义、解构马克思主义、文化的马克思主义、社会运动的马克思主义、女权主义的马克思主义、解放神学的马克思主义、乌托邦的马克思主义、市场马克思主义、世界体系的资本主义、管理学派的马克思主义等十个马克思主义流派[①]。进入 21 世纪，国际范围内马克思主义研究在广阔的范围内展开。据统计，当今世界还有一百多个共产党组织，当代西方还有 30 个左右的马克思主义研究机构，出版刊物约有 200 种，有的刊物影响较大，如《新"左派"》。而没有依附于任何政党和组织的、从事马克思主义理论研究的学者，分布在世界各地，数量更大。近几年来，国际范围内有关马克思主义的理论研讨会在世界各地频繁召开（如在法国

---

① 徐小苗、杨双：《伯特·奥尔曼谈西方十大马克思主义流派》，《马克思主义研究》1995
年第 1 期。

召开的"国际马克思大会",每三年举办一次,2010 年将举办第六次),会议规模越来越大,会议形式越来越灵活,参会人数越来越多,研讨领域越来越宽,讨论问题越来越深入,研究成果也越来越丰富。这一切都说明,马克思主义的历史并没有终结,马克思主义的影响并没有消除,马克思主义的生机并没有停止。马克思主义仍然是人们认识世界、改造世界的强大思想武器。

因此,我们不能始终停留在国外马克思主义是不是马克思主义的争论上,尽管我们必须旗帜鲜明地回应各种反马克思主义者对马克思主义的诘难,但我们也应本着开放的精神,承认其他学者对马克思主义所进行的积极探索,充分吸收国外马克思主义研究的积极成果,借鉴国外学者研究马克思主义的方法。如果我们不承认其他马克思主义流派的存在,只认为我们才是正宗的马克思主义,那么,这就只会给人们造成一种印象:马克思主义作为全世界无产阶级的指导思想,只剩下中国马克思主义一家,马克思主义的生命力和影响力越来越小了。

我们也不能始终停留在国外社会主义是不是社会主义的争论上,虽然我们对各种非社会主义的思想应该进行批判,但我们更应该本着科学的态度,仔细辨别真假社会主义,充分借鉴国外学者研究当代资本主义、研究经济全球化、研究全球性问题、研究社会主义未来等问题所产生的积极成果。如果我们拒不承认其他社会主义流派的合理成分,认为只有我们才是真正的社会主义,那只能说明社会主义发展的空间越来越小了,社会主义的前途真的很渺茫了。

所以,我们倡导,在加强国内马克思主义理论研究队伍的合作的同时,我们应加强国内马克思主义学者与国外马克思主义学者的合作,吸收国外马克思主义、国外社会主义研究的积极成果,与国外学者共同开展马克思主义理论研究和学科建设。

三 从建设平台上,要注意协调理论研究、课程教学、社会实践、网络媒体之间的关系,着力搭建整体建设的平台

马克思主义理论研究和学科建设,既要服务于马克思主义自身的发展,还要服务于经济社会发展,更重要的是培养马克思主义理论人才。因

此，马克思主义理论研究要为社会发展提供咨询，要为人才培养提供学理支撑。目前，在马克思主义理论研究和教学中存在着一些问题，在一定程度上阻碍了马克思主义的理论研究与教学。这些问题表现在：一是理论与现实出现的巨大反差。比如，我们讲社会主义的优越性，却不能回避社会主义仍处于低潮这一现实；我们讲改革开放 30 多年的伟大成就，却不能回避改革开放中存在多种问题这一事实；我们讲社会主义本质中的共同富裕，却不能回避收入差距逐步扩大这一现实；我们讲社会主义核心价值体系建设的成就，却无法回避当前思想道德领域存在各种问题这一事实；我们讲和谐社会建设，却无法回避社会中大量存在的不和谐因素；我们讲工人阶级是领导阶级，却无法回避工人下岗、失业等事实；我们讲中国共产党的先进性，却无法回避党内存在的比较严重的腐败现象这一现实；二是理论研究脱离大众生活，无法赢得大众的共鸣和理解，学术与大众之间"相敬如宾"。马克思曾说："哲学家只是用不同的方式解释世界，而问题在于改变世界。"[①] 可今天，在许多人看来，马克思主义理论已经无法对快速变迁的世界作出合理解释，更难说指导实践、改变世界了；三是理论研究脱离教学实际，存在"两张皮"的现象，具体表现在理论研究不能面对教学中的热点难点问题，不能面对接受者的思想实际，理论研究的成果不能直接运用于教学；四是理论研究中学院派作风与贵族化倾向浓重。当前我国马克思主义理论界盛行晦涩文风，具体表现为："问题越来越高雅，视域越来越狭窄，字眼越来越生僻，概念越来越抽象，语言越来越晦涩，文章越来越难懂"。这种"不好好说话"的现象已严重阻碍马克思主义理论研究与教学[②]；五是伴随着网络媒体的发展，网络上的马克思主义理论研究和宣传力度不够，网上各种不利于马克思主义理论研究和教学的杂音分贝较高，对网民影响较大。

产生这些问题的原因很复杂。有的是属于我们认识方法不科学造成的，有的是属于理论落后于实践、理论阐释力度不够造成的，有的是属于宣传教育方法不科学造成的，有的是属于发展不够造成的，有的是属于我们的科研教学体制有问题造成的，有的是属于学风不正造成的，有的是属

① 《马克思恩格斯选集》第 1 卷，人民出版社 1995 年版，第 61 页。
② 参见陈曙光《直面学风问题——兼谈如何推进马克思主义大众化》，《红旗文稿》2009 年第 21 期。

于重视力度不够造成的。对于这些问题，靠单纯的理论研究、单一的理论宣传或单一的课堂教学，等等，都无法解决。为此，必须注意构建整体建设的平台。

因此，在马克思主义理论研究和教育中，我们要特别注意：

其一，理论研究要直面现实，要有"问题意识"。马克思主义理论研究，必须时刻关注当今世界形势的变化，准确把握当今世界的发展趋势。要深入研究国际形势的新变化对马克思主义发展新带来的机遇和挑战，不断推进马克思主义理论创新。要以我国改革开放和现代化建设的实际问题、以我们正在进行的建设中国特色社会主义事业为中心，着眼于马克思主义理论的运用，着眼于实际问题的理论思考，着眼于新的实践和新的发展，不断开拓马克思主义在中国发展的新境界。要把理论研究与社会实践紧密结合起来，用科学的理论解决实践中遇到的新问题，把社会实践中积累的经验上升到理论高度，提高理论创新的水平。

其二，理论研究要服务于理论宣传和理论教学，服务于马克思主义的大众化。其实，马克思主义中国化、时代化、大众化，最关键、最核心的问题是要解决实际问题。这里的实际，既包括社会实际，也包括人们思想实际。理论宣传和理论教学，最关键的是解决思想实际问题。但理论宣传和教育不能脱离理论研究。理论只要说服人，就能被群众所掌握；而理论只要彻底，就能说服人。因此，在理论研究过程中，我们既要注意理论的彻底性，又要注意把理论研究的最新成果及时运用到教学中去，运用到马克思主义大众化的过程中去。与此同时，专业教学、理论教学也应该有科研意识、学科建设意识，要注意把课堂教学遇到的疑点热点难点问题纳入到科学研究之中，形成科研与教学相长的局面。

其三，要特别注意加强网络文化建设，利用网络等新兴媒体，加强网上马克思主义理论教育和思想政治教育。互联网已经成为各种社会思潮、各种利益诉求的集散地，成为意识形态较量的一个重要战场。针对网络传播无国界、隐匿性和交互性强、传播速度快、传播面广等特点，我们必须抓住信息化的历史机遇，善于运用先进技术传播先进文化，积极发展中国特色网络文化，用社会主义核心价值体系引领社会思潮，用当代中国的马克思主义占领网络文化阵地。

总的来说，我们要通过多种方式，搭建整体建设的平台，形成全方位、多层次的科研教学格局。

四 从管理机制上，要协调处理好各管理部门的关系，形成齐抓共管的建设格局

马克思主义是我们立党立国的根本指导思想，属于国家意识形态。对于国家意识形态，无论是对其进行理论研究，还是围绕它开展学科建设、课程建设、人才培养，都不是某一个管理层级、某一个部门的事。马克思主义理论研究、学科建设、课程建设和人才培养，离不开党和国家的高度重视，离不开宣传和教育主管部门的宏观指导，离不开高校、党校、科研部门党政领导的直接规划与部署，更离不开高校、党校、各科研机构和教学部门的日常管理。但目前在管理机制上，还存在管理体制不健全、管理制度不规范、保障机制不健全等问题。比如，就马克思主义理论学科建设而言，在国家一级，目前国务院学位办、教育部、中宣部均在参与管理。学位办和教育部共管学科点的布局、设立和建设；中宣部管学科发展的大政方针。在省市一级，现在并没有设立马克思主义理论学科的管理机构，也是多头管理。在学科所属单位，由于马克思主义理论学科具有其他学科不同的特点，它同高校思想政治教育、高校党的建设等有较强的联系。因此，各个高校现在并未建立相应的领导机制。有的学校由主管教学的校长负责，有的学校由主管学生工作的党委书记负责。在学生培养方面，有的学校由教务处负责，有的学校由研究生院负责，有的学校甚至由学生处负责。在具体学科建设单位，有的建设单位由主管科研工作的副院长（副系主任）负责，有的由主要教学工作的副院长（副系主任）。到目前为止，规范的领导体制、管理制度、保障机制并没有建立起来。

因此，我们应该根据马克思主义理论研究和学科建设特点，真正贯彻落实科学发展观，建立科学的管理体制，明确各个管理层级和各个管理部门的职责与权限，确定明确的分工；要完善各项管理制度，建立相应的监督和激励机制，对于反马克思主义、反社会主义的思想和行为，理应依法加以监督，旗帜鲜明地加以反对。就高等学校和科研机构来说，教务管理部门、人事管理部门、科研管理部门、党委宣传思想工作部门应相互协调、密切配合，构建一整套行之有效的宏观管理体制。各马克思主义理论研究和学科建设单位，还应该根据自身的特点，整合各种资源，在科学研究、师资队伍、人才培养、国际合作与交流等方面，制定相关政策和具体

建设措施。要通过这些措施，提高马克思主义理论研究、学科建设、课程建设、人才培养的统筹力度，使我们的管理水平整体提升，为推进马克思主义理论创新、学科建设提供组织、制度保障。

总之，我们认为，在当代中国，研究马克思主义，从事马克思主义理论学科建设和人才培养，都十分重要。从事马克思主义理论研究和学科建设的专家学者，应该加强合作，加强联系，形成整体建设力量，搭建整体建设的平台，开展整体性的研究，共同推进马克思主义理论在中国的发展。

（原载《理论视野》2010 年第 3 期）

马克思主义整体性问题回顾与瞻望

房广顺

《共产党宣言》发表 160 多年来，马克思主义在人类社会发展的历史进程中发挥了巨大的促进作用，深刻地影响着人们的思想和行为，不断地改变着客观世界和主观世界的面貌。然而，在这一历史进程中，人们对马克思主义的理解又总是由于历史条件、时空状态、认知程度的不同而产生多种不同的认识，由此产生了多种不同的理解模式和实践模式，并导致多种不同的实践结果。探索并回答什么是马克思主义、怎样对待马克思主义、如何坚持并发展马克思主义，成为历久而弥新的时代话题。正是在这一历史进程中，整体性成为人们研究和探索马克思主义的原则与方法，揭示了马克思主义研究的客观规律和时代要求。

一　马克思主义整体性问题的由来

马克思主义整体性的由来既是马克思主义发展史的问题，更是马克思主义实践中的问题。马克思主义创始人深刻揭示了这一理论的整体性原则和完整性体系，提供了正确把握马克思主义的科学根据。马克思主义在实践中的发展不断提出如何认识和把握马克思主义理论体系的问题。在多种认识的相互交错中，马克思主义整体性成为科学认识、完整把握、正确实践的唯一选择。

（一）马克思主义整体性理解的需要

马克思主义是产生于 19 世纪 40 年代的科学理论，揭示了人类社会发展的一般规律，对人类社会的发展趋势及其运动作出了科学的判断。作为一种客观存在，马克思主义本身就是一个整体，体现和反映着事物存在和发展的整体性特征。马克思主义整体性特征集中体现在三个领域，即马克思主义整体性是整体与局部的统一，是理论与实践的统一，也是共时性与历时性的统一。① 整体性始终是马克思主义经典作家认识和阐述自己的思想体系的基本方法。马克思在一生的理论思考和理论创造历程中，不同时期所关注和研究的重点是有所不同的，他的著述涉及的领域也极其广泛。但是，马克思的理论不仅始终围绕着实现人类解放这个主题，而且他对不同问题的论述，也保持了思想观点和思想方法的一致性。思想观点和思想方法的一致性奠定了马克思主义全部学说整体性的基础。把马克思主义进行内容的条理化和具体化，是帮助人们认识和掌握马克思主义的需要。恩格斯是对马克思主义的理论内容进行系统而科学地梳理的杰出代表。恩格斯在同杜林的论战中从哲学、政治经济学和科学社会主义三个部分对马克思主义进行系统的阐述。这样，马克思主义似乎就从整体演变为部分。其实，这正是恩格斯对马克思主义的伟大贡献。他使马克思主义的科学理论更加系统化、条理化、大众化，变为易于被工人阶级和劳动人民所掌握的科学理论。但是，恩格斯在对马克思主义理论的主要组成部分进行系统阐述的时候，并不是把它们机械地分解为若干互不相干的内容，仍然坚持用整体性的观点和方法进行整体性论述。1880 年，恩格斯在《反杜林论》的基础上写成了《社会主义从空想到科学的发展》。马克思在为恩格斯这部著作所写的"法文版前言"中，介绍了恩格斯全部的理论与实践活动，并沿用当时最为流行且被马克思所接受的名称"科学社会主义"给这部著下了定义，认为这部著作"是科学社会主义的入门"②。为了进一步彰显这部著作是整体论述马克思主义的理论著作，恩格斯于 1892 年撰写了"英文版导言"，对《社会主义从空想到科学的发展》作了马克思主义的整体

---

① 隽鸿飞提出了"马克思主义理论自身整体性研究的双重可能性"的论点。他认为，对马克思主义进行"整体"和"组成部分"的研究，"实质上是一种共时性的结构研究"；还"可以在历时态上去研究马克思主义理论的整体性"，"揭示出马克思、恩格斯之后的马克思主义理论家的思想体系与马克思、恩格斯的思想体系之间的内在的理论关联"。参见隽鸿飞《马克思主义理论整体性研究及其问题》，王秀阁、杨仁忠主编：《马克思主义理论学科前沿问题研究》，人民出版社 2010 年版，第 14—17 页。

② 《马克思恩格斯选集》第 3 卷，人民出版社 1995 年版，第 689 页。

性阐述①。在坚持和发展马克思主义的历史中，列宁是对马克思主义理论内容进行系统论述的经典作家。针对伯恩斯坦在马克思主义问题上的"新观点"，列宁不是绕开马克思和恩格斯的著作，而是在系统深入地研究马克思主义的过程中，对马克思主义进行全面而完整的阐述和把握，并在这个基础上把马克思主义全面完整地推向前进。坚持从整体性上理解和把握马克思主义，使列宁深度把握了马克思主义的本质，并在实践中把马克思主义发展到新阶段。不论时代如何发展，整体性都是我们完整准确地理解和掌握马克思主义的根本出发点。

（二）马克思主义理论整体性研究的需要

马克思主义是科学研究的产物。马克思和恩格斯在创立马克思主义的同时，要求人们以科学的态度去研究马克思主义，从而完整准确地掌握马克思主义。这就要求在研究马克思主义中，必须完整准确地掌握马克思主义科学理论，并在深化发展马克思主义、在实践中运用马克思主义中，始终从整体上理解把握而不是肢解割裂马克思主义。研究马克思主义的关键在方法。只有掌握和运用正确的方法，才能达到研究的目的，才能到达研究的彼岸，才能实现主观与客观的统一。马克思和恩格斯创立马克思主义科学理论的重要前提是近代科学进步和技术革命提供了认识客观世界的新的方法，实现了人的思维领域的革命，使许多隐藏在事物背后的规律在新的科学方法的作用下被发现和掌握。恩格斯指出："每个研究理论问题的人也同样不可抗拒地被迫研究近代自然科学的成果。"② 恩格斯还指出："每一个时代的理论思维，从而我们时代的理论思维，都是一种历史的产物，它在不同的时代具有完全不同的形式，同时具有完全不同的内容。"③这表明，马克思和恩格斯非常重视研究方法的选用和创新。马克思和恩格斯对研究马克思主义所应采取的方法也给出了明确的答案，即用马克思主义的方法研究马克思主义。马克思主义的方法就是整体性的方法。马克思曾经指出："不论我的著作有什么缺点，它们却有一个长处，即它们是一个艺术的整体；但是要达到这一点，只有用我们的方法。"④ 这是马克思对

---

① 《马克思恩格斯选集》第 3 卷，人民出版社 1995 年版，第 719 页。
② 《马克思恩格斯选集》第 4 卷，人民出版社 1995 年版，第 283 页。
③ 同上书，第 284 页。
④ 《马克思恩格斯全集》第 31 卷，人民出版社 1972 年版，第 135 页。

马克思主义整体性特殊本质的明确表述，也是马克思对坚持整体性的方法研究马克思主义的基本要求。在马克思主义研究中，整体性的方法越来越成为普遍遵循的方法。德国马克思主义学者科尔施认为，马克思和恩格斯早期思想的本质特征就在于："它为深刻的哲学思想所渗透，因而，表现为一种活生生的总体性理论，一种充满批判精神的革命理论。"① 科尔施指出，在早期，马克思主义是："一种把社会发展作为活的整体来理解和把握实践的理论。或者更确切地说，它是一种把社会革命作为活的整体把握的理论。在这一阶段，毫无疑问，任何把这一整体的经济的、政治的和思想的要素划分为知识的各个分支的做法，甚至在每一个分支的具体特征被把握时，都是以历史的忠实性去分析和批判的。当然，不仅经济、政治和意识形态，而且历史过程和有意识的社会行动，都继续构成了'革命的实践'（《关于费尔巴哈的提纲》）的活的统一体。这一作为社会革命理论的马克思主义理论的早期和富有青春活力的形式的最好例子，显然就是《共产党宣言》。"② 科尔施以后，整体性的原则成为马克思主义研究普遍的研究方法。在马克思主义在内容和影响两个方面都有了重要变化的情况下，在马克思主义的科学理论不断被丰富发展之后，研究马克思主义更要坚持整体性的方法，以领会马克思主义的理论本质。

二 马克思主义研究中的误读

博大精深的马克思主义科学体系，以及马克思主义指导下工人阶级解放斗争的波澜壮阔，极大地增加了读懂马克思主义的难度。特别是，"马克思主义在理论上的胜利，逼得它的敌人装扮成马克思主义者"。③ 这就需要澄清对马克思主义的种种误读，还马克思主义整体性的本来面目。

（一）支离破碎地研究马克思主义

在马克思主义发展史上，有两类马克思主义研究的片面性做法。第一类是善意的误读，因为他们缺乏对马克思主义的完整理解，把马克思和恩

---

① 衣俊卿：《西方马克思主义概论》，北京大学出版社 2008 年版，第 57 页。
② ［德］卡尔·科尔施：《马克思主义和哲学》，王南湜、荣新海译，重庆出版社 1989 年版，第 25 页。
③ 《列宁专题文集·论马克思主义》，人民出版社 2009 年版，第 63 页。

格斯的个别词句和个别判断作为亘古不变的教条，误导了理论的发展。第二类是恶意的歪曲，因为他们不是以马克思主义的世界观和价值观为基点，而是站在资产阶级的立场上，用经典作家的部分话语攻击马克思主义的真理性。19世纪90年代，恩格斯在批评"经济决定论"时就对曲解马克思主义的做法给予积极回应。他指出："根据唯物史观，历史过程中的决定性因素归根到底是现实生活的生产和再生产。无论马克思或我都从来没有肯定过比这更多的东西。如果有人在这里加以歪曲，说经济因素是唯一决定性的因素，那么他就是把这个命题变成毫无内容的、抽象的、荒诞无稽的空话。"① 恩格斯的深刻论述，为我们整体研究、整体把握马克思主义提供了依据。恩格斯同杜林的论战、列宁同伯恩斯坦的论战，也反映了马克思主义者对分门别类阐述"马克思主义"所造成的危害的高度重视和科学抵制。对"盲而多产"② 的杜林，马克思指出："有些东西杜林显然不懂。最可笑的是，他把我跟施泰因相提并论，因为我是搞辩证法的，而施泰因则是通过以某些黑格尔范畴为外壳的死板的三分法，把各色各样的渣滓毫无意义地堆积起来。"③ 恩格斯指出，写作《反杜林论》时无意于创造一个新的体系与杜林的"体系"相对抗，但是由于论敌本身的特点，使恩格斯不得不涉及非常广泛的科学领域，"因此消极的批判成了积极的批判；论战转变成对马克思和我所主张的辩证方法和共产主义世界观的比较连贯的阐述"。④ 正是对马克思主义的这种"连贯的阐述"，使《反杜林论》在马克思主义发展史上起到了特别重要的作用。正是从这时开始，马克思主义整体性不再是一般的论及，而成为马克思主义的本质规定和根本特点。历史证明，凡是把马克思主义割裂开来，离开整体性进行支离破碎的研究或阐述，最终都走向了马克思主义的反面。然而，面对马克思主义理论的博大精深和宽广领域，人们往往很难把握其全面，很难全面地掌握。

研究者从不同的领域和不同的视角开展研究，就具有某种必然性和必要性。这就产生一对矛盾：要么简单地记住马克思的一些词句，马克思的思想被异化为僵死的教条；要么开辟马克思主义研究的新的内容，实现某

① 《马克思恩格斯选集》第4卷，人民出版社1995年版，第695—696页。
② 庄福龄：《马克思主义史》第1卷，人民出版社1996年版，第486页。
③ 《马克思恩格斯全集》第32卷，人民出版社1978年版，第9—10页。
④ 《马克思恩格斯选集》第3卷，人民出版社1995年版，第347页。

个具体问题的深入。科学的态度和方法就应该像马克思所倡导的那样，"只有用我们的方法"，去把握马克思主义作为"一个艺术的整体"①。

（二）片面阐述马克思主义的观点和主张

长期以来，人们在认识和理解马克思主义问题上的一个突出问题是脱离整体性特质，对马克思和恩格斯的个别词句和个别论述作出片面的解释，进而直接波及实践。作为完整的理论体系，马克思和恩格斯总是运用辩证唯物主义和历史唯物主义的基本原理，研究和分析重大的社会历史问题和现实问题。但是，任何历史事件的发生及其演进，都是必然性和偶然性的结合，有许多复杂的原因。马克思和恩格斯正是在这些具体的复杂因素的深入分析中，找到了人类社会发展的一般规律。但是，把某一具体问题的分析论述不加辨别地运用到其他一切事物当中，这就背离了马克思主义的本意，甚至走向了反面。20 世纪五六十年代，中国共产党和苏联共产党之间发生过一场意识形态的论战，实质是两党在关于什么是马克思主义、怎样对待马克思主义问题上的不同认识。回顾这段历史，我们会发现，争论的双方都试图用马克思、恩格斯、列宁的词句和论述为自己的观点寻找依据，并借此指责对方违背了马克思主义。正如邓小平所说："经过二十多年的实践，回过头来看，双方都说了许多空话。"② 这种情况不是马克思、恩格斯、列宁的思想和理论造成的，而是后人没有把握马克思主义的整体性。忽视马克思主义的整体性特质，把马克思、恩格斯和列宁的个别论断不加分析地提升到放诸四海而皆准的地位，危害深重。毛泽东早在延安时期就批评了"只会片面地引用马克思、恩格斯、列宁、斯大林的个别词句，而不会运用他们的立场、观点和方法"③ 的现象与问题。邓小平在中国改革开放之初，就要求全党"对毛泽东思想有一个完整的准确的认识，要善于学习、掌握和运用毛泽东思想的体系来指导我们各项工作。只有这样，才能不至于割裂、歪曲毛泽东思想"。④ 这是我们必须坚持的基本原则。

---

① 《马克思恩格斯全集》第 31 卷，人民出版社 1972 年版，第 135 页。
② 《邓小平文选》第 3 卷，人民出版社 1993 年版，第 291 页。
③ 《毛泽东著作选读》（下册），人民出版社 1986 年版，第 473 页。
④ 《邓小平文选》第 2 卷，人民出版社 1994 年版，第 42 页。

（三）割裂马克思主义的系统内容

马克思主义关于思想理论的联系性、系统性，强调在时间、空间、理论、实践等多个维度的有机统一。马克思和恩格斯总结《共产党宣言》（以下简称为《宣言》）在欧洲广泛传播的历史，指出："不管最近 25 年来的情况发生了多大的变化，这个《宣言》中所阐述的一般原理整个来说直到现在还是完全正确的。……这些原理的实际运用，正如《宣言》中所说的，随时随地都要以当时的历史条件为转移。"① 这里，基于"整体性"理论特质，马克思和恩格斯围绕"整个"的总体要求，在时间与空间的整体性、理论与实践的整体性上，都作出了深刻的论述。把马克思主义这一整体性割裂开来，出现了把马克思主义区分为"革命的理论"和"建设的理论"的现象，使整体的马克思主义被割裂为两个互不相干的方面，甚至只是把马克思主义看作纯粹理论的体系，离开社会实践和实际斗争对待马克思主义。坚持理论与实践的整体性在马克思主义研究中越来越受到重视。美国学者莫里斯·迈斯纳指出：理论与实践相统一的思想，"使得人们不能单纯地从理论的角度来讨论马克思主义。它要求把马克思主义理解成一种历史现象，按照理论所力图解释和改变的历史条件对理论所产生的意义来分析马克思主义"。因为，"历史地理解马克思主义，尤其是若赞同理论与实践的能动统一，那就可以避免像宗教教条那样把马克思主义当作是检验一切价值和效用的永恒真理。同样，这样做还可以避免把马克思主义理论视为相容于'现代思潮'和'后现代'思潮"。② 这对于坚持马克思主义指导地位的我们来说，是一个重要的理论借鉴。

（四）制造经典作家之间的思想对立

制造两个马克思的对立是 20 世纪马克思主义研究中的新问题。马克思和恩格斯去世后，他们的著作手稿和书信等不断被发现和公布，一个更加生动的思想家、理论家、革命家的形象展现在人们的面前。新的材料使人们重新审视已经熟悉了的马克思和恩格斯的著作，重新研究他们的主张。一些学

---

① 《马克思恩格斯选集》第 1 卷，人民出版社 1995 年版，第 248 页。

② ［美］莫里斯·迈斯纳：《重新思考马克思主义对资本主义的批判》，俞可平：《全球化时代的"马克思主义"》，中央编译出版社 1998 年版，第 194—195 页。

者认为，马克思本人的思想不是一以贯之的，不同时期的马克思的思想是不同的，甚至是对立的。从 20 世纪 30 年代开始，西方"马克思学家"开始把马克思早年的著作同后来的著作对立起来，提出了"两个马克思"的说法。此后，又提出了马克思和恩格斯对立的说法。较早提出这个问题的是德国右翼社会党人 S. 朗兹胡特和 J. P. 迈耶尔。此后，西方马克思主义学者诸如阿尔都塞、阿多尔诺、霍克海姆、马尔库塞、弗洛姆等人都在一定程度上对"两个马克思"以及马克思和恩格斯的对立论作了论述。不论是制造马克思本人的对立还是制造马克思和恩格斯的对立，所采用的方法都是割裂马克思主义在内容和体系上的完整性和整体性。这里既有世界观和价值观的问题，也有研究方法的问题，根本上说是他们把不同条件下的论述机械地套用到其他方面。邓小平在谈到必须完整理解毛泽东思想时，曾深刻指出："我们可以看到，毛泽东同志在这一个时间，这一个条件，对某一个问题所讲的话是正确的，在另外一个时间，另外一个条件，对同样的问题讲的话也是正确的；但是在不同的时间、条件对同样的问题讲的话，有时分寸不同，着重点不同，甚至一些提法也不同。所以我们不能够只从个别词句来理解毛泽东思想，必须从毛泽东思想的整个体系去获得正确的理解。"① 这种对待马克思主义的整体性立场和态度，直到今天仍然具有重要的指导意义。

三 研究马克思主义整体性的理论价值

整体性是马克思主义理论的重要内容。开展马克思主义整体性研究，是一个正确认识和对待马克思主义的重大问题，也是坚持和发展马克思主义的重大问题，其理论意义和价值已经超越了马克思和恩格斯的学说本身。在新的历史条件下，坚定不移地坚持马克思主义的指导地位，用发展的马克思主义指导我们的实践，必须从理论上搞清楚马克思主义的本质，把握马克思主义的理论体系。

（一）开展马克思主义整体性研究，是深入研究马克思主义的基础和前提

马克思和恩格斯创立的科学理论是以 19 世纪欧洲资本主义发展的新

---

① 《邓小平文选》第 2 卷，人民出版社 1994 年版，第 42—43 页。

情况为基础的。160 多年来，世界发生了深刻的变化，人类社会处于新的历史时期，并由于进入 21 世纪以来的新问题而进入深刻变化的新时期。只有深入研究马克思主义，才能使我们很好地把握马克思主义产生的时代背景和实践基础，找到 19 世纪 40 年代欧洲社会与当代中国社会的内在关联度，从而认清马克思主义不仅分析资本主义的社会矛盾，而且分析了整个人类社会的发展进程和一般规律，不仅在历史上具有重要的理论价值，而且在当代仍然焕发着真理的光辉。马克思主义整体性研究实现了三个重要结合。一是实现了理论和实际的结合，不是把马克思主义作为单纯的学术思想，而是把马克思主义的基本观点与客观实际有机统一。二是实现了历史与现实的结合，既研究马克思、恩格斯、列宁等经典作家的著作，厘清他们的思想内容和基本内涵，也运用马克思主义的立场、观点、方法分析和研究社会现实问题，着眼于马克思主义理论的实际运用。三是实现了一般原理与基本国情的结合，把马克思和恩格斯关于 19 世纪欧洲社会的分析判断，同当代中国和当代世界的实际结合起来。

马克思主义整体性为马克思主义研究奠定了基础和前提。一是历史基础和历史前提。把马克思主义的基本原理放到一定的历史条件之下，即放到马克思和恩格斯创立这一学说的时代背景，以及列宁发展马克思主义的时代背景当中，寻找马克思主义产生的深厚基础及其历史必然性。离开了这个历史基础，马克思主义就失去了物质依托。二是理论基础和理论前提。完整地把握马克思主义理论的全部内容和精神实质，才能够在理论研究中保持清醒的头脑和正确的方向，不因情况的复杂而对马克思主义的理论体系产生怀疑。三是实践基础和实践前提。整体性所强调的马克思主义理论发展的历时性，即把马克思主义的发展放到工人阶级争取自身解放斗争的全部历史过程当中，使"灰色"的理论保持长青的状态，在实践中发展马克思主义。

（二）开展马克思主义整体性研究，是坚持和发展马克思主义的方法论依据

坚持和发展马克思主义，必须坚持正确的思想方法和研究方法。马克思、恩格斯、列宁在对马克思主义理论进行研究的过程中，非常注意方法的选择。恩格斯研究马克思主义坚持了系统的方法，对马克思的著作做了深入的研究，把博大精深的理论体系梳理为哲学、政治经济学、科学社会主义等三个主要方面。恩格斯研究马克思主义也坚持了历史的方法，对马克思的思想发展做了历史分期，厘清了马克思思想发展的基本线索，阐述了马克思主义理论发展的一般规律。马克思主义研究中的系统方法和历史方法，整体性研究的具体表现，为后来的马克思主义研究者提供了研究马克思主义理论的方法论依据。

新的时代条件给研究马克思主义提出了许多新的问题。时代特征发生了很大变化，社会科学取得了重要进展，社会科学每一个学科和每一个分支的研究都更加深入。社会科学发展的最新成果为马克思主义研究提供了更多可资借鉴的材料和方法，对深入研究马克思主义具有重要的意义。但是，在日益繁荣的社会科学研究中，亟须按照马克思主义的基本原理做好去粗取精、去伪存真的工作。社会科学研究成果中有正确反映事物发展客观规律的内容，也有违背客观规律甚至歪曲客观事实的方面，起到了混淆视听、误导社会的作用。在各种各样的马克思主义研究方面，同样存在鱼龙混杂的问题。在中国，有的学者割裂马克思主义的理论内容，不是借助于马克思主义的基本观点和基本方法研究和说明现实问题，而是运用所谓的社会科学新方法"重新认识"马克思主义，作出背离马克思主义的判断，对马克思主义理论研究本身，对坚持和发展马克思主义造成很坏的影响。马克思主义整体性研究，是坚持马克思主义研究方法，用联系的、发展的、开放的方法研究和解读马克思主义经典作家的著作，区分马克思主义基本原理、一般原理和具体论述，并把马克思主义的立场、观点、方法应用于当今世界和当代中国的实际，对新的问题作出符合马克思主义的解释。中国特色社会主义理论体系的形成，以及中国特色社会主义道路的开辟，证明了马克思主义整体性研究的时代价值。

（三）开展马克思主义整体性研究，为推动马克思主义理论学科建设提供了重要的理论支撑

21 世纪以来，我国马克思主义理论研究与建设工程的大力推进，极大地活跃和发展了马克思主义理论研究。围绕什么是马克思主义、怎样对待马克思主义这一问题，马克思主义整体性研究取得了显著成果，而理论问题的清晰又有力地促进了马克思主义中国化、时代化、大众化，彰显了研究马克思主义整体性问题的学术价值和理论价值。

从学科建设的角度，马克思主义整体性研究取得了显著的进展①。一是对马克思主义三个组成部分的传统划分进行了总结。针对马克思主义主要包括哲学、政治经济学、科学社会主义三个组成部分的传统说法，一些学者提出了不同的认识，认为这一划分方法"不利于对马克思主义的整体研究"，把《反杜林论》的结构看作是马克思主义"三个组成部分"的根据是对恩格斯原著思想的误解。甚至有的学者认为，这样做的结果"损害了马克思主义整体性"，"破坏了马克思主义整体性"，"削弱了马克思主义整体性"，"割裂了马克思主义整体性"②。二是对马克思主义的内涵和本质进行了梳理。从回答什么是马克思主义的角度，一些学者研究了马克思主义的本质和内涵，并试图作出自己的简洁概括。有的学者梳理了关于马克思主义本质的若干种说法，并作了相应的分析。主要有"马克思主义是一个科学世界观体系"的概括，马克思主义是"关于人的自由而全面发展的学说"的概括，马克思主义是"关于人类社会发展规律的学说"的概括，马克思主义是"关于资本主义的科学"的概括，马克思主义是"无产阶级革命的学说"的概括，等等③。并提出了要从体系上、根本点上、具体和现实上、发展上认识和判断马克思主义的本质④。三是对马克思主义结构和表现形态的整体性进行了研究，对马克思主义研究方法的整体性进行了探索，对马克思主义整体性与马克思主义理论学科建设的关系进行了讨论。

马克思主义整体性研究及其成果，为马克思主义理论学科建设奠定了重要的基础。在这一研究的基础上，催生了中国的"马克思主义理论一级学科"，初步论证了马克思主义理论一级学科的内涵、与其他相关学科的关系，以及马克思主义理论一级学科的内在结构。目前，马克思主义理论一级学科下面已经正式确定了六个二级学科，即马克思主义基本原理、马

---

① 关于当前马克思主义整体性研究状况，已有相关的综述。如梁树发、黄刚：《马克思主义整体性研究综述》，《重庆社会科学》2008 年第 9 期；黄丽娟：《国内关于马克思主义理论整体性研究评述》，《思想理论教育刊》2009 年第 12 期；白立强：《近年来关于马克思主义整体性研究综述》，《广西青年干部学院学报》2008 年第 3 期；傅国强：《论国内马克思主义整体性研究的思想成就》，《前沿》2011 年第 7 期；等等。

② 梁树发、黄刚：《马克思主义整体性研究综述》，《重庆社会科学》2008 年第 9 期。

③ 陈先达等：《马克思主义基础理论若干重大问题研究》，经济科学出版社 2009 年版，第 4—10 页。

④ 同上书，第 9—10 页。

克思主义发展史、马克思主义中国化研究、国外马克思主义、思想政治教育、中国近现代史基本问题。在马克思主义理论学科建设中，把理论研究与队伍建设和人才培养统一起来，在全国 100 多个大学和研究机构设立了相关学科的博士和硕士专业，建设了一支马克思主义理论教师队伍和研究队伍，培养了一批高质量的博士和硕士研究生，彰显了马克思主义整体性研究对实践的理论指导作用。

（原载《辽宁大学学报》2012 年第 3 期）

对"整体性"的批判性反思

——关于马克思主义理论的整体性研究的一个方法论问题

叶险明

人们对以往关于马克思主义理论的不正确的、模糊的认识和批判，是引起重新反思马克思理论学说的整体性的直接导因，而决定这一导因出现的，恰恰是人们满足其现实的社会生活需要及其知识结构发展需要的程度和方式的变化。进而言之，当代全球化发展所越来越凸显的解决"全球问题"的复杂性，当代中国社会主义改革实践越来越凸显的系统性，以及当代人类知识结构所越来越凸显的高度"离散化"和高度"综合化"并存的倾向，均要求我们再一次反思马克思理论学说的整体性。马克思理论学说是马克思主义理论的始源，故反思马克思理论学说的整体性，就是在逻辑上反思由马克思和恩格斯开创的马克思主义理论的整体性。如果对马克思主义理论的整体性的研究不能深入，则包括马克思主义哲学在内的马克思主义理论的各个学科和研究领域就难以有实质性的发展。应该看到，由于种种众所周知的原因，目前我国学界关于马克思主义理论的整体性的研究在总体上还流于一般性的议论。虽然这种议论的视角比较多，但缺乏对这一问题深入的"元思考"，即没有对马克思主义理论的整体性这一概念本身进行深入的方法论上的批判性思考，从而这种议论难以超越以往的水平。

一 拒斥"为整体而整体"的思维定式

笔者以为，当把马克思理论学说的整体性作为研究对象时，应在方法论上区分这一研究对象的两种规定，即本体论规定和认识论规定。所谓

"本体论规定"，是指马克思理论学说本身所具有的整体性；所谓"认识论规定"，是指人们思维中的马克思理论学说的整体性。当然，这两者间的内在联系毋庸置疑。不过，目前学界不少人往往忽略这两者间的区别，把自以为的马克思理论学说的整体性强加在马克思理论学说本身的整体性上，故产生了种种模糊的甚至不科学的认识。人们认识任何问题，往往从某种既定的认识构架、范式和逻辑前提出发。如果这种既定的认识构架、范式和逻辑前提存在着偏颇，那么认识的过程和结论必定是"存疑"的。这一点也适用于对马克思理论学说的整体性认识。因此，为了保证我们的相关认识越来越接近于本体论意义上的马克思理论学说的整体性，本文侧重从认识论视域展开对马克思理论学说的整体性的批判性反思。而这种批判性反思所应涉及的首要前提就是：全面、正确地把握马克思理论学说的整体性，必须拒斥"为整体而整体"的思维定式。

在人类思想发展史上，具有整体性理论学说的大师不独有马克思。仅就西方而言，亚里士多德、康德和黑格尔等人的理论学说都具有整体性，特别是黑格尔的理论学说把"整体性"发挥到了极致，但这种极致的"整体性"最终窒息了黑格尔理论学说的革命性。这也说明，对理论学说的整体性要加以批判性思考。笔者强调马克思和恩格斯所开创的马克思主义理论是一个有机的整体，绝不是推崇马克思主义理论多么"完美无瑕"，在体系上如何尽美尽善，而是表示：马克思主义理论的科学性是通过其整体性表现出来的，马克思主义理论只有作为具有整体性的科学，才能实现其指导人们改造世界的功能。从这个意义上说，认识作为整体的马克思主义理论，就是认识马克思主义理论的科学性。然而，我们不能用"为整体而整体"的思维定式去认识马克思主义理论的整体性，否则就会走向其反面。"为整体而整体"的思维定式的特点在于：把"整体"视为学说的目的本身，把制造尽可能完美的、能够解释一切的体系视为主旨（在这里，"整体"和"体系"是同义词）。如果用这种思维定式去诠释马克思主义理论的整体性，就必然会极大地扭曲马克思主义理论的整体性，从而扭曲作为整体的马克思理论学说。

应当承认，整体或体系对于理论学说的构建是不可或缺的。康德说："任何一种学说，如果它可以成为一个系统，即成为一个按照原则而整理好的知识整体的话，就叫做科学……只有那些其确定性是无可置辩的科学才能成为本义上的科学；仅仅只是具有经验的确定性的知识只能在非本义上称之为学问（Wissen）。那种成系统的知识总体正因为成系统，就可以叫做科学了。"① 黑格尔也明确地意识到了这一点："哲学若没有体系就不能成为科学。没有体系的哲学理论，只能表示个人主观的特殊心情，它的内容必定是带偶然性的。哲学的内容，只有作为全体中的有机环节，才能得到正确的证明，否则便只能是无根据的假设或个人主观的确信而已。"② 马克思当然也认识了这一点，但与康德特别是黑格尔不同的是，他仅仅把整体和体系视为构建科学理论的手段，而黑格尔则把整体和体系视为目的本身。也就是说，黑格尔把"整体和体系"对理论学说构建的必要性转换为理论学说构建的目的，所以，他为了保证理论学说的整体和体系的完整性，不得不制造出人为的、牵强附会的结构。正如恩格斯所说："由于'体系'的需要，他（指黑格尔——引者注）在这里常常不得不求救于强制性的结构"，但"这样一来，革命的方面就被过分茂密的保守的方面所窒息"。③ 可见，"为整体而整体"不仅会导致在方法论上生造整体和体系，而且也必然会导致整个理论学说的保守性。马克思和恩格斯始终反对以制造体系为目的来构建理论学说。他们的理论学说的整体性只是在哲学批判、社会主义批判，特别是政治经济学批判中才展示出来。

从方法论上看，"为整体而整体"的思维定式归根结底是由仅仅作为解释世界而存在的理论学说的本性决定的。马克思说："哲学家们只是用不同的方式解释世界，而问题在于改变世界。"④ 笔者以为，马克思这里所讲的"解释世界"不是人们通常所理解的认识世界（认识世界毕竟是以世界为前提的），而是指脱离社会实践活动的抽象的、非历史的理解世界。这种脱离改造世界的"解释世界"仅停留于纯粹思辨的阶段，其主旨就是把整个世界和人的发展纳入构造出来的各种体系即"不同的方式"中去。当世界和人的现实发展与理论体系发生矛盾的时候，为了保证体系的完整性，"牺牲"的必定是后者。马克思理论学说的整体性则是以改造世界为主旨的整体性。正是"问题在于改变世界"这一点，将科学的社会历史认识和非科学的社会历史认识区别开来。由马克思和恩格斯创立的马克思主义理论的整体性是以改造现实世界的实践为基础和目的的。它在世界观和

---

① 康德：《自然科学的形而上学基础》，生活·读书·新知三联书店 1988 年版，第 2—3 页。
② 黑格尔：《小逻辑》，商务印书馆 1980 年版，第 56 页。
③ 《马克思恩格斯选集》第 4 卷，人民出版社 1995 年版，第 219 页。
④ 《马克思恩格斯选集》第 1 卷，人民出版社 1995 年版，第 61 页。

方法论上扬弃了"为整体而整体"的思维定式。改造现实世界是一个系统，涉及方方面面，这反映到马克思的理论思维中就形成了理论学说及其发展的整体性。所以，马克思理论学说的整体性总是在对现实的重大社会历史问题的研究中，以及在对各种歪曲现实的观点的批判中形成和表现出来的。马克思思想发展史的事实也的确如此：马克思从未脱离开对现实的重大社会历史问题的研究以及对各种歪曲现实的观点和思潮的批判，来单独地阐释自己理论学说的整体性。

如上所述，强调马克思主义理论的整体性并不是为了把马克思主义理论抬高到能够说明一切的地位，而是为了要确认这样一点，即：把握马克思主义理论的整体性，归根结底是为了把握改造现实世界的系统性。马克思理论学说的整体性的形成过程也充分地印证了这一点。马克思理论学说的整体性的形成，既是马克思系统把握现实世界的需要，更是改造现实世界的系统性对他的要求。因此，在马克思理论学说的整体性中所展示的，并不是按我们今天所理解的学科意义上的哲学、政治经济学、科学社会主义学说之间的联系，而是我们今天还不能完全或充分理解的哲学批判、政治经济学批判和社会主义批判之间的联系。如果我们不能对改造现实世界的系统性有全面的把握，特别是对当代中国社会主义改革的系统性有全面的把握，同时也不熟悉马克思的哲学批判、政治经济学批判和社会主义批判及其相互关系，那就不可能正确认识马克思理论学说的整体性。

二 "科学性"是"整体性"的基础和目的

如上所述，理论学说的"科学性"一定表现为"整体性"，因为"科学性"必然是通过"整体性"来展现的。故认识理论学说的科学性就要认识其整体性，但并非任何作为整体的理论学说都具有"科学性"。理论学说的"整体性"与"科学性"不能相互等同。理论学说的"整体性"是其"科学性"的重要属性，而绝不是相反。对马克思主义理论来说，"科学性"与"整体性"的关系就在于：一方面，"科学性"要求"整体性"，"整体性"是"科学性"的必要条件。整体是指由若干对象（或由单个客体的若干成分）按照一定的结构形式构成的有机统一体。任何规律及其作用形态都是通过整体及其运动表现出来的，故只有通过一定的方法在理论思维中再现这一整体，才有科学的产生。在这一"语境"内，黑格尔所说的"真理就是全体"是有道理的。

另一方面，"整体性"又不等于"科学性"。从现实来看，整体是规律及其表现形态的结构，而不是规律本身；从观念来看，理论学说的"整体性"是理论学说的科学性的不可或缺的重要属性，但又不等于理论学说的科学性。理论学说的整体是思维中具有丰富规定的具体，而科学是符合现实世界规律的整体。不过，理论思维中的整体毕竟是第二性的，思维中整体的构建过程不同于客观对象整体的形成过程。正如马克思所说："整体，当它在头脑中作为思想整体而出现时，是思维着的头脑的产物，这个头脑用它所专有的方式掌握世界。"① 也正因为如此，思维中的整体有脱离现实中整体的可能，故马克思又强调：这种整体"决不是处于直观和表象之外或驾于其上而思维着的、自我产生着的概念的产物，而是把直观和表象加工成概念这一过程的产物"。② 这就是说，不能把再现客观对象整体的思维中的整体视为"自我综合、自我深化、自我运动的思维的结果"。

对马克思来说，"科学性"是"整体性"的基础和目的。这就要求我们在认识和把握马克思理论学说的整体性时，必须注意一点，即：与"科学性"紧密相连的"整体性"，其最根本的特点就是"整体性"从属和服从于"科学性"。如果说马克思的理论学说是整体性和科学性的统一，那么这种统一只能是以"整体性"从属和服从于"科学性"为基础的统一。或许正因为如此，马克思和恩格斯向来反对建立或构造所谓"体系"，特别是哲学体系。当然，在他们那里，这种"体系"是那种撇开科学性的体系，即试图一劳永逸地解决人类或人类某个领域所有问题的体系。

从真理的相对性和绝对性的关系角度看，"科学性"最重要的一个特点就是理论学说适用范围的界限不断精确化。所以，我们研究马克思理论学说的整体性时，如果最终得出了类似于"无所不包"、能够说明一切的结论，那就会走向马克思理论学说的整体性的反面。笔者以为，我们认识和把握马克思理论学说的整体性，其主旨不仅是为了避免片面地理解马克思的理论，更重要的是为了从动态上正确把握作为整体的马克思理论学说的发展动力③

① 《马克思恩格斯选集》第2卷，人民出版社1995年版，第19页。

② 同上。

③ 笔者这里所说的"作为整体的马克思主义理论的内在发展动力"是指：由基于改造现实世界系统性的实践精神的全面性所决定的、作为整体的马克思主义理论的内在结构所产生的趋向于现实世界发展的动能。

（这种动力既表现在该理论与实践的关系上，也表现在该理论整体的各个构成要素间的关系上）。这种动力的内在动力源就是马克思理论学说的科学性和革命性，其主体表现就是马克思对科学性和改造现实世界系统性的持之以恒的追求。既然马克思是为了科学性和革命性而构建其具有整体性的理论学说，那么这一理论学说的整体就必然始终处于一个不断修正和调整的"流"之中，在不断确定各个层次的原理的适用范围的过程中获得丰富和发展①。而全面、准确地认识和把握这种"不断确定各个层次的原理的适用范围的过程"，对于我们科学地认识马克思理论学说的整体性至关重要。从方法论上看，如果缺乏对这方面问题的充分认识，我们在对马克思理论学说的研究中就难免不产生种种模糊的，甚至是不科学的看法。例如，马克思在晚年把其在《资本论》"原始积累"一章中关于"资本主义起源"的必然性论述明确地"限于西欧各国"，这本来是马克思理论学说的整体性发展的一个重要标志：在哲学方面进一步强调历史唯物主义与作为那种替代对具体的社会环境进行科学分析的"历史哲学"间的区别；在经济学方面进一步确认了西欧资本主义起源的特点；在科学社会主义方面指出了在特定的世界历史条件下俄国农村公社作为"共产主义发展的起点"的可能性。但是，国内外学界不少人却因此而误认为：马克思不仅把资本主义的起源和发展限于西欧，而且把历史唯物主义的方法论意义也限于西欧，并构建了与资本主义及其发展无关的"东方社会发展道路说"。这就与马克思理论学说的整体性发展的事实和本质大相径庭了。

上述"不断确定各个层次的原理的适用范围的过程"，也从一个侧面说明了马克思理论学说的整体性是一个不间断的生成过程。例如，作为马克思主义理论百科全书的《资本论》，其写作结构大的调整就有两次，小的调整就更多了，而在观点表述、材料使用等方面的调整则恐怕难以计算。马克思生前未完成《资本论》的写作（甚至连《资本论》第 1 卷第 3 版的出版也未来得及完成）有多种原因，其中最为重要的一个原因就是马克思试图不断地把理论研究的新成果和关于现实的世界历史变化的新材料纳入《资本论》的写作计划。在《资本论》第 1 卷第 3 版序中，恩格斯在

---

① "不断确定适用范围"的过程是科学的动态本质，当然也是作为广义的"历史科学"的马克思主义理论的动态本质。从主体的角度看，"不断确定适用范围"的过程一方面指人们对既有科学理论之精确性的正确把握的过程；另一方面也指人们对既有科学理论发展的环节和趋向的正确把握的过程。笔者以为，对马克思主义理论的整体性的把握也应作如是观。

讲到为什么马克思生前没有完成《资本论》第 1 卷第 3 版出版的原因时说道："马克思原想把第一卷原文大部分改写一下，把某些论点表达得更明确一些，把新的论点增添进去，把直到最近时期的历史材料和统计材料补充进去。"①"不间断的生成过程"这一点在马克思晚年的"人类学笔记"和"历史学笔记"中进一步得到确认。关于这两部笔记的写作的目的、动机及其在作为整体的马克思理论学说发展中的地位问题，学界一直见仁见智。不过，笔者在这里并不打算评述这方面的问题，而仅想指出：这两部笔记（也包括《资本论》）标示着在作为整体的马克思理论学说的内部，自始至终地预留着为满足革命实践和现实的世界历史发展要求的空间。这种"预留空间"也就是马克思理论学说的整体性不断生成的空间。这种"预留空间"并不是马克思预设的，而是由作为整体的马克思理论学说的科学本性决定的。马克思理论学说的整体性自始至终呈现为一种不断生成的状态，这也是马克思理论学说的活力之所在。当然，这种不断生成的状态，在马克思思想发展的不同时期和他在不同时期所涉猎的不同研究领域，其具体形式和内容是不一样的。因此，对马克思理论学说的整体性的把握，与其说是对一个静态"思想体"的把握，毋宁说是对一个"不间断的生成过程"的把握。

笔者的以上观点并没有否定作为整体的马克思理论学说具有相对稳定的一面的意思，而是旨在强调：马克思理论学说的科学本性要求我们不能把这一学说的整体的静态绝对化。② 进而言之，我们把握马克思理论学说的整体性绝非是指把这一学说的各个组成部分视为一个整体即可了事。从最终的价值意义上看，马克思理论学说的整体性不是也不可能是一个最终完成了的理论学说的整体性。因此，对马克思主义理论学说的整体性的全面把握，不是一个或几个人的事情，也不是一代人的事情，而是几代人的事情，甚至是一个无止境的过程。在这一过程中，认识、把握与构建马克思主义理论的整体性是有机统一的。抑或说，全面把握马克思主义理论学说的整体性既是我们不断追求的科学目标，也是我们不断追求的价值目

---

① 《马克思恩格斯全集》第 23 卷，人民出版社 1972 年版，第 30 页。

② 这里所说的"静态"是指：仅从马克思理论学说发展的最终的逻辑结果（即原则和结论）来把握马克思理论学说的整体性，即为了使世人便于了解马克思理论学说的整体性，简单地将这一学说分为若干组成部分或若干个层次，并对它们之间的关系作一般性的阐释。这种"静态"对于宣传作为整体的马克思主义理论有一定的意义，但不能绝对化。

标。只要我们立足于世界，从系统改造当代中国社会的现实出发，真正汲取体现在作为整体的马克思理论学说中的实践精神的全面性，就能不断地在把握马克思主义理论的整体性的过程中，丰富和发展马克思主义理论。

三 "整体性"存在和展现于"运用过程"中

这一问题与上述问题属于同一系列的问题。从过程和动态上把握马克思理论学说的整体性这一论断有三层相互联系的含义：一是从"不断确定各个层次的原理的适用范围的过程"来把握马克思理论学说的整体性；二是从"不间断的生成过程"来把握马克思理论学说的整体性；三是从"运用过程"来把握马克思理论学说的整体性。为了叙述逻辑上的方便，笔者在上一节"'科学性'是'整体性'的基础和目的"的题目下阐释了该论断的前两层含义，这里阐释该论断的第三层含义。

对马克思来说，"科学性"也是得出正确的方法、原则、结论的过程或运用正确的方法和原则的过程。这一"过程"是展现马克思理论学说的整体性的重要"场域"。脱离了这一"场域"，方法、原则和结论就会变为毫无意义的教条。在《资本论》法文版序言中，马克思在谈到莫里斯·拉沙特关于分册出版《资本论》译本的想法时曾透露出一种担忧，他说：这种想法好的一面是这本书"更容易到达工人阶级的手里"，"但也有坏的一面：我所使用的分析方法至今还没有人在经济问题上运用过，这就使前几章读起来相当困难。法国人总是急于追求结论，渴望知道一般原则同他们直接关心的问题的联系，因此我很担心，他们会因为一开始就不能继续读下去而气馁。这是一种不利，对此我没有别的办法，只有事先向追求真理的读者指出这一点，并提醒他们。在科学上没有平坦的大道，只有不畏劳苦沿着陡峭山路攀登的人，才有希望达到光辉的顶点"。① 笔者以为，可以从马克思的上述担忧逻辑地延伸出下面三个相互联系的推断：

其一，由包括唯物史观在内的科学方法论系统运用于政治经济学批判过程中所呈现出来的马克思理论学说的各个逻辑环节，才真正构成并展现了马克思理论学说的整体。这就在方法论上要求我们在把握作为整体的马克思理论学说时，必须要从其"运用过程"入手，即从"运用过程"来把

①《马克思恩格斯全集》第 23 卷，人民出版社 1972 年版，第 26 页。

握马克思理论学说的整体性。绝不能只从静态上将其分为若干组成部分，然后找出几条关键性的原理加以一般性的综合，就自以为把握住这一整体了。对这一整体把握的关键是"运用过程"。不能把握"运用过程"，不仅会导致对马克思的科学方法论系统的狭隘的教条式理解，而且对马克思理论学说各个原理及其相互关系的认识也必然是片面的、模糊的、不科学的，但"运用过程"是最难把握的。恩格斯在其晚年也非常强调这一点，他说："我们在反驳我们的论敌时，常常不得不强调被他们否认的主要原则，并且不是始终都有时间、地点和机会来给其他参预交互作用的因素以应有的重视。但是，只要问题一关系到描述某个历史时期，即关系到实际的应用，那情况就不同了，这里就不容许有任何错误了。"① "实际的应用"即"运用过程"不同于对理论学说的方法、原则和结论作一般性的表述。在"实际的应用"过程中，理论学说必须要满足现实的历史的整体性的要求，否则现实的历史就会使理论学说很"难堪"。因此，恩格斯坚决反对把历史唯物主义作为不研究历史的借口，厌恶那种"只是用历史唯物主义的套语来把自己的相当贫乏的历史知识尽速构成体系"的做法，强调要在"经济学、经济学史、商业史、工业史、农业史和社会形态发展史"的研究中去把握和发展包括历史唯物主义在内的马克思的理论学说。②

其二，对马克思理论学说的方法、原则和结论及其相互间联系的一般性表述虽然相对明了、简单，从字面上也不难理解，但脱离开"运用过程"，它又是最容易被曲解和滥用的。因为，只有"运用过程"才能彰显马克思理论学说的方法、原则和结论的丰富内涵及其适用范围。而这些是从对方法、原则和结论及其相互联系的一般性表述本身得不到的。简言之，对真理和科学的基本原则的表述是简单明了的，但把握真理和科学的运用过程却是艰难、复杂的。只有把握了真理和科学的运用过程，才是真正把握了真理和科学本身。对于马克思理论学说的整体性的认识也是如此。

其三，那种脱离"运用过程"而把原则或结论直接与人们自己关心的现实问题联系起来的"经济"方法，阻碍了对马克思理论学说的科学性的认识，从而也阻碍了对马克思理论学说的整体性的认识。

① 《马克思恩格斯全集》第 37 卷，人民出版社 1971 年版，第 462—463 页。
② 同上书，第 33 页。

实际上，马克思的上述担忧在他和恩格斯创立历史唯物主义之初就已经隐约存在。他说："对现实的描述会使独立的哲学失去生存的环境，能够取而代之的充其量不过是从对人类历史发展的观察中抽象出来的最一般的结果的综合。这些抽象本身离开了现实的历史就没有任何价值。"① 马克思这里所说的"这些抽象"，就是指他在《德意志意识形态》第一章中所集中阐释的由一系列"原则和结论"构成的历史唯物主义的基本理论。马克思强调"这些抽象本身离开了现实的历史就没有任何价值"，其中就隐含着上述这种担忧。后来，恩格斯道明了这种担忧的一个重要原因，就是当时他们的政治经济学批判所达到的程度还不足以全面阐明这些抽象才能不脱离现实的历史。② 直到随着马克思的经济学革命大体上完成，马克思才令人信服地表明"这些抽象"怎样才能不脱离现实的历史。这同时也说明，只有在政治经济学批判的过程中，马克思理论学说的整体性才得以全面形成，并得到了充分的展现。马克思也正是在这个意义上才认可他的理论学说是一个整体，他说："不论我的著作（指《资本论》——引者注）有什么缺点，它们却有一个长处，即它们是一个艺术的整体。"③

四　整体的主要构成部分蕴含着整体的基本特征

传统系统论认为，整体决定部分，整体具有不同于其构成部分的特性，因此，整体的发展不同于其各个构成部分的发展。这一认识对简单的整体来说是正确的，但是对复杂的整体则不能这样说了。试图超越整体论和还原论对立的现代复杂性科学的研究成果表明，复杂的整体不同于简单的整体，即：整体的发展不等于其构成部分，但整体的发展始于其构成部分；整体的主要构成部分具有整体的基本特征；整体与其构成部分的相互作用决定整体的发展。所以，对于复杂的整体来说，就整体而整体是不可能认识整体及其发展的，必须从构成整体的主要构成部分及其相互关系中

① 《马克思恩格斯全集》第 3 卷，人民出版社 1960 年版，第 31 页。
② 恩格斯在写于 1888 年 2 月 21 日的《"路德维希·费尔巴哈和德国古典哲学的终结"一书序言》中说道：在《德意志意识形态》一书中"关于费尔巴哈的一章没有写完。已写好的部分是解释唯物主义历史观的；这种解释只是表明当时我们在经济史方面的知识还多么不够"。（《马克思恩格斯全集》第 21 卷，人民出版社 1965 年版，第 412 页）
③ 《马克思恩格斯全集》第 31 卷，人民出版社 1972 年版，第 135 页。

来把握整体，才可能达到对整体及其发展的科学认识。作为整体的马克思理论学说当然也是复杂的整体。基于当代复杂性科学研究的成果，笔者以为，在把握作为整体的马克思理论学说与其各个构成部分间的关系时，应特别注意两个方面的方法论问题：一是，对作为整体的马克思理论学说与其各个构成部分间的关系要作具体分析，不能一概而论；二是，作为整体的马克思理论学说，其主要构成部分蕴含着这一理论学说整体的基本特征。这里侧重讲后一方面的问题。

谈到这方面的问题，首先必须在方法论上界定马克思理论学说的整体特征。学界关于这方面的界定繁多，尚未统一过，但无论何种界定，其中都包含这样的内容，即：马克思理论学说是关于人类社会发展规律、资本发展逻辑和人与社会彻底解放的科学学说。这里姑且以这些相对统一的内容作为对马克思理论学说的整体特征的界定。可以说，至少从学理上看，马克思理论学说的各个主要构成部分，都从不同的层面体现了马克思理论学说的这种整体特征。所谓"主要构成部分"是指一个整体不可或缺的部分，即缺少了该构成部分，整体就不成其为整体。马克思的哲学批判、政治经济学批判和社会主义批判就是这样的构成部分，① 它们各自都蕴含着马克思理论学说整体的基本特征。当然，其表现形式是有所不同的。就现实的批判功能而言，"关于人类社会发展规律、资本发展逻辑和人与社会彻底解放的科学学说"这一整体特征，在马克思的哲学批判中，表现为对人类社会发展规律、资本发展逻辑和人与社会彻底解放的相关前提性和价值性问题的方法论追思；在马克思的政治经济学批判中，表现为对人类社会发展规律、资本发展逻辑以及人与社会彻底解放的现实基础和根据的考量；而在马克思的社会主义批判中，则表现为对人类社会发展规律、资本发展逻辑以及人与社会彻底解放的制度和道路的探索。据此，笔者以为，强调马克思理论学说的整体性并不是要否定把马克思的哲学批判、政治经

---

① 马克思的哲学批判、政治经济学批判和社会主义批判都不是传统学科意义上的。抑或说，我们所理解的学科意义上的哲学、政治经济学和科学社会主义学说，与马克思的哲学批判、政治经济学批判和社会主义批判研究是不同的。这三种批判都是超越学科意义上的科学研究，具有跨学科的性质。因此，把哲学批判、政治经济学批判和社会主义批判视为马克思理论学说的主要构成部分，有助于在方法论上避免把对马克思理论学说的整体性的认识简单化的倾向。此其一。其二，也是更重要的，这三种批判无论从词义上看还是从内容上看，都直接预示着理论本身随着认识和改造现实世界的需要的"发展"。在马克思那里，"批判"就在于基于现实世界来批判现实、改造现实和超越现实。因此，"批判"本身的发展至关重要，没有"发展"就无所谓批判。

济学批判和社会主义批判作为相对独立的研究对象的合理性，而是表示：只有从马克思理论学说的整体出发去研究马克思的哲学批判、政治经济学批判和社会主义批判，揭示马克思理论学说的整体性在这些主要构成部分中的具体体现及其相互关系，才能最终达到对马克思理论学说的整体性的具体的深刻把握。当然，这三种批判在马克思那里是融为一体的，为了研究的需要我们才将它们区别开来，而作这种区别的主旨正是为了把握马克思理论学说的整体性。此外，这三种批判在整个马克思理论学说中所处的地位是不尽相同的，其中政治经济学批判居主导地位。关于这一点，恩格斯说：德国无产阶级政党的"全部理论内容是从研究政治经济学产生的（指政治经济学批判，而不是我们今天所理解的学科意义上的政治经济学研究——引者注）"。[①]

这里以对马克思哲学批判的研究为例。既然政治经济学批判在马克思的全部理论学说中处于主导地位，那么只有把马克思的哲学批判置于其政治经济学批判的话语系统中来考察，才能全面、正确地认识和把握其所体现的马克思理论学说的整体性。[②] 显而易见，离开了"马克思政治经济学批判的话语系统"，我们就会把马克思对人类社会发展规律、资本发展逻辑和人与社会彻底解放的相关前提性和价值性问题的方法论追思变为毫无根基的纯思辨。这无疑会直接影响对马克思理论学说的整体性的正确认识。

目前学界有学者从绝对整体论（或整体主义）出发，提出要建构什么专门适用于马克思理论学说的整体研究的话语，我以为这是大可不必的。作为马克思主义创始人的马克思在学术上集哲学大师、经济学大师、历史学大师和政治学大师于一身。在他的理论学说中虽然没有后人按学科视域划分的哲学、政治经济学和科学社会主义学说，但的确存在着哲学批判、政治经济学批判和社会主义批判这三个主要构成部分。这也说明，从知识结构看，只有至少精通哲学、经济学、历史学和政治学的学者才有可能在实际的研究中，真正把马克思所具有的超越学科意义上的哲学批判、政治经济学批判和社会主义批判作为相对独立的对象来把握。然而，我们不能

---

① 《马克思恩格斯全集》第 13 卷，人民出版社 1962 年版，第 525 页。
② 笔者以为，"马克思政治经济学批判的话语系统"的内容大体可归为三个相互联系的方面：政治经济学方法系统的构建及其发展；政治经济学理论体系的构建及其发展；政治经济学批判逻辑的形成及其发展。其中每一方面的内容又都包含着若干重要问题域。

因为现在缺少具有上述知识结构的学者，因为从单一的学科领域难以实现对马克思理论学说的这三个主要构成部分的全面研究，就试图撇开马克思的哲学批判、政治经济学批判和社会主义批判，而搞什么超越这三者及其相互关系之上的研究。这样做很可能使我们陷入一种尴尬境地：非但不能提高对作为整体的马克思理论学说的研究水准，反而会使对马克思的哲学批判、政治经济学批判和社会主义批判的研究水准倒退。当然，笔者这样说丝毫没有否定对马克思理论学说展开整体性研究的必要性的意思，而只是认为：目前最为重要的应该是深入研究马克思理论学说的整体性在马克思的哲学批判、政治经济学批判和社会主义批判中的具体表现及其相互间的内在逻辑联系，从马克思理论学说的整体与这三种批判间的互动关系来把握马克思理论学说的整体性及其发展，因为这是迄今为止我们关于马克思理论学说的整体性的研究中最为薄弱的环节。

参考文献

［1］黑格尔：《小逻辑》，商务印书馆1980年版。

［2］康德：《自然科学的形而上学基础》，生活·读书·新知三联书店1988年版。

［3］《马克思恩格斯全集》，人民出版社1960年版、1962年版、1965年版、1971年版、1972年版。

［4］《马克思恩格斯选集》，人民出版社1995年版。

（原载《哲学研究》2011年第9期）

马克思主义理论学科建设
要贯彻整体性原则

近两年，马克思主义理论领域发生了三件大事：马克思主义理论研究和建设工程的实施、马克思主义理论一级学科的建立和中国社会科学院马克思主义研究院的成立。马克思主义理论学科的建立，其意义主要不在于我国高等教育学科体系的完善，而在于马克思主义这一特殊思想体系理论上具有的科学意义以体制、制度的形式确定下来，实现了马克思主义的学科化。这是我国高等教育学科体系建设的一次革命，这样的革命似乎只能在现实的社会主义国家发生。所以，就马克思主义的存在状况来说，还是"风景这边独好"。

一 马克思主义理论学科的建立是人类教育史上的创举，是关于马克思主义的认识由"观念整体"到"现实整体"的转变

在马克思主义成为独立的一级学科之前，作为马克思主义"三个组成部分"的马克思主义哲学、马克思主义政治经济学和科学社会主义，是马克思主义的三个主要专业（也称二级学科），分属于哲学、经济学和政治学。其他学科领域有关马克思主义的研究和教学内容，如马克思主义历史学、马克思主义社会学、马克思主义新闻学、马克思主义文艺学、马克思主义民族学等，则不成为独立的学科、专业，而是其所从属的一定学科、专业的一定研究方向。在学科和专业设置上的马克思主义的这种分散存

在，削弱或淡化了马克思主义的整体意识，整体性的马克思主义问题较少成为教师和学生们的研究主题和谈论话题。

整体性是马克思主义的根本属性，马克思主义的本质、要义和精神实质，通过整体性的马克思主义表现出来，或者说，只有从整体的马克思主义的意义和角度出发，才能真正理解马克思主义的本质和要义。马克思主义发展史表明，理论上马克思主义受到的伤害、马克思主义发展遭受的曲折，原因一般都在马克思主义的整体性遭受了破坏。马克思主义的"整体性问题"历来是整体的马克思主义问题。

以往那种由学科设置造成的马克思主义的分散存在，是"肢解马克思主义"的不自觉的形式，并由此产生一种"泛马克思主义"观念。这种观念就是把马克思主义学科与非马克思主义学科的界限相对化（其结果必然是马克思主义相关学科的边缘化），就是在学科意义上既把哲学的、经济学的和政治学的各马克思主义专业的教学和研究看作是"搞马克思主义的"，也把诸如马克思主义历史学、马克思主义社会学、马克思主义新闻学、马克思主义文艺学和马克思主义民族学等，也看作是"搞马克思主义的"。这样，一个关于加强马克思主义的综合性、整体性问题研究的具体要求和从这一要求出发的关于建立从事马克思主义的综合性、整体性问题研究的专门机构的要求，就用一种"泛马克思主义"的"观念整体"（实为"虚拟整体"）掩盖了和代替了。从马克思主义的影响及其发展来说，马克思主义向各个学科的广泛渗透（不管这种渗透性是强还是弱）应该说是一种积极现象，它毕竟是马克思主义的影响的扩大，既有利于各个具体学科的发展，也有利于马克思主义的发展。马克思主义在这种学科渗透中从这些学科的发展中吸取营养。但是，马克思主义的这种学科性的分散存在（即便它表现为一种全面性的分散存在），其与马克思主义的综合性、整体性存在不是一回事。而这种马克思主义的分散性和广泛渗透性存在，又往往成为马克思主义整体性存在的抵抗因素，因而也就成为我们在理论上和学科设置上提出马克思主义整体性要求的原因。

如果我们对马克思主义整体性问题持一种自觉的态度的话，在高等教育的学科设置和体制上，就要打破那种关于马克思主义的存在的"观念整体"、"虚拟整体"，而构建一种其存在的现实整体。这个现实整体，就高等教育的学科体制来说，是独立的综合的马克思主义一级学科的建立；就与此相关的高校和研究单位的建制来说，是从事马克思主义综合研究和教学的专门机构的建立。

现在大体来看，这已经是不成问题的问题了。在中央实施马克思主义理论研究和建设工程的过程中，从综合的和整体的马克思主义观和马克思主义发展需要出发的马克思主义一级学科的建立实现了，一些高校也纷纷成立了专门从事马克思主义综合研究和教育的马克思主义研究院或马克思主义学院。所以，以上议论只能被看作是对马克思主义一级学科建立和马克思主义独立的综合研究和教学单位建设的合理性的论证。

马克思主义成为独立的一级学科，是人类教育史上的创举。我们在为这一学科的创立兴奋之余，还应意识到，我们同时面临着巨大压力，即我们将拿什么回报社会，回答群众对我们的期望和来自学界的挑战？我们只能尽快地把马克思主义理论学科建设好，为培养合格的马克思主义理论人才作出贡献，为马克思主义理论发展和中国特色社会主义建设事业作出贡献。

二 对于马克思主义理论学科的建设和发展来说，具有实质意义的是使该学科成为内在性整体

作为学科体制建构的马克思主义理论学科是现实整体，但它还是一个外在性整体，一种形式的整体。马克思主义理论学科的建设和发展要求把这一外在整体发展为内在整体，形式整体发展为实在整体。

马克思主义理论学科的内在整体的建设不能指靠理论、学术以外的力量，而是理论、学术自身的力量，特别是依靠广大马克思主义理论家自身的努力和智慧。这种努力和智慧首先表现在马克思主义理论学科内部各个专业的发展上，也同时表现在马克思主义学科与仍存在于传统的哲学、经济学和政治学学科的马克思主义哲学、马克思主义政治经济学和科学社会主义各个专业之间的关系上，表现在与其他传统学科内的有关马克思主义理论内容的研究和发展的关系上，表现在马克思主义研究、教育和"理论实践"（包括理论宣传和理论斗争）之间的关系上，表现在马克思主义基本原理内部各个部分之间的关系上。所以，独立的马克思主义理论学科一经建立，所谓马克思主义整体性问题就有了包括上述方面的多层意义。所以，所谓马克思主义理论学科的内在整体的发展也就是上述方面努力的结果，是上述方面关系的有机统一。

决定马克思主义理论学科由外在整体向内在整体转化、形式整体向实在整体转化的，是构成马克思主义整体的各个要素（即上述各种"关系"方面）之间的关系状况，动态地看，是这些要素、方面之间的联系、协调、整合和建构。它是马克思主义理论家们的智慧与主体性的充分发挥的结果。

联系，是指对与马克思主义理论学科建设和发展相关的学科、专业和方面的认知，也就是说，认识其他学科、专业和方面的发展与马克思主义理论学科建设和发展的关联。彻底的认识不仅是对其联系性存在本身的认知，而且是对联系状态的，特别是联系的层次、结构的认知。

协调，是指关于马克思主义理论学科与相关学科、专业和方面的关系由观念的联系发展为实际的联系的首要步骤。它是马克思主义理论学科建设的能动的实际的行动，其功能是使马克思主义理论学科发展的一切相关因素真正能够联系起来。协调，首先是马克思主义理论学科内部各个专业之间的协调，一是马克思主义基本原理专业与马克思主义发展史和中国化马克思主义、国外马克思主义等专业之间的关系的协调，协调表现为马克思主义基本原理对马克思主义发展史和国内外马克思主义研究的指导，表现为马克思主义发展史研究和国内外马克思主义研究对马克思主义基本原理研究和发展的支持和推动。在实际的专业关系中，突出的是马克思主义发展史专业与国内外马克思主义专业的关系。广义地说，中国马克思主义和国外马克思主义都属于马克思主义发展史范畴，讲马克思主义发展史不能不讲马克思主义在当代中国和国外的发展。而当它们成为三个独立的专业之后，就有个马克思主义发展史与国内外马克思主义专业在时间上如何切割的问题，在实际的教学过程中还涉及三门课程的关系和三个不同专业的学生确定其研究方向和学位论文选题的范围问题，这就需要做好三个专业的协调工作。独立的马克思主义理论学科与传统学科中的三个马克思主义专业之间的关系也需要协调。马克思主义理论一级学科建立后，传统的马克思主义哲学专业、马克思主义政治经济学专业和科学社会主义专业是否还有独立存在的必要？如有必要，它与综合的马克思主义理论学科是什么关系，这种关系如何在逻辑上阐释清楚？这三门传统的马克思主义专业的存在是有利于综合的马克思主义理论学科的发展，还是不利于综合的马克思主义理论学科的发展？并且在它们各自独立存在的情况下，如何使传统的各马克思主义专业有利于综合的马克思主义理论学科的发展？这些问题都是值得我们认真思考和解决的。它们之间的矛盾和协调问题，在实际的研究和教学中比它们在理论或逻辑上的表现显得更为突出。因为就大学院系建制来说，由于历史的原因，它们一般属于两个或几个不同院系，也就是由于某种原因，在马克思主义各相关学科的关系上存在着人为造成的分割状态。这是我们提出马克思主义各相关学科之间必须协调的现实根据。当然，马克思主义理论学科建设中的协调关系是多方面的和复杂的，这里只是谈到它的主要的和突出的方面。

整合，是协调的继续，是特殊的协调。表现在马克思主义理论的各相关学科、专业的关系上，是否可以把传统的马克思主义哲学、马克思主义政治经济学和科学社会主义专业整合到马克思主义理论学科中去，是一个值得继续探讨的问题。而如果说在逻辑联系上它们还有独立存在的必要的话，在行为和机构上的整合则是完全必要的。比如，在马克思主义学院或马克思主义研究院中存在的马克思主义哲学、马克思主义政治经济学和科学社会主义专业是否可以整合到哲学学院、经济学院和政治学院？或者把这三个专业在机构上整合到马克思主义学院或马克思主义研究院？而我们经常遇到的又是研究和教学力量的整合，由于历史的原因，多数院校的马克思主义理论一级学科的研究和教学力量表现不足，在这种情况下，马克思主义学科的摊子是否要铺得那么大，是值得考虑的，适当的撤并、整合、重组是必要的。

建构，是马克思主义理论学科建设和发展的总任务、总要求。联系、协调、整合，都应归结到建构上来。建构是一种创新，是发展的具体的实现形式。马克思主义一级学科的建设和发展应着眼于建构。马克思主义理论学科是一个新兴学科，它本身就是建构的结果。新兴学科有一个优势，就是它有着更多的发展机会和广阔的发展空间。马克思主义理论学科的建构"空间"有以下3个方面：第一，专业建构。目前的4个马克思主义理论专业，经过一段时期的发展，我们有可能也有必要提出新的专业和学科。第二，研究方向的开拓。在这方面我们目前大有作为，而且可能是我们目前建构的主要努力方向。第三，体制创新。要努力创新马克思主义理论研究和教学体制。目前应以如何建设一个融马克思主义的研究和教学为一体、融马克思主义哲学、政治学和科学社会主义研究与综合的马克思主义基本理论研究为一体的体制为重点。

三 马克思主义基本原理专业建设是马克思主义理论学科建设的核心，马克思主义基本原理体系的认识和建构要有新思路

马克思主义基本原理专业的建设和发展对于马克思主义理论学科的建设和发展具有举足轻重的作用，它是马克思主义理论学科建设与发展的关键和核心。

首先，马克思主义基本原理是马克思主义理论学科的基础，只有对马克思主义的基本原理有一个正确的认识和把握，才能更准确地理解马克思主义发展的历史，才能对马克思主义中国化的过程、经验和规律有正确的认识和把握，才能对国外马克思主义的发展有正确的认识和评价。其实，无论是马克思主义发展史研究，还是马克思主义中国化研究和国外马克思主义研究，其目的都是为了发展马克思主义，是马克思主义理论适应于历史发展和无产阶级实践的需要。

其次，马克思主义在当代的发展提出的大量问题属于马克思主义基本理论方面，而且对现实产生的大量实践问题的认识也依赖于马克思主义基本理论，依赖于对马克思主义理论的创新性认识，依赖于马克思主义理论的创新。

再次，除了在新的历史条件下有个对马克思主义基本原理本身的普遍的和现实的适应性的认识外，还有个对马克思主义理论体系的认识问题。这个问题既与对马克思主义基本原理的认识有关，又影响着对马克思主义基本原理的认识，也影响着对马克思主义的态度，影响着马克思主义的发展和命运。长期以来，无论是马克思主义理论家还是非马克思主义理论家，对马克思主义理论体系都有不同的理解，诸如伯恩施坦的马克思主义基本理论和应用理论的两大部分的划分，列宁的马克思主义"三个组成部分"的划分，一些学者的马克思主义最普遍原理、普遍原理和应用理论的划分，一些学者的"革命的马克思主义"与"建设的马克思主义"的划分和"传统的马克思主义"与"现代的马克思主义"的划分等。这些划分有的正确，有的不正确。所谓不正确，主要表现为不能从整体上理解马克思主义，或者说不能体现马克思主义的整体性特征。例如，根据马克思主义主题的变化而进行的"革命的马克思主义"与"建设的马克思主义"的划

分，就导致对这"两种马克思主义"具有一般世界观和方法论指导意义的马克思主义基本原理部分的否定，所谓马克思主义的"传统"与"现代"的划分，其结果也基本如此。

在关于马克思主义理论体系的认识上，列宁的马克思主义"三个组成部分"的结论仍然主导着人们对马克思主义体系的认识。根据今天的科学发展和马克思主义的发展，特别是在这种发展中马克思主义向各个人文和社会科学学科的广泛渗透和马克思主义学科化趋势，凸显了"三个组成部分"结论的局限性。基于此点，一些学者关于把列宁的马克思主义"三个组成部分"的说法理解为或修改为"三个主要组成部分"的做法是正确的。但是，我以为在对马克思主义理论的认识上，"三个主要组成部分"的观点仍然不能完全正确地说明马克思主义体系。马克思主义理论一级学科的建立，其理论的和方法论的基础是马克思主义的整体性原则或整体性马克思主义观。因此，一个重要的理论任务是在马克思主义基本原理教材的编写中，揭示并体现马克思主义的整体性。但是，"三个组成部分"已经成为我们理解马克思主义体系结构的思维定式。无论是高校思想政治理论课《马克思主义基本原理概论》教材的编写还是阅读，我们都自觉或不自觉地或在肯定意义上或在否定意义上受这一定式的影响。而如果我们不打破这一思维定式，就不可能在关于马克思主义理论体系的理解和构建中达到一个新境界，实现一种新突破。我们承认，根据马克思主义的"三个来源"和马克思主义形成和发展史的经验，列宁的关于马克思主义"三个组成部分"的结论，有其具体的历史的合理性，并且在今天仍不失为我们理解马克思主义体系的结构和内容的指导性线索。但是，矛盾的是，在我们当前关于马克思主义理论体系的认识和建构中，为了更为客观地展现整体的马克思主义，我们又必须打破在我们的思维中有些固化了的"三个组成部分"理念（哪怕是仅仅作为一种建构性的技巧）。这是理解和构建马克思主义基本原理体系的起点，是建设独立的马克思主义理论学科的起点。打破对马克思主义理论体系认识的"三个组成部分"论，实际是打破在理解马克思主义的整体性特征时和构建马克思主义理论体系过程中打破传统的学科意识问题。构建马克思主义理论一级学科的逻辑起点是马克思主义理论体系的认识，而根据马克思主义自身性质和特点，面对其他的科学学科，马克思主义要建设成为真正的独立的一级学科，需要的恰恰是"学科无意识"。所以，传统的马克思主义体系结构，特别是

"三个组成部分"结构的拆解与独立的新兴的马克思主义学科体系的重构是同步的。

（原载《思想理论教育导刊》2006 年第 7 期）

从世界观、方法论相统一角度研究马克思主义基本原理整体性

张雷声

世界观、方法论是马克思主义基本原理的核心内容和根本特征，是贯穿马克思主义基本原理始终的"灵魂"。世界观、方法论虽有区别，但在根本上是统一的。世界观、方法论的统一主要表现在两个方面：一是世界观本身就是方法论。二是世界观转化为方法论。世界观、方法论的统一展现了马克思主义基本原理的理论整体、逻辑整体、历史整体和方法整体。

一 世界观、方法论的统一展现马克思主义基本原理的理论整体

马克思主义基本原理是围绕无产阶级争取自身解放，并最终解放全人类的思想路线和揭示人类社会发展客观规律的逻辑主线的高度统一而形成的一个逻辑严密、结构合理的理论整体。关于马克思主义基本原理的理论整体，尽管理论界存在着不同的看法，但是，在马克思主义基本原理的理论整体具有层次性，马克思主义基本原理的理论整体是对马克思主义哲学原理、政治经济学原理、科学社会主义原理的整合，以及马克思主义基本原理的理论整体必须体现马克思主义的立场、观点和方法等方面，基本上达成共识。究竟如何理解马克思主义基本原理的理论整体，又如何来构建马克思主义基本原理的理论整体，则是理解马克思主义基本原理整体性的重要方面。世界观、方法论作为贯穿马克思主义基本原理始终的"灵魂"，相统一的两个方面的表现与这一理论整体是高度契合的。

　　现在研究马克思主义基本原理的理论整体，关键在于怎么来区分其层次性，依据什么来区分这种层次性。既然世界观、方法论是马克思主义基本原理的"灵魂"，那么世界观、方法论的统一就是区分这种层次性的依据。如果我们把马克思主义基本原理的理论整体分为三个层次，即辩证唯物主义和历史唯物主义的观点和方法、辩证唯物主义和历史唯物主义的观点和方法在人类社会发展的实践中运用而形成的基本原理，以及前两者在人类社会发展的不同阶段即资本主义社会、社会主义社会的实践中运用而形成的基本原理，那么很显然，这三个层次的区分与世界观、方法论相统一的两个方面的表现是密切相关的。辩证唯物主义和历史唯物主义的观点和方法，包括了物质与意识、社会存在与社会意识、生产力与生产关系、经济基础与上层建筑的辩证关系，认识与实践、真理与价值、人的本质与人的价值、人的发展与社会进步等等。这些观点和方法，反映了自然、社会和思维发展的一般规律，是放之四海而皆准的普遍真理，有普遍的适用性。由这些观点和方法就构成了马克思主义基本原理理论整体的第一层次或核心层次的内容。这个层次的基本原理反映的正是马克思主义的世界观、方法论本身，它回答的正是有关客观世界、人类社会和思维，以及人与世界的关系的最普遍的问题，在这些基本原理中潜存着人们认识、分析和处理各种问题的方法。辩证唯物主义和历史唯物主义的观点和方法在人类社会发展的普遍实践中运用而形成的基本原理，包括了社会形态和社会基本矛盾运动规律、人类社会再生产的四个环节、生产资料所有制、资本主义必然灭亡和社会主义必然胜利、人类从必然王国走向自由王国等，这些观点和方法构成了马克思主义基本原理理论整体的第二层次的内容。前两个层次的基本原理是在人类社会发展的不同阶段即资本主义社会、社会主义社会的实践中运用而形成的基本原理，包括了资本雇佣劳动、资本积累、资本主义基本矛盾、社会主义革命和无产阶级专政、社会主义本质、社会主义主要矛盾等。这些观点和方法构成了马克思主义基本原理理论整体的第三层次的内容。第二层次和第三层次的基本原理，反映了在理论运用于实践的过程中，亦即世界观转化为方法论的过程中形成的基本原理。因此，从总体上来说，马克思主义基本原理的理论整体是以世界观、方法论作为"灵魂"而形成的，而马克思主义基本原理理论整体则是通过世界观本身就是方法论和世界观转化为方法论两个方面得到展现的。

作为理论整体的层次不是独立的、平行的，或是并列的，甚至是割裂的，而是以其相互联系性构成了这个整体。以世界观、方法论相统一的两个方面的表现将马克思主义基本原理的三个层次联系起来构成的整体，正是马克思主义基本原理的理论整体。第二、三两个层次的基本原理之所以能以核心层次的基本原理为基础，就是因为核心层次的基本原理论述的是世界观本身，就是因为在世界观的知识中潜存着理解、把握和评价客观世界、人类社会和思维，以及人与世界关系的思维方式和思维逻辑。恩格斯说过："我们党有个很大的优点，就是有一个新的科学的世界观作为理论的基础。"[1] 显然，没有核心层次的基本原理，就没有第二、三两个层次的基本原理。再进一步说，第二、三两个层次的基本原理之所以能够成为核心层次基本原理运用的结果，也正是因为第二、三两个层次的基本原理反映了世界观转化为方法论，说明了"这个辩证法的宇宙观，主要地就是教导人们要善于去观察和分析各种事物的矛盾的运动，并根据这种分析，指出解决矛盾的办法"。[2] 世界观、方法论是马克思主义基本原理的核心内容，世界观、方法论相统一的两个方面的表现以其相互联系反映了马克思主义基本原理三个层次之间的相互联系性，从而构成了马克思主义基本原理的理论整体。

二 世界观、方法论的统一表现马克思主义基本原理的逻辑整体

理解和把握马克思主义基本原理的逻辑整体，是研究马克思主义基本原理整体性的重要内容之一。在马克思主义基本原理中，世界观、方法论的统一除了通过理论整体的三个层次体现出来，还可以通过客观世界的发展、人的发展、人类社会的发展之间的逻辑关系，唯物史观、剩余价值学说、共产主义理论之间的逻辑关系体现出来。这两大逻辑关系表现了马克思主义基本原理的逻辑整体。

马克思主义基本原理逻辑整体的第一个方面的表现是：客观世界、人、人类社会三者以其物质性及发展的规律性反映了它们之间的内在

---

[1] 《马克思恩格斯文集》第 2 卷，人民出版社 2009 年版，第 599 页。
[2] 《毛泽东选集》第 1 卷，人民出版社 1991 年版，第 304 页。

关联。

第一，客观世界、人、人类社会具有物质性。客观世界是人的意识之外独立存在的物质的、可以感知的世界，包括了自然存在和人的社会存在。前者不依赖于人的活动而独立存在，后者则形成于人的实践活动之中却又不以人的意识为转移。自然存在和人的社会存在都是具有客观实在性的物质存在，而非意识、观念的存在或集合体。客观世界是物质的，运动是物质的根本属性，时间和空间则是运动着的物质的存在方式。对客观世界的这一认识决定着人的发展。在古猿进化成人的过程中，劳动起着关键性作用。劳动不仅为人的意识产生提出了客观需要，而且在劳动中人的语言的形成使人类意识得到充分发展，劳动和语言又促进了人脑的形成并日益完善，为意识的产生和发展提供了物质基础。人们在劳动中主动地作用于客观世界，不仅使事物的现象反映在自己的感觉经验中，而且使事物的本质和规律反映在自己的思维中，形成了特有的观念世界。因此，没有客观世界，就没有劳动和语言，也就没有人的观念世界，没有意识。意识是客观的物质世界在人脑中的主观映像，以客观为基础体现了主观与客观的统一。人类社会的物质性也是建立在客观世界和意识的物质性基础上的。人是人类社会的主体和承担者，人正是在实践过程中通过维持自身的生存和发展，认识和改变着客观世界，实现着社会历史的变革。人类社会不仅在实践中形成，也在实践中存在和发展。

第二，客观世界、人、人类社会的发展具有规律性。客观世界是复杂多样的，但却有其本质和规律，它要求一切从客观实际出发，实事求是，按照世界的本来面目认识和改造世界，它的发展要求质量互变、否定之否定、关注事物内部的矛盾等等。人的本质具有社会性、实践性、历史性，人的价值是在社会实践和社会关系中实现的。人的认识是否符合客观实际，只有实践才是对其检验的唯一标准。实践是人们改造客观物质世界的活动，是人和人类社会的存在方式。人在实践基础上获得的认识，需要经过一个过程，即"实践、认识、再实践、再认识……循环往复以至无穷"的过程①。人的认识必须遵循客观世界的本质及其发展规律，使主观符合客观，真理的标准只能是社会的实践。马克思主义的物质观、实践观、认识论、真理观是高度统一的。客观世界的本质和规律、人的认识的本质和

---

① 《毛泽东选集》第 1 卷，人民出版社 1991 年版，第 296 页。

规律奠定了人类社会发展的本质和规律。生产力与生产关系、经济基础与上层建筑之间的矛盾运动成为人类社会发展的根本动力，人民群众成为推动人类社会发展的真正主人。

马克思主义基本原理逻辑整体的第二个方面的表现是：唯物史观、剩余价值学说、共产主义理论之间具有内在逻辑关联。

第一，表现为唯物史观与剩余价值学说的结合。唯物史观与剩余价值学说是马克思一生中两个最伟大的发现。以科学的实践观为基础，唯物史观强调了社会存在决定社会意识、劳动是人类社会的物质基础、实践是人类社会及其历史的本质特征、生产力与生产关系和经济基础与上层建筑是人类社会发展的根本动力等。唯物史观科学地揭示了人类历史发展的本质及其规律，为人们认识历史和社会现实提供了正确的思想方法，为各种社会科学研究提供了重要的理论基础和科学方法。有了唯物史观，才有了对资本主义生产关系的解剖，有了对资本与雇佣劳动关系的揭示，有了对剩余价值学说的研究，有了对资本主义灭亡并为更高的社会形态取代的发展规律的深刻把握，有了对揭示资本主义生产方式奥秘的研究。唯物史观使社会经济现象的研究建立在了科学的基础之上。唯物史观与剩余价值学说的结合集中体现在《资本论》这一鸿篇巨制中。在《资本论》中，马克思对剩余价值的产生、生产及生产过程、剩余价值实现和分配等问题的探讨，不仅运用了唯物史观的方法论，如唯物辩证法、抽象法、抽象上升到具体的方法等，揭示了资本主义生产方式的本质，而且对资本主义生产关系的研究也丰富了唯物史观的内容，论证了唯物史观的科学性。正如列宁所说："自从《资本论》问世以来，唯物主义历史观已经不是假设，而是科学地证明了的原理。"[①]

第二，表现为唯物史观与共产主义理论的统一。唯物史观的创立与运用，进一步为社会主义取代资本主义的必然性提供了证明。唯物史观的创立使现代唯物主义"已经根本不再是哲学，而只是世界观，这种世界观不应当在某种特殊的科学的科学中，而应当在各种现实的科学中得到证实和表现出来。"[②] 科学共产主义是在对现实生活矛盾深刻分析的基础上形成的，"共产党人的理论原理，决不是以这个或那个世界改革家所发明或发

---

① 《列宁专题文集·论辩证唯物主义和历史唯物主义》，人民出版社 2009 年版，第 163 页。
② 《马克思恩格斯文集》第 9 卷，人民出版社 2009 年版，第 146 页。

现的思想、原则为根据的。这些原理不过是现存的阶级斗争、我们眼前的历史运动的真实关系的一般表述。"① 以对唯物史观和剩余价值问题的论述为基础，得出"资产阶级的灭亡和无产阶级的胜利是同样不可避免的"结论是必然的，形成"无论哪一个社会形态，在它所能容纳的全部生产力发挥出来以前，是决不会灭亡的；而新的更高的生产关系，在它的物质存在条件在旧社会的胎胞里成熟以前，是决不会出现的"思想也是必然的②。唯物史观和剩余价值学说是科学共产主义必要的理论前提和基础，科学共产主义理论不仅仅是对未来社会的描述，而更重要的是它肩负着改变世界这一特殊的实践任务，"共产主义对我们来说不是应当确立的状况，不是现实应当与之相适应的理想。我们所称为共产主义的是那种消灭现存状况的现实的运动"。③

三　世界观、方法论的统一体现马克思主义基本原理的历史整体

理解和把握马克思主义基本原理的历史整体，也是研究马克思主义基本原理整体性的一个重要方面。世界观、方法论的统一体现马克思主义基本原理的历史整体，一方面表现在世界观、方法论的发展过程反映马克思主义基本原理的形成过程上，另一方面也表现在马克思主义基本原理的发展过程包含着马克思主义基本原理中国化，并形成中国化的马克思主义基本原理的过程上。

从世界观、方法论的发展过程反映马克思主义基本原理的形成过程来看，世界观、方法论所经历的发展过程是一个由问世到广为接受的过程，如恩格斯所说："我们的这一世界观，首先在马克思的《哲学的贫困》和《共产主义宣言》中问世，经过足足 20 年的潜伏阶段，到《资本论》出版以后，就越来越迅速地为日益广泛的各界人士所接受。"④ 恩格斯所说的世界观、方法论的这一发展过程正是马克思主义基本原理的形成过程。这一发展过程是马克思运用世界观、方法论对政治经济学进行研究，使世界

---

① 《马克思恩格斯文集》第 2 卷，人民出版社 2009 年版，第 44—45 页。
② 《马克思恩格斯选集》第 2 卷，人民出版社 1995 年版，第 33 页。
③ 《马克思恩格斯文集》第 1 卷，人民出版社 2009 年版，第 539 页。
④ 《马克思恩格斯文集》第 9 卷，人民出版社 2009 年版，第 11 页。

观、方法论集中体现在唯物史观与剩余价值学说的有机结合，为科学社会主义的研究开辟道路，使世界观、方法论集中体现在唯物史观与共产主义理论相统一上，从而使世界观、方法论走向完善和成熟的过程。这一发展过程充分说明了马克思主义基本原理既包括哲学关于唯物史观的基本原理，也包括政治经济学关于剩余价值的基本原理和科学社会主义关于共产主义的基本原理，尽管如此，这些原理在马克思主义基本原理中并不是一个简单的对应或拼盘。可以认为，马克思主义基本原理的形成不是单一的或某个方面领域的原理的形成，而是哲学关于唯物史观的基本原理、政治经济学关于剩余价值的基本原理和科学社会主义关于共产主义的基本原理的集合，它高于运用唯物史观对政治经济学关于剩余价值原理的研究，高于运用唯物史观和剩余价值原理对科学社会主义关于共产主义原理的研究，因为在唯物史观与剩余价值原理的有机结合中，在唯物史观与共产主义原理相统一中，在唯物史观、剩余价值原理、共产主义原理三者的相互贯通中，体现和证明了世界观、方法论及其统一。因此，在《反杜林论》中，恩格斯在对哲学、政治经济学、社会主义的原理分别作了阐述的基础上，于"三个版本的序言"中提到：希望读者不要忽略"我所提出的各种见解之间的内在联系"，以及"马克思和我所主张的辩证方法和共产主义世界观的比较连贯的阐述"①。世界观、方法论的发展过程所反映的马克思主义基本原理的形成过程，深刻表明了马克思主义基本原理具有历史的整体性。

从马克思主义基本原理随着历史、时代、实践的变化而发展来看，马克思主义基本原理的中国化和中国化的马克思主义基本原理的形成，是马克思主义基本原理历史整体发展的重要内容。从马克思关于马克思主义基本原理的研究到中国化马克思主义基本原理形成的发展过程，体现的正是历史整体性。中国共产党把马克思主义基本原理与中国的具体实际结合起来，在实践中不断探索马克思主义基本原理的中国化。这一过程不仅是一个运用已有的马克思主义基本原理对实践的发展变化进行科学分析和探索的过程，同时也是一个提出解决问题的正确观点和方法，并将其概括为新原理的过程，即形成中国化的马克思主义基本原理的过程。从整体角度把握马克思主义基本原理的历史发展，展现在我们面前的必然是科学的、完

---

① 《马克思恩格斯文集》第 9 卷，人民出版社 2009 年版，第 8、11 页。

整的、系统的、立体的马克思主义基本原理的理论体系。

在马克思主义基本原理中国化的过程中形成中国化的马克思主义基本原理，就是一个不断总结客观世界和人们在实践中提出的新问题，进一步丰富马克思主义基本原理内容的过程而言，反映的是从马克思关于马克思主义基本原理的研究到中国共产党丰富和发展马克思主义基本原理的历史整体过程。因此，我们可以看到，理解和把握马克思主义基本原理历史整体的节点就是"一脉相承"、"与时俱进"。中国化的马克思主义基本原理与马克思主义基本原理既"一脉相承"又"与时俱进"，马克思主义基本原理的历史整体只有在中国化的马克思主义基本原理与马克思主义基本原理既"一脉相承"又"与时俱进"中才能得到阐明。因为它把马克思主义的世界观、方法论运用于对中国具体实际的分析，它继承并发展了马克思主义基本原理的整体性，它的全部精神及整个体系不仅要求人们对每一个原理都要历史地同其他原理联系起来、同具体的历史经验联系起来加以考察，而且也要求人们始终要跟踪研究现实的发展变化、密切关注现代科学技术发展和自然科学领域所取得的每一个突破性的成果。正如列宁所说："马克思主义的全部精神，它的整个体系，要求人们对每一个原理只是（α）历史地，（β）只是同其他原理联系起来，（γ）只是同具体的历史经验联系起来加以考察。"① 中国化的马克思主义基本原理作为同马克思主义基本原理既"一脉相承"又"与时俱进"的科学理论体系，在坚持马克思主义基本原理整体性的基础上，在对中国特色社会主义革命、建设和发展作了全面而深刻的研究和理论阐明的同时，也整体地丰富和发展了马克思主义基本原理。马克思主义基本原理的历史整体正是在中国化的马克思主义基本原理对马克思主义基本原理的丰富和发展中体现出来的。

四 世界观、方法论的统一凸显马克思主义 基本原理的方法整体

研究马克思主义基本原理的整体性，还必须理解和把握马克思主义基本原理的方法整体。以世界观、方法论相统一为基础的唯物史观，具体化

---

① 《列宁全集》第47卷，人民出版社1990年版，第464页。

为矛盾分析法、抽象分析法、抽象上升到具体的分析方法、逻辑与历史相统一的方法等，运用于社会经济现象的分析和研究中而形成的马克思主义基本原理，显现了方法的整体性。马克思主义基本原理的方法整体呈现出以下三个主要特征。

（1）认识世界与改造世界的统一。世界观、方法论的统一反映的就是认识世界与改造世界的统一。马克思主义基本原理的整体性通过世界观、方法论的统一反映了认识世界与改造世界的统一。世界观，就是人们对整个世界的根本看法，它回答的是有关客观世界、人类社会和思维，以及人与世界的关系的最普遍的问题。世界的物质统一性、人对物质世界的实践把握、世界的发展变化及其规律、实践是检验真理的唯一标准等等，让人们学会怎么去认识世界，而一旦把世界观的各种原理、原则用来指导对世界、现实的认识时，世界观就成了方法论，同时，认识与实践也统一了起来，认识世界与改造世界也统一了起来。认识世界是为了能够更有效地改造世界，二者统一的过程也就是从必然走向自由的过程。在揭示资本主义经济制度剥削本质的基础上进行阶级斗争、无产阶级肩负着历史使命、资本主义为社会主义所取代的历史必然性、经济文化落后国家进行社会主义建设的艰巨性和长期性等等，都是在认识世界的基础上对世界的改造。改造世界既包括改造客观世界也包括改造主观世界，改造人的认识能力。共产主义是人类最崇高的理想，它的实现是一个长期的、循序渐进的过程，但这是一个合规律、合目的的过程，具有历史的必然性，在改造客观世界的过程中，人的认识能力也会不断得到磨练和提高。认识世界与改造世界的统一与世界观、方法论的统一一起贯穿于马克思主义基本原理之中，成为人们理解和掌握马克思主义基本原理方法整体的特征。不了解和运用这一方法特征，就无法真正理解和把握马克思主义基本原理的整体性，如毛泽东所说："一个马克思主义者如果不懂得从改造世界中去认识世界，又从认识世界中去改造世界，就不是一个好的马克思主义者。一个中国的马克思主义者，如果不懂得从改造中国中去认识中国，又从认识中国中去改造中国，就不是一个好的中国的马克思主义者。马克思说人比蜜蜂不同的地方，就是人在建筑房屋之前早在思想中有了房屋的图样。我们要建筑中国革命这个房屋，也须先有中国革命的图样。不但须有一个大图样，总图样，还须有许多小图样，分图样。而这些图样不是别的，就是我们在中国革命实践中所得来的关于客观实际情况的能动的反映。"①

（2）理论与实践的统一。世界观、方法论的统一反映了理论与实践的统一，从而使我们能够真正地从整体上理解和把握马克思主义基本原理。理论与实践的统一既是马克思主义基本原理的内容之一，是马克思主义基本原理内在逻辑关联的要求，也是我们理解和把握马克思主义基本原理及其方法整体的特征。如江泽民说："这是辩证唯物主义和历史唯物主义最基本的要求，也是马克思主义的科学方法论。"② 马克思主义基本原理不是远离社会生活和脱离社会实践的书斋理论，它"是用深刻的哲学世界观和丰富的历史知识阐明的经验总结"③。从客观世界的活生生的物质构成到社会生活的本质、从人对物质世界的实践把握到人类社会发展的根本动力、从资本与雇佣劳动关系的解剖到社会主义取代资本主义的历史必然，等等，每一个原理，乃至各个原理之间的内在关系，都是世界观、方法论的统一，都是深刻的哲学世界观和丰富的历史知识的统一，从而也都是在坚持理论与实践统一的基础上形成的。马克思主义基本原理不仅强调了理论与实践的统一关系，说明了理论是在概括实践经验中形成的、实践是检验理论真理性的唯一标准、在实践中形成的理论是用来指导实践的、理论是在回答实践问题中发展的，而且还以其自身的形成和发展验证了理论与实践统一的方法论意义。只有在理论与实践相统一的基础上形成的原理才是科学的、正确的，才是能为人民群众所接受的原理。显然，理论与实践的统一又表现为理论能否掌握群众的问题。"批判的武器当然不能代替武器的批判，物质力量只能用物质力量来摧毁；但是理论一经掌握群众，也会变成物质力量。理论只要说服人，就能掌握群众；而理论只要彻底，就能说服人。所谓彻底，就是抓住事物的根本。"④ 因此，我们很清楚地看到，马克思主义基本原理的生命力就在于它深深地植根于实践，并随着实践的发展而不断发展，就在于它不仅能够科学地解释世界，更重要的是能够科学地指导实践、改造世界，就在于它不仅作为人民群众伟大实践的理论结晶存在并发展，而且作为无产阶级革命的思想武器存在并发展。我们必须从理论与实践

---

① 《毛泽东文集》第 2 卷，人民出版社 1993 年版，第 344 页。
② 《江泽民文选》第 3 卷，人民出版社 2006 年版，第 37 页。
③ 《列宁全集》第 31 卷，人民出版社 1985 年版，第 27 页。
④ 《马克思恩格斯选集》第 1 卷，人民出版社 1995 年版，第 9 页。

相统一的高度来理解马克思主义基本原理，把握其整体性。

（3）理论原理、理论运用与理论发展的统一。世界观、方法论的统一反映了理论原理、理论运用与理论发展的统一，从而使我们能够更准确地理解和把握马克思主义基本原理的理论整体和历史整体。如前所述，在世界观、方法论的统一展现马克思主义基本原理理论整体的过程中，三个层次的基本原理由抽象到具体的发展，以及它们之间的相互联系性，充分反映了理论原理、理论运用与理论发展相统一的方法特征。因为我们很清楚地看到，当第一层次或核心层次的基本原理与人类社会发展的普遍实践结合形成了新的或第二层次的基本原理时，当第一层次或核心层次、第二层次的基本原理与人类社会发展的普遍实践结合形成了新的或第三层次的基本原理时，就已经实现了理论原理、理论运用与理论发展的统一。显然，理论与实践结合的过程就是理论运用的过程，而理论与实践结合形成新的基本原理的过程就是理论发展的过程，马克思主义基本原理理论整体的形成过程正是理论原理、理论运用与理论发展相统一的过程。又如前所述，在世界观、方法论的统一体现马克思主义基本原理历史整体的过程中，中国共产党推进马克思主义基本原理中国化并形成中国化的马克思主义基本原理的过程，也充分反映了理论原理、理论运用与理论发展相统一的方法特征。我们也很清楚地看到，在中国化的马克思主义基本原理的形成过程中，中国共产党把马克思主义基本原理与中国的具体实际结合起来的过程，就是理论运用的过程，而形成了与马克思主义基本原理既"一脉相承"又"与时俱进"的中国化的马克思主义基本原理的过程，就是理论发展的过程。理论发展以理论原理及其运用为前提并统一于理论原理及其运用中。因此，马克思主义基本原理历史整体的形成过程正是理论原理、理论运用与理论发展相统一的过程。

参考文献

［1］梁树发：《马克思主义整体性与基本原理体系的建构》，《教学与研究》2007年第 11 期。

［2］逄锦聚：《研究和把握马克思主义整体性的四个角度》，《南开学报》（哲学社会科学版）2008 年第 4 期。

［3］何怀远：《马克思主义理论整体性的历史发生学解读》，《南京社会科学》2006 年第 6 期。

［4］孙熙国：《如何开展马克思主义基本原理的整体性研究》，陈占安、钟明华主编《马克思主义理论学科研究》第 5 辑，高等教育出版社 2011 年版。

［5］《马克思主义基本原理概论》，高等教育出版社 2010 年版。

（原载《马克思主义研究》2012 年第 4 期）

从无产阶级和人类解放理解马克思主义
基本原理的整体性和系统性

吴育林

一 马克思主义基本原理的学科性与整体性

马克思主义基本原理具有统一的整体性、系统性，这既是马克思主义理论的重要特征，也为学界所普遍认同。

学界一般都认同马克思主义基本原理的核心内容是马克思主义哲学、政治经济学和科学社会主义三个组成部分，但经常有人认为将马克思主义基本原理分为这样三个主要部分来讲授或编写教材或作理论研究，影响甚至离散了马克思主义理论的整体性、系统性。对此问题，学界一直以来都存在着不同看法。如何来看待这个问题呢？笔者认为：

首先，马克思主义的创始人没有特意将自己的理论分为哲学、政治经济学和科学社会主义三个主要组成部分来阐述。马克思恩格斯的著作尤其是马克思的绝大部分著作都是集哲学、经济学、科学社会主义等学科理论于一体的，都是综合性的马克思主义著作。在马克思主义经典著作的文本中，第一次把马克思主义理论分为哲学、政治经济学和科学社会主义三个主要组成部分来阐述的是恩格斯的《反杜林论》，后来他写的《社会主义从空想到科学的发展》（可以视为《反杜林论》的简写本）也基本上是按照这样的结构来撰写的。而列宁在 1913 年 3 月为纪念马克思逝世 30 周年所写的《马克思主义的三个来源和三个组成部分》，则最直接地将马克思主义的理论体系简明地概括为马克思主义三个组成部分。就《反杜林论》的框架来说，恩格斯有过专门的说明，即是为了批判论敌以及跟论敌进行理论论辩的必要，而不是特意构建三个组成部分式的马克思主义理论体系。列宁的纪念论文也不是从构建马克思主义的思想理论体系出发的，而更多的是想对马克思主义的基本理论进行梳理、概括，以便人们能够比较容易地从马克思恩格斯的经典文本中简捷地了解和掌握马克思主义基本理论。但是，从今天对马克思主义理论体系的理解和掌握的实际效果来看，将马克思主义概括为三个主要组成部分，不仅没有损害马克思主义基本原理的整体性、系统性，反而使马克思主义的基本理论的逻辑性更清晰、结构更整体化、更容易理解和把握，因而更有利于马克思主义基本理论的普及和大众化；就大学思想政治理论课而言，更有助于对其他专业学科的学生进行马克思主义理论的教学。

其次，马克思主义的创始人没有专门从哲学、政治经济学和科学社会主义三个主要组成部分来阐述马克思主义的理论体系，并不意味着研究、学习和宣传马克思主义的后人也不能从三个主要方面来理解和把握马克思主义基本理论。而且为了使马克思主义大众化，为了让更多没有专门时间和知识背景的人去学习、了解和掌握马克思主义，从三个主要组成部分的框架来编写和讲解马克思主义基本原理是一个比较可行的做法，也不一定就会影响马克思主义理论的整体性和系统性。因为任何整体性和系统性实际上还是由不同的部分构成的。关键是能否真正找到内蕴于各个组成部分之间的一以贯之的总体性范畴和中心的逻辑线索。因为各个组成部分本质上是对这个中心线索的不同论域的阐发。马克思主义基本原理的这个中心线索是什么呢？就是无产阶级和全人类解放。可以说，马克思主义是无产阶级争取自身解放和整个人类解放的科学理论。

再次，马克思主义创始人在创立自己的理论时，实际上也没有想要建立自己的学科体系。他们的一切研究都是为了探索和回答人类社会发展规律，以及无产阶级和人类解放的实际问题，这正是其理论的根本特征即实践性的特征所在。这种实践性既与当时的理论批判需要相联系，又与当时人类社会所面临的根本问题相联系。前者表现为马克思主义的许多重要理论思想都是在与当时的批判对手论战过程中逐步阐发的，后者则贯穿于马克思主义创始人的所有著作和一生的理想追求，即如何找到一条把无产阶级及广大劳动人民从资本及其维护资本权益的社会制度的压迫、剥削的异化状态中解放出来的现实可行路径，进而实现人类解放。所以，当我们在研读马克思主义创始人的各种经典著作时，很难非常准确地找到和判定哪些著作文本诚如我们现在所理解和归属的传统分类学科。相对于其他传统的专业学科，马克思主义基本原理具有综合性、多学科统一性、意识形态性和强烈的现实性等特点。要在这种多学科综合的思想理论中发现其中的整体性、系统性，就必须回到马克思主义创始人的方法论，即问题性建构。

最后，强调马克思主义基本原理学科的整体性，是为了贯彻以三个主要组成部分包含的马克思主义基本原理都在论述的共同的核心问题，即无产阶级和广大人民群众以及人类解放。正是这一解放问题指向的逻辑演绎，使马克思主义基本原理理论的各个组成部分相互衔接、相互贯通为一个统一的整体。

二　马克思主义哲学与无产阶级和人类解放

马克思主义哲学是科学的世界观和方法论，由辩证唯物主义和历史唯物主义两个部分构成，两者同时又具有逻辑上的统一性。马克思主义哲学不仅创立了新的科学的世界观和方法论，而且更要阐明无产阶级和人类解放的可能性和必然性的理论问题。

马克思主义的辩证唯物主义从一般宇宙观的高度阐明了无产阶级和人类解放的可能性。人类社会是整个物质世界的组成部分，人类社会的产生、存在和发展都要受其客观环境、条件和演化规则的制约。迄今为止，人类所有的科学及其所研究的域界都证实了一个基本的事实：运动变化是宇宙万物存在的根本法则，世界上不存在任何永恒不变的物象。作为统一的宇宙系统，其运动变化的动力来自自身内部各种事物、各种关系的相互影响、相互作用，即内部矛盾的斗争。宇宙系统中的不同层次的子系统，其变化的因由既来自内部矛盾，也有系统之外的其他系统的影响作用，即外部矛盾的斗争。人类社会是整个物质世界的一个重要的组成部分或子系统，它必然遵循自然界、宇宙物质世界的一般规律，即永恒的变化发展。由于人类社会基本矛盾即生产力与生产关系的矛盾运动的推动，人类社会不会停留在某一个社会形态。这就从宇宙万物存在的一般规律的高度宣判了资本主义消亡的可能性和必然性，从而揭示了人类解放的可能性和必然性。因为资本主义只是人类历史发展过程中的一个阶段，迟早会被一种新社会制度所取代。而在马克思主义看来，取代资本主义的新制度就是社会主义和共产主义。社会主义和共产主义是人类解放的可能性制度保证。

在历史唯物主义看来，人类社会的发展过程是合规律性与合目的性的辩证统一。人类社会的发展本质上是人的活动与外部客观环境相互作用的过程，也就是说，它既取决于物质生产方式，更取决于作为主体的人的对象性活动。这种相互作用和对象性活动形成人的生存和发展的现实客观环境。其中最重要的则是生产力和生产关系，即生产方式。恩格斯说："一切社会变迁和政治变革的终极原因，不应当到人们的头脑中，到人们对永恒的真理和正义的日益增进的认识中去寻找，而应当到生产方式和交换方式的变更中去寻找。"① 所以，无论是原生态的地理环境还是人化的自然，以及既有的人口因素和生产方式状况，它们都是"现实的人"主体选择性活动的结果，又作为"既得的物质力量"成为人们进一步进行历史活动的前提，制约着人的活动，从而使每个具有各自目的的活动主体的活动的背后、客观效果表现出不以任何个体目的、意志为转移的内在统一性，即合规律性。但由于社会生活中的物质生活条件主要是由人的有目的的活动创造的，所以，人类社会发展的自然历史进程不同于纯自然世界的变化过程。社会生活中的一切制度、规则和文化（包括物质文化和精神文化）都是人自觉活动的结果。与人类解放的历史进程相伴的是生产力和生产关系的矛盾运动过程。在历史唯物主义看来，无论是历史的客观规律，还是将人的活动解决人类社会问题的聚焦点投射于生产力和生产关系层面，都是人类追求自身解放的自觉选择活动的结果。因为历史唯物主义承认历史的主体是人，历史不过是追求着解放自己目的的人的实践活动而已。所以，无产阶级只有解放全人类，才能最后解放自己，就成为马克思主义哲学的必然结论。

三 马克思主义政治经济学与无产阶级和人类解放

马克思主义政治经济学是马克思主义唯物史观对资本主义经济现象背后的内在本质的一种科学解读。马克思主义认为，资本主义的新经济发展模式史无前例地促进了生产力和劳动效率的提高。但是，正如马克思在《1844 年经济学哲学手稿》中所指出的那样，资产阶级经济学家只看到了

---

① 《马克思恩格斯选集》第 3 卷，人民出版社 1995 年版，第 741 页。

这种经济模式（马克思在此书中称为劳动）的积极效果，而没有看到它的消极效果。实际上，高度发展的生产力和劳动效率本质上是社会化大生产的结果，它与资本主义社会的私人占有制具有内在的不可调和的矛盾。这种矛盾又衍生出资本主义经济生产运行机制中的个别生产的高度有计划性和整个社会生产的无政府状态之间的矛盾。这两对矛盾是资本主义自身无法克服的。矛盾的不可调和最终导致资本主义社会的周期性经济危机。正是经济危机的周期性爆发表明了资本主义新经济模式的历史局限性。对此，马克思恩格斯在《共产党宣言》中指出："资产阶级的生产关系和交换关系，资产阶级的所有制关系，这个曾经仿佛用法术创造了如此庞大的生产资料和交换手段的现代资产阶级社会，现在像一个魔法师一样不能再支配自己用法术呼唤出来的魔鬼了。……资产阶级的关系已经太狭窄了，再也容纳不了它本身所造成的财富了。"① 面对这个根本性问题，资产阶级经济学家试图囿于资本主义制度本身、从物的关系即纯经济性活动的视角来求解，这是一种治标不治本的药方。相反，马克思主义基于人类社会的一切都是人的活动的过程的唯物史观出发，认为社会生活中的物的关系本质上反映的是人的关系，其中最核心的是生产关系。这是马克思主义政治经济学对古典经济学的重大发展，也是马克思主义政治经济学揭示资本主义经济社会本质的根本聚焦点。正是以此为视角，马克思主义政治经济学科学地揭示出，私有制生产关系中的社会生活表面上的各种物的关系掩盖的是人与人的关系，这种关系实质上是阶级剥削和阶级压迫关系，而资本主义的雇佣劳动是人类历史上的最高剥削形式。如何从这种最高剥削和压迫形式中揭示资本主义必然灭亡，从而实现无产阶级和人类解放，是马克思主义政治经济学的基本理论任务和理论目标。

高度发达的资本主义生产力和劳动效率为人类从世世代代的物质匮乏状态中解放出来创造了客观物质条件。但这只是一种可能性，因为现实的社会物质生活状态取决于当下生产关系的制度设计。资本主义制度取代封建主义制度，在政治法律人格的形式上消除了人的不平等，马克思称之为"政治解放"的实现，但并没有消灭阶级剥削并由此伴生的阶级压迫，相反，"从封建社会的灭亡中产生出来的现代资产阶级社会并没有消灭阶级

---

① 《马克思恩格斯选集》第 1 卷，人民出版社 1995 年版，第 277—278 页。

对立。它只是用新的阶级、新的压迫条件、新的斗争形式代替了旧的"。①
因此，无产阶级和人类解放并没有完成。那么，资产阶级的剥削是如何发
生的呢？揭示这种剥削生发机制是马克思主义政治经济学的重大创新。马
克思主义政治经济学批判地继承了古典经济学的劳动价值论思想，通过对
劳动的二重性解析，建立了科学的劳动价值论，在此基础上，创立了剩余
价值学说，彻底揭露了资产阶级剥削工人的秘密，揭露了无产阶级和资产
阶级对立的根源。正是这种根本利益对立之间的两大集团之间的斗争，为
现存资本主义社会制度的解体从而为人类解放创造了社会关系的现实的
条件。

但是，无产阶级和资产阶级的阶级斗争的主导权在谁手中呢？这种斗
争为什么最终能将人类社会引向实现人类自身的解放的道路上去呢？马克
思主义政治经济学令人信服地说明了斗争的主导权掌握在产业工人阶级手
中，正是这个阶级在斗争中的主导性决定了这种斗争最终的结果是解放全
人类，即实现人的真正解放。马克思主义的经典作家非常深刻地剖析了产
业工人阶级的阶级特征，认为他们除了自己的劳动力以外一无所有，受着
现代大工业生产、生活的浸润和洗礼，富有高度的纪律性和彻底的革命
性，他们的命运从而他们的使命都与社会化大工业连为一体，是现代社会
化生产力的代表，因而他们是实现无产阶级和人类真正解放的根本的社会
力量。正如马克思恩格斯所说：资产阶级"首先生产的是它自身的掘墓
人。资产阶级的灭亡和无产阶级的胜利是同样不可避免的"。②

总之，资本主义社会化的大机器工业生产为无产阶级和人类解放创造
了现实的物质经济条件；资本主义私人占有制与社会化大生产的矛盾以及
所蕴含的阶级矛盾与阶级斗争为人类解放积淀了现实的社会关系基础；资
本主义的生产关系和生活方式锻造了人类解放的现实社会力量。

四　马克思主义的科学社会主义与无产阶级和人类解放

马克思主义的科学社会主义是对人类解放的未来社会制度的科学理
论。马克思说过，人就是人的世界，就是国家，是社会。所谓国家和社

---

① 《马克思恩格斯选集》第 1 卷，人民出版社 1995 年版，第 273 页。
② 同上书，第 284 页。

会，无非是人所生活的社会制度及其环境。任何制度都不是主观随意设计的，不同的社会制度既反映当时社会生产力和生产关系的客观要求，也反映当时社会主流价值观念和处于支配地位的社会集团的意志，同时也规范和表征着作为不同的个体在当时所既有的社会关系、权力地位和生活样式，以及作为整体的人在当时的生存状态。按照历史的辩证法，任何历史发展目标自身走向完善的过程都必须经历一个否定之否定的过程，即必须经历反向的发展阶段融合异质性因素才能达到最终完满的善的目的。人类解放也经历着曲折历程，即从人对人的依赖到人对物的依赖最终走向人的全面而自由的发展。怎样才能走向人的全面而自由发展即人的真正解放呢？这既是自然历史进程的客观规律使然，也是"历史合力"的"主体客观性"使然，同时还离不开社会历史中的伟大思想先驱对历史长河中的不同时代的制度设计和先行者对这种制度的始终不渝的践履。无产阶级和人类的最终解放是在反映客观规律并结合具体实际的制度中实现的，并且必须经过自己的艰苦奋斗。

马克思主义的社会主义阐明了无产阶级的历史使命和历史作用，科学地说明了生产社会化与生产资料资本家私人占有制的矛盾必然导致社会主义取代资本主义，无产阶级与资产阶级的对立和斗争必然导致无产阶级统治取代资产阶级统治，无产阶级是资本主义的掘墓人和社会主义、共产主义的建设者。这既解决了人类解放的路径问题，也解决了人类解放的制度建设问题。

在路径方面，马克思主义的科学社会主义认为，基于现代社会的政党政治制度和无产阶级反对资产阶级的斗争复杂性，要实现无产阶级和人类解放，就必须首先消除资本主义制度，建立社会主义制度并最终过渡到共产主义制度。而要达到此目标，就必须组成共产主义政党，然后在党的领导下，结成广泛的统一战线，尤其是工农联盟，开展阶级斗争，甚至暴力革命，由工人阶级夺取和掌握政权，并在从资本主义到共产主义的过渡时期争得民主，实行无产阶级专政，大力发展社会生产力，尽快增加生产力的总量，对社会逐步进行全面的社会主义改造，利用政权力量建立社会主义制度。

马克思主义的科学社会主义科学地论证了人类解放需要经历从社会主义制度到共产主义制度的发展过程，或者说共产主义的发展应该有一个从初级到高级的发展过程。在社会主义发达阶段，逐步消灭生产资料私有制，实行全社会的公有制和按劳分配，通过全面开展社会主义建设，消灭阶级，实现广泛的社会民主，在此基础上逐步向高级阶段过渡。在高级阶段，不仅要消灭阶级对立，而且消灭了阶级差别、城乡差别、脑力劳动和体力劳动的差别，劳动已从谋生的手段变成生活的第一需要；科学技术高度发达，社会物质财富极大丰富，可以为每个社会成员提供非常舒适而幸福的生活，实行按需分配；社会分工消除，人们可以根据自己的潜能、兴趣和爱好在不同的行业和工作中发展；文化教育和精神文明高度发达，一切社会暴力和强制性管理机构变成真正的服务中心，所有的公共事务都是每个社会成员的共同意志的体现，所有的人都得到全面发展，社会成为"自由人联合体"；人类生存的自然环境、社会环境和人际关系环境都呈现为和谐状态，人类彻底地从自然奴役、社会关系奴役和人自身的奴役中解放出来，成为自然、社会和人自身的主人。因此，共产主义社会制度意味着人类解放和人的自由全面发展的最终目标的真正实现。

（原载《思想理论教育导刊》2012 年第 6 期）

对马克思主义基本原理科学
体系的几点思考

梅荣政

关于马克思主义基本原理科学体系问题，我想讲四点看法，供同行们参考。

一　怎样界定马克思主义基本原理？

如何界定马克思主义基本原理，学术界有不同意见和多种见解。这是很好的现象，说明这个问题已引起广泛的关注和研究。就讨论的问题本身来说，我以为要深入考察两个概念，即基本原理、科学体系。这里先说基本原理，下面再说科学体系。所谓基本大体上包括根本、主要等含义。所谓原理是指"带普遍性的、最基本的，可以作为其他规律的基础的规律；具有普遍意义的道理"，[①] 这两个词并在一起形成一个重叠概念，强调原理的根本性、基础性、最高性、普遍性。从词意上说，原理既然是作为其他规律的基础的规律的表述，它同在自身基础上发展了的形态既一脉相承又不完全等同。所谓一脉相承，是指它的基本性质（对马克思主义基本原理来说，就是它具有科学性与阶级性、理论与实践、绝对与相对、普遍性与特殊性辩证统一的基本性质）相同。所谓不完全等同，是说已经发展了的形态在保持马克思主义基本性质的同时，它适应时代、科学和实践发展提供的条件、提出的新的要求，已经具有了相对独立的理论内容和表达形

---

① 《现代汉语词典》，商务印书馆 1986 年版，第 519 页。

式，或者说它已经发展到了一个相对独立的新的阶段。这个新的阶段是基本原理的创造性运用和发展。按这种逻辑，从严格的狭义的原创意义上说，只有马克思恩格斯提出并加以阐述的最基本、最基础的理论观点才属于马克思主义基本原理。列宁主义、毛泽东思想、中国特色社会主义理论等，都不属于原创意义上的马克思主义基本原理，而是马克思主义基本原理与时代特征和各个国家具体实际相结合，所产生的马克思主义基本原理的创造性运用和发展形态（当然如果使用的是马克思列宁主义基本原理概念，自然也包括列宁的最基本的思想）。马克思主义基本原理与列宁主义、毛泽东思想、中国特色社会主义理论体系之间的关系，按照毛泽东的提法，就是总店和分店、根和叶的关系。它体现了马克思主义发展中的一条规律，即发展的连续性和发展的阶段性的统一。在这个统一体中，没有总店就没有分店，没有根就没有叶。反过来说，没有分店，总店就不能发展。没有叶，根就不能繁茂。所以我们党总是强调："理论创新必须以坚持马克思主义基本原理为前提，否则就会迷失方向，就会走上歧途，而坚持马克思主义又要以根据实践的发展不断推进理论创新为条件，否则马克思主义就会丧失活力，就不能很好地坚持下去；最广大人民改造世界、创造幸福生活的伟大实践是理论创新的动力和源泉，脱离了人民群众的实践，理论创新就会成为无源之水，就不能对人民群众产生感召力、对实践发挥指导作用。"① 这样讲，我想不至于受到两点质疑：一是基本原理是不是发展的？二是不把发展了的阶段列入基本原理的范围会不会降低其地位？我以为，从逻辑上说，这两个问题同什么是基本原理不是同一个问题。前两个问题与基本原理有密切联系，但讨论的是基本原理的特性和功能。毫无疑问，基本原理是发展的，世界上没有不发展的事物。基本原理发展了，就叫基本原理的发展。发展到什么阶段应根据当时指导实践的要求命名相应的名称。基本原理和发展了的基本原理的形态，形成于不同的历史条件，面临不同的历史任务，回答不同的历史课题，直接指导不同时期的实践斗争，这不存在哪个地位高或低的问题。

我曾经在《什么是马克思主义基本原理？》一文中讲过三个观点，第一，马克思恩格斯肯定马克思主义基本原理的存在，但是他们没有给什么是马克思主义基本原理作出过明确界定。第二，列宁等后来的马克思主义

---

① 《十六大以来重要文献选编》上，中央文献出版社 2005 年版，第 365 页。

经典作家是从不同层次、不同方面去阐释马克思主义基本原理的。第三，我们讲基本原理，要明确是在什么意义上讲的，是指马克思主义理论整体的原理，还是讲的马克思主义哲学、政治经济学和科学社会主义的某一主要部分的原理，或是某一部分原理中的重要理论观点。只有范围明确，才能确定其基本原理的内容。这三个观点是通过查阅《马克思恩格斯选集》、《列宁选集》、《斯大林选集》、《毛泽东选集》、《邓小平文选》五个文本得出的结论。在发现新的材料之前我仍然坚持这三点看法。按照这三个观点，马克思主义理论工作者是完全可以依据一定原则，如遵循理论与实际、革命性与科学性、学术性与意识形态性、坚持与发展、整体与部分相统一等原则，从马克思主义本身固有的内容中抽象出马克思主义基本原理的科学定义，概括出马克思主义基本原理的基本点的。

今天我们概括马克思主义基本原理的基本点，有三个问题值得注意：一是我们是从马克思主义理论整体意义上进行概括的。概括出的原理在横断面上均应具有马克思主义最根本的理论特征、最崇高的社会理想、最鲜明的政治立场、最宝贵的理论品质；在纵向上均应反映马克思主义一脉相承又与时俱进的本质关系，借以准确地揭示马克思主义完整概念的科学内涵，凸显出马克思主义理论体系的科学性、整体性、实践性和创新性原则，以便从总体上正确把握和运用马克思主义立场、观点和方法分析现实社会问题、认识问题和科学发展中的问题。

有一种见解认为，马克思主义基本原理就是马克思主义三个主要部分的原理。应该说，这种见解是有根据的。但是我以为，将二者等同不一定合适。自然，马克思主义基本原理不能离开马克思主义三个主要组成部分的原理。在研究中，也必须分别把握马克思主义三个主要组成部分的原理。但二者之间毕竟有层次的区别，整体与分体的区别。今天，马克思主义三个主要组成部分和马克思主义理论分别成为独立的学科，更加需要从整体上把握马克思主义基本原理及其科学体系。马克思主义基本原理贯穿马克思主义三个主要组成部分之中，把握它需要着眼于马克思主义三个主要组成部分的内在逻辑联系，从其有机结合、相互渗透和贯通中进行科学抽象，概括出一些一以贯通、全面体现马克思主义理论整体的原理。二是要充分考虑我们党的一贯提法。我们党关于马克思主义历史进程的分段，通常的提法是马克思列宁主义、毛泽东思想和中国特色社会主义理论体系，因此可以使用马克思列宁主义基本原理的概念，而且既然使用了马克思列宁主义基本原理的概念，就应该将列宁的思想和学说中最具有基础性、决定性的内容包括在基本原理之中。三是要充分考虑马克思列宁主义基本原理对实践的巨大指导意义。也就是列宁强调的马克思主义同时代的一定实际任务，即可能随着每一次新的历史转变而改变的一定实际任务之间的联系，特别突出某些原理。①

二　马克思主义基本原理包括哪些基本理论观点

我们根据上述方法论原则，可以从马克思、恩格斯、列宁、斯大林、毛泽东、邓小平等经典作家的大量论述中，看到他们各自所强调的马克思主义基本原理的主要内容。如：

马克思恩格斯强调的是：（1）一定历史时代主要的经济生产方式和交换方式以及必然由此产生的社会结构，是该时代政治和精神的历史所赖以确立的基础。（2）阶级斗争是阶级社会发展的动力。（3）阶级斗争必然导致无产阶级革命和无产阶级专政。（4）无产阶级使整个社会一劳永逸地摆脱一切剥削、压迫以及阶级差别和阶级斗争，是使自己摆脱资产阶级剥削和统治的前提。（5）劳动价值理论、资本积累理论、剩余价值理论揭示了资本主义剥削的秘密，论证了资本主义必然灭亡的历史趋势。（6）未来的新社会实行的是生产资料公有制。（7）在未来的自由人联合体中，实现了人的自由而全面发展。

列宁强调马克思主义理论的全部价值"在于这个理论'按其本质来说，它是批判的和革命的'"。②他认为其基本原理包括：（1）辩证唯物主义与历史唯物主义的原理。（2）关于阶级斗争原理。（3）资本主义发展的历史趋势理论。（4）无产阶级革命和斗争的策略的原理。（5）关于无产阶级专政和国家理论。（6）人民群众是历史的创造者理论。（7）建设社会主义新社会的原理。（8）无产阶级政党的原理。

斯大林认为"列宁没有给马克思主义'补充'任何'新原则'，同样列宁也没有取消马克思主义的任何一个'旧'原则"，③列宁只是在以下

---

① 《列宁选集》第2卷，人民出版社1995年版，第278页。

② 《列宁选集》第1卷，人民出版社1995年版，第82页。

③ 《斯大林选集》下卷，人民出版社1979年版，第610页。

几个问题上发展了马克思主义：（1）关于垄断资本主义问题，关于帝国主义是资本主义的新阶段的问题。（2）关于无产阶级专政问题。（3）关于在无产阶级专政时期，在由资本主义过渡到社会主义的时期，在一个被资本主义国家包围的国家里顺利地建设社会主义的方式和方法问题。（4）关于无产阶级在革命中，在任何人民革命中，在反对沙皇制度的革命中以及在反对资本主义的革命中的领导权问题。（5）关于殖民地问题。（6）关于无产阶级政党问题。①

毛泽东用得较多的是马克思主义基本原理、马克思列宁主义基本原理；邓小平用得较多的是马克思列宁主义的基本原理、马克思主义根本观点等。

1956年，毛泽东明确地从发展的视角概括了马克思列宁主义的基本原理。他说，列宁主义学说发展了马克思主义。在哪些地方发展了呢？（1）在世界观，就是唯物论和辩证法方面发展了它；（2）在革命的理论、革命的策略方面，特别是在阶级斗争、无产阶级专政和无产阶级政党等问题上发展了它。列宁还有关于社会主义建设的学说。从1917年十月革命开始，革命中间就有了建设，他已经有了七年的实践，这是马克思所没有的。我们学的就是这些马克思列宁主义的基本原理。

同年，在毛泽东的主持下，我们党在批评赫鲁晓夫的错误观点时，把"人类社会发展长途中的一个特定阶段内关于革命和建设工作的普遍规律"概括为五条，② 认为这是"放之四海而皆准的"。

邓小平面临的任务是要回答在经济落后的国家无产阶级夺取政权以后，如何正确认识什么是社会主义，怎样巩固、建设和发展社会主义的问题，所以他结合变化着的新实际，着重从马克思主义世界观、方法论和如何认识、建设社会主义的角度归纳了一系列马克思主义基本原理。即（1）辩证唯物主义和历史唯物主义。"马克思主义最根本的观点就是辩证唯物主义和历史唯物主义"，③ "搞社会主义一定要遵循马克思主义的辩证唯物主义和历史唯物主义"。④ 他同时指出，"马克思主义的活的灵魂，就

① 《斯大林选集》下卷，人民出版社1979年版，第611—615页。
② 《再论无产阶级专政的历史经验》，《人民日报》1956年12月29日。
③ 《邓小平年谱（1975—1997）》，下卷，中央文献出版社2004年版，第974页。
④ 《邓小平文选》第3卷，人民出版社1993年版，第118页。

是具体地分析具体情况";① 理论与实践的统一是马克思主义最基本的原则。（2）大力发展社会主义生产力。"马克思主义的基本原则就是要发展生产力。"② "在社会主义国家，一个真正的马克思主义政党在执政以后，一定要致力于发展生产力。"③（3）公有制、按劳分配。"马克思主义又叫共产主义，马克思主义的基本原则是，在社会主义阶段实行'各尽所能，按劳分配'，在共产主义阶段实行'各尽所能，按需分配'。"④ 邓小平强调，一个公有制占主体，一个共同富裕，这是必须坚持的社会主义的根本原则。（4）无产阶级专政。在社会主义社会，"不要专政不行，无产阶级不搞专政，社会主义一天也维持不下去。无论哪个阶级都搞专政，资产阶级也搞资产阶级专政"。⑤ 邓小平还指出，"依靠无产阶级专政保卫社会主义制度，这是马克思主义的一个基本观点。马克思说过，阶级斗争学说不是他的发明，真正的发明是关于无产阶级专政的理论。历史经验证明，刚刚掌握政权的新兴阶级，一般来说，总是弱于敌对阶级的力量，因此要用专政的手段来巩固政权。对人民实行民主，对敌人实行专政，这就是人民民主专政"。⑥（5）发展社会主义政治、文化，建设社会主义精神文明。

上述内容表明，马克思、恩格斯、列宁、斯大林、毛泽东、邓小平等经典作家对马克思主义基本原理的概括，基本方面是相同的，但是具体表述和侧重点有差异，均体现了基础性、规律性、时代性和创造性。这就向我们指明两点：其一，马克思主义基本原理主要包括哪些内容；其二，我们可以从马克思、恩格斯、列宁、斯大林、毛泽东、邓小平及其他党的领导人等强调的马克思主义基本原理的内容中，进一步从学理上作出概括，形成马克思主义基本原理的科学体系。事实上，有多位专家做过这种概括工作。如有专家认为，马克思主义基本原理包括物质决定意识、社会存在决定社会意识原理；客观世界相互联系永恒发展原理；人类社会形态由低级向高级演进和发展规律原理；剩余价值学说和资本主义基本矛盾与主要矛盾原理；社会主义历史必然性和工人阶级历史使命原理；阶级斗争与无

---

① 《邓小平文选》第 2 卷，人民出版社 1994 年版，第 118 页。
② 《邓小平文选》第 3 卷，人民出版社 1993 年版，第 116 页。
③ 同上书，第 28 页。
④ 同上书，第 254 页。
⑤ 《邓小平年谱（1975—1997）》，下卷，中央文献出版社 2004 年版，第 944 页。
⑥ 《邓小平文选》第 3 卷，人民出版社 1993 年版，第 379 页。

产阶级革命原理；国家学说与无产阶级专政原理；人民群众是历史的创造者原理；无产阶级战略策略原理；无产阶级政党及其建设原理；科学社会主义本质特征原理；人的全面发展与共产主义原理。也有专家认为，马克思主义基本原理主要包括 13 条：1. 关于客观世界相互联系、相互作用和运动发展的原理；2. 人类社会形态由低级向高级演进和发展规律的原理；3. 关于时代本质和阶段性特征的原理；4. 生产力和生产关系、经济基础和上层建筑辩证统一的原理；5. 阶级观点与无产阶级革命和无产阶级专政的理论；6. 剩余价值学说和资本主义社会基本矛盾与主要矛盾的理论；7. 社会主义历史必然性和工人阶级历史使命的学说；8. 科学社会主义本质特征和发展规律的学说；9. 社会主义革命（包括改革）和建设规律的理论；10. 社会主义国家执政党建设的学说；11. 人与自然、人与社会的和谐和全面、协调、可持续发展理论；12. 人的全面发展和共产主义的原理；13. 马克思主义在意识形态领域指导地位的原理，等等。① 这些显然都是从纵横两个维度作出的归纳。纵向即马克思主义的整个历史发展直到今天的时代高度，横向即马克思主义理论所包含的基本观点。从纵和横两个角度来思考、归纳马克思主义基本原理，既考虑到了马克思主义基本原理的原创意义，也考虑到了它随实践发展并指导实践的意义。这种从历史和逻辑、理论和实践的结合上概括马克思主义基本原理的最大好处是，对什么是马克思主义基本原理的问题作出了较为清晰的回答，给了人们几个便于掌握的基本点。这种思路值得我们认真研究。

三　怎样构建马克思主义基本原理的科学体系

马克思主义的若干基本原理并列在一起，还不能成为一个严密的体系。所谓体系，是指"若干有关事务或某些意识互相联系而构成的一个整体"。② 按照词意，体系不仅有整体性要求，而且有整体内部构成要素互相联系的要求。对于马克思主义基本原理的科学体系来说，它所包含的基本原理、基本范畴、理论观点之间是相互联系、相互渗透、相互贯通的。科学研究的任务就是要发现这种联系及其转化。经过一代一代马克思主义理

---

① 靳辉明：《马克思主义基本原理不是老生常谈》，《社会科学报》2008 年 1 月 24 日。

② 《现代汉语词典》，商务印书馆 1986 年版，第 1129 页。

论工作者的辛勤劳动，马克思主义的三个主要组成部分——马克思主义哲学、马克思主义政治经济学和科学社会主义，各自内部的范畴、原理之间的联系和转化，已经被揭示出来，这三个主要部分均形成了比较严密的相对独立的体系。而作为整体的马克思主义基本原理构成中的基本范畴、原理之间的联系和转化关系是怎样的？现在还需要费尽马克思主义理论工作者的心血。目前思想政治理论课中的《马克思主义基本原理概论》教材，对整体的马克思主义基本原理的科学体系，提供了一种值得充分重视的见解，来之不易，应予珍惜。我以为，这本教材所展现的马克思主义基本原理的体系，从内容上看，基本上是按着马克思主义三个主要组成部分建构的。应该说，这是符合马克思主义理论实际的。我国著名哲学家陈先达先生此前在讲到这个问题时曾说过，按照三个主要组成部分建构马克思主义科学体系，是由无产阶级的伟大历史使命和马克思主义理论自身的内在逻辑决定的。"在马克思主义科学体系中，哲学是世界观和方法论的指导原则，政治经济学是哲学通向实际生活（对资本主义社会的剖析）的中介，而关于无产阶级解放运动的性质、条件和使命的社会主义理论则是运用哲学分析经济事实引出的结论。这三者之间，即它的世界观和方法论原则，对资本主义经济的理论分析以及由此得出的结论之间，在理论上和逻辑上是严密的、完整的、一贯的。它们相互渗透、相互补充，构成马克思主义学说。社会主义理论一旦离开马克思主义哲学和马克思主义政治经济学，就会蜕变为平均共产主义或空想社会主义；反之，离开了马克思主义哲学指导，离开了社会主义革命和社会主义建设，所谓马克思主义政治经济学必然会跌入资产阶级政治经济学的怀抱。同样，如果无视无产阶级肩负的伟大历史使命，无视社会经济现象，特别是对新出现的经济现象的分析，马克思主义哲学就会回到繁琐的、脱离生活的经院哲学。把马克思主义中的任何一个组成部分同整体割裂开来，都会使它丧失自己原有的性质，并导致对整个马克思主义科学体系的曲解。"① 陈先达先生这一段精辟论述，从思想史、逻辑、理论和实践的结合上，深刻地阐明了马克思主义科学体系的严整性及其内在根据。所以《马克思主义基本原理概论》教材，遵循马克思主义三个主要组成部分来展示马克思主义基本原理的体系，无疑是科学的。但是另一方面，如果仔细推敲这本教材中展示的理论体系，将它

---

① 《陈先达文集》第 3 卷，中国人民大学出版社 2006 年版，第 46—47 页。

同马克思《资本论》中的逻辑相比，总感到它还未达到理想的境界。

反映马克思主义的整体性，要求在研究对象上，要反映出马克思主义理论体系不是对于客观物质世界某一个发展阶段、某一个部分、某一方面的反映，而是对于包罗万象、充满矛盾和历史发展的物质世界整体的本质和发展规律的科学反映；在历史观上，马克思主义理论体系不是从某一个部分而是从整体上反映人类历史的发展规律，特别是从资本主义转变为社会主义，进而转变为共产主义的规律；在逻辑范畴上，它不是仅为马克思主义某一构成部分、领域的范畴，而是从马克思主义哲学、政治经济学、科学社会主义各主要组成部分中抽象出来的，同时又贯通于各主要组成部分之中的基本范畴。这些基本范畴按照马克思主义作为一个完整世界观和方法论的要求，依据一定的逻辑规则（如按照从抽象到具体、从简单到复杂的原则），相互联系、相互论证、互为补充，形成概念体系，概念之间的逻辑联系是严整的；在根本属性上，它具有科学性与阶级性、理论与实践、绝对与相对、普遍性与特殊性的辩证统一的基本性质。这些基本性质贯穿在各个原理及其转化之中，将它们内在地联系起来，·形成一个不可分割的整体，这个整体最集中地表达出马克思主义的立场、观点和方法及其运用。但究竟通过哪些范畴、原理，而这些范畴、原理又具体按怎样的逻辑规则进行安排来实现这一要求，总的说还是处在探索中的、一个未解决的问题。

四　要十分重视马克思主义基本原理科学体系的研究

任何一门科学的理论体系都具有内容的全面性、结构的系统性、逻辑的严整性、反映现实的深刻性的本质特征。而内容的全面性、结构的系统性、反映现实的深刻性又是借逻辑的严整性表现出来的。因为任何理论科学都是一个范畴体系，没有严整的逻辑它就不能存在。马克思主义是科学，自然具有严整、完备、统一的理论体系，或者说具有科学理论体系的严整性。这种科学理论体系的严整性，对于马克思主义来说，不是外在的，而是它坚持理论创新的结果，是自身固有的本质特征、科学精神的体现、求真的存在方式和必要条件。

马克思列宁主义、毛泽东思想、中国特色社会主义理论体系的创始人一贯高度重视科学理论体系的严整性。恩格斯一生为捍卫马克思主义科学体系的完整性和纯洁性进行了坚决的斗争。他的《反杜林论》不仅深刻地批判和回击了杜林对马克思主义的肢解、歪曲和攻击，而且第一次以社会主义理论为核心，把包括"相当多的领域"的问题归结为哲学、经济学和社会主义学说三个主要领域，并从其相互关联上"比较连贯的"阐述了马克思主义世界观，展示了马克思主义的全貌。《反杜林论》是马克思主义科学体系的开山力作。此后一个多世纪内，人们对马克思主义体系的理解和建构大都是以《反杜林论》为框架的。1883 年 3 月 17 日，恩格斯《在马克思墓前的讲话》表述过"两大发现"和"社会主义变成了科学"的问题。"两大发现"是："发现了人类历史的发展规律"，即唯物主义历史观；"发现了现代资本主义生产方式和它所产生的资产阶级社会的特殊的运动规律"，① 即剩余价值学说。"社会主义变成了科学"即：由于这两大发现，"社会主义变成了科学"。这里虽然没有使用体系的概念，但事实上已经是从马克思主义各个原理的内在联系上，将其概括成了三个主要组成部分。继恩格斯之后，列宁是第一个用"体系"这个概念来指称"马克思主义"的人。早在 1913 年 3 月，为纪念马克思逝世 30 周年，他以《马克思主义的三个来源和三个组成部分》为题，阐述了马克思主义的科学体系。1914 年 11 月，他又在《卡尔·马克思》一文中明确指出："马克思主义是马克思的观点和学说的体系"，并从正确把握体系的视角叙述了哲学、政治经济学和科学社会主义三者统一构成的马克思主义体系，强调"马克思的观点极其彻底而严整，这是马克思的对手也承认的，这些观点总起来就构成作为世界各文明国家工人运动的理论和纲领的现代唯物主义和现代科学社会主义。"② 毛泽东曾从世界观、革命的理论和策略、社会主义建设学说三个方面概括过马克思列宁主义基本原理的体系。邓小平对马克思主义科学体系的高度重视，体现在如何正确对待毛泽东思想问题上。他指出："毛泽东思想是个体系，是发展了的马克思主义。"③ 他强调，"做理论工作的同志，要花相当多的功夫，从各个领域阐明毛泽东思想的体系。要用毛泽东思想的体系来教育我们的党，来引导我们前进"。④ 这样，他就从科学体系上对毛泽东思想进行了定格，彻底地打破了"两个凡

---

① 《马克思恩格斯选集》第 3 卷，人民出版社 1995 年版，第 776 页。
② 《列宁选集》第 2 卷，人民出版社 1995 年版，第 418 页。
③ 《邓小平文选》第 2 卷，人民出版社 1994 年版，第 43 页。
④ 同上书，第 44 页。

是"的信条，捍卫了毛泽东思想的科学地位。而当他把毛泽东思想刻铸于体系丰碑之时，他自己的创新理论也凝聚为一个博大精深的科学体系。党的十七大继承和发扬马克思主义优良传统，进一步把邓小平理论、"三个代表"重要思想以及科学发展观等重大战略思想概括为中国特色社会主义理论体系，表明了当代中国共产党人和党中央对马克思主义理论体系的完善和发展的高度重视。这也表明了对马克思主义基本原理科学体系的研究，或者说从体系上把握和创造性地运用马克思主义立场、观点和方法的重要性。正是这样，2005 年 5 月 11 日，中宣部和教育部联合下发的《关于加强和改进高等学校哲学社会科学学科体系和教材体系建设的意见》，提出要大力开展马克思主义理论体系的研究。

（原载《思想理论教育导刊》2012 年第 1 期）

马克思主义基本原理的学科
对象与整体架构[①]

孙熙国

自 2005 年 12 月马克思主义理论成为一级学科以来，一直困扰我们的一个核心问题就是，马克思主义基本原理同哲学的二级学科马克思主义哲学、理论经济学的二级学科政治经济学、政治学的二级学科科学社会主义和国际共运的区别何在？如果不能从理论上说清楚这一区别，那么，马克思主义基本原理就有可能成为马克思主义哲学、政治经济学、科学社会主义的"拼盘"，如此一来，这一学科的存在也就失去了基本的依据。

学科对象是一门学科存在的基本依据，如果不能确立某一学科的学科对象，这一学科就失去了存在的理由。如果我们只是简单地说，马克思主义基本原理是从整体上对马克思主义的研究和把握，马克思主义哲学、政治经济学和科学社会主义是从具体内容上对马克思主义做出的研究和把握，问题依然无法得到解决。问题的关键在于，如何开展马克思主义基本原理的整体研究？对此，学界同仁已经进行了一些思考，但是，马克思主义基本原理的学科对象问题，如何理解马克思主义基本原理的理论体系和框架结构等涉及这一学科的根本问题，并没有从根本上解决。笔者不揣浅陋，拟对此问题进行思考，企望对马克思主义理论学科的发展有所助益。

---

① 本文是作者主持的教育部人文社会科学研究基地重大项目"马克思主义中国化与中国传统文化"（08JJD710021）的阶段性成果之一。

一 马克思主义基本原理学科建设的最大问题和基本经验

改革开放 30 多年来，马克思主义基本原理学科建设的最大问题是，从事这一方面教学和研究工作的人没有与自己的课程相对应的学科。

马克思主义基本原理作为一门课程始于 1985 年。众所周知，改革开放以来，我国马克思主义理论课有过三次大的调整。第一次是 1985 年。1985 年前，高校开设三门马克思主义理论课：马克思主义哲学、政治经济学、中共党史。两门原理课加一门历史课，大致相当于马克思主义的三个组成部分。这一方案最大的问题在于只见树木不见森林。马克思主义作为一门指导学科，其重要性谁都不会否认，但落实在行动上，就要打许多折扣。我们常常是受马克思主义的"惠"，但并不去领马克思主义的"情"，甚至还要抱怨、嘲讽、调侃马克思主义。为什么会发生这样的情况呢？原因就在于尽管我们学完了三门马克思主义理论课，但是，对马克思主义依然缺乏整体的把握，不知道马克思主义究竟为何物，对于什么是马克思主义依然十分茫然。

基于此，原国家教委于 1985 年对马克思主义理论课作出了重大调整，把原先的"老三门"（马克思主义哲学、马克思主义政治经济学、中共党史）变成了"新三门"（马克思主义原理、中国社会主义建设、中国革命史）。这次调整的突出变化是，把马克思主义哲学改为马克思主义原理，目的是让学生从整体上了解马克思主义。

但是，囿于教师的知识背景和当时马克思主义的研究水平等多方面的原因，这次调整并没有达到预期目的。因为马克思主义原理的教学，实际上是由原哲学教研室的教师来完成的，原政治经济学教研室的教师则承担了中国社会主义建设课的教学任务。如此一来，大多数院校的教师在教授马克思主义原理课程的时候，往往只讲哲学部分，涉及政治经学和科学社会主义的内容，往往一笔带过。所以，"85 方案"，名义上要求教师从整体上讲述马克思主义，但是由于教师没有相关的学科背景作支撑，实际上并没有做到位。

在这种情况下，1998 年国家教委对马克思主义理论课进行了第二次调整，把原本合并在一起的马克思主义原理又拆分为三部分，重新设置马克思主义哲学和政治经济学。马克思主义原理分解开来以后，不能从整体上把握和理解马克思主义，甚至是肢解马克思主义的问题又凸显出来。这实际上是走了回头路。回到了原来的轻车熟路上，老师们上课是顺当了，但是，马克思主义的整体性问题依然没有解决。学生和社会对马克思主义的茫然困惑，依然不能从根本上得到解决。这一现象一直持续到2005年底。

1999年6月13日，中共中央、国务院颁布了《中共中央国务院关于深化教育改革全面推进素质教育的决定》，在中国教育界吹响了素质教育的号角。5年后的2004年8月26日，中共中央、国务院又颁发了16号文件，即《中共中央、国务院关于进一步加强和改进大学生思想政治教育的意见》，对高校思想政治教育问题提出了新的要求。在素质教育这样一个大背景下，国务院学位办和教育部于2005年12月23日联合发布了"64号文件"，对马克思主义理论课进行了第三次重大调整，马克思主义理论成为一个一级学科，马克思主义基本原理是这个一级学科下面的一个二级学科。至此，马克思主义基本原理才有了自己真正合法的身份。

人们不禁要问，为什么马克思主义基本原理课在高校的设置经历了一个否定之否定的过程？为什么这样改来改去？这一方面，是因为不进行整体研究不行，学生学完了马克思主义，对马克思主义是什么、马克思主义的使命是什么、马克思主义究竟为谁服务这样一些原本是这门课程的最基本的问题，竟不知所云。另一方面，开展马克思主义的整体研究难度很大。如何才能把马克思主义作为一个整体来研究，如何确立马克思主义基本原理的地位，如何使马克思主义原理的研究和教学与专业院系的分门别类的研究和教学区别开来？这是长期困扰马克思主义原理教学和研究的一个重大问题。这一问题解决了，马克思主义基本原理作为一门学科才能真正确立起来。这应该是30多年来高校马克思主义原理课程建设的一条基本经验。

二 马克思主义基本原理的学科对象

研究对象是这一学科存在的基本依据。一个学科的存在，是以自己独特研究对象的存在为前提的。没有自己独有的研究对象，这一学科就没有存在的理由。国务院学位办"64号文件"决定增设马克思主义理论一级学科，我们有了自己的学科是个大好事，但如何建设？如何真正把马克思主义理论作为一个一级学科树立起来，并在学术、社会声誉和社会地位上取得和其他人文社会科学学科大致相当的位置，还有大量的工作需要我们去做。但是，对于我们来说，最重要的一项工作就是首先要确立这一学科的独特的研究对象。

马克思主义原理课程设置的摇摆，究其实质，就是我们没有很好地明确和解决马克思主义这一学科的独特的研究对象问题。多年来，马克思主义理论课教师处境尴尬，一个重要的原因就是找不到自己的学科归属。马克思主义哲学、马克思主义政治经济学、科学社会主义，在具体的院系都有相应的专业对应和课程设置，我们所进行的马克思主义基本原理的研究和专业院系的区别是什么？如果没有区别，没有自己的学科对象和学科特点，那么，我们所做的工作很可能就是重复性的，在专业院系看来甚至是较低层次的。所以，要解决这一问题，首先就要明确我们自己的学科研究对象，形成我们自己的学术风格和研究特色，彻底摆脱跟着其他学科跑的现象。

国务院学位办"64号文件"对马克思主义理论的学科作出了说明："马克思主义是科学的世界观和方法论，是反映客观世界特别是人类社会的本质和规律的科学和真理"，是"一门从整体上研究马克思主义基本原理和科学体系的学科。它研究马克思主义基本原理及其形成和发展的历史，研究它在世界上的传播与发展，特别是研究马克思主义中国化的理论与实践，同时把马克思主义研究成果运用于马克思主义理论教育、思想政治教育和思想政治工作。它包括五个二级学科：马克思主义基本原理、马克思主义发展史、马克思主义中国化研究、国外马克思主义研究、思想政治教育"。

但是，"64号文件"对马克思主义理论学科的这一表述，与其说是对学科对象的说明，毋宁说是从研究内容上对马克思主义一级学科作出的说明，而且"反映客观世界特别是人类社会的本质和规律"这一表述，实际上是斯大林1950年在《马克思主义和语言学问题》中对什么是马克思主义的表述的第一句话①。这句话实际上是对什么是马克思主义哲学作出的界定，这样的界定就不能把作为整体的马克思主义和作为马克思主义的一个内容的马克思主义哲学区别开来。因此，"64号文件"对马克思主义理论所作的说明和框定，从学科对象的角度看，还不够明确。

我认为，应当明确地把马克思主义基本原理的这一学科界定为：关于

---

① 《斯大林选集》下，人民出版社1979年版，第538页。

无产阶级和人类解放的科学，简称人民群众解放的科学。这一学科的研究对象就是"无产阶级和人类解放"，简称人民群众的解放。值得注意的是，马克思所说的无产阶级，实际上是劳动群众的代名词。在马克思的著作中，我们既可以看到"工业资本家"、"工业无产阶级"、"工业工人"这样的表述，还可以看到"农业资本家"、"农业无产阶级"、"农业工人"这样的表述。因此，我们不能想当然地把无产阶级理解为一无所有的流浪无产者。马克思、恩格斯所说的无产阶级实际上就是指以无产阶级为代表的最广大的人民群众。把马克思主义理解为无产阶级和人类解放的科学，最早见于恩格斯的《共产主义原理》。在这一著作中，恩格斯开宗明义地指出："共产主义是关于无产阶级解放的条件的学说"①，紧接着这句话，恩格斯又对什么是无产阶级这一问题作出了回答，他说："无产阶级是完全靠出卖自己的劳动而不是靠某一种资本的利润来获得生活资料的社会阶级。……一句话，无产阶级或无产者阶级是 19 世纪的劳动阶级。"② 后来恩格斯在 1880 年又说："完成这一解放世界的事业，是现代无产阶级的历史使命。深入考察这一事业的历史条件以及这一事业的性质本身，从而使负有使命完成这一事业的今天受压迫的阶级认识到自己的行动的条件和性质，这就是无产阶级运动的理论表现即科学社会主义的任务。"③ 列宁在《马克思学说的历史命运》中说："马克思学说中的主要的一点，就是阐明了无产阶级作为社会主义社会创造者的世界历史作用"，"马克思首次提出这个学说是在 1844 年"④。

由此可以看到，经典作家实际上是把无产阶级和人类的解放事业看作是马克思主义这一学科的主题。立足于无产阶级和人类的解放来展开和理解马克思主义的全部内容，是我们开展马克思主义整体研究的关键。

无产阶级和人类（人民群众）的自由、发展和解放是马克思主义基本原理的学科对象和主题，但是如何围绕这一对象进行教学和研究？如何在马克思主义原理教学和研究中充分体现这一主题？这就是我们下面试图回答的问题。

---

① 《马克思恩格斯选集》第 1 卷，人民出版社 1995 年版，第 230 页。
② 同上。
③ 《马克思恩格斯选集》第 3 卷，人民出版社 1995 年版，第 760 页。
④ 《列宁选集》第 2 卷，人民出版社 1995 年版，第 305 页。

三 马克思主义基本原理的一以贯之之道与整体架构

如果我们认可马克思主义是关于无产阶级和人类的解放的科学，那么如何实现无产阶级和人类的解放，就是马克思主义的实践主题，整个马克思主义基本原理就是反映这一主题并围绕这一主题而展开的。由此出发，我们对马克思主义的基本原理可作如下思考。

人生活在社会中，要受到自然界的束缚和压迫，马克思主义的自然观实际上就是让我们如何正确看待自然，摆脱自然的奴役和压迫，使人"成为自然界的主人"。人生活在社会中还要受到社会的奴役和压迫，马克思主义历史观就是让我们如何正确看待社会，摆脱社会的奴役和压迫，使人成为"自己的社会结合的主人"。人生活在社会中还要受到他自己的束缚和压迫，马克思主义的人学观和认识论就是让人正确认识人自身、认识人的精神、本质、价值和作用，认识人的认识的产生和发展规律，从而摆脱自己对自己的束缚和压迫，使人"成为自身的主人——自由的人"①。一句话，实现人民群众的自由、发展和解放，是马克思主义基本原理的一以贯之之道，围绕如何实现"三个解放""做三个主人"，构成了马克思主义基本原理的整体架构和理论体系。具体地说，对这一理论体系可作如下设想。

（一）把人从自然界的束缚下解放出来，实现人与自然的和谐发展

这是马克思主义自然观的使命。对世界与实践关系的科学解答，是马克思的新唯物主义与旧唯物主义的区别。旧唯物主义承认物质世界的先在性，马克思主义的唯物主义也承认物质世界的先在性，二者的区别是什么？马克思在《关于费尔巴哈的提纲》第一条中回答说："从前的一切唯物主义（包括费尔巴哈的唯物主义）的主要缺点是：对对象、现实、感性，只是从客体的或者直观的形式去理解，而不是把它们当作感性的人的活动，当作实践去理解，不是从主体方面去理解。"② 这表明，马克思对周围世界的理解与以往唯物主义相比，有两点不同。

---

① 《马克思恩格斯选集》第 3 卷，人民出版社 1995 年版，第 760 页。
② 《马克思恩格斯选集》第 1 卷，人民出版社 1995 年版，第 54 页。

一是从实践出发理解周围物质世界。从实践出发，将我们周围的物质世界看作是为人类实践所指向的进入了主体视阈的世界。没有进入主体视阈和实践领域的存在只是抽象的存在，可能存在，也可能不存在，但并非真正的不存在。马克思和恩格斯说："先于人类历史而存在的那个自然界，不是费尔巴哈生活其中的自然界；……因而对于费尔巴哈来说也是不存在的自然界。"① 马克思说："被抽象地理解的，自为的，被确定为与人分割开来的自然界，对人来说也是无。"② 这个"无"不是没有，而是无意义，对人来说，没有价值。和旧唯物主义相比，马克思特别强调现实世界，形成了关于现实世界的理论。

二是从主体出发理解周围物质世界。从主体出发理解周围的世界的本质在于，看到现实世界中到处打上了人的意志烙印。马克思说：世界"是一本打开了的关于人的本质力量的书，是感性地摆在我们面前的人的心理学"③。这个世界到处打上了人的意志烙印，通过人的实践活动，人把自己的本质力量和情感意志对象化到了物质世界中。因为实践具有直接现实性。

马克思从实践和主体出发理解世界的本质就在于，世界是置于人的视野下的世界，是人能够利用规律正确认识和改造的世界。只有在这样的关系下，才能实现人与世界的和谐发展。马克思批评费尔巴哈把自然和历史相割裂，认为"他没有看到，他周围的感性世界决不是某种开天辟地以来就直接存在的始终如一的东西，而是工业和社会状况的产物，是历史的产物，是世世代代活动的结果"④。其思想本意即在于此。

（二）把人从社会关系的束缚下解放出来，实现人与社会的和谐发展

人要实现自身的解放，不仅要摆脱自然界的压迫，还需要摆脱社会的压迫。要摆脱社会的压迫，就需要我们正确认识社会的本质，认识社会关系的本质，这就是唯物史观所要回答的问题。

唯物史观创立的关键就在于确立人类社会的客观性，而人类社会客观性的确立必须立足于人类社会、从人类社会自身出发才能解决，用悬置于

---

① 《马克思恩格斯选集》第 1 卷，人民出版社 1995 年版，第 77 页。
② 《马克思恩格斯全集》第 3 卷，人民出版社 2002 年版，第 335 页。
③ 同上书，第 306 页。
④ 《马克思恩格斯选集》第 1 卷，人民出版社 1995 年版，第 76 页。

人类社会之外的物质要素是无法说明人类社会的客观性的。这已是时贤的共识。那么，存在于人类社会之中的客观的物质要素是什么？马克思找到了实践，他认为"环境的改变"只能被看作是并合理地理解为实践。值得注意的是，马克思这里所说的环境是承接上文"关于环境和教育起改变作用的唯物主义学说"来说的①，即承接爱尔维修哲学中的"环境"来说的。爱尔维修哲学中的环境主要是指社会环境，即人类生活其中的经济制度、政治制度、文化教育、生活方式和交往方式等内容。因此，当马克思说环境的改变只能被看作是并合理地理解为实践时，表明他已经从实践出发认识人类社会，已经找到了从费尔巴哈"所极端憎恶的抽象王国通向活生生的现实世界的道路"②。马克思把"环境的改变"归结为实践所昭示出的哲学意蕴就在于，把人类社会的运动、变化和发展看作是人类实践活动的结果。

马克思的上述思想在《关于费尔巴哈的提纲》的第八条中又得到了进一步的申明和印证，他说："全部社会生活在本质上是实践的。"③马克思的这一思想恰好和《关于费尔巴哈的提纲》第三条的思想相呼应，两者共同构成了唯物史观的核心和基石。全部社会生活在本质上是实践的，这一命题表明社会生活的一切领域都应该从实践出发才能得以说明，实践"是整个现存的感性世界的基础"④。无论是社会存在还是社会意识，包括看似荒诞不经的各种神秘现象，都能够在实践基础上得到说明，"凡是把理论引向神秘主义的神秘东西，都能在人的实践中以及对这个实践的理解中得到合理的解决"⑤。实践是人类历史的起点，也是唯物史观的逻辑起点。社会历史完全是由人的实践活动构成的，一部人类社会史就是一部人类的实践活动史、物质和精神生产史。人类的实践活动的不同形式构成了社会生活的不同领域（经济、政治、文化）和全部社会关系。

实践推动了人类社会的发展，推动了社会基本矛盾的运动。正是在人类征服改造世界获取物质生活资料的实践活动中才有了生产力和生产关系、经济基础和上层建筑的矛盾运动。社会基本矛盾的不断解决，从而不

① 《马克思恩格斯选集》第1卷，人民出版社1995年版，第55页。
② 《马克思恩格斯选集》第4卷，人民出版社1995年版，第240页。
③ 《马克思恩格斯选集》第1卷，人民出版社1995年版，第56页。
④ 同上书，第77页。
⑤ 同上书，第56页。

断推动人类历史的进步和发展，也是通过实践完成的。因此，在哲学的层面上说，实践是推动社会发展的直接动力。这一直接动力在存在着经济利益截然对立的阶级社会中主要表现为阶级斗争，通过阶级斗争解决社会基本矛盾，推动社会的进步和发展；在根本利益一致的社会主义社会中，这一动力则主要表现为改革，通过改革实现社会主义制度的自我完善和发展。"阶级斗争动力说"和"改革动力说"不过是"实践动力说"在两种不同类型社会中的具体表现形式而已。因此，实践是打开人类社会历史奥妙的钥匙。

1846 年 12 月，马克思在致安年科夫的长信中对他的上述思想又作了进一步的发挥和说明，他说："社会——不管其形式如何——是什么呢？是人们交互活动的产物。"在人们的"交互活动"中形成了生产力，"在人们的生产力发展的一定状况下，就会有一定的交换［commerce］和消费形式。在生产、交换和消费发展的一定阶段上，就会有相应的社会制度、相应的家庭、等级或阶级组织"①。可见，实践内在地包含着唯物史观的全部内容，存在于人类社会中的一切现象只有从实践出发才能得到科学的阐释和说明，科学的实践观是唯物史观这一大厦得以建成的根本和关键，没有科学的实践观就没有马克思的唯物主义历史观。这就是马克思"环境的改变和人的活动的改变的一致，只能被看作是并合理地理解为革命的实践"和"全部社会生活在本质上是实践的"这两个命题所昭示给我们的重要的和基本的思想。

（三）把人从资本主义社会关系的束缚下解放出来，实现人与社会的和谐发展

正确认识社会的本质，摆脱社会关系的束缚，这是马克思主义历史观的使命。但是，具体到马克思和恩格斯的时代，他们生活其中的社会就是资本主义社会，因此，马克思和恩格斯所要摆脱的社会关系的束缚就是资本主义社会关系的束缚。为了摆脱资本主义社会关系的束缚，就需要研究资本主义的社会关系，研究资本主义的生产关系，而这就是马克思主义政治经济学的基本内容。

物质生产是马克思主义政治经济学研究的出发点。马克思在《〈政治

---

① 《马克思恩格斯选集》第 4 卷，人民出版社 1995 年版，第 532 页。

经济学批判〉导言》中说："摆在面前的对象，首先是物质生产。"① 这就明确告诉我们，物质生产是政治经济学研究的出发点。因此，在马克思主义政治经济学中，物质生产和以物质生产为主要内涵的实践范畴是一个比商品范畴更为根本的范畴。正如马克思所说："商品始终表现为现成的东西。形式规定很简单。我们知道，商品表现社会生产的各种规定，但是社会生产本身是前提。"② 虽然马克思在《评阿·瓦格纳的"政治经济学教科书"》中说："我不是从'概念'出发，因而也不是从'价值概念'出发，所以没有任何必要把它'分割开来'。我的出发点是劳动产品在现代社会所表现的最简单的社会形式，这就是'商品'。"③ 但是，"商品不是只存在于想象之中的一般劳动时间的物化（它本身只是和自身的质相分离的、仅仅在量上不同的劳动），而是一定的、自然规定的、在质上和其他劳动不同的劳动的一定结果"④。也就是说，物质生产是政治经济学的出发点，这一出发点体现在资本主义经济运动过程中，就是商品。物质生产是一般，商品是个别。商品是物质生产实践的结果，也是物质生产实践这个一般在资本主义商品生产中的具体呈现，它体现着抽象劳动和具体劳动的统一，也表现着物质生产关系。因此，我们必须看到，物质生产是比商品更根本的东西，物质生产是马克思主义政治经济学的历史和逻辑起点。

（四）把人从自己思想的束缚下解放出来，实现人与自身的和谐发展

人要实现自身的解放，不仅要摆脱自然界的压迫和社会的压迫，还要摆脱自己对自己的压迫，这就需要我们正确认识人的本质、人的价值、人的作用，正确认识人的认识的本质、认识的产生和发展规律，认识人和人的认识在物质世界中的地位和作用。马克思主义的人学观和认识论就是探讨这方面的问题的。

这一部分内容可以分解为两部分，一是马克思主义人学观的内容，这一部分要回答和追问：人需要什么，人的本质是什么，人的价值是什么，如何实现人的本质，如何实现人的价值等问题。这一部分内容可以放到全书的结尾讲，也可以放到全书的开头作为马克思主义基本原理的引论讲。

---

① 《马克思恩格斯选集》第 2 卷，人民出版社 1995 年版，第 1 页。
② 《马克思恩格斯全集》第 46 卷（上），人民出版社 1979 年版，第 177—178 页。
③ 《马克思恩格斯全集》第 19 卷，人民出版社 1963 年版，第 412 页。
④ 《马克思恩格斯全集》第 46 卷（上），人民出版社 1979 年版，第 88 页。

二是马克思主义认识论的内容。这一部分要回答和追问：认识的本质是什么，认识是如何产生的，又是如何发展的，认识产生和发展的规律是什么，如何评价和判断人的认识的真理性和价值性，如何认识人的认识与人的存在与发展的关系等。这些问题是人对自身的认识和反思，属于马克思主义认识论的内容。把握和解决这些问题的根本目的，在于正确认识人自身，摆脱自己对自己的束缚和压迫，解放思想，做人自身的主人。

综上所述，我们可以看到，贯穿全部马克思主义基本原理的一以贯之之道是人民群众的自由、发展和解放。这个"一以贯之"之道的具体展开就是实现"三个解放"，做"三个主人"。在这一过程中，我们可以看到，科学的实践范畴是马克思主义基本原理的重要概念。如上所述，马克思一生的两大发现，唯物史观和剩余价值学说都是以实践为出发点的。共产主义的目标就是实现自由自觉的实践，实现"劳动向自主活动的转化"①。因此，没有科学的实践观就没有马克思主义理论。马克思主义基本原理是一门以无产阶级和人类的自由、发展和解放为实践主题，以科学的实践观为理论线索的学科。

参考文献

[1] 列宁：《马克思主义的三个来源和三个组成部分》，《列宁选集》第 2 卷，人民出版社 1995 年版。

[2] 郭建宁主编：《北大马克思主义研究》第一辑，社会科学文献出版社 2011 年版。

[3] 张雷声：《马克思主义理论学科研究与创新》，中国人民大学出版社 2010 年版。

[4] 张雷声等：《马克思主义理论学科体系建构与建设研究》，经济科学出版社 2011 年版。

[5] 孙熙国、李翔海主编：《马克思主义与中国文化》，北京大学出版社 2011 年版。

（原载《马克思主义研究》2012 年第 2 期）

---

① 《马克思恩格斯选集》第 1 卷，人民出版社 1995 年版，第 130 页。